EN AMÉRIQUE

DU MÊME AUTEUR AUX ÉDITIONS INTERVALLES

La Fin est mon commencement, 2008, repris en Points sous le titre *Le Grand voyage de la vie, Un père raconte à son fils, 2010*
Un devin m'a dit, 2010
Un autre tour de manège, 2015
Lettres contre la guerre, 2015
Bonne nuit, Monsieur Lénine, 2022

Ce livre a été traduit grâce à une aide du ministère italien des Affaires étrangères et de la Coopération internationale.
Questo libro è stato tradotto grazie a un contributo del Ministero degli Affari Esteri e della Cooperazione Internazionale italiano.

Première publication en italien sous le titre *In America, Cronache da un mondo in rivolta* par Longanesi en 2018.

Publié en accord avec The Italian Literary Agency et La Nouvelle Agence

ISBN : 978-2-36956-334-1

TIZIANO TERZANI

EN AMÉRIQUE
Chroniques d'un monde en révolte

Traduit de l'italien par Marta de Tena

Avant-propos d'Angela Terzani Staude
Texte présenté par Àlen Loretti

ÉDITIONS INTERVALLES

À TRAVERS LE VENTRE DE L'AMÉRIQUE

Par Angela Terzani Staude

« Mais, et vous, pourquoi êtes-vous si antiaméricain ? »

Lorsque, à cette question posée par un Anglais inconnu, Tiziano a répondu : « Peut-être parce que je ne suis jamais allé en Amérique », il faisait le premier des pas qui nous conduiraient à vivre aux États-Unis pendant deux ans, de septembre 1967 à septembre 1969.

C'était en novembre 1966 et la rencontre avait lieu à l'université américaine Johns-Hopkins de Bologne. À 28 ans, Tiziano s'occupait depuis quatre ans du personnel des filiales à l'étranger d'Olivetti, tout en espérant ardemment pouvoir bientôt quitter la prestigieuse entreprise de machines à écrire d'Ivrea pour devenir enfin journaliste. Il se trouvait dans cette conférence à Bologne à la recherche d'éventuels nouveaux cadres, tandis que le gentleman en question, professeur à Oxford, était là à la recherche, pour le compte de la Fondation Harkness de New York, de jeunes prometteurs pour les inciter à demander une bourse qui offrait deux années d'études supérieures et un long voyage à travers les États-Unis afin de connaître le pays.

« Vous voulez y aller ? » lui a-t-il demandé.

Tiziano a présenté un dossier et, à notre grand soulagement, obtenu la bourse.

Avant de partir aux États-Unis, il a proposé à l'hebdomadaire de gauche *L'Astrolabio*, pour lequel il avait déjà écrit lors de ses voyages pour Olivetti en Afrique et en Asie, de devenir leur correspondant – à titre gratuit.

La dotation de la bourse était considérable, très généreuse. Les boursiers pouvaient étudier ce qu'ils voulaient, où ils voulaient ; ils avaient également le droit d'emmener leurs épouses.

Tiziano s'est décidé pour New York et s'est inscrit à l'université Columbia pour obtenir un master en affaires internationales et en histoire de la Chine moderne.

Ces deux années aux États-Unis, parmi les plus intenses et les plus dramatiques de l'Amérique contemporaine, ont marqué le début de sa carrière de journaliste.

Nous sommes partis de Gênes le 30 août 1967 à bord du *Leonardo da Vinci*, l'un des derniers grands paquebots du monde. Quatre autres jeunes choisis par la Fondation voyageaient avec nous, dont le physicien Remo Ruffini et le sociologue Enrico Pugliese, qui sont restés des amis. Après six jours de traversée et avant de nous séparer, nous nous sommes retrouvés ensemble sur le pont supérieur du navire pour regarder la Statue de la Liberté et la ligne d'horizon de Manhattan émerger des vagues de l'Atlantique.

Trois jours plus tard, nous étions tous les deux déjà sur la ligne de départ pour conquérir New York.

« Amérique, Amérique ! » invoquait Joseph Roth dans *Hôtel Savoy* en 1924. L'Amérique de tant d'émigrants qui s'y sont rendus, de tant de persécutés qui l'ont si fort rêvée. Prêt à en découdre, Tiziano y débarquait pour en sonder les failles : à l'époque il y avait peu de jeunes Européens de gauche prêts à fermer les yeux sur celles-ci.

New York est apparue belle tout de suite, avec ses gratte-ciel vieillissants, presque baroques, sur cette petite langue de terre appelée Manhattan, entre les deux fleuves, l'Hudson et l'East River. Une langue pas fréquentable partout, comme on allait le découvrir.

La ville était en ébullition, elle grouillait de non-conformistes, de hippies, de contestataires de gauche, d'intellectuels en mouvement au cœur d'un monde artistique et littéraire effervescent. Elle semblait être une ville où tout était possible et tout était essayé, sans tabou. Pourtant, il y avait aussi dans son sein des institutions solides comme la Fondation Harkness, logée dans un bâtiment classique de l'élégant East Side, des banques colossales sur Wall Street et une université comme celle de Columbia, qui était une incarnation de l'argent et du pouvoir jamais vue en Europe.

Le campus de Columbia borde au nord Harlem, ce grand quartier noir qui occupe une grande partie de Manhattan à partir de la 125e rue. La misère qu'on y voyait n'existait pas chez nous non plus. Construit par les Hollandais à l'époque où la ville s'appelait encore la Nouvelle-Amsterdam, avec ses belles demeures bourgeoises aux entrées imposantes, Harlem avait été peuplé en majorité par les Nègres (à notre époque, on les appelait encore ainsi) qui arrivaient depuis le Sud après l'abolition de l'esclavage. Dans les années 1920, on jouait du jazz dans ses clubs, et le beau monde autour de Scott Fitzgerald s'y rendait pour danser. Cependant, dans les années 1960, il tombait en ruines et c'en était fini du bon temps où les Noirs amusaient les Blancs. De partout, on trouvait des slogans comme *Black Power ! Power to the people ! Black is beau-*

tiful ! Les Blancs ne se rendaient plus à Harlem qu'en fin de mois pour percevoir les loyers, puisqu'ils étaient encore les propriétaires des immeubles. Mais d'autres parties de Manhattan, l'East Side, le West Side, Greenwich Village, invitaient à la promenade de long en large tous azimuts.

Et l'incroyable façon dont les gens s'habillaient ! La sous-culture hippie avait déteint sur tout le monde, et ces accoutrements pleins d'imagination, les longues jupes, les chapeaux farfelus en paille ou feutre, les éléments en fourrure et dentelle accrochés ci et là, leurs châles indiens, leurs fleurs dans les cheveux – « *I have a flower in my hair...* » –, tout semblait dire : « Devenez riches ! Allez-y ! Mais sans moi. »

Évidemment, il n'y avait que les enfants des classes aisées qui pouvaient se payer le luxe de ne plus travailler et de sortir du système pour aller vagabonder à travers le pays à la recherche de *Peace and Love* : la paix et l'amour qu'ils n'avaient pas connus dans leurs familles. À croire que ces rejetons des parents protestants dont le travail avait rendu l'Amérique riche et puissante n'avaient jamais été aimés. *All you need is love*, la chanson des Beatles, était devenue la leur.

Qu'elle était belle et libre la musique des années soixante, celle des Beatles, de Bob Dylan, des Rolling Stones, de Joan Baez. Et mélancolique aussi, déjà consciente que son message de douceur ne parviendrait pas à s'imposer, qu'après Woodstock, le festival des festivals d'août 1969, la décennie se finirait dans le silence. On y entendait aussi des spirituals et des blues, de la musique *soul* comme l'appelaient les Noirs, tout comme on y trouvait de la *soul food*, des pattes de poulet frites et d'autres restes tombés de la table du maître, souvenir de ce que mangeaient les esclaves dans les plantations. Cette « atmosphère de l'âme » qui s'était perdue dans la poursuite collective de l'ascension sociale et de la prospérité avait été retrouvée.

Et en même temps, que l'air de New York était vif ! Qu'il était stimulant de sortir le soir, d'aller au Village pour prendre quelques bières et de bouger avec la « scène », de se sentir partie prenante de la « scène », d'un monde qui semblait sur le point de naître. *We shall overcome... we shall overcome some day* chantait Joan Baez avec sa guitare. Nous vaincrons... un jour ! On la chantait de partout, assis en tailleur à même le sol, bras dessus, bras dessous. Et on puisait le courage d'être si détaché, si en rupture avec toutes les valeurs traditionnelles, dans l'herbe et les drogues — haschisch, marijuana et LSD.

Le manque d'ambition caractéristique des hippies, leur façon de se laisser porter par le courant et vivre au jour le jour étaient fort séduisants. Mais nous ne pouvions pas nous le permettre, c'était hors de question, et pour ne pas trop nous laisser distraire, nous avons décidé de rester près de l'université Columbia.

Nous avons trouvé un appartement à l'angle de 405th West et 118th Street, entre Broadway et Morningside Heights, spacieux, avec trois grandes pièces et de grandes fenêtres peintes en blanc qui s'ouvraient lorsqu'il faisait beau. La salle de bains et la cuisine, vétustes, grouillaient de cafards. À l'autre bout du campus, le long de Riverside Drive, s'alignaient les maisons de style XIXe siècle avec des appartements en briques sombres habitées par des professeurs, avec des vues sur l'Hudson, des arbres et des petits parcs. On pouvait, depuis notre perchoir à Morningside Heights — les « hauteurs du point du jour » — regarder la grande pagaille de Harlem.

Nous avions reçu une petite dotation pour emménager. Un peu décontenancés par ce métro qui nous emmenait toujours dans le mauvais sens, nous quittions chaque matin l'affreux Hotel Paris, avec les mêmes vêtements un peu plus froissés que la veille et passions la journée à courir d'une petite vente aux enchères à la suivante, ou chez les brocanteurs, chez Altmann à la recherche d'un lit, chez Door Store pour agencer nos bureaux.

Avant toute chose, nous avons acheté des couverts en argent, puis un piano pour moi à un maître de ballet sur la 56th West. Ce que nous n'avions pas trouvé dans de petites échoppes, comme le téléviseur et un joli fauteuil à fleurs, nous le récupérions la nuit dans la rue. Et chez les Portoricains sur Broadway – la rue sans fin qui traverse Manhattan du nord au sud, la seule qui n'a pas été tracée à la règle – nous trouvions à manger. Il y avait même un Italien au Village qui vendait de l'huile d'olive, des véritables spaghettis et du salami. Mais qui pouvait se les offrir ? Notre allocation mensuelle ne permettait pas de tels luxes.

Lorsque nous rentrions tard le soir dans le métro pour Harlem, il y avait toujours des policiers avec des matraques se balançant entre deux wagons au rythme du train. Il commençait aussi à faire froid et nous étions contents de rentrer enfin à la maison et de continuer à la rendre belle.

En octobre, les cours ont commencé à Columbia et Tiziano y a rencontré certains des meilleurs professeurs de l'époque, des gens accessibles et généreux. L'un d'eux nous a émus en nous invitant au réveillon du jour de l'An ; un autre, Carl Riskin, un jeune professeur d'économie chinoise, est devenu un ami et un correspondant régulier. Après avoir passé cinq ans à vendre des machines à écrire, Tiziano pouvait enfin, comme il aimait à le dire, étudier pour « écrire avec », ce qui était pour lui un bonheur inattendu, énorme.

C'était l'automne 1967 et, à peine arrivés, il y a eu la marche sur Washington et le siège du Pentagone, où se trouvait le département de la Défense, par les forces combinées de l'ancienne et de la nouvelle gauche, des étudiants, des

Noirs, des écrivains de la gauche libérale[1] et démocratique, comme Norman Mailer. Des centaines de milliers de militants protestaient de façon non violente contre la guerre au Vietnam, et lorsque les autorités ont répondu par des gaz lacrymogènes, des matraques et des flottes de camions pour les emmener en prison, les manifestants ont enduré toute cette violence sans se rebeller. Mais ils ne l'ont pas oubliée.

C'est à ce moment-là que Tiziano a commencé à envoyer à *L'Astrolabio* ses premières correspondances américaines. Il s'ensuivrait quelque quatre-vingts autres, pratiquement une par semaine, pendant deux ans.

Il suffisait de regarder autour de nous pour soulever des questions brûlantes. Notre attention s'est d'abord portée sur les Noirs. Pendant ses études, Tiziano avait lu *Les Damnés de la terre* de Frantz Fanon, avait été partisan de la décolonisation et à présent il voulait voir de ses propres yeux la discrimination, pour la combattre lui aussi ! Ce n'était pas difficile pour lui. Il a rapidement rencontré un beau couple de Black Panthers qui, dès qu'ils ont su que nous étions italiens, ont demandé une paire de chaussures chacun. Les pauvres parents de Tiziano, en se serrant la ceinture, ont dû les acheter et les expédier depuis Florence.

La confusion régnait parmi les Noirs, puis bientôt la colère et finalement le désespoir. Au début des années 1960, les Blancs du Nord – certains jeunes Blancs du Nord – avaient pris conscience des graves injustices dont les Noirs étaient victimes et avaient cherché à y remédier. Le *Free Speech Movement*, le *Black Civil Rights Movement*, inspiré par Martin Luther King et son pacifisme quasi gandhien, les *Freedom Riders* qui descendaient en bus dans le Sud profond pour démontrer que Noirs et Blancs pouvaient bien voyager dans les mêmes transports publics, tous ces gestes n'avaient finalement pas abouti à des changements substantiels, et les jeunes Blancs avaient payé cher leur altruisme, battus et parfois tués par les racistes blancs du Sud.

Ça aussi, c'était l'Amérique.

Au moment où nous sommes arrivés, les espoirs d'un grand changement social sans passer par la violence s'étaient émoussés. Le SNCC, Comité de coordination non-violent des étudiants connu comme le « Snick », avait été ébranlé par l'ascension de Stokely Carmichael, qui en avait pris la tête au cri de « Black Power ! » Donner le pouvoir aux Noirs, séparer les deux races, créer

---

1. Le mot « libéral » doit être entendu au sens qu'il porte dans l'univers politique étatsunien. Il renvoie à des idéaux de gauche et à une conception à la fois plus sociale et plus favorable à l'intervention de la puissance publique que celle des conservateurs. Bouvet, Laurent. « La fin du libéralisme américain ? », *Raisons politiques*, vol. 16, n° 4, 2004, pp. 25-44. (Toutes les notes sont de la traductrice.)

une alliance entre les Noirs américains et les Noirs africains pour se sentir et se dénommer Afro-Américains ! De nombreux Noirs se sont choisi à cette époque des noms arabes ou africains et se sont convertis à l'islam.

Leur slogan était « *Black is beautiful* ». Et ils l'étaient. Ils étaient effrayants, aussi. Ils suintaient la haine des Blancs, croyaient dans le recours à la violence et la nécessité d'une « guerre révolutionnaire ». Ils étaient menaçants. Leur rejet des Blancs était si total qu'un jour ils nous ont mis à la porte d'un événement auquel le couple des chaussures nous avait invités.

Tiziano a réussi à interviewer Rap Brown qui venait de prendre la tête du SNCC.

Mais notre vie avait aussi d'autres facettes. À bord du *Leonardo da Vinci*, un bel homme d'une quarantaine d'années qui voyageait avec sa fille de neuf ans avait apprécié Tiziano et nous a téléphoné un jour. C'est ainsi que nous avons fait notre entrée dans l'establishment intellectuel juif de New York, comme on l'appelait, un monde d'intellectuels des plus fertiles et créatifs. À la fin des années 1950, John Gruen et sa femme, la peintre Jane Wilson, avaient fréquenté Jack Kerouac et Allen Ginsberg de la « beat generation », la première génération à casser les murs de la respectabilité de la petite bourgeoisie par la drogue, une homosexualité assumée et une manière entièrement nouvelle et libre d'écrire et de faire de la musique. Les murs ne s'en étaient jamais vraiment relevés et les hippies s'étaient engouffrés dans la brèche, en compagnie d'auteurs de théâtre reconnus tels qu'Edward Albee, Jack Gelber et Arthur Kopit, que nous avons rencontré dans le salon des Gruen.

Une vie culturelle dynamique tourne généralement autour d'un mécène ou d'une célébrité, quelqu'un qui a les moyens de rassembler autour de lui des personnes intéressantes et amusantes, mais généralement sans le sou. À New York, il y avait Ruth Ford, une riche veuve d'âge moyen, petite et brune, qui venait du Sud où elle aurait été la maîtresse de Tennessee Williams. Elle vivait au Dakota, l'immeuble luxueux de Central Park West où John Lennon a vécu plus tard avec Yoko Ono et devant la porte duquel il a été assassiné. Ruth y donnait de grandes fêtes tumultueuses et licencieuses pour des lettrés et des comédiens. Le génie par excellence était Leonard Bernstein, « Lenny » pour les intimes, chef d'orchestre et compositeur de la comédie musicale *West Side Story*, qui ne quittait jamais l'affiche, aimé des hommes plus encore que des femmes, véritable canaille le soir quand il se déchaînait, feu d'artifice d'insolence et de provocation admirable, totalement sûr de lui et de son charme diabolique. Il était tout aussi électrisant lorsqu'il levait sa baguette magique et invoquait l'orchestre du Lincoln Center, qui lui était dévoué.

Il y avait quelque chose de généreux chez la plupart d'entre eux, c'étaient des gens accueillants et faciles à vivre. Ils étaient liés par l'esprit de frontière typique des immigrants, si différent du « chacun pour soi, Dieu pour tous » qui régnait chez nous en Italie. Ils avaient une façon fraîche et spontanée de se comporter envers deux étrangers, des étudiants sans-culottes comme nous, une façon de faire typiquement américaine, propre aux régions frontalières, que nous n'avons retrouvée que bien des années plus tard, à Pékin, parmi les exilés occidentaux dans la Chine communiste. Il s'agissait de personnes créatives qui savaient à la fois briller en société et travailler dur pour rester à flot, et qui nous invitaient alors que nous n'avions rien à leur offrir en retour et que nous avions au moins dix ans de moins qu'eux. Ou bien est-ce que le charisme de ce jeune Florentin romantique aux convictions politiques trop radicales, mais exprimées avec une ardeur qui fascinait tout le monde, était déjà puissant à l'époque ? La fumée circulait partout, dans tous les environnements, blancs ou noirs.

Et on retrouvait aussi chez tous ces peintres, écrivains, acteurs, rédacteurs, journalistes et musiciens l'aspiration à l'amour, à la proximité physique d'un autre être humain, si caractéristique des hippies. Il n'y avait pas de fête qui ne se termine en caresses, regards les yeux dans les yeux, baisers au coin de la bouche. Parce que tout le monde, et même les homosexuels et les femmes enfin émancipées qui, dans le changement constant de partenaires favorisé par la nouvelle liberté sexuelle, avaient fini par être livrées à elles-mêmes, se sentait seul.

« Il doit bien y avoir un M. Terzani pour moi quelque part », m'a dit un jour le peintre Youngerman. Et tout de suite après : « On dirait que tu sors d'un bon lit douillet. Tu n'as pas l'air mal en point comme le reste d'entre nous. »

Il était déjà quadragénaire alors que les hippies avaient peu ou prou vingt ans. Et nous, dans la trentaine, qui essayions de bâtir notre nouvelle vie, n'avions rien à voir ni avec lui ni avec eux. Nous étions, déjà à l'époque, des voyageurs.

Voyager dans les cercles intellectuels était aussi une façon de travailler. J'y ai rencontré Ron Hobbs, un agent littéraire noir qui m'a encouragée à monter les pièces d'auteurs de *Black Theater* auxquels je m'intéressais, notamment celles de LeRoi Jones. LeRoi, dont le talent était reconnu, avait été l'un des écrivains du cercle de John Gruen. Mais du jour au lendemain, il avait décidé de s'appeler Amiri Baraka, était retourné dans le milieu exclusivement noir de Harlem et de Newark, et avait cessé de parler à John.

La magie de New York à l'époque, et peut-être encore aujourd'hui, était qu'il y avait quelque chose pour chacun, qu'elle était peuplée de personnalités avec des têtes bien remplies. L'esprit qui l'animait était encourageant, jamais cynique ou blasé comme celui qui nous immobilise aujourd'hui en Europe. C'était un esprit dénué de snobisme qui incitait à faire, à essayer, sans jamais se moquer de celui qui prenait des risques. Parce que quand quelqu'un faisait quelque chose, il était toujours possible qu'une étincelle rejaillisse sur les autres.

Les relations de travail de Tiziano se déroulaient dans un environnement complètement différent. Du fait même qu'il écrivait pour un hebdomadaire politique, ses partenaires les plus évidents étaient des journalistes. Il en a rencontré beaucoup, leur a rendu visite ou bien ce sont eux qui sont venus nous voir ; il a fait un bref stage au New York Times, aussi déterminé que le Washington Post à mettre fin à la guerre, a lu les indispensables journaux de la gauche marxiste, tels que *I.F. Stone's Weekly* et *Viet Report*, le bulletin hebdomadaire de John McDermott et Carol Brightman, un couple ayant des liens avec Hanoï qui sont devenus des amis. Tiziano écrivit pour le *Village Voice* et *The New Republic*, et Channel 13 l'interviewa à plusieurs reprises. Il rencontrait des dirigeants militants noirs et était proche de l'écrivain marxiste Sol Yurick dont le roman *Les Guerriers de la nuit* est devenu un film culte. Il a pu se faire une idée de la société infiniment complexe et contradictoire qu'est l'Amérique.

Il avait aussi ses informateurs, ses « Gorge profonde », noirs et blancs. Ils arrivaient chez nous à la dérobée, de jour comme de nuit, ou le prévenaient par téléphone de ce qui allait se passer. Les livres et les essais politiques avec des analyses non faussées sortaient à la pelle. Les Américains, semblait-il, étaient les meilleurs critiques de leur propre pays.

Tous les soirs, entre six et sept heures, nous regardions les infos à la télévision. Un rituel. Il fallait choisir entre Walter Cronkite, de CBS, et les deux présentateurs de NBC, David Brinkley et Chet Huntley, qui clôturaient chaque journal télévisé par une remarque salace, suivie de la phrase suivante : « Bonne nuit, Chet », à laquelle l'autre répondait : « Bonne nuit, David » puis, se tournant vers le public, « et bonne nuit, pour NBC news ».

C'était chaque nuit comme ça, et ces répliques nous faisaient beaucoup rire.

De grands journalistes, du véritable journalisme indépendant, avec des apports extraordinaires de correspondants et de cameramen. Des photographes de renom envoyaient des images de la souffrance des G.I. blessés ou de ceux tombés au combat, mais aussi des cadavres de jeunes Vietcongs dans la jungle et de leurs familles napalmées, de la destruction d'un pays pauvre et de sa campagne. Beaucoup, comme le photographe Robert Capa, y ont trouvé la mort.

Et on ne gaspillait pas une minute avec des histoires sans intérêt ou des futilités. Elle était comme ça, la télé d'alors.

Le vendredi était le jour où Tiziano devait envoyer son papier, ou alors au plus tard le samedi soir. Ce jour-là, il était agité, rivé à sa table de travail et moi je ne quittais pas la maison non plus. Tard dans la nuit, parfois à deux ou trois heures du matin, il me dictait la version finale qu'on devait apporter aux téléscripteurs. En voiture, nous traversions un Manhattan endormi jusqu'au bureau de poste central, le seul où il y avait toujours un opérateur éveillé. À moitié endormis sous l'unique ampoule qui pendait au plafond, nous attendions qu'il finisse de taper le texte sur la bande du télétype et que *L'Astrolabio* de Rome réponde par « Ici S-Rome 611167. GA » (*Go Ahead* : procédez).

Souvent, le jour s'était déjà levé quand nous rentrions à la maison.

L'offensive du Têt de janvier 1968, préparée sans que l'important appareil de renseignement des Américains n'en ait vent, prit le commandement militaire au dépourvu et choqua l'Amérique. Même la puissante contre-offensive ne réussit pas à atténuer la perspective d'une défaite finale des États-Unis.

Lyndon Johnson, devenu président après l'assassinat de John Kennedy en 1963 et confirmé lors des élections de 1964, semblait pouvoir prétendre à un nouveau mandat lors des élections de 1968, mais sa poursuite de l'escalade militaire était contestée : un demi-million de soldats américains envoyés au Vietnam ! Et de plus en plus de cercueils qui revenaient à la maison. « Hé, hé ! L.B.J. ! Combien de gamins tu as tués aujourd'hui ? » criaient les protestataires. Et pour éviter de recevoir leur livret militaire, ils fuyaient au Canada. Les téléspectateurs américains, qui, assis dans leurs fauteuils regardaient tous les soirs à la télévision la « guerre des salons » (comme l'écrivain Michael Arlen a appelé la guerre qui est arrivée dans les séjours de l'Amérique), commençaient à se décourager.

Lorsque le 2 avril, à la surprise générale, Johnson a annoncé qu'il ne se représenterait pas aux élections de novembre, le pays a été soulagé. Pour la gauche, pour la presse démocratique, pour cette Amérique qui s'était engagée dans une noble cause, ce fut un moment de jubilation. Pour une fois l'idéalisme avait prévalu. Mais ce même sentiment bon et généreux (autant qu'utopique) avait également suscité la colère, l'envie et surtout la peur de ceux qui avaient quelque chose à défendre. Et ils étaient nombreux.

Deux jours après le discours du président, le 4 avril, un fanatique tuait le révérend Martin Luther King à Memphis, dans le Tennessee. Le 5 juin, un autre fanatique abattait Robert Kennedy après un discours de campagne à Los Angeles.

Tout le pays en fut effondré. C'était comme une malédiction.

Les ghettos s'enflammèrent. Les sirènes de police hurlaient dans les rues, les coups de revolver retentissaient, les cris grondaient dans la nuit. Notre téléphone n'arrêtait pas de sonner. Tiziano parlait, il courait à la recherche d'informations, d'une réponse à la question que tout le monde se posait, tout en sachant que la réponse ne viendrait pas : qui était le véritable coupable ?

Ce même mois d'avril, d'autres protestations et émeutes ont éclaté sur les campus des grandes universités. À New York, le 23 avril, les étudiants ont occupé les bâtiments administratifs de Columbia, Butler Hall, Low Library, Fayerweather. La même chose s'est produite ailleurs. Il n'y avait pas de défenseur plus convaincu des émeutes et des manifestations que Tiziano. Nous retournions constamment sur le campus, même la nuit, pour assister aux négociations véhémentes par mégaphone entre les jeunes leaders étudiants penchés aux fenêtres des bureaux occupés et les porte-parole du président de l'université.

Pendant un moment, on les a laissés faire, ensuite la police a été appelée, les flics honnis, qui sont arrivés en force avec leurs fourgons, les gaz lacrymogènes, les matraques. Cris, insultes, coups, fuites, nouvelles attaques. Les cours ont été suspendus, le campus a été fermé. Puis tout a repris et, à la mi-mai, l'année académique s'est clôturée avec l'habituelle remise solennelle des diplômes.

Les étudiants sont retournés dans leurs familles et l'université Columbia a retrouvé son auguste silence.

À la mi-juin, nous sommes partis pour le long voyage de découverte des États-Unis auquel, pour notre plus grand bonheur, la bourse nous obligeait. Nous l'avons accompli en voiture, dans la Chevrolet bleue longue comme une pantoufle que Harkness nous avait donnée. En deux étapes, nous avons d'abord traversé le Midwest, la véritable Amérique d'après ce qu'on nous disait, jusqu'à San Francisco en Californie.

Nous avons traversé la Pennsylvanie, l'Ohio, l'Illinois, l'Iowa, le Wyoming, l'Utah où sont nés les premiers habitants de l'Amérique, les tribus indiennes, les Amérindiens, aujourd'hui appelés « Natifs américains », qui ont habité ces terres pendant des millénaires. D'eux, tout au long du voyage, nous n'avons vu aucune trace. Ils ont été anéantis lors de la conquête de l'Ouest, la grande épopée américaine, et leurs terres ont été occupées par les colons, les pauvres immigrants d'il y a quelques siècles qui mouraient de faim en Europe et avaient débarqué en Amérique pour chercher fortune.

« Amérique, Amérique ! » même à ce moment-là.

La route filait droit comme un fuseau dans la même direction que l'Union Pacific Railroad, le chemin de fer qui avait transporté ces explorateurs, ces pionniers, ces colons vers un vague Eldorado.

Des cow-boys, nous en avons connu quelques-uns. Nous dormions dans la voiture sur le bord de la route, moi sur le siège arrière, Tiziano à l'avant, mais nous avons pris le petit-déjeuner avec eux dans un saloon quelconque – gaufres et sirop ! – avant qu'ils ne repartent dans leurs jeeps, leurs chapeaux à larges bords toujours sur la tête, pour retrouver les troupeaux dans les prairies. Eux, les « cow-boys », précisément, les garçons qui travaillaient avec des vaches devenues aujourd'hui des milliers de bovins appartenant à des éleveurs richissimes et influents.

Je me souviens d'heures somnolentes sur des routes éternellement droites, de country au banjo à la radio ; je me souviens d'un comptoir d'échange, un emporium où nous avons acheté des jeans et des vestes comme celles des cow-boys. Des cow-boys qui appartenaient déjà à un monde révolu, mais non pour cela moins authentique, qui nous a fait comprendre le charme d'une existence passée dans les grands espaces de la prairie.

Ce voyage à travers le Midwest nous a donné un aperçu de l'immensité de l'Amérique. On aurait dit des terres naissantes, sans histoire, avec quelques traces de la vie que les westerns ont racontée : des petites villes sorties du néant, composées de petites maisons branlantes et d'un saloon, montées en une nuit par des prospecteurs pris de la fièvre de l'or et abandonnées aussi vite peu après. Des terres sur lesquelles passent aujourd'hui des hommes solides au volant d'un pick-up, accompagnés de leur deuxième ou troisième femme et leurs enfants, toujours à la recherche de nouvelles frontières.

Rien dans notre vieux monde ne ressemble à l'intérieur des États-Unis. Des Indiens, un peuple aussi vieux que les montagnes, ne reste qu'un écho dans les noms des rivières, d'une colline, des États eux-mêmes : Ohio, Iowa, Wyoming, Utah...

Les hippies n'aimaient pas le Midwest. Ils ne traînaient pas dans les rues avec les cow-boys des prairies, avec ces gens conservateurs, à l'aise uniquement parmi le bétail et trop différents de ceux de New York. Les hippies aimaient la Californie, le campus de Berkeley avec les « révolutionnaires », San Francisco.

Nous sommes aussi allés en Californie, à l'université Stanford près de San Francisco, dont le département des langues orientales avait enseigné ces langues à plusieurs générations d'étudiants (et, comme on le sait, à de futurs agents de la CIA). Tiziano s'était inscrit à un cours intensif de chinois de dix semaines. Nous habitions à côté du campus de Palo Alto, dans le village d'Escondido, une enclave de cottages parmi les eucalyptus que les professeurs sous-louaient pour l'été. Quatre heures de chinois pour lui le matin, quatre heures de bibliothèque pour moi ; la même chose l'après-midi, jusqu'à dix heures du soir. Avec ses sandales et son sac à dos en paille mexicaine, Tiziano, tel un moine récitant continuellement ses prières et vivant dans l'ascétisme, ne disait rien, ne murmurait rien, ne rêvait de rien d'autre que de chinois. Il a fini par le parler et j'ai appris un peu d'histoire américaine.

En septembre, les cours ont pris fin et nous sommes partis.

La côte entre San Francisco et Los Angeles est magnifique, sauvage et boisée. Elle est baignée par l'océan Pacifique, frais et rugueux et, à l'époque, habitée par des hippies. Enveloppés dans les vapeurs de haschisch, ils se promenaient nonchalamment le long des plages, ou se retiraient pour rêver sur les pentes des montagnes où se nichaient les nouveaux monastères bouddhistes.

Dans la communauté de l'Institut Esalen, tout le monde était nu autour des sources d'eau chaude et, bien qu'hésitants, nous avons fait comme eux. Je me suis allongée et j'ai fermé les yeux. Au bout d'un moment, une ombre est passée sur mes paupières fermées et un baiser a atterri sur mes lèvres. Un gentleman était penché sur moi, nu comme une chenille et souriant. J'ai bondi sur mes pieds et détalé, et alors que je courais vers Tiziano sur les planches mouillées, j'ai glissé et suis tombé sur les fesses sous le regard de tous.

« Je ne te sortirai plus, tu ne sais pas te tenir ! » a-t-il dit, hilare. Je n'étais pas très à l'aise dans ce milieu désinhibé, peuplé de corps qui se caressaient et s'étreignaient longuement, sans même se connaître. *Peace and love.*

Et hop, on reprit le chemin de la maison. Los Angeles, le parc national de Joshua Tree et le Grand Canyon en Arizona. Puis les États du Sud. Le Nouveau-Mexique, le Texas, la Nouvelle Orléans en Louisiane, le Mississippi, le Tennessee avec Memphis, où Martin Luther King avait été tué, Atlanta en Géorgie, la Caroline du Sud, la Caroline du Nord, Washington et New York.

New York n'était qu'un visage de l'Amérique, le plus cosmopolite et le plus innovant, intellectuellement et politiquement. Le *Deep South*, les États du Sud profond autour du Golfe du Mexique, du Texas au Kentucky, constituaient une autre Amérique, un autre pays qui restait tragiquement, au rebours de l'histoire, attaché aux temps d'avant la guerre de Sécession, ces temps esclavagistes, ultra-conservateurs, répressifs de tout ce qui était différent et de ceux qui étaient noirs.

Dans le Sud, nous avions le sentiment que les gens vivaient dans la peur : les Blancs craignant que les Noirs ne restent pas à leur place ; les Noirs, blottis autour de leurs révérends, ayant peur d'être dans le monde. Et nous avons commencé à avoir peur, nous aussi.

Les regards étaient clairement hostiles envers ces deux hippies venus du Nord, comme le disait la plaque d'immatriculation de notre Chevrolet, pour mettre leur nez dans les affaires du Sud. Nous dormions toujours dans la voiture mais nous étions mal à l'aise, inquiets des ombres et du bruit, et de plus en plus, au lieu de chercher un endroit isolé, nous nous sommes insérés entre les camions dans les grands parkings le long de la route.

C'était une terre verte, celle du Sud, humide, presque tropicale. Romantique le long du généreux Mississippi tant aimé des Noirs.

« That ol'man river, that ol'man river
He don't say nothin',
but he must know somethin'
and he just keeps rollin', it just keeps rollin'along. »

« Ce vieux bonhomme de fleuve, ne dit rien, mais il doit savoir quelque chose, et il n'arrête pas de couler, couler imperturbable. »

Ils le chantent avec affection, les Noirs, et peut-être qu'ils l'aiment tant parce que dans son écoulement lent et lourd, il a quelque chose des grands fleuves africains auxquels il ressemble.

Ici et là, nous apercevions ces élégantes demeures blanches, semblables à la Maison-Blanche, qui appartenaient à des familles sur les plantations desquelles des centaines d'esclaves avaient travaillé et qui ne souhaitaient rien d'autre que de retourner dans le passé.

Pendant le voyage, nous avons vu que New York ne résumait pas l'Amérique. Qu'est-ce que les cow-boys du Midwest avaient en commun avec la sophistication rebelle des villes des côtes ? Et les côtes, qu'avaient-elles en commun avec le Midwest et le Sud profond ?

Ces deux extrêmes nous ont semblé être les bords d'un creuset contenant des mondes qui ne se comprenaient ni se respectaient. Comment les concilier est la question que se pose tout nouveau président, et des réponses qu'il trouve dépend sa politique.

Pour Tiziano, les États intérieurs étaient le grand ventre des États-Unis. Un ventre dont on savait peu de choses et dont on parlait peu en Europe, et dont nous-mêmes avions à peine saisi l'essentiel en raison de la brièveté du voyage. Mais dans ce ventre, selon lui, se trouvent les origines des contradictions permanentes de l'Amérique.

La campagne électorale avait commencé déjà pendant l'été, avec les conventions démocrate et républicaine d'où étaient sortis les candidats aux prochaines élections présidentielles : Richard Nixon pour les républicains, Hubert Humphrey pour les démocrates.

Tiziano n'avait pas cessé d'écrire dessus tout au long du périple. L'élection était dans moins d'un mois et nous devions vite retourner à New York.

Le 5 novembre 1968, c'est Richard Nixon, le candidat républicain, qui remporte l'élection. L'électorat a basculé à droite. La peur a pris le dessus.

Nixon intensifie la guerre au Vietnam, l'étend au Laos et au Cambodge sur lesquels pleuvent plus de bombes que sur le Japon pendant la Seconde Guerre mondiale. Pourtant, en 1975, les États-Unis seront vaincus.

Je me souviens comme d'un coup de semonce de l'élection de 1960, où John F. Kennedy a obtenu la victoire. Seulement trois ans plus tard, son assassinat à Dallas. Nous étions à Lisbonne où Tiziano travaillait pour Olivetti et il n'a même pas voulu me laisser regarder ses funérailles à la télévision parce qu'il ne voulait pas s'émouvoir de la mort d'un président américain. Puis vinrent les assassinats de Bobby Kennedy, son frère, et de Martin Luther King, qui furent suivis, comme une douche froide, par l'élection à la présidence de l'homme le moins fascinant, le moins transparent, le moins intègre et le moins visionnaire de la scène politique américaine. Un choc.

C'est avec les Kennedy que commencent les années 1960, celles des grands bouleversements politiques et sociaux, celles des révoltes étudiantes et celles, plus silencieuses mais persistantes, des hippies. On le sait aujourd'hui, on l'ignorait alors : il s'agissait des dernières protestations contre le pouvoir qui se consolidait entre les mains des grandes entreprises et de Wall Street, faisant des États-Unis la première puissance économique mondiale.

Se fermait avec la fin des années soixante une décennie de passions libertaires et d'initiatives humanitaires souvent chèrement payées par les militants les plus courageux, une décennie porteuse à plein d'égards, qui a changé définitivement notre façon de vivre. En revanche, le rêve (ambigu) que les Kennedy avaient réussi à transmettre au monde s'étiolait. Aucune autre nation, ni la Chine ni l'Union soviétique, n'a jamais pu nous fasciner de la sorte.

Fin 1968, la gauche, celle de la nouvelle gauche, du SNCC et des factions liées, perdait de sa force et de sa cohésion, elle se démembrait. Les différents groupes ne parvenaient plus à se mettre d'accord sur rien. Il leur restait une dernière occasion de se regrouper : la Conférence des Amériques pour mettre fin à la guerre du Vietnam, à laquelle toutes ces forces-là s'étaient réunies, du 28 novembre au 10 décembre, à Montréal, au Canada.

Nous ne voulions pas la manquer. C'était loin, mais nous avons pris la voiture et nous sommes partis.

Aujourd'hui, cinquante ans plus tard, mes souvenirs sont vagues. Je garde cependant une description dans mon journal, qui, je l'espère, en transmet au moins l'atmosphère.

Devant l'église de la rue Sainte-Catherine à Montréal, des jeunes hommes brandissant des drapeaux rouges montent la garde. L'église est bondée, l'autel a été enlevé. À sa place se trouvent quelques rangées de chaises pour les dignitaires. Les microphones sont installés, les équipements de traduction fonctionnent.

Tous ceux qui se disent « de gauche » sont présents : des étudiants à Mike Klare, l'éminence grise, accroupi aux pieds des organisateurs ; des vieux communistes grandiloquents d'Amérique latine aux vieux communistes frustrés, qui sont presque tous venus en Amérique dans les années trente ; des trotskistes aux maoïstes qui font des piquets séparés devant l'église avec des pancartes disant « À bas Liu Shaoqi » et « À bas les révisionnistes de Hanoï ! » ; des nationalistes québécois qui veulent un Québec séparé et francophone et qui, à la moindre occasion, crient « Québec Libre ! », « Parlez français ! » aux Black Panthers avec leurs coiffures afro géantes.

La délégation vietnamienne est arrivée expressément de Hanoï, avec à sa tête le ministre de la Culture du Nord-Vietnam, l'invité d'honneur. Le soir de l'ouverture, l'ensemble de la délégation arrive en une petite rangée grise, prend place en souriant et répond les mains croisées aux acclamations frénétiques du public. Le ministre se lève et fait un long discours, souvent interrompu par les applaudissements et par le public qui le salue comme « le héros de la lutte ».

Le lendemain, vendredi, nous nous installons directement aux balcons et nous retrouvons parmi la gauche radicale, canadienne et américaine : ceux qui ne sont pas pour la fin de la guerre au Vietnam mais pour d'autres conflits, pour « un, deux, plusieurs Vietnam », pour une critique non pas de cette guerre mais de toutes les guerres d'agression.

Sur ces balcons se trouvent aussi les jeunes et beaux mousquetaires de la révolution permanente dont le symbole est Che Guevara. Dans les fauteuils d'orchestre, en revanche, sont assis les représentants gris des partis communistes, momifiés dans leur fidélité à une révolution vieille désormais de cinquante ans.

Puis, essaimés partout, des agents du FBI, déguisés en ceci ou cela, s'amusent de la dangereuse réaction chimique entre eux tous.

La conférence avait été convoquée pour exprimer la solidarité avec les Nord-Vietnamiens. Ainsi, c'est à leur lutte glorieuse contre les États-Unis que se réfère chaque discours, ne serait-ce que pour bifurquer l'instant d'après en récriminations violentes contre d'autres groupes de gauche. Les Vietnamiens, qui ne sont pas au courant des rapports conflictuels qu'entretiennent les Black Panthers et les étudiants de gauche, et encore moins entre les Québécois et les Canadiens, restent impassibles et prennent soin de ne pas s'en mêler.

Les Black Panthers défilent. Dans leurs uniformes de cuir noir, avec leurs casquettes noires rabattues sur leurs coiffures afro et leurs lunettes de soleil noires, ils s'alignent de manière menaçante sur la scène derrière leur orateur, qui ne s'encombre pas de politesses : « Vous, les porcs blancs, qui n'avez pas payé le billet de Bobby Seale pour qu'il puisse venir de Californie, vous devez lui présenter des excuses, de vraies excuses, c'est ce que vous lui devez, vous les porcs blancs... » tandis que des radicaux se lèvent dans la salle pour crier leur assentiment. Ou sont-ce les agents du FBI, en pittoresque accoutrement façon Che ou sous des burnous pakistanais ou dans l'un de ces gilets brodés d'or dont les garçons américains de la classe moyenne aiment orner leurs corps révolutionnaires ? Ce serait une manœuvre dans leur genre, de feindre d'être plus à gauche que les plus à gauche des protestataires pour semer la confusion et les affaiblir avec les antagonismes qui en découlent.

Sur le podium, les Vietnamiens, peu habitués sans doute à tant d'individualisme et d'insubordination, restent imperturbables dans leurs modestes vêtements monochromes.

Les délégués de la Colombie, de l'Argentine, de Porto Rico, du Brésil prennent la parole avec force vociférations. Je m'étais assoupie un instant, et me réveille en sursaut par les cris d'une horde qui se rue sur le podium pour les empêcher de parler. Ça cogne dur et le public est sur le point d'intervenir lorsqu'un Black Panther surgit et s'empare du micro. Un Québec Libre le lui retire aussitôt. Les Vietnamiens, pensant qu'il s'agit d'un attentat, sautent sur leurs pieds, pâles. Le président de la conférence menace de démissionner et enfin l'arrivée de je ne sais quel front de libération nationale sauve la mise.

Le soir même, tout se termine par de grandes déplorations.

Nous remontons sur le balcon. La nouvelle gauche y tient une réunion. « Deux, trois, quatre Vietnam ! », « Tous des vendus ! », « Tous des révisionnistes ! »

Un vieux communiste se lève : « Tout ce qui vous intéresse, c'est de vous emparer du leadership. Vous vous souciez moins du sort de la gauche que du rôle que vous y jouez... »

Sifflements, insultes. Encore une réunion qui part à vau-l'eau.

Nous parlons aux derniers qui restent, le vieux communiste et un jeune homme aux cheveux noirs et aux mains effilées, habillé en marin, la taille ceinte d'une flamboyante ceinture mexicaine.

Quelqu'un demande : « Qu'en est-il de la solidarité avec la cause vietnamienne ? Nous avons oublié de l'exprimer... »

« Mais non », poursuit le marin, « cela se passe d'explications. Moi, par contre, j'étais à Chicago, ils m'ont battu, gazé, mes yeux ont pleuré... »

« Mais qu'est-ce que ça peut nous faire ! » interrompt Tiziano. « Qu'est-ce qu'on en a à faire que vous, les jeunes de classe moyenne, vous vous fassiez tabasser ! Que devraient dire les Vietnamiens alors ? »

Bien que toujours désinhibés et portés à la promiscuité, même les hippies étaient fatigués. Il y avait ceux, et ils étaient nombreux, qui, dans le sillage des Beatles, roulaient dans des bus colorés le long de la *hippie trail* – piste hippie –, à travers l'Iran et l'Afghanistan jusqu'en Inde, pour finir à Goa où ils se perdaient pendant des mois ou des années derrière les vapeurs bleues de la marijuana.

Le 20 juillet 1969, lorsque l'Amérique est parvenue à envoyer le premier homme sur la lune, ce nouvel exploit a suscité un moment d'euphorie parmi la population. Mais quelques semaines plus tard, avec Woodstock, le festival de musique légendaire auquel nous ne sommes pas allés car notre fils Folco était sur le point de naître, la décennie des grandes protestations et des grandes réalisations, de la musique et des hippies, s'est éteinte et le silence est revenu.

À la mi-septembre, nous avons embarqué sur le *Leonardo da Vinci* avec un petit Folco, âgé de trois semaines, et sommes retournés en Italie.

***

Si je me demande aujourd'hui : qu'est-ce que ces deux années en Amérique nous ont apporté, avec quel sentiment sommes-nous rentrés en Europe, que répondre ?

Nous sommes revenus plus jeunes, plus libres, plus forts ; plus légers aussi d'avoir appris qu'on peut récupérer les vêtements d'un enfant pour un nouveau-né, que Tiziano pouvait me couper les cheveux, nous économisant le coiffeur, que les fourrures pouvaient aussi s'acheter d'occasion et que les meubles pouvaient être récupérés dans les rues la nuit. Des choses tout à fait courantes aujourd'hui, mais qui ne l'étaient pas à l'époque.

Nous sommes revenus enrichis, Tiziano pour avoir pu étudier et écrire les quelque quatre-vingts articles qui lui ont permis de devenir journaliste pendant l'une des périodes les plus dramatiques de l'Amérique au XXe siècle.

La fortune nous avait placés dans l'une des villes les plus intéressantes du monde, New York, dans l'une des périodes les plus passionnantes de son histoire : celle d'une contre-culture qui, au lieu de se barricader derrière la haine, comme à l'époque de Joe McCarthy, s'était ouverte au respect et à la tolérance des autres. Un beau moment, peut-être unique dans l'histoire américaine, où les libéraux ont été dépassés par la nouvelle gauche, les hippies, les Noirs comme Martin Luther King, dans un élan général de bonne volonté.

C'est comme si, à un moment, plein de nœuds se défaisaient, plein de contraintes se relâchaient, et règnait « all you need is love », et les gens s'embrassaient à l'envi dans les fêtes et s'habillaient comme ils veulent, sans jamais en revanche le faire en tant que personnes riches, jamais comme des personnes importantes, seulement avec de la fantaisie, des fleurs, des chapeaux étranges et des voiles orientaux, et c'est comme si nous vivions mieux dans la liberté.

Pourquoi alors, se demande-t-on, s'empêche-t-on de recommencer ? Pourquoi est-on retombé dans la routine la plus morne et sans imagination ? Dans l'air de New York de ces années-là, il y avait l'espoir d'un monde meilleur et l'encouragement implicite à ce que chacun trouve sa propre voie pour y contribuer. « Et toi, tu fais quoi ? » demandait-on. Et si on répondait « Je vends des pommes dans la rue », on s'exclamait « Super ! Tu vas gagner quelques sous et va savoir quels autres projets tu trouveras ensuite ! » À Florence, on aurait soupiré : « Pauvre cruche ! »

Tiziano est toujours resté antiaméricain, ou plutôt, il est resté sur ses gardes vis-à-vis de l'Amérique avec laquelle il n'a jamais cessé pour autant de se confronter. Fondamentalement, il ne partageait pas le système auquel les

États-Unis croient comme à l'Évangile, qui place le capital, le profit, l'exploitation et la croissance, cette croissance insatiable, au sommet de toutes les ambitions. Il avait une vision différente de ce qui compte dans la vie d'un homme. Puis il a vu échouer les deux systèmes sur lesquels il avait le plus compté – le communisme de Mao et le pacifisme de Gandhi – et puisqu'il rejetait, bien qu'en comprenant leurs fondements, le nouveau radicalisme islamique ainsi que le matérialisme d'État chinois, il lui semblait qu'il ne restait d'autre idéal que le consumérisme. Face à quoi, les bras lui en sont tombés.

Tiziano admettait qu'il était possible encore que ce soit l'Amérique, avec la fraîcheur parfois imprévisible de ses approches, qui marque un nouveau tournant dans la direction que prend le monde. Ainsi, bien qu'effrayé par la réaction primaire et belliciste des États-Unis au 11 septembre, lorsque je lui ai demandé ce qu'il voulait encore faire avant de mourir, il a répondu sans hésiter : « Si j'avais encore un peu de temps, je voyagerais dans le ventre de l'Amérique. Et j'essaierais de la comprendre. »

Orsigna, 20 juillet 2018

« À notre arrivée, on nous a accordé une allocation, une voiture et la possibilité d'étudier ce qu'on voulait où l'on voulait. » Dans le petit appartement que la bourse finançait à l'angle de 405th West et 118th Street, à deux pas de la Low Memorial Library de l'université Columbia et du quartier populaire de Harlem, Tiziano au clavier de sa Lettera 22, un cadeau de son père Gerardo, s'attaque à son premier article pour L'Astrolabio. *C'est à l'occasion de l'impressionnante manifestation du 21 octobre 1967 à laquelle il participe. Entre 70 000 et 100 000 personnes se rassemblent devant le Lincoln Memorial à Washington pour protester contre la guerre au Vietnam soutenue par le président Lyndon B. Johnson. Un autre rassemblement a lieu devant le Pentagone où les manifestants du* flower power *offrent des fleurs à la police militaire qui entoure le bâtiment. Les protestations s'étendent à d'autres villes, des centaines de personnes sont brutalement battues et arrêtées. Norman Mailer en parlera dans son célèbre roman* Les Armées de la nuit. *Pour Tiziano, c'est un premier face-à-face, violent, avec la réalité du pays.*[2]

ÉTATS-UNIS : LES HUÎTRES VIETNIK

29 octobre 1967

Une semaine intense de protestations s'est achevée par la grande marche sur Washington. Lundi, des centaines de jeunes hommes en âge de s'enrôler, mobilisés par l'organisation *Resist*, ont manifesté dans différentes villes et renvoyé leurs livrets militaires aux autorités fédérales ; une infraction passible de cinq ans d'emprisonnement et une amende de 10 000 dollars. À l'université du Wisconsin, où des cadres de la société Dow, qui produit le napalm utilisé au Vietnam, se sont rendus dans le but de recruter de nouveaux ingénieurs, les étudiants ont organisé une manifestation qui s'est finie par des gaz lacrymogènes et des coups de matraques, 75 blessés et 9 arrestations. À Berkeley,

2. Les textes en italiques qui présentent les articles sont de la plume de l'éditeur de l'édition originale.

plus de cent personnes ont été arrêtées et condamnées à dix jours de prison, dont la chanteuse Joan Baez. À New York, sur le campus du Brooklyn College, la présence de deux officiers de marine venus prononcer une harangue patriotique pour attirer les nouveaux cadets a provoqué des manifestations qui se sont soldées par 48 personnes arrêtées, dont deux professeurs. À Columbia, la SDS (*Students for a Democratic Society*) organise des manifestations quotidiennes et met le rectorat dans l'embarras en révélant que certains instituts de recherche reçoivent des fonds de la CIA.

Ces incidents se produisent de plus en plus souvent et le nombre de jeunes qui y prennent part va croissant, comme le nombre de groupes organisés qui étendent en plus leurs liens entre eux, avec le reste de la société et avec le monde. Une délégation d'étudiants a récemment rencontré des délégués du Vietcong à Bratislava ; une autre vient de rentrer de Hanoï avec un message qui a été lu lors de la marche sur Washington. Cependant, l'Amérique n'est pas constituée que de campus et il ne faut pas surestimer l'ampleur de cette dissidence, de cette opposition active ; surtout en valeur électorale : beaucoup de ces jeunes n'ont pas encore vingt et un ans, l'âge légal pour voter. Même si le nombre de manifestants peut sembler considérable, on a déjà vu une organisation de soutien à la guerre, *le National Committee for Responsible Patriotism* faire descendre dans la rue autant de manifestants sans, en revanche, perturber les ménagères et les employés de bureau qui ne voteront certainement pas « pacifiste » aux élections de novembre 1968.

L'ampleur de l'opposition des jeunes et des étudiants est significative, mais Johnson est beaucoup plus embarrassé par l'opposition croissante parmi ces intellectuels auxquels Kennedy a octroyé une place et un statut prestigieux dans son administration, que beaucoup n'ont pas perdu aujourd'hui malgré leur limogeage.

Les colombes Kennedy

Lorsque le nouveau patron, après les événements de Dallas, a remercié en l'espace de quelques mois certains conseillers qui avaient occupé des postes à responsabilité à la Maison-Blanche, ceux-ci sont retournés à leur métier – la plupart dans des universités – et se sont mis à écrire l'histoire de l'Âge d'Or, devenant ainsi le symbole de l'antithèse intellectuelle du pouvoir de Johnson et compagnie. Les articles, livres et déclarations de ces anciens conseillers se sont multipliés, et avec, les polémiques. Leurs réflexions et commentaires sur certains événements reviennent sans cesse sur le tapis du débat public et la reconstitution, désormais non confidentielle, de certains épisodes contredit les versions données à l'époque par l'administration au pouvoir. Au centre de tout cela se trouve la guerre au Vietnam.

Parmi cette littérature, il convient de citer certains articles d'Arthur Schlesinger, rassemblés sous le titre *Un héritage amer : le Vietnam* ; *To move a Nation*, le récent livre de Roger Hilsman, ancien directeur du service de renseignement du département d'État, puis successeur de Harriman en tant que secrétaire d'État assistant pour l'Asie de l'Est et le Pacifique, qui a démissionné (ou a-t-il été licencié ?) trois mois seulement après Dallas ; les articles de Ted Sorensen dans la *Saturday Review* demandant l'arrêt des bombardements ; ceux de Richard N. Goodwin (auteur du célèbre discours « Alliance pour le progrès » pour Kennedy) dans le magazine *The New Yorker*.

L'ouvrage de Schlesinger est une analyse de la guerre d'Asie vue en tant que problème interne aux États-Unis et donc ses conséquences sur la société américaine et son concept de démocratie. Schlesinger rappelle qu'une autre guerre asiatique, celle de Corée, menée il y a quinze ans et dans des conditions somme toute plus favorables – on soutenait un gouvernement plus acceptable que celui de Nguyễn Cao Kỳ, et avec la bénédiction des Nations Unies – a suscité la frustration, la panique, et les ressentiments qui ont servi de bouillon de culture au maccarthysme. Selon Schlesinger, la guerre au Vietnam est en train de produire dans le pays des déchirures similaires à celles produites par la guerre de Corée, et il voit déjà des symptômes d'une possible résurgence de cette forme de Moyen-Âge américain – outre les différents épisodes relatés par Schlesinger, on peut mentionner le cas tout récent de Staughton Lynd, qui devait être engagé comme professeur d'histoire à l'Université de Chicago, mais s'est vu refuser le poste par le conseil d'administration en raison de sa position contre la guerre.

En ce moment où ceux qui se prononcent au Congrès en faveur d'un cessez-le-feu sont accusés d' « aider et d'encourager l'ennemi » – tel le sénateur Case du New Jersey – l'appel de Schlesinger à ne pas confondre, comme on le fait à présent et ce, même au plus haut niveau de l'administration, opposition et trahison, divergence et déloyauté, ainsi que sa défense de l'insoumission intellectuelle sont terriblement d'actualité.

Une agression préméditée

Le sénateur démocrate J.W. Fulbright a déclaré cette semaine que « la guerre et tout ce qu'elle entraîne ont créé une atmosphère délétère de suspicion et de récrimination qui a transformé la « Grande Société[3] » en une société malade ». Est-ce que Fulbright fait référence au maccarthysme latent ? C'est certainement à cela que fait allusion la citation de De Gaulle dans le prochain

3. « Great Society » était le nom donné à un ensemble de programmes sociaux lancés par Lyndon B. Johnson dont l'objectif principal était l'élimination totale de la pauvreté et de l'injustice raciale.

livre de Jean-Raymond Tournoux, *La Tragédie du Général* : « L'Amérique est de moins en moins un pays stable sur lequel on peut compter. Elle retourne à ses démons d'autrefois. »

Hilsman, aujourd'hui professeur de sciences politiques à l'université Columbia, dans son ouvrage *To Move a Nation*, revient sur la politique extérieure de Kennedy, de la baie des Cochons au Vietnam. Le livre, volumineux et empli de détails et d'informations de première main, souligne la volonté de l'administration Kennedy d'éviter toute intervention terrestre en Asie, puisque ses desseins sur le long terme étaient d'aller dans le sens de l'ouverture vis-à-vis du problème chinois. Aussi, sont mises en lumière les erreurs de jugement de l'administration Johnson, qui a réécrit l'histoire de certains événements en déformant publiquement la vérité. En l'occurrence, les raisons qu'il a avancées pour lancer le bombardement du Nord-Vietnam, ce qui, de façon schématique, semble être le cœur du problème asiatique aujourd'hui.

Hilsman apporte maintenant des preuves qui confirment l'hypothèse selon laquelle la décision d'intensifier la guerre au Vietnam n'a pas été prise en février 1965 et certainement pas pour les raisons avancées alors. La question était déjà mûre l'année précédente sous les recommandations de certaines factions de l'état-major, qui déjà en 1961, depuis la mission Taylor-Rostow à Saigon, voulaient une intervention des militaires américains, non seulement comme conseillers mais comme combattants, ainsi que le bombardement du Vietnam du Nord – Kennedy a refusé. Hilsman révèle ainsi que son administration avait fait le choix d'une intervention politique et non militaire en Asie du Sud-Est, et comment cette politique a été inversée immédiatement après la mort de Kennedy. Le livre dévoile la vérité derrière les fausses raisons données pour justifier ce changement : les bombardements ont commencé le 17 février 1965 à la suite de l'attaque du Vietcong contre la base américaine de Pleiku ; en représailles, prétendument, à l'infiltration de troupes régulières nord-vietnamiennes dans le Sud, car on pouvait ainsi parler d'une agression communiste. Alors que la vérité semble être que, au moment du bombardement, l'administration Johnson n'avait pas de preuves de la présence de troupes régulières nord-vietnamiennes dans le territoire du sud.

Cela signifie donc que le gros des forces nord-vietnamiennes a lancé l'assaut en réponse aux bombardements et non l'inverse. Sur l'opinion publique américaine, qui se croit habituée à connaître la vérité au sujet de tout, ce genre de question a un poids considérable et sous-tend le sentiment généralisé de méfiance à l'égard des prises de position et des décisions de l'administration.

Un exemple révélateur des incohérences de l'administration, qui n'aident certainement pas sa réputation, s'est produit le 16 octobre lors d'une séance au Congrès : William Bundy, secrétaire d'État adjoint aux Affaires asiatiques, a rapporté que le recrutement des vietcongs au Sud Vietnam avait diminué au cours de l'année écoulée, démontrant une popularité croissante du régime de Saigon. Le sénateur Edward Kennedy a aussitôt riposté en brandissant un document du ministère de la Défense datant du 4 octobre qui affirme sans ambages que le recrutement de la guérilla « a augmenté de manière substantielle en 1967 » par rapport à l'année précédente. Bundy n'a pu que constater que ses chiffres provenaient également du ministère de la Défense, mais... d'un autre bureau.

La voix des huîtres

L'insoumission est ciblée dans les déclarations du gouvernement. Johnson déclare : « Il y en a qui veulent que nous poursuivions l'escalade de la guerre, d'autres veulent que nous partions demain. Ces détracteurs de la politique actuelle voudraient que nous nous comportions comme si nous étions une nation mineure avec peu d'intérêts, comme si les océans étaient deux fois plus grands qu'ils ne le sont, comme si nous ne devions pas nous soucier de ce qui arrive aux peuples de langues différentes, de cultures différentes, de couleurs de peau différentes... Ce n'est pas la voix des colombes ni celle des faucons, mais la voix des huîtres. »

Se référant précisément à Schlesinger et à Hilsman, le secrétaire d'État Dean Rusk, lors d'une conférence de presse, s'en est pris à ceux qui se définissent ou sont vus comme des intellectuels, et a rappelé que les amis d'Einstein disaient qu'il était un génie en physique mathématique, un amateur en musique et un enfant en politique. Il a ajouté que « le fait qu'un homme sache tout sur les enzymes ne signifie pas qu'il sache tout sur le Vietnam, sur la façon d'aller vers la paix ou sur la vie ou la mort des nations ».

C'est lors de cette même conférence de presse que Rusk a affirmé que « la sécurité des États-Unis est en jeu au Vietnam ». Un journaliste a demandé une explication et le secrétaire d'État a répondu : « D'ici dix ou vingt ans, il y aura un milliard de Chinois sur le continent, dotés d'armes nucléaires et dont l'attitude envers le reste de l'Asie reste incertaine. » Rusk répète en substance le slogan facile et accrocheur de l'expansionnisme chinois et du « péril jaune » et refuse obstinément de considérer le communisme en Asie, notamment dans ses implications possibles pour une solution au Vietnam, comme un phénomène aux modulations diverses. La thèse de Rostow d'un « communisme sans patrie » et sans nationalisme est donc toujours la thèse officielle, et le vice-président Humphrey, dans son discours de cette fin de semaine, s'est empressé de la réitérer : « Le but des États-Unis au Vietnam est de contenir certaines constantes agressives dans la conduite chinoise jusqu'à ce que le bon sens et la prudence l'emportent. »

Un éditorial du *New York Times* suggère que cet « endiguement de la Chine » n'a jamais été la véritable raison pour laquelle l'administration a décidé de se lancer dans une guerre en Asie, mais que maintenant, acculée, elle y a recours et évoque ces objectifs pour justifier la présence, rien qu'au Vietnam, d'un demi-million de soldats américains et la dépense mensuelle de plus de deux milliards de dollars. Le péril jaune serait donc une couverture, une tentative de justification.

S'il en était vraiment ainsi, la désescalade militaire ne pourrait avoir lieu qu'après une désescalade parallèle dans ces buts et objectifs maintenant si allègrement proposés. Mais c'est précisément cette deuxième escalade qui sera difficile à initier, surtout dans un climat électoral où certains spectres trouveront toujours quelqu'un prêt à les agiter.

La « dissidence » de McNamara

Entretemps, la liste de ceux qui attaquent la politique vietnamienne et de ceux qui, l'ayant jusque-là soutenue, s'en désolidarisent, ne cesse de s'allonger ; tout récemment le général Gavin et David Rockefeller qui, soit dit en passant, a fait clairement savoir qu'il ne veut pas être candidat à la présidence. Le magazine *Life*, qu'on ne peut pas soupçonner de radicalisme, a publié, après quelques tergiversations, un éditorial critique envers la gestion de la guerre qui a touché 7,5 millions de lecteurs. Mais la dissidence ne semble pas se limiter aux sphères extra-gouvernementales. McNamara a récemment fait valoir devant une commission sénatoriale que : a) le bombardement du Nord-Vietnam était un échec ; b) que l'arrêt des bombardements ne mettrait pas en danger la vie des soldats américains ; c) qu'aucun bombardement ne briserait la résistance ni ne forcerait Hanoï à négocier. S'agit-il d'une position tout à fait personnelle du secrétaire à la Défense qui fait allusion à sa possible désolidarisation des responsabilités gouvernementales (démission ?) ou est-ce un ballon d'essai avec lequel l'administration se prépare à lancer, peut-être vers la fin de l'année, une offensive de paix avec un cessez-le-feu limité aux bombardements ? Peut-être un peu des deux.

Quoi qu'il en soit, la guerre continue. Elle se poursuit à la façon et au moment que l'« ennemi » choisit, de sorte que les Américains se retrouvent dans une guerre de tranchées à laquelle les Marines ne sont pas préparés. Elle se poursuit avec une hausse des pertes côté américain : 1148 soldats mis hors de combat la semaine dernière.

En revenant de faire les boutiques dans les grands magasins de Manhattan, on peut s'arrêter à l'angle de la 6e et de la 55e rue pour entendre les bruits de la guerre. Dans les vitrines des locaux d'une chaîne de télévision, sous un puissant éclairage, des images de Marines à l'assaut, de prisonniers, de rizières. La bande sonore : tirs de fusils et rafales de mitrailleuses mêlées au vacarme des hélicoptères. C'est un reporter qui diffuse depuis la zone d'opérations. Chaque soir, la guerre arrive en direct dans chaque foyer et chaque bar des États-Unis.

La guerre n'est plus une affaire lointaine ; elle devient un fait de plus en plus proche de la conscience, et précisément pour cela, précisément à cause de cette familiarité quotidienne, le sentiment d'absurde que devrait susciter l'idée de ces soldats envoyés mourir à des milliers de kilomètres de leur propre pays cesse d'exister. L'« ennemi jaune » évoqué par Rusk semble arriver chaque soir sur le seuil de chaque maison.

« Les États-Unis étaient un pays horrible aux yeux des jeunes gens comme moi. Il y avait déjà une guerre au Vietnam. L'Amérique était le contraire de ce dont nous rêvions. Il ne faut pas non plus oublier que j'ai grandi avec le Che, avec Che Guevara. » Le 9 octobre 1967 en Bolivie, le révolutionnaire argentin Ernesto Guevara a été capturé et exécuté. Se brise ainsi le rêve d'amener la révolution socialiste en Amérique latine. Tiziano apprend la nouvelle dans le New York Times *à la bibliothèque de Columbia. C'est un moment historique qui provoque des réactions dans le monde entier et qui animera la lutte politique de plusieurs générations : « On pourra juger si le Che était un homme politique bon ou mauvais, mais il y avait quelque chose de grand en lui. Parce qu'il cherchait la justice. De partout, on ne voyait dans le monde qu'injustice et inégalités. L'idée que quelqu'un se battait contre ces injustices était fascinante. » Alimentée également par le mythe de Che Guevara, la désobéissance des jeunes Américains se radicalise de plus en plus.*

RAPPORT D'AMÉRIQUE : LES GARDES ROUGES DE WASHINGTON

5 novembre 1967

« La révolution culturelle se répand en Amérique », « Les gardes rouges assiègent le Pentagone ». C'est ainsi que l'on aurait pu imaginer les titres des journaux du dimanche, si par curiosité, on s'était rendu à Washington le jour des manifestations contre la guerre du Vietnam et que l'on avait vu les centaines de bus en provenance des quatre coins des États-Unis, et les plus de 100 000 personnes se rassembler au Lincoln Memorial, puis manifester des heures durant sur les pelouses du Pentagone, brandissant des pancartes et criant les slogans les plus divers, puis si on avait assisté de cinq heures de l'après-midi à minuit, parfois avec un mouchoir sur la bouche pour se protéger des gaz lacrymogènes lancés par les forces de l'ordre, aux assauts répétés sur la première puis la deuxième marche devant le Pentagone, ou si on avait entendu le cri de joie du jeune militant qui, à l'aide d'un mégaphone accroché en hauteur, annonçait aux protestataires sur la pelouse : « Ils sont dans le Pentagone ! Un groupe des nôtres est entré à l'intérieur ! » Sauf que, rien de tout cela. Les journaux du matin ont publié quelques photos en première page montrant des policiers matraquant un garçon, d'autres arrêtant un chevelu, puis une page intérieure pour le reste. L'histoire telle qu'ils l'ont racontée disait à peu près ceci : une foule de jeunes, pour la plupart des hippies, qu'on évalue à environ vingt mille personnes d'après les photos aériennes prises et analysées par les experts du département de la Défense, a tenté après un pique-nique sur les pelouses de prendre d'assaut le Pentagone, sans succès... Selon la déclaration d'un responsable de la Défense, des bombes lacrymogènes ont été lancées par les manifestants... Les discours prononcés par un groupe de politiciens amateurs dont le Dr Spock – bien connu de toutes les mères du monde depuis son livre sur les nouveau-nés –, la sœur de Malcolm X et l'écrivain Norman Mailer, n'étaient ni faits ni à faire. En bref, d'après les journaux, il s'agissait d'une farce déroutante menée par un front uni de pacifistes et de fauteurs de troubles, manipulé par quelques éléments subversifs au milieu de slogans antipatriotiques et des odeurs de marijuana. Même chose à la radio et à la télévision.

« Mon Dieu, nous, on n'y va pas »

Quiconque était présent à Washington a dû se demander si, par hasard, il n'avait pas assisté à une autre manifestation. La marche sur Washington, un point particulièrement intéressant de l'insoumission américaine croissante, a été ramenée par le système dans les limites acceptables et a été remodelée pour la rendre plus digeste. Une question importante qui ne doit pas être oubliée par ceux qui, maintenant que la plupart des 700 personnes arrêtées ont été libérées et leurs coups à la tête pansés, tentent de faire le point sur la signification de ce siège raté de la capitale militaire du monde.

Devant le Pentagone, sous la surveillance étroite d'une dizaine d'hélicoptères de la police qui survolaient la scène, on pouvait trouver une représentation de tous les groupes qui, dans les différents secteurs de la société civile, mènent leur action politique contre la guerre au Vietnam : des pacifistes purs et simples aux groupes religieux, en passant par les anciens combattants, les organisations d'étudiants de diverses couleurs, jusqu'aux radicaux de la nouvelle gauche et aux prétendus sinophiles. Pas une frange spécifique de la population donc, mais une foule tout à fait mixte dont on peut cependant dire sans peur de se tromper qu'il y avait plus de jeunes que de vieux, de Blancs que de Noirs, de radicaux que de libéraux et d'étudiants que d'employés de banque.

La base sociale des participants à la marche était, disons, la même qui avait participé aux manifestations pour les droits civiques de ces dernières années, mais l'atmosphère et la tension avaient sensiblement changé. La lutte pour les droits civiques a été menée sous la bannière de la non-violence et les manifestants ont toujours fait face à la police assis au sol. La chanson *We shall overcome*, qui sous-entendait « à la fin, nous vaincrons » était le symbole de cette lutte. À Washington, cette fois-ci, si les badges distribués disaient, « Nous ne voulons pas de violence », on n'a pas entendu « nous vaincrons » et le cri scandé tout au long de la marche était « *Hell no, we won't go* » – Pas question on n'ira pas ! – la devise des jeunes hommes en âge d'être appelés qui brûlent leur livret militaire, refusant d'aller au front. La protestation pacifique et toutes les tactiques basées sur la non-violence semblent avoir fait leur temps, comme le prouve le fait que ceux qui s'y opposaient farouchement hier en vantent les mérites aujourd'hui.

L'organisation de la résistance

La marche sur Washington représente un tournant pour un type d'opposition qui, ayant compris que le système dans lequel elle opère contrôle et réabsorbe facilement la désobéissance pacifique, cherche désormais d'autres moyens de s'exprimer et croit les trouver en « renonçant à toute dissidence pour accueillir toute résistance ».

Un étudiant a écrit au *New York Times* : « La question n'est plus tant de faire appel à la conscience de la nation. Nous ne voulons pas continuer à expliquer encore à nos concitoyens que la guerre au Vietnam est injuste, car si cela n'est toujours pas clair, que Dieu nous garde. Nous voulons dire à ceux qui veulent la guerre que nous ne les combattrons plus seulement avec des mots, mais que nous nous opposerons à leur guerre avec des actions, et que nous défierons leurs lois et leurs politiques lorsque leur obéir ferait de nous des "criminels". »

Cette attitude était déjà évidente dans les réunions de préparation de la marche. L'organisation créée pour encadrer la manifestation prévoyait également une série d'actes de violence bien plus importants que ceux qui ont effectivement eu lieu. Le programme distribué dans les différents bus prévoyait une « action directe » devant le Pentagone à 16 heures le samedi et la participation de volontaires à des actes de désobéissance civile qui, de façon prévisible, entraîneraient des arrestations et des affrontements.

Procès de la société américaine

Les protestations, les manifestations pacifiques, les prises de position de la part d'un nombre croissant de personnalités ne semblent pas inciter l'administration à modifier son attitude à l'égard du problème vietnamien et il n'est pas possible actuellement, dans le cadre constitutionnel, d'interposer un contrôle ou de soumettre à examen la politique qui sous-tend la guerre. Ce qui ne laisse d'autre choix que d'envisager d'autres formes d'opposition. Ce n'est certainement pas des prochaines élections qu'il faut attendre des changements substantiels, bien que certains les considèrent naïvement comme une sorte de jugement de Dieu ou du peuple sur le destin de la nation et plus particulièrement sur la conduite des opérations. D'abord, parce qu'il n'est pas certain qu'il y aura un candidat de la paix parmi les républicains (qui romprait ainsi une longue tradition) ou parmi les démocrates ; et ensuite, parce qu'on ne peut pas être certain que celui qui éventuellement sera élu à la place de Johnson fera quelque chose de différent de celui-ci, qui, trois mois avant sa victoire était perçu comme le candidat de la paix contre Goldwater. Le choix sera un choix contraint. « C'est un choix marginal en ce qui concerne le style : comme entre une Chevrolet et une Ford. Ou comme dans les chambres des hôtels américains, on peut décider d'enclencher la climatisation ou pas, mais on ne peut pas ouvrir la fenêtre », écrit Mary McCarthy dans son tout récent livre *Vietnam*.

La dissidence donc, renonçant à la non-violence, ne peut qu'accepter son contraire comme une nouvelle forme d'opposition ; ainsi, tout le mouvement se radicalise et, avec la remise en question des tabous idéologiques tels que la liberté et la démocratie, qui, surtout dans les représentations américaines sont à la base de toute position culturelle, la protestation autour de la guerre s'étend à la société américaine en tant que telle et le discours s'articule de façon plus complexe. Les moyens changent, mais les fins aussi.

En ce qui concerne le rassemblement devant le Pentagone, l'un des représentants nationaux du groupe *Students for a Democratic Society* a déclaré au sein d'un comité qui se tenait en même temps que les premiers affrontements : « Tout ce qu'on fait ici sera inutile si nous ne le transférons pas à un autre niveau. C'est de là que vient ce grand sentiment d'impuissance que nous éprouvons aujourd'hui. Il faut désormais exprimer notre résistance par tous les moyens nécessaires. Il faut se battre dans les différentes villes et créer un mouvement de résistance au sein des institutions qui contrôlent et dominent nos vies. »

Dans un pays qui n'a jamais subi d'invasions et qui n'a jamais eu à se battre sur son propre territoire, le mot même de « résistance » est dénué d'attrait. Ce qui n'est pas le cas pour la génération de jeunes qui a fait de la figure de Guevara leur mythe. Pendant la marche sur le Pentagone, le Che était partout. On en a distribué des photographies, on pouvait le reconnaître sur des dizaines de pancartes. Le soir, lorsque la plupart des gens sont partis, les pelouses de Washington étaient jonchées de banderoles et de pancartes, vestiges de la lutte ; sur un grand bastion du Pentagone, quelqu'un avait écrit en lettres rouges « Guevara avec nous ».

L'appel de Johnson aux morts

Les organes d'opinion publique ont réussi à manipuler la manifestation pour qu'on n'y reconnaisse que certains éléments : jeune, radicale, révolutionnaire ; et avec cela, ils ont réussi à détourner la sympathie de la classe moyenne, qui voit son mode de vie beaucoup plus menacé par les intentions de ces rebelles que sa conscience par la guerre au Vietnam. Mary McCarthy a écrit dans la *New York Review of Books* : « Pour le citoyen moyen, pour le manifestant d'âge moyen, la guerre au Vietnam est plus acceptable que de manifester avec un étudiant barbu sous une pancarte disant : « Johnson assassin ». Ainsi, le public se dissocie des « chevelus » et se prépare, tout en étant moralement en désaccord, au probable appel patriotique de Johnson, qui pousse déjà dans leur tombe ceux qui sont morts pour leur pays. Lors de la remise de la médaille d'honneur à un Marine à la Maison-Blanche, le président a déclaré : « J'espère qu'un jour, chaque Américain pourra se rendre sur les champs de bataille de cette guerre et d'autres dans la lointaine Asie, sur les plaines et les collines où des citoyens américains sont morts au nom de la liberté : au Vietnam, en Corée, aux Philippines. »

Entretemps, l'administration poursuit sa politique et, ne sous-estimant pas le danger que peuvent représenter ces secteurs dissidents, elle enquête, fait des recherches, intervient. Ces jours-ci on a appris l'existence d'une enquête secrète sur les activités de la nouvelle gauche, ordonnée par le comité du Sénat pour la sécurité intérieure qui a été révélée lorsque des lettres et des dossiers ont été confisqués par des agents dudit comité aux avocats des manifestants arrêtés à Washington. Le Congrès est sur le point d'adopter une mesure en vertu de laquelle il sera possible d'établir une liste d'organisations et de militants communistes. Ronald Reagan, possible candidat à la présidence, propose de déclarer officiellement la guerre au Vietnam du Nord afin de pouvoir poursuivre les manifestants anti-guerre pour trahison : « Le peuple ne peut accepter que ses enfants se battent et meurent alors que le gouvernement accorde aux insoumis le droit d'être insoumis au point d'aider et d'encourager l'ennemi qui tue nos enfants. »

Sortir des limbes

La marche sur Washington qui a rassemblé autour du Pentagone non seulement 100 000 jeunes venus de tous les coins de l'Amérique, mais aussi 20 000 soldats de la Garde nationale et des unités de la 82e Division parachutiste (les mêmes qui ont réprimé les émeutes de Détroit), ne pouvait pas prétendre mettre fin à la guerre, même si les pancartes des manifestants le réclamaient. Si elle avait pour but de faire pencher l'opinion publique dans ce sens-là, elle a aussi échoué. En revanche, elle a permis de faire sortir des limbes de l'indécision un certain nombre de ceux qui n'avaient pas pris parti en les poussant dans un sens ou un autre.

La question de la guerre au Vietnam a mis en branle un mécanisme de critique qui concerne toute la structure de la société, et partant, elle radicalise les nouvelles forces et par réaction, leurs opposants. Entre autres choses, la guerre a affiné les capacités contre-révolutionnaires de l'establishment militaire (les défoliants ont été inventés, les gaz lacrymogènes améliorés, on a inventé le E63, un appareil électronique produit par General Electric capable de renifler à distance les effluves d'un Vietcong se cachant dans la jungle), elle a donné aux droites radicales des raisons de rallier d'anciens et de nouveaux alliés et de reprendre la main après le laxisme hérité des années Kennedy… Cependant, elle a également créé une opposition et l'a activée, lui donnant un rôle d'alternative, du moins intellectuellement.

On peut se demander ce qu'il adviendrait de ces jeunes si la guerre prenait fin maintenant – mais il faudrait un miracle pour cela. Peut-être seraient-ils brûlés sur le bûcher comme des Cassandre insidieux. Mais la guerre continue, et avec elle cette bipolarisation dans les extrêmes du spectre politique. Ce n'est certainement pas avec les élections de novembre prochain qu'une épreuve de force aura lieu ; mais tout cela jouera un rôle à l'avenir, en commençant peut-être par les troubles raciaux qui ne manqueront pas de se réveiller, encore plus rageusement, l'été prochain.

« Le fait de vivre à New York et de lire ce merveilleux journal qu'était à l'époque, et qu'est encore en partie le New York Times, *m'a fait prendre conscience de l'importance majeure qu'a dans la formation de l'opinion publique celui qui écrit, celui qui, ayant compris un peu plus et étant les yeux et les oreilles du lecteur, dit des choses auxquelles le lecteur ne pourrait pas arriver par lui-même. » Tiziano se rend compte à quel point le Pouvoir est capable de minorer et de manipuler les événements. Comment le Pouvoir agit-il face à l'insoumission, comment gère-t-il ceux qui le critiquent ? C'est simple : en disant au public une vérité alternative ou en atténuant la gravité d'un événement, tel que le fait le commandant des opérations militaires américaines William Westmoreland dans une conférence de presse sur le Vietnam.*

ÉTATS-UNIS : LA GUERRE DES STATISTIQUES

3 décembre 1967, New York

« Toutes les mesures quantitatives montrent que nous sommes en train de gagner la guerre. » C'était en mai 1962 et McNamara concluait devant la table de réunion à la Maison-Blanche un long exposé de statistiques, avec des graphiques sur les pertes du Vietcong, les armes saisies, le recrutement de nouveaux guérilleros au Sud, les infiltrations au Nord, le nombre d'actions entreprises par les deux camps, le rapport entre les bottes de riz semées et celles détruites par les herbicides et les défoliants, et qui sait quelle autre corrélation. Quelqu'un qui s'ennuyait avait écrit en latin de cuisine un mot qui avait fait le tour de la table : « *Cave statisticum* ».

Le président Kennedy, dit-on, n'a pas été très convaincu par la longue liste de preuves chiffrées fournie par ses collaborateurs et a clos la discussion en posant une question qui n'avait rien de rhétorique : « Mais comment faire pour savoir si nous sommes en train de gagner la guerre ? »

Plus de cinq ans se sont écoulés depuis cet épisode et il semblerait que les centres de recherche et les bureaux d'études du Pentagone n'aient pas encore trouvé la réponse : la guerre au Vietnam ne se gagne pour l'instant qu'avec des statistiques et des graphiques et sûrement pas dans les collines de Dak To ou les tranchées de Con Tien, et de Lôc Ninh.

Les comptes de Westmoreland

La longue visite à Washington de Bunker et Westmoreland, respectivement ambassadeur et commandant en chef des troupes américaines au Vietnam, vient de s'achever. Après un nombre considérable de réunions avec le président, de conférences de presse, d'apparitions à la télévision, de déclarations, etc., voici l'image qu'ils ont laissée à leur départ de cette guerre que les États-Unis sont en train de « gagner » en Asie :

– le Vietcong n'a gagné aucune bataille cette année ;

– Leur nombre, qui s'élevait à 285 000 hommes au cours des quatre derniers mois de 1966, est tombé à 242 000 au cours du troisième trimestre de 1967 (cette baisse serait due à des pertes sur le champ de bataille que le Vietnam du Nord ne peut remplacer) ;

– Les quelques troupes que les Nord-Vietnamiens parviennent à envoyer sur le terrain sont soit des garçons de moins de seize ans, soit des hommes de plus de quarante. La « guerre d'usure » a réduit la force de combat du Vietcong, dont 45 % des 163 bataillons sont désormais inaptes au combat ;

– le gouvernement de Saigon contrôle 5 188 villages et le Vietcong seulement 4 038, tandis qu'un peu moins de 3 000 sont encore contestés ; ainsi, il ne resterait que 17 % de la population dans des zones sous contrôle ferme des communistes ;

– les maladies, des épisodes de couardise, les pénuries alimentaires, les tribunaux militaires et le mal du pays auraient sapé le moral des Vietcongs.

En bref, selon les mots de Westmoreland : « Les États-Unis font des progrès constants et réguliers, et il n'y a jamais eu autant de raisons d'être optimiste. » Puis, au lieu de conclure comme quelqu'un qui aimerait voir les soldats rentrer chez eux et manger une dinde de la victoire à Noël, il a ajouté : « La fin commence à pointer à l'horizon... on peut s'aventurer à dire que dans deux ans, peut-être moins, l'ennemi sera tellement affaibli que les Vietnamiens pourront assumer une plus grande part des opérations et que nous pourrons retirer une partie de nos troupes. » Voilà la vision que le commandant des opérations offre de la situation, mais est-ce que la guerre se passe vraiment comme ça ? Est-ce que tous ces chiffres, statistiques et graphiques qui inondent les reportages des journaux, des radios et des télévisions, représentent vraiment la situation du Vietnam ? Il ne semble pas que ce soit le cas ; et il suffit de jeter un œil dans les journaux de Hanoï pour trouver des discordances.

Divers journalistes écrivent à présent que Con Thien n'était pas ce Diên Biên Phu inversé dont parlait Westmoreland. En fait, il n'y a pas eu de victoire américaine du tout ; si les Vietnamiens ont cessé d'attaquer les tranchées dans lesquelles ils avaient acculé les Marines, ce n'est pas parce qu'ils avaient été anéantis par les bombardements et la contre-offensive, mais plus probablement parce que la pluie avait rendu leurs bunkers impraticables et qu'ils en ont profité pour rentrer chez eux et récolter de la marijuana qu'ils vendront aux Marines dont la consommation ne cesse d'augmenter de façon alarmante.

Que les Vietcongs n'avaient pas été anéantis par le napalm, ils l'ont prouvé quelques jours plus tard lorsqu'ils ont recommencé à tirer sur Con Thien. Même chose en ce qui concerne Loc Ninh où – d'après certains rapports – trois compagnies de la 25e division ont été balayées dans les quatre premiers jours de combat. Si les rapports tirés de documents saisis, d'interrogatoires et d'espionnage sur le moral des Vietcongs étaient vrais, il suffirait pour les contrebalancer de lire ces lettres de Marines à leur mère, que de nombreuses sources commencent à publier, ou bien les récits de ces G.I. qui, enfin de retour du Vietnam, rejoignent des groupes de « vétérans pour la paix », participent à des discussions, racontent leur expérience/épreuve et marquent les esprits.

Il a suffi de l'intervention d'un journaliste pour jeter le doute sur les données à propos du Vietcong. Lorsque Westmoreland a avancé le chiffre actuel de 242 000, le reporter a rétorqué : « Mais jusqu'à hier, le Pentagone parlait de 297 000 ! » Westmoreland s'est contenté de répondre que ce chiffre-là comprenait également les cadres politiques. Mais alors, les cadres ne sont pas des Vietcongs, tandis que les femmes et les vieillards sont des Vietcongs lorsqu'on compte les corps après les bombardements de villages ?

À propos des chiffres concernant les villages contrôlés, il suffit d'écouter les reporters qui ont suivi la tournée vietnamienne de l'ancien général Gavin. Ils expliquent que certains des villages dits libérés ne sont habités que par des femmes et des enfants, et que la majorité de ceux définis comme « contestés » ne le sont que jusqu'à la tombée de la nuit. Gavin est revenu du Vietnam en disant qu'il faudrait dix ans pour s'en sortir.

Bien sûr, il suffirait d'une classification différente pour que le pourcentage de la population vivant sur des zones contrôlées passe des 67 % revendiqués à seulement 44 %. Face à cette objection, un porte-parole de la Maison-Blanche a déclaré : « Mais messieurs, c'est la question habituelle du demi-verre d'eau : est-ce qu'on parle de la moitié vide ou de la moitié pleine ? » C'est l'une des mesures de l'optimisme, et l'optimisme semble être le mot d'ordre de la Maison-Blanche maintenant que le Président a lancé une grande opération de relations publiques sur le front intérieur, une sorte de grande offensive pré-Noël contre tous ceux qui critiquent la guerre. Bunker et Westmoreland ont été les piliers de cette campagne, mais par ailleurs toute l'administration, du vice-président au secrétaire à la défense, en passant par le secrétaire d'État et les différents sous-secrétaires et secrétaires adjoints, a parcouru le pays pour tenter une « pacification » interne, parallèle à celle tentée par les G.I. au Vietnam. Persuasion, argumentation, intimidation ; en bref, une tentative de « gagner le cœur » des Américains qui ne croient pas aux statistiques.

La piste Sihanouk

Dans toute cette guerre des chiffres, le plus inquiétant est l'éventualité que l'administration croie réellement ses propres statistiques et donc croie aux conclusions qui en découlent : s'il est vrai que les États-Unis réduisent la force de l'ennemi en termes d'hommes et de fournitures, et que le Vietcong revient maintenant à la tactique de saisie des armes et des munitions américaines, une conclusion s'impose : l'URSS, la Chine et les autres puissances communistes ne soutiennent plus le Vietcong comme jusqu'à présent, et ne sont donc pas intéressées par le rétablissement d'un équilibre militaire actuellement défavorable à Hanoï. Mais si c'est le cas, alors il n'y aurait aucun risque à débarquer au Vietnam du Nord, aucun risque à envahir la zone démilitarisée ou à miner le port de Hanoï, bref, aucun risque à clore ce long jeu vietnamien par un coup d'éclat avant que les élections n'arrivent.

Un autre scénario, auquel adhèrerait une partie considérable des responsables du Pentagone, semble plausible et les statistiques, telles que présentées, semblent l'appuyer. Pour Noël l'année dernière, Johnson avait rayé 96 localités de la liste des cibles de l'US Air Force, cette année il en reste trois (et qui sait si elles ne seront pas offertes comme cadeau de Noël à des secteurs de l'armée qui se sont d'ores et déjà déclarés opposés à toute trêve, même de 24 heures). Depuis l'année dernière, les États-Unis n'ont cessé de « monter en puissance », mais le Vietcong n'a pas répondu par une escalade proportionnelle. Les alliés communistes seraient-ils en train de tempérer leur soutien au Vietcong ?

Cela tendrait à indiquer une volonté de ne pas s'impliquer directement dans le conflit, mais alors pourquoi l'Amérique ne devrait-elle pas prendre le risque ? C'est sans doute pour mesurer ce risque que les avions américains volent de plus en plus près de la frontière chinoise le long de laquelle ils bombardent des villages qui n'ont rien de stratégiques. Ces derniers jours, la 445ᵉ « vive protestation » diplomatique a été transmise aux autorités américaines par les autorités chinoises pour une nouvelle violation de l'espace aérien de la République populaire, cette fois dans la province de Kwangtung.

En matière de création d'incidents, les États-Unis sont passés maîtres. La preuve, celui qu'ils sont en train de provoquer aux dépens du Cambodge et de son leader neutraliste Sihanouk. Le Cambodge a rompu ses relations diplomatiques depuis longtemps avec les États-Unis, qui l'accusent d'abriter des groupes armés du Vietcong le long de sa frontière avec le Vietnam. Selon les États-Unis, la partie méridionale de la route d'approvisionnement de Hanoï vers les groupes de combat du sud, connue sous le nom de « piste Ho Chi Minh », traverse les jungles du Cambodge. Les États-Unis ont publiquement donné à cette partie le nom de « piste Sihanouk », accusant ainsi le dirigeant neutraliste de connivence avec les communistes et, sans toutefois prouver ces accusations, ont bombardé des zones dites suspectes du Cambodge à plusieurs reprises. La semaine dernière, la découverte par deux journalistes américains d'un camp Vietcong dans la jungle cambodgienne, à six kilomètres de la frontière avec le Vietnam du Sud, a fait grand bruit. Sihanouk a réagi violemment à ces accusations qui impliquent une légitimité américaine à bombarder son territoire. Mais la voie pour une nouvelle étape d'escalade est ouverte.

Cartes postales des *Ramparts*

Il n'y a aucun signe de relâchement américain en Asie du Sud-Est. Il y a quinze jours, on apprenait la signature d'un accord entre les États-Unis et la Thaïlande pour que cette dernière envoie dix mille soldats supplémentaires au Vietnam. En contrepartie, les États-Unis ont promis à la Thaïlande, où le terrorisme communiste est en hausse – ce qui justifie une intervention accrue des conseillers militaires américains, au nombre déjà de 50 000 – une série de missiles antiaériens.

Il y a une semaine, le Premier ministre japonais Eisaku Satō achevait sa visite à Washington, sans avoir obtenu la souveraineté sur l'île d'Okinawa, toujours sous administration militaire américaine depuis la fin de la Seconde Guerre mondiale. Actuellement, il y a 265 bases militaires américaines sur les territoires appartenant géographiquement au Japon. Okinawa est de loin le plus important : à seulement 500 miles de la côte chinoise, Okinawa accueille aujourd'hui des centres d'entraînement et des hôpitaux de campagne pour les troupes de combat au Vietnam. Les plus grandes unités de la Septième flotte engagées en mer de Chine peuvent entrer dans le port de Yokosuka. Les aérodromes abritent une partie des B-52 qui se trouvaient auparavant à Guam. Les bases de missiles les plus avancées contre la Chine sont stationnées à Okinawa. Le Japon ne récupérera pas son île de sitôt. Dans un article récent de *Foreign Affairs*, on peut lire : « Sans l'utilisation d'Okinawa, nos opérations au Vietnam n'auraient pas pu être menées ni à l'intensité ni à l'échelle actuelles. » Le Vietnam est-il vraiment la seule raison de l'importance des bases comme Okinawa ou comme U-Tapao et Korat en Thaïlande ?

La tension de la guerre, malgré la prétendue victoire statistique, ne s'apaise pas non plus sur le front intérieur. Les organisations étudiantes qui dirigent les mouvements contre le recrutement militaire ont donné beaucoup de publicité aux quatre déserteurs qui ont quitté leur navire à Tokyo, et à ceux qui désertent leurs garnisons en Allemagne dont on dit qu'ils sont de plus en plus nombreux. De nouvelles manifestations contre les bureaux de conscription sont prévues pour la première semaine de décembre. À New York, le groupe *Resist* tentera de bloquer le recrutement.

Simultanément, le département d'État annonce que 34 000 nouveaux jeunes hommes (exactement le double de l'année dernière) seront appelés sous les drapeaux en janvier prochain, et que le général Louis Hershey, directeur du service sélectif militaire, a envoyé des ordres au réseau des bureaux en demandant expressément que les étudiants qui troublent le bon déroulement des opérations de conscription perdent leur droit à un report.

L'éditorial de *Ramparts* qui sort ce mois-ci dans les kiosques avec en couverture une photo des quatre cartes de conscription de ses jeunes rédacteurs en flammes, conclut : « Si ce pays veut devenir le gendarme du monde, il devra d'abord emprisonner sa jeunesse. »

« Je me souviens, par exemple, avoir lu, avec dévotion, des auteurs comme James Reston et Walter Lippmann qui attaquaient le pouvoir en tant que tel, "l'arrogance du pouvoir", comme on disait à l'époque. Ça me parlait. Et j'ai senti qu'il y avait de la place pour moi, qu'il y avait une sorte de mission pour moi. »
À Columbia, Tiziano prend des cours de politique internationale et suit avec attention le pouls et les sursauts de la politique américaine. Ses figures de référence, Reston et Lippmann, chacun deux fois prix Pulitzer, sont des journalistes qui enquêtent en profondeur sur chaque affaire. Sur la trajectoire, par exemple, du secrétaire à la Défense Robert McNamara, qui a désormais perdu la confiance du commandement militaire, lequel exige pour le Vietnam encore plus d'hommes et d'armes.

MCNAMARA: LA TRAJECTOIRE DU MANAGER

10 décembre 1967

L'homme qui, bien qu'à contrecœur (paraît-il maintenant), a mené jusqu'à hier l'une des campagnes les plus inhumaines et destructrices contre un pays pauvre qui a besoin de tout sauf d'une guerre dans l'une des régions les plus sous-développées du monde, va se retrouver à la tête de la plus ancienne et plus grande organisation internationale, la Banque mondiale, dont la fonction première est l'aide aux pays pauvres et en développement.

Dans *L'Astrolabio* du 29 octobre, nous avons évoqué ces dissensions autour du secrétaire à la Défense au sein même de l'administration Johnson et la possibilité d'une confrontation définitive pour ou contre McNamara. À ce moment, peu de gens aux États-Unis pensaient que c'était possible mais maintenant que c'est fait, tout le monde affirme que c'était inévitable. Ce n'est pas le seul incident à présenter ces caractéristiques. Limogeage ou démission ? Étant donné le secret avec lequel le président Johnson mène ses affaires, il est très peu probable que nous sachions la vérité, du moins jusqu'à ce que les mémorialistes de ce royaume commencent à publier leurs souvenirs.

James Reston, habituellement bien au fait des affaires de Washington sur lesquelles il écrit dans le *New York Times*, ne semblait pas avoir assez d'informations cette fois-ci, mais après quelques jours d'hésitation, il semble pencher pour la version du renvoi. Johnson aurait été contraint par des militaires, qui en avaient assez de supporter, d'après leurs propres mots « l'ingérence » du secrétaire à la Défense dans la conduite des opérations au Vietnam. Finalement, limogeage ou démission, cela n'est plus qu'une question de détail, les deux versions se valent. Ce qui est bien plus significatif, en revanche, c'est l'effort considérable fourni par la Maison-Blanche et le Pentagone pour minimiser l'affaire en l'entourant d'un épais écran de fumée. On ne se privera pas d'en chercher les raisons dans cette profusion de déclarations officielles de stabilité. On a diffusé des communiqués communs soigneusement rédigés illustrés de photographies tout en sourires des deux protagonistes, et certains sont même allés plus loin : McNamara, en tant que secrétaire à la Défense, ne gagnait que 35 000 dollars par an, tandis qu'il en gagnera 40 000 en tant que président de la Banque mondiale.

McNamara le gestionnaire

McNamara a accompagné deux présidents (Kennedy et Johnson) au poste de secrétaire à la Défense, où il est resté plus longtemps que n'importe lequel de ses prédécesseurs[4]. Il est arrivé à Washington en janvier 1961, avec le CV que voici : Harvard Business School, passage par l'US Air Force dont il est sorti avec le grade de lieutenant-colonel, brillante carrière en entreprise chez Ford, dont il détenait la présidence. McNamara était et reste un gestionnaire. Ce qui lui a valu de nombreuses critiques. On a dit à son sujet : « La gestion est une question de comptabilité, McNamara est le meilleur comptable qu'on ait jamais eu, mais lorsqu'il s'agit de politique internationale, les chiffres ne suffisent plus. » Il a surmonté sa réputation de comptable pour devenir un calculateur électronique humain. Ses sept années de travail au Pentagone ont essentiellement consisté à soustraire les questions de défense à la logique ésotérique et sans appel des hauts gradés, le plus souvent engagés dans des luttes intestines, et à les ramener dans un système intégré, de type commercial, dans lequel l'analyse et l'information constituent la seule base de la prise de décision et du choix de nouveaux programmes, et dans lequel le budget de la défense, qui représente près de la moitié du budget fédéral, est établi en considérant non seulement les besoins purement militaires, mais associé aux objectifs de l'économie nationale.

---

4. Et de ses successeurs : sept ans et un mois. (Baulon, Jean-Philippe. « Les trois guerres de Robert McNamara au Vietnam (1961 – 1968) et les errements de la raison dans un conflit irrégulier », *Stratégique*, vol. 93-94-95-96, no. 1-2-3-4, 2009, pp. 425-444.

McNamara a mené son programme tambour battant et, avec le soutien des deux présidents, il a réussi à imposer ses vues contre celles des militaires, dont deux exemples notables sont le développement du programme TFX – *Tactical Fighter Experimental* – qui a donné le bombardier F-111, et l'annulation des avions de pénétration et du missile antiaérien *Skybolt*. Chacune de ces décisions a touché de près les intérêts de certains groupes militaires et industriels, lesquels par ailleurs ne pouvaient opposer des arguments vérifiables au-delà de leurs tables de calcul sur le papier, puisque leur précision ne peut être prouvée qu'en cas de guerre mondiale.

Maintenant qu'il y a une guerre, bien qu'elle ne soit pas mondiale, que cette guerre tourne mal et qu'il n'est pas possible de justifier toutes les décisions en fonction de critères de coût, d'efficacité et de qualité, l'Armée, qui poursuit un but aussi mal défini et difficilement quantifiable que celui de « victoire », ne manque pas d'occasions de déclarer que « la guerre est trop importante pour être laissée aux comptables et aux calculateurs électroniques ». McNamara était un frein pour les ardeurs des militaires et de certains groupes industriels et c'est fort commode de rendre ses efforts de rationalisation responsables d'une défaite finale. C'est le *Chicago Tribune* qui s'en est donné à cœur joie dans un éditorial qui représente on ne peut plus clairement cette position : « Peut-être que si le successeur de McNamara a un esprit plus ouvert et qu'il est prêt à écouter les militaires professionnels, dont le métier après tout est de faire la guerre, il leur donnera une meilleure chance de mettre un point final victorieux au conflit en cours. Et peut-être l'avis des experts sera-t-il à nouveau pris en compte lorsqu'il s'agira de construire les systèmes de défense dont dépend la survie de notre nation. »

Un gouffre infranchissable

Ces derniers temps, ce gouffre entre les militaires et McNamara était devenu infranchissable et, en deux épisodes, le secrétaire à la Défense, perdant le soutien du président, avait été vaincu : la décision de construire un système antimissile (ABM) dans une fonction antichinoise, à laquelle McNamara s'était toujours opposé ; la décision d'intensifier les bombardements sur le Nord-Vietnam, qu'il avait jugée inefficace autant du point de vue politique que militaire.

Pour en venir au point qui est au cœur de la discussion sur les raisons du départ de McNamara du ministère de la Défense, il est à mon avis inutile de chercher dans le passé, et essentiellement dans ces deux épisodes, les raisons de ce départ, car dans l'ensemble, ces décisions portent désormais sa signature. Limogeage ou démission (l'hypothèse la plus solide est que Johnson n'a fait qu'anticiper un geste que McNamara ou les militaires auraient fini par provoquer plus tard et certainement de manière plus dramatique, ne donnant pas au président la chance de faire digérer au public, désormais en alerte électorale, ce qui pour beaucoup apparaît comme une décision substantielle de l'administration). Limogé ou démissionnaire, McNamara ne peut donc pas se dissocier de ce qui s'est passé jusqu'à présent, en particulier au Vietnam, mais ne peut le faire que par rapport à quelque chose qui va se produire ou qui est simplement très susceptible de se produire dans un avenir proche.

Et que pourrait-il arriver que McNamara ne veut pas voir attaché à son nom, sinon une escalade décisive et radicale de la guerre ? Et dans ce cas, quelle forme d'escalade est encore possible si ce n'est une escalade quantitative ? (Qualitativement, la prochaine étape de l'escalade ne peut être que l'utilisation de bombes atomiques tactiques.) Une escalade territoriale dans laquelle la zone de guerre est élargie : au Cambodge, au Laos et certainement au Nord-Vietnam.

L'invasion du Nord-Vietnam n'est plus seulement le sujet de réunions secrètes, elle fait désormais l'objet d'une discussion publique. La semaine dernière, l'ancien président Eisenhower, devant les caméras de CBS, parlant de la guerre en cours, a déclaré : « Il est temps de surmonter ces étranges scrupules à propos des frontières sur les cartes » ; personne n'a été choqué. McNamara sait que les plans de cette invasion sont prêts au Pentagone, et que la probabilité que l'un d'entre eux soit mis en œuvre a considérablement augmenté ces derniers temps. C'est pourquoi il démissionne ou, en faisant comprendre qu'il pourrait le faire, il est licencié.

L'invasion et les Chinois

Il y a essentiellement trois plans en discussion aujourd'hui :

1) une invasion limitée de la zone démilitarisée avec contrôle et destruction de ces bases d'artillerie nord-vietnamiennes qui brisent aujourd'hui les camps militaires américains comme Con Thien ;

2) une invasion totale du Nord, à travers la zone démilitarisée et avec des débarquements de troupes visant directement Hanoï ;

3) une invasion limitée d'un tiers du Nord-Vietnam, avec des troupes passant par la zone démilitarisée, et d'autres débarquant à la hauteur de la ville de Vinh, d'où l'on pourrait ensuite tracer une ligne droite jusqu'à Vientiane (qui est à la même latitude), plus facilement contrôlable que le front instable d'aujourd'hui, qui se trouve sur la zone démilitarisée, à la frontière avec le Laos, à la frontière avec le Cambodge.

Et la Chine ? on se le demande. Il n'y en a pas beaucoup au Pentagone aujourd'hui qui pensent qu'elle ne veut pas s'impliquer directement dans la guerre du Vietnam, afin de ne pas donner aux États-Unis la possibilité de l'attaquer directement sur son territoire. Il suffirait – selon certains – de donner aux Chinois la possibilité de sauver la face afin d'éviter une confrontation (mais veulent-ils vraiment éviter cette confrontation avec la Chine ?).

Certains considèrent comme plausible, dans la logique du Pentagone, l'hypothèse selon laquelle Pékin ne répondrait à l'invasion limitée décrite au point 3) qu'en massant de manière « menaçante » diverses divisions à la frontière avec le Nord-Vietnam. Si cela était vrai, les États-Unis, en déplaçant le front plus au nord, créeraient une nouvelle bande de friction, dont l'imperméabilité serait plus contrôlable, et flétriraient le mouvement de libération au sud, leur donnant la victoire limitée que certains recherchent.

Ce sont les plans qui sont fréquemment proposés à Johnson par certains cercles du Pentagone. Quelle est la position du président en ce moment ? L'élection est dans dix mois, et la guerre au Vietnam, sur laquelle se concentrent ses détracteurs et dont se plaignent tous les côtés de l'échiquier politique, ne se passe pas bien, et malgré l'optimisme de Westmoreland, il est dans une situation délicate. Les choix qui s'offrent à Johnson, en ce qui concerne la guerre qui semble conditionner substantiellement sa réélection, ne peuvent être que trois :

1) continuer au rythme actuel ;

2) amorcer une désescalade ;

3) se lancer dans l'escalade qui n'envisage plus que le stade de l'élargissement du conflit.

Le seul de ces choix que je ne pense pas que Johnson puisse faire est de poursuivre la guerre pendant plusieurs mois supplémentaires au niveau actuel, car cela l'exposerait aux critiques de la droite et de la gauche, et permettrait à tout candidat qui le défierait aux élections d'insinuer qu'il ferait mieux que lui, soit comme faucon, soit comme colombe (c'est déjà la position de Nixon aujourd'hui).

Le loup dans la fange

La voie de la désescalade est également difficile pour Johnson en ce moment, car elle nécessiterait un désaveu clair de sa stratégie passée.

Il ne reste plus que l'escalade, l'invasion du Nord-Vietnam et, avec cela, la recherche d'une quelconque victoire que le grand public finirait par accepter, mettant ainsi les esprits en repos, aujourd'hui encore agités par les bonnes intentions de ceux qui font de la propagande pour la paix.

Il y a donc aujourd'hui de nombreuses chances que Johnson choisisse la voie de l'escalade et compense son choix de manière propagandiste par de grandes annonces et quelques allusions à la désescalade. C'est, à mon avis, la seule chose à lire dans le départ de McNamara de la Maison-Blanche, et c'est ce que beaucoup craignent, malgré le battage des déclarations officielles et des organes d'opinion assurant un calme absolu et aucun changement dramatique. Le *New York Times* écrit : « Le départ de McNamara du Pentagone à ce stade ne signifie pas du tout qu'il y a un désaccord spécifique avec le président et les chefs d'état-major interarmées. » Malheureusement, ce n'est pas le cas, et les Nord-Vietnamiens eux-mêmes le craignent. Des observateurs revenant de Hanoï décrivent les préparatifs pour faire face à l'invasion américaine. Un porte-parole du ministère des Affaires étrangères du Vietnam du Nord a expliqué à la presse philippine que les États-Unis sont à présent comme un loup qui a les pattes arrière enfoncées dans la boue, et qui ne peut qu'enfoncer aussi les pattes avant. Le renvoi de McNamara ne peut que signifier un changement dans la politique militaire de ce pays.

On a parfois appelé la guerre au Vietnam « guerre de McNamara » et on en est à se dire que la sienne serait préférable à celle que risquent de mener ses successeurs. Si McNamara a été le seul borgne dans ce pays d'aveugles, que va-t-il se passer maintenant ? Je ne suis pas le seul à me poser cette question ici, en Amérique. Nous devrions commencer à nous la poser aussi en Europe. Certes, Rome est aussi loin de Hanoï que New York ; mais si la guerre est à la porte (même morale) de l'Amérique, elle ne l'est pas moins à la nôtre.

« Durant mon séjour aux États-Unis, je suis aussi devenu un véritable journaliste dans le sens où j'écrivais chaque semaine de très longs articles pour L'Astrolabio, *ce bel hebdomadaire de la gauche indépendante dirigé par Ferruccio Parri. » À Rome, Tiziano avait rencontré le sénateur à vie – partisan de la résistance italienne pendant la Seconde Guerre et grand leader de l'antifascisme – qui, en apprenant son départ imminent en Amérique, lui avait demandé d'envoyer des « papiers » au magazine. Cet article autour du général William Westmoreland, défenseur convaincu de l'escalade au Vietnam, est très riche. Tiziano y fait une analyse minutieuse des dimensions du conflit et de l'activité militaire américaine en termes de coûts politiques et économiques. Si ceux-ci sont faramineux, c'est à cause des effroyables pertes humaines dans les rangs de l'armée américaine que l'on remplacera l'homme qui, avec plus d'un demi-million de soldats sous ses ordres, a sous-estimé les capacités et la résistance des forces communistes en face.*

VIETNAM 1967 : L'HEURE WESTMORELAND

7 janvier 1968

« Aujourd'hui, dans le but de mettre fin aux attaques constantes que l'ennemi lance impunément contre nos troupes depuis ses abris, les forces armées américaines ont occupé des secteurs au nord de la zone démilitarisée et pourchassent des unités ennemies en déroute. Ceci ne doit en aucun cas être considéré ni comme une nouvelle étape de la guerre ni comme une inflexion de la stratégie américaine. Il s'agit d'une opération ponctuelle pour assurer la sécurité de nos troupes... » Il y a fort à parier qu'un communiqué rédigé à peu près en ces termes se trouve déjà dans les tiroirs d'un porte-parole de la Maison-Blanche qui nous le lira sans la moindre émotion, peut-être ce soir, peut-être dans une semaine, ou dans un mois.

La guerre en Asie, malgré l'optimisme des budgets de Westmoreland et les bilans divers dressés en cette fin d'année, ne semble pas évoluer de façon sensiblement différente à il y a un an, et les rumeurs voulant que ces « frictions » ne suffiront à amener l'ennemi à la table des négociations se font de plus en plus insistantes. Les perspectives de paix deviennent plus vagues – après la rencontre Johnson-Thieu[5] avec des déclarations contradictoires des parties et la réconciliation finale des points de vue, purement formelle, il semblerait que l'on ne sache plus qui doit faire la paix avec qui – et la position américaine, défendue et réitérée lors des très fréquentes allocutions télévisées de Johnson, ne semble pas avoir changé d'un iota, avec tous ses clichés sur la défense du monde libre, sur la conspiration communiste, sur la Chine qui ne peut faire partie du concert des nations que si elle se comporte bien, etc.

Garder l'espérance de paix est difficile. La mobilisation de la Thaïlande va croissant et, apparemment, des troupes de son armée opèrent déjà dans le sud du Laos où les avions américains bombardent et défolient la jungle. La fréquence des incidents avec le Cambodge augmente et les troupes américaines continuent de débarquer au Vietnam.

1 200 000 soldats

Aujourd'hui, on compte au Vietnam du Sud, engagés dans la guerre contre le Vietcong, 474 000 soldats américains (ils seront 525 000 au printemps prochain), 700 000 Sud-Vietnamiens et 70 000 Thaïs, Sud-Coréens, Australiens et Néo-Zélandais. Un total de plus de 1 200 000 hommes sur un territoire dont la population est de quelque 14 millions d'habitants, dont environ 50 % seulement ont plus de 16 ans et dont 50 % seulement sont des hommes. En bref : au Vietnam du Sud, fin 1967, il y a un soldat pour 3,5 hommes adultes ou potentiellement guérilleros. C'est peut-être la seule base sérieuse à considérer lorsque les Américains cherchent à calculer leur rapport de force avec l'ennemi.

La position officielle semble aller dans ce sens puisque certains généraux déclarent depuis Saïgon qu'ils ne peuvent pas comparer les données actuelles sur le nombre de guérilleros dans le Sud – 250 000 ou 300 000 ? – avec celles compilées auparavant, car « plus on rassemble d'informations, plus on se rend compte que la situation a toujours été pire qu'on ne l'avait dépeinte ».

Comment parvenir donc à contraster les chiffres ? Une offensive majeure a été lancée dans le delta du Mékong. Le reporter du *New York Times* qui suit les opérations a écrit : « Malgré les statistiques du gouvernement indiquant qu'on contrôle 60 % de la population de la région – un chiffre considéré comme une pure fantaisie par ceux qui opèrent dans les rizières – le Vietcong domine toujours complètement le Delta. »

---

5. Rencontre entre les présidents Johnson et Thieu le 21 décembre 1967 à Canberra. Thieu a rejeté la proposition de Johnson d'établir des discussions officieuses avec le Vietcong. Source : *Le Monde*, 21 décembre 1967.

Il conviendrait peut-être de repartir de zéro et de justifier les « progrès » accomplis en disant qu'au début, tout était plus ou moins vietcong. Mais alors, comment peut-on continuer à prétendre que l'on est là pour défendre une majorité contre une minorité ? C'est peut-être dans cette mystification de base que s'explique l'inévitable confusion des statistiques.

Un bilan objectif de la guerre – par exemple des pertes qu'elle occasionne – est quasiment impossible. Il faudrait tenir compte des données mises à disposition par les deux parties, sauf que lesdites données sont peu crédibles le plus souvent, et par ailleurs difficiles à interpréter parce qu'elles se rapportent à des contextes différents.

Il en va ainsi des données sur les avions abattus. Les déclarations du département américain de la Défense font état des avions américains abattus au-dessus du Nord-Vietnam – cela semble exclure ceux perdus en mer ; les statistiques des sources nord-vietnamiennes parlent génériquement d'appareils détruits. Est-ce assez pour faire concorder les données ? Certainement pas. Comparons-les : le 28 novembre, le *Vietnam Courier*, un organe de presse publié en anglais à Hanoï comptait 2 607 avions abattus depuis le début de la guerre. Trois semaines plus tard, pour le département de la Défense, le nombre d'avions perdus au-dessus du Nord-Vietnam s'élevait à 766, dont 36 abattus au cours de combats aériens. Le même écart s'applique aux pertes humaines. Selon l'agence de presse *Giai Phon* du Front National de Libération, rien qu'entre mai et septembre 1967, 143 000 ennemis, dont 68 900 Américains, ont été mis hors d'état de nuire. Le total des pertes au Vietnam admis officiellement par le Pentagone du 1er janvier 1961 au 21 décembre 1967 est de 114 310 hommes : 15 468 tués ; 2 100 tués hors combat ; 95 856 blessés ; 886 disparus ou prisonniers. À ceux-ci s'ajoutent les soldats mis temporairement hors d'état de nuire par des maladies infectieuses. Tous les chiffres sont contestés par l'autre partie. Dans les statistiques américaines, comme on peut le constater, le nombre de prisonniers est de 886, tandis que les sources vietnamiennes, rien qu'en ce qui concerne les pilotes, font état de plus de 1 000 prisonniers. Ces mêmes sources consignent des informations sur les pertes qui ne figurent pas dans les déclarations du Pentagone. Les Vietnamiens affirment que les États-Unis ont subi, entre le début des hostilités et la fin de septembre 1967, la perte de 8 111 appareils (avions et hélicoptères confondus, abattus ou détruits au sol), 13 537 véhicules militaires et 866 bateaux. Dans un document publié par la représentation du FLN à Alger, apparemment on compare le bilan des opérations militaires de la saison sèche de 1965-1966 à celui de la saison sèche de 1966-1967 et, d'après cette analyse, la présence américaine accrue au Vietnam n'a pas amélioré la position stratégique des États-Unis. Au contraire, les pertes en armements et en hommes auraient augmenté considérablement non seulement de façon absolue mais aussi de façon relative.

La progression du génocide.

D'autres chiffres, qui ont également fait l'objet de discussions récentes au Sénat américain, sont ceux concernant la population civile du Vietnam du Sud et du Nord. Les porte-parole officiels de Saïgon comptabilisent, pour 1967, 100 000 civils tués ou blessés à la suite d'opérations de guerre. Ce chiffre provient du nombre d'admissions dans les 43 hôpitaux civils du Vietnam du Sud dans l'hypothèse que seule la moitié des civils se font soigner. Si l'on suppose que seul un tiers y parvienne, le nombre passe à 150 000 : c'est l'estimation donnée par Edward Kennedy au comité pour les réfugiés du Sénat. Les Nord-Vietnamiens estiment les pertes humaines – morts et blessés – de l'ordre d'un demi-million par an parmi la population civile.

En ce qui concerne le lâchage et tonnage des bombardements, les données proviennent de sources américaines et ne sont pas nécessairement discutables quant à la mesure de l'efficacité revendiquée. En 1967, tous les records de bombardement des guerres précédentes ont été battus. Depuis 1965 et jusqu'au 15 novembre 1967, un total de 1 630 500 tonnes d'explosifs a été largué sur les deux moitiés du Vietnam – le double du total employé en Corée. En moyenne, il est donc tombé 12 tonnes de bombes par mile carré, c'est-à-dire 2,6 km^2, et près de 50 kilos par habitant.

Les sources et les observateurs nord-vietnamiens de retour de Hanoï attribuent le grand nombre de victimes civiles à l'utilisation combinée de bombes explosives (napalm et magnésium) et de bombes antipersonnel : les premières forcent la population à sortir des abris de sorte qu'elle se trouve exposée aux myriades d'éclats des secondes, larguées précisément dans ce but. Le magazine *Ramparts* écrit à propos des engins antipersonnel, qui constitueraient 50 % des bombes lâchées sur le Nord : « Ainsi que les experts de différents pays l'ont déjà confirmé, ces bombes, contrairement aux affirmations du Pentagone, n'ont aucun effet sur les troupes à couvert, les installations militaires ou les armes. Les seules cibles contre lesquelles elles sont efficaces sont les civils... Très souvent ces bombes blessent et mutilent, ce qui d'un point de vue militaire est plus important que de tuer, puisque leur fonction est de briser le moral des victimes... » La plupart des bombes antipersonnel sont acheminées par des avions de la Septième flotte, et certains associent le pourcentage en augmentation de pilotes demandant à être transférés vers d'autres services aux problèmes de conscience que leur utilisation suscite. En effet, les pilotes constituent aujourd'hui un problème majeur pour la direction du personnel militaire. On estime qu'il manque actuellement 3 000 hommes dans les rangs et parmi ceux actifs au Vietnam, on constate une augmentation notable des problèmes de « motivation » et des cas de dépression nerveuse. Le taux de perte d'appareil pour 1 000 sorties est deux fois supérieur à celui enregistré en Corée (7,5‰ au Vietnam).

Une curieuse statistique révèle que le nombre de divorces parmi les pilotes actuellement en service en Asie est le plus élevé jamais enregistré dans une catégorie socioprofessionnelle américaine.

Guerre chimique

Parmi les différentes modalités de guerre testées et pratiquées au Vietnam, il y en a une qui se poursuit en particulier : la guerre chimique, mieux connue sous le terme plus acceptable d' « opération défoliant ». Les objectifs de cette guerre ont été définis dans le temps par Dixon Donnelley, alors conseiller spécial au sous-secrétariat à la Défense: « Des herbicides chimiques sont utilisés au Vietnam pour 1) dégager certaines parties de la jungle et réduire les possibilités d'embuscades par les forces vietcong; 2) détruire les récoltes afin de réduire considérablement les sources de nourriture, uniquement dans les zones éloignées et peu peuplées actuellement occupées par les Vietcongs. »

Des équipes spéciales aéroportées ont été affectées à cette mission d'épandage sur la jungle et les champs de culture vietnamiens. De 1961 à aujourd'hui, des millions et des millions de litres d'herbicides ont été déversés sur différentes régions du pays. Rien qu'en 1967, on estime à plus de 6 000 les kilomètres carrés « traités » dont pratiquement un tiers était constitué de rizières. La demande de ces défoliants est devenue extrêmement pressante ces derniers mois et l'hebdomadaire *Business Week* a récemment constaté la disparition sur le marché national des deux types de défoliants les plus utilisés. En juillet, l'Agence d'approvisionnement de la Défense a signé des contrats d'une valeur de 58 millions de dollars avec les fabricants de produits chimiques. Si l'on considère que le poste « herbicides » du budget de l'armée de l'air pour le dernier exercice fiscal était de 39,5 millions de dollars pour l'achat d'environ 5 millions de gallons (1 gallon = 4 litres), en supposant que le prix soit resté constant, environ 7 millions de gallons d'herbicides ont été mis à disposition cette année pour « l'opération de pulvérisation ».

Cette stratégie fait l'objet de critiques acerbes de la part des biologistes qui mettent en garde contre les effets secondaires dont certains encore inconnus de ces défoliants. Arthur Galston (professeur de biologie à Yale) écrit dans le *New Republic* que l'utilisation de défoliants peut avoir des conséquences imprévisibles sur le plan écologique, que la rupture de l'équilibre naturel entre la faune et la flore peut avoir des effets même au-delà des zones directement contaminées et qu'elle ne cause pas seulement des dommages considérables aux populations mais peut provoquer des désastres si graves et durables qu'un retour de la vie sera extrêmement difficile dans certaines régions du Sud Vietnam à la fin de la guerre.

En ce qui concerne la tentative d'affamer le Vietcong en détruisant les champs cultivés dans les zones présumées sous contrôle de la guérilla, les résultats, selon des sources militaires, ne semblent pas être ceux escomptés et il est beaucoup plus probable que ces destructions servent plutôt à déplacer les paysans de certaines zones « disputées » entre le Vietcong et le gouvernement de Saïgon vers des camps de réfugiés (villages stratégiques) lorsque leurs terres et l'eau et l'environnement auront été empoisonnés par les produits chimiques déversés par les avions. Les groupes de combattants, de par leur mobilité et leur composition – hommes de 16 à 40 ans– sont les derniers à être touchés par les conséquences de ces famines. L'étude de Jean Mayer, professeur de sciences de la nutrition à Harvard, montre que les premières personnes affectées sont précisément les enfants, les personnes âgées, les femmes enceintes et celles qui allaitent. « Nous devons nettoyer le Vietnam jusqu'aux racines du riz et le replanter, le replanter jusqu'à ce que la structure du Vietcong soit totalement détruite. Nous devons créer un vide autour des guérilleros, transformer toute la zone en une zone de tir libre, puis tirer sur tout ce qui bouge », voilà en quelques mots la politique des agresseurs.

Insensible mais légaliste

Néanmoins, il ne faut pas croire que ces opérations de famine et d'empoisonnement ne sont pas effectuées dans les règles de l'art. En général, les zones réservées au traitement chimique sont survolées par des avions qui, par le biais de haut-parleurs et de tracts, appellent la population à se déplacer vers des villages modèles préparés pour eux ailleurs au Vietnam, et promettent une compensation adéquate pour les cultures détruites.

Tout cela fait partie de la guerre psychologique que les États-Unis mènent chaque jour sur le front intérieur pour gagner le cœur des Vietnamiens et dans laquelle ils croient avoir désormais atteint des niveaux de sophistication remarquables. On a appris par le *New York Times* la campagne de Noël lancée dans les régions du Delta : la nuit, les bateaux des forces américaines patrouillent le réseau de rivières et de canaux sur les rives desquels des bandes de Vietcongs sont signalées. Des haut-parleurs installés sur les bateaux diffusent des chansons folkloriques vietnamiennes, interrompues de temps en temps par la voix d'un enfant qui appelle avec des prénoms vietnamiens courants : « Papa, où es-tu, rentre à la maison, maman et moi t'attendons. » Guerre psychologique ! Un des responsables de l'opération s'est déclaré satisfait des résultats : 47 Vietcongs se sont rendus aux forces de Saïgon.

À l'instar des récits de torture des prisonniers, des différents témoignages devant le tribunal Russell et des récits des vétérans, ce sont ces aspects de la guerre qui remettent en question – même si c'est parfois de manière trop triviale – le bien-fondé moral de la présence américaine en Asie, et qui, au contrair, poussent de nombreux jeunes du côté de l'insoumission et les décide à ne pas y participer.

Cependant, la majorité de la population reste insensible à ces faits, et lorsqu'une chaîne de télévision diffuse des images de champ de bataille au-dessus duquel un des tas de cadavres de jeunes Vietnamiens, emmailloté dans un filet, est emporté par un hélicoptère pour incinération, des dizaines de lettres arrivent à la rédaction se plaignant du mauvais goût du reportage. Le directeur d'une autre chaîne de télévision a expliqué que c'est pour éviter ce genre de critiques qu'il ne diffuserait pas un documentaire qui montre des soldats américains en train de couper les oreilles de cadavres vietcongs en guise de souvenir.

Le public américain est peut-être plus sensible aux questions juridiques. Quelques jours avant Noël, W.A. Harriman, diplomate chevronné et ambassadeur itinérant des États-Unis, a lu à la télévision une déclaration dans laquelle il accusait le Nord-Vietnam de ne pas respecter les accords de Genève en ce qui concerne le traitement des prisonniers en ne leur transmettant pas les colis cadeaux envoyés par leurs familles. Les États-Unis, cependant, ne peuvent pas se permettre de donner de leçons à ce sujet, puisqu'ils ont transféré des prisonniers vietcongs aux forces sud-vietnamiennes avec les conséquences que l'on peut imaginer.

Brûler les cartes de conscription

À New York, on a mis en place un numéro de téléphone destiné aux jeunes hommes en âge de s'engager qui souhaitent se renseigner sur les façons d'éviter l'appel sous les drapeaux.

Selon les statistiques officielles, en 1966, l'émigration de l'Amérique vers le Canada a augmenté de 16% par rapport à l'année précédente. En 1967, ce pourcentage aurait à nouveau augmenté de manière significative. On doit tenir compte, de surcroît, des jeunes qui quittent les États-Unis officieusement et n'apparaissent pas dans les statistiques, mais il est difficile d'obtenir des chiffres précis à leur sujet : on parle d'entre 3000 et 4000 individus. En tout cas, ils sont bien plus nombreux que ces quelques centaines que le Pentagone a daigné admettre par le passé. La frontière entre le Canada et les États-Unis est ouverte et il n'est actuellement pas possible d'empêcher ce flux.

On a appris, cependant, que certaines polices d'État ont instauré des points de contrôle sur le sol américain pour vérifier le statut militaire des jeunes gens en route vers le Canada. Ils devront construire un mur comme à Berlin, écrit *Ramparts.* « Partir n'est pas la seule façon de résister – a proclamé le représentant d'une organisation pacifiste lors d'une manifestation à New York début décembre. Ceux qui partent ne résolvent rien. Nous devons faire obstruction au système, ne pas fuir, nous devons rester ici, brûler nos livrets, nous faire arrêter. Faites-vous arrêter, faites-vous condamner. Lorsque nous serons des milliers et des milliers, ils devront nous traiter comme des prisonniers politiques. Ce n'est qu'à cette condition que nous bloquerons le système et contribuerons à le changer. »

Même au sein de l'armée, des mouvements anti-guerre sont organisés et il est question de former des syndicats. En Europe, parmi les troupes stationnées en Allemagne, il y a eu une centaine de défections attribuées à un groupe appelé RITA (Resist in the Army). Sur le sol américain, si la presse officielle n'a rapporté aucun incident de révolte, les publications *underground* ont fait grand bruit d'un certain nombre d'entre elles.

La dernière aurait eu lieu le 3 octobre, sur la base de Fort Hood au Texas, où un groupe de 250 hommes du 398e régiment d'infanterie s'est rebellé la veille de leur départ pour le Vietnam. Malgré l'importance limitée de ces incidents, les autorités militaires ont commencé à s'inquiéter des activités pacifistes dans leurs rangs.

Une fois dans la zone de guerre, il n'est plus possible de s'échapper, mais pas mal de G.I. trouvent un moyen de « s'évader » grâce aux drogues. Récemment, à Saïgon, le lieutenant-colonel Harley Moore a déclaré que « le nombre de soldats américains arrêtés pour avoir consommé de la marijuana dépasse celui de soldats arrêtés pour toutes les autres raisons confondus ». Il a aussi admis que le nombre de G.I. consommant de la drogue se compte en milliers.

Les marchands de canons

Le contribuable américain paie déjà depuis un bon moment des impôts pour financer une guerre menée à 14 000 kilomètres de chez lui. Il est difficile de préciser le nombre d'années, tout comme il est difficile d'établir exactement la dépense annuelle des États-Unis au Vietnam. Selon les chiffres officiels, jusqu'en 1954 les États-Unis avaient affecté quelque 4,17 milliards de dollars à soutenir l'effort militaire français en Indochine, bien que, après la défaite française, une grande partie de l'argent a été détournée vers la Thaïlande et Taïwan. De 1954 à 1965, il n'y a pas de chiffres précis ; on évoque 3 milliards de dollars, ce qui semble un chiffre peu crédible. La situation redevient plus claire pour l'exercice 1965-66, au cours duquel sont alloués 15,8 milliards de dollars ; l'année 1966-67, 22 milliards de dollars suivent ; l'année 1967-68, 26,9 milliards de dollars. Aujourd'hui, les États-Unis ont un budget de défense de 73,3 milliards de dollars qui représente presque 10 % du produit national brut (contre 4,6 % en 1948). Près de la moitié de ce budget est consacrée à la guerre au Vietnam, mais selon les toutes dernières estimations, cela ne suffira pas. Vu sous un autre angle, en 1967, les États-Unis ont investi tellement d'argent dans les rizières du Vietnam que s'il avait été divisé entre tous les habitants de ce pays (Sud et Nord), il aurait constitué l'un des revenus par tête les plus élevés du monde, peut-être le quatrième : presque 1 000 dollars par habitant !

Il n'appartient certainement pas à la rhétorique marxiste de chercher le lien entre les grands intérêts économiques et la guerre. « Un vaste complexe industrialo-militaire domine le Congrès », a déclaré J.W. Fulbright en octobre dernier, et le sénateur Eugene McCarthy, qui mène actuellement la campagne contre Johnson, a rétorqué : « Nous tous, au Sénat, essayons de mettre un frein au pouvoir du complexe militaro-industriel qui contrôle la politique étrangère de ce pays. »

« Si on s'en tient à un calcul purement mathématique », écrit *Business Week* en avril 1965, « l'escalade de la guerre impulsée par Johnson redonne des couleurs aux perspectives économiques. » Dans les mois qui ont suivi l'escalade des opérations au Vietnam, alors que la construction d'infrastructures commençait non seulement sur la région de Saïgon, mais aussi dans les pays voisins et notamment en Thaïlande, un large éventail d'industries a connu un boom « prévisible ». On parle notamment des fabricants de pneumatiques, d'équipements électriques et électroniques, de munitions, des entreprises de construction, des secteurs de l'alimentaire, de l'ingénierie mécanique et de l'aviation. La demande de carburant a augmenté avec l'intensification de la guerre, et a été largement couverte par des entreprises comme Standard Oil, Shell, Caltex et Texaco. L'intérêt de ces entreprises était si clair qu'il a même été dit – et il semble que lors d'une réunion secrète, Dean Rusk lui-même l'ait confirmé – que les compagnies pétrolières finançaient le Vietcong (*Fortune*, mars 1966).

Les bonnes affaires de L.B.J.

Sur les 60 milliards actuellement prévus pour l'approvisionnement en armes et véhicules, environ 2 à 3 milliards sont répartis entre les cent plus grandes sociétés américaines, dont Lockheed Aircraft, IBM, General Dynamics, Ford et Westinghouse, sur la feuille de paie desquelles figurent comme consultants et administrateurs des dizaines d'anciens généraux et amiraux, inextricablement liés à l'establishment militaire et politique – tel que l'a souligné Bertrand Russell dans son livret *Crimes de guerre au Vietnam*. Que le Vietnam soit une bonne affaire pour de nombreux secteurs économiques américains est une évidence, tout comme l'intérêt de ceux-ci pour un certain type de politique.

L'exemple par excellence est celui du gigantesque cartel de quatre grands complexes de construction qui avaient plus ou moins le monopole de la création d'infrastructures militaires (bases aériennes, ports, routes) en Asie du Sud-Est. Ce groupement est aujourd'hui le plus grand employeur du Vietnam, emploie 21 000 personnes et compte atteindre les 75 000. Les contrats qui lui ont été attribués sont maintenant de l'ordre de 1,6 milliard de dollars. Dans le dernier numéro de *Ramparts,* David Welsh consacre une étude longue et bien documentée à l'une de ces quatre entreprises, Brown & Root, basée au Texas, intimement liée à l'ascension au pouvoir politique de Johnson. Welsh raconte l'histoire combinée de Johnson et des frères Brown depuis l'époque où l'un était maître d'école, les autres modestes constructeurs de routes au Texas. Leur coopération a permis la création d'une spirale fantastique. Le pouvoir politique de l'un permettait d'accorder des contrats lucratifs aux autres qui lui retournaient la politesse en finançant ses différentes campagnes politiques et ainsi de suite.

Aujourd'hui, Johnson est devenu président des États-Unis et la société Brown & Root est l'une des plus grandes entreprises de construction du monde. Ils ont construit à Guam dans les années 1940, en Espagne dans les années 1950 et maintenant, dans les années 1960, ils reconstruisent le Vietnam. Ce sont eux qui construisent l'aéroport de Tân Son Nhat, la base de Danang, les travaux gigantesques de la baie de Cam Ranh, la nouvelle ambassade américaine à Saïgon, le Pentagone privé de Westmoreland et cetera. Dans le budget de l'année dernière, sur les 33,5 milliards de dollars prévus pour les contrats de défense, 25 % ont été répartis entre neuf grands entrepreneurs, dont le cartel auquel appartiennent les frères Brown.

La guerre au Vietnam ne revigore pas seulement les États-Unis, elle est aussi un outil économique dans toute l'Asie du Sud-Est. Le Japon fait de bonnes affaires, 10% de ses exportations prenant le chemin du Vietnam ; il fournit 1,5 milliard de doses de napalm par an, produites dans la banlieue de Tokyo ; la majorité des bus de transport utilisés pendant la guerre sont japonais. Le sort de l'industrie sidérurgique japonaise et celui du Premier ministre Satō qui y est lié, ont vu le vent tourner en leur faveur par l'escalade au Vietnam après trois sombres années de crise. Le Japon n'est pas le seul à être « miraculeusement » touché par le boom économique généré par la guerre ; il en va de même pour la Corée, la Thaïlande, Taïwan et Singapour. Et si tout cela est vrai, ne serait-ce qu'un peu, comment serait-il possible que la guerre se finisse (comme évoqué par Cabot Lodge dans le *New York Times* du 9 juillet 1965)

« quand un matin le garçon qui a été Vietcong se lève et dit : Je ne prendrai pas les armes aujourd'hui, parce que je pourrais mourir, alors que si je regarde autour de moi, je vois du riz et du poisson, des canards et des noix de coco et l'aide américaine et que la vie aujourd'hui me paraît belle telle qu'elle est. »

Avant l'élection présidentielle du 5 novembre 1969, Lyndon Johnson, qui n'a pas déclaré officiellement sa candidature, demande au Congrès de voter le budget fédéral le plus élevé depuis la Seconde Guerre mondiale. Ajouté à la considérable hausse d'impôts à venir, ce budget renforce l'impression d'une nation en état de guerre qui a désespérément besoin de ressources pour combler son déficit.

BILAN ÉTATS-UNIS : LA MARQUE DE L.B.J.

18 février 1968, New York

Edward Kennedy, à son retour d'une longue visite au Vietnam, a multiplié les déclarations à propos de la « corruption accrue du gouvernement de Saïgon, et ce, à tous les niveaux » en soulignant que 75% de l'aide américaine destinée aux réfugiés ne parvient pas à leurs bénéficiaires légitimes. Ainsi, il a réclamé une confrontation entre Saïgon et Washington et demandé qu'on se donne les moyens d'imposer une restructuration en profondeur au gouvernement de Saïgon, faute de quoi « le peuple américain devra reconsidérer la position de notre pays vis-à-vis du Vietnam ».

Mais faire bouger l'opinion publique avec de tels arguments à propos du régime de Saïgon impliquerait, au préalable, d'assouplir les positions de l'administration Johnson et de rendre acceptables des solutions au conflit différentes de celles visées jusqu'à présent, alors que Johnson, présentement, ne semble pas avoir la moindre intention de changer. Les objectifs finaux doivent être reconsidérés et revus à la baisse ; ce n'est qu'alors qu'il sera possible de convaincre le public américain qu'il est possible, sans trahir les prétendus idéaux de ce pays, d'accepter un compromis.

Les derniers événements survenus au Vietnam, tout en ayant fortement attiré l'attention du grand public, n'ont pas modifié de manière substantielle son regard sur la guerre. On a l'impression que ceux qui étaient déjà « contre » le sont encore plus, que ceux qui sont « pour » ne le sont pas moins et que ceux (il y en a encore beaucoup !) qui ne savaient pas quoi en penser, sont bien plus perdus qu'avant. On pourrait même aller jusqu'à spéculer que parmi ceux qui sont dans « l'entre-deux » les partisans de la guerre tendraient à prendre le dessus. Chaque nouvel Américain qui meurt en Asie rend plus cohérent l'argument qui veut que se retirer ou chercher un compromis reviendrait à avoir tant sacrifié, et notamment la vie des soldats, en vain.

Quant à ceux qui étaient prêts à croire il y a quelques mois à une conspiration communiste qui s'attaquerait d'abord aux pays asiatiques pour mieux s'en prendre ensuite à l'Amérique et qu'on avait meilleur compte de se défendre au Vietnam plutôt que de devoir le faire en Californie, pourquoi cesseraient-ils d'y croire maintenant que les communistes semblent encore plus sur le pied de guerre, non seulement au Vietnam, mais en Corée (l'affaire du *Pueblo* se prête à cette interprétation) et en Thaïlande – d'où continuent d'arriver des rapports de plus en plus alarmants ?

Il ne faut pas non plus oublier que les États-Unis sont aujourd'hui confrontés à une situation sans précédent dans leur histoire : celle de la défaite. La situation au Vietnam et celle en Corée sont perçues comme un camouflet insupportable infligé à la plus grande puissance du monde par deux pays pauvres asiatiques sans commune mesure avec l'Amérique. Pour beaucoup, outre le prestige international des États-Unis, ce qui est en jeu est leur propre foi, la confiance dans leur position qu'ils sont les premiers et les plus forts. Ce n'est pas par hasard si toutes les déclarations de Johnson depuis les récents événements au Vietnam contiennent des réassurances catégoriques au sujet de cette image et de ces certitudes. Et si quelqu'un s'avise d'insinuer que la situation actuelle au Vietnam présente des ressemblances avec la situation française juste avant Dien Bien Phu (le Vietminh avait lancé des attaques simultanées sur des villes avant d'assiéger la forteresse imprenable), Johnson rétorque vigoureusement : « l'ennemi échouera, et échouera toujours... Nous, les Américains, n'échouerons jamais. »

Une nouvelle escalade ?

Pour le moment, ces déclarations n'ont été suivies d'aucune décision sur la position américaine en Asie. La Maison-Blanche se tait et semble occupée à évaluer les événements récents à partir de deux hypothèses contraires : la première, apparemment la plus acceptée, voudrait que l'ennemi soit aux abois et que cette offensive soit son chant du cygne avant d'accepter des négociations ; la deuxième, moins optimiste, veut que les communistes essaieraient de répéter la stratégie adoptée avec les Français (Hanoï souffrant d'un possible « complexe de Dien Bien Phu »), et donc qu'en cas d'échec, ils se replieraient dans les zones montagneuses et la jungle pour reprendre à nouveau exclusivement leurs tactiques de guérilla.

Cette réserve officielle ne peut durer, et il est fort probable qu'on apprenne sous peu que des décisions importantes ont été prises. Johnson, qui s'est entretenu en privé avec certains membres du Congrès, a évoqué la possibilité d'une nouvelle mobilisation de la réserve (au-delà des quinze mille hommes déjà mobilisés dans le cadre de l'affaire du *Pueblo*) et on dit que certains conseillers du président penchent pour une augmentation substantielle des forces américaines au Vietnam. Le magazine *U.S. News and World Report* calcule qu'il faudrait 750 000 soldats pour nettoyer les zones de repli dans les régions frontalières. Aujourd'hui, un officier du Pentagone a évoqué devant la presse le chiffre d'un million d'hommes ; des sources officieuses soufflent qu'on pourrait déployer une fraction des 600 000 soldats chinois actuellement inutilisés à Taïwan. Arrivés à ce point, une nouvelle escalade de la guerre n'est pas moins probable aujourd'hui qu'il y a quelques mois. Johnson a récemment expliqué devant la presse que les communistes préparent probablement une « invasion générale » pour s'assurer une victoire militaire. Le mot « invasion » revient souvent depuis le quartier général de Saïgon aussi dans le contexte de la situation à laquelle les Américains sont confrontés dans les zones autour de Khe Sanh. Il est fort possible qu'il ne s'agisse pas d'une coïncidence mais d'une campagne de communication pour préparer l'opinion publique à une « contre-invasion » du Nord-Vietnam et peut-être du Cambodge et du Laos.

Aujourd'hui, ce sont précisément les alliés asiatiques qui demandent avec une insistance croissante un engagement plus fort de la part des États-Unis. Le gouvernement de Nguyễn Văn Thiệu a demandé des bombardements de représailles contre le Vietnam du Nord pour les pertes subies lors des récents combats, et bien plus présomptueux encore, Séoul a demandé à Washington de prendre des mesures punitives contre la Corée du Nord pour la capture du navire américain *Pueblo* et allant même jusqu'à préciser qu'il fallait « bombarder les villes nord-coréennes d'une telle force que cela empêche toute contre-offensive et toute possibilité d'invasion du Sud ». L'administration ne semble pas disposée à donner suite à ces demandes, qui pour l'instant causent davantage d'embarras qu'autre chose (après les remontrances agacées de Thieu sur les négociations secrètes entre Washington et Hanoï, quelqu'un à Washington a commenté : « Bien sûr, nous devons faire la guerre et ils doivent faire la paix »). Même dans l'affaire du *Pueblo*, après la tentative à l'ONU, à but purement propagandiste, l'administration semble compter sur des négociations secrètes avec les Nord-Coréens pour trouver une solution. Mais, comme l'a dit Johnson lui-même, la situation peut changer à tout moment, et la solution d'un engagement américain accru en Asie s'imposer de manière irréversible.

Le budget de Johnson

Cette solution implique des considérations de coût et d'économie, en plus des considérations politiques et militaires. Johnson vient de présenter ces derniers jours au Congrès sa proposition de nouveau budget – juillet 1968-juin 1969 – et bien qu'il n'ait fait ni prévisions ni promesses au sujet de la fin de la guerre avant la fin de l'année, ce qu'il avait fait quand il a soumis le budget 1966, il n'a pas envisagé une augmentation des effectifs des forces armées. Au contraire, il a proposé de réduire le personnel de l'infanterie et de la marine afin de faire des économies à rediriger vers l'armement. En l'état, sa proposition semble faire fi de la réalité des faits et est d'ores et déjà contredite par le premier appel aux réservistes.

Si l'on considère que la répartition actuelle des forces armées américaines dans le monde répond officiellement à des engagements avec différents pays et à des raisons de sécurité nationale, et si l'on considère que ces forces sont, pour la plupart, loin d'être suffisantes, on a du mal à imaginer comment les États-Unis pourraient, sans revoir leur politique internationale, réduire par exemple leur présence en Europe pour déployer plus de troupes en Asie. Il ne resterait donc, le cas échéant, qu'à augmenter le recrutement et donc le personnel des forces armées avec pour conséquence les difficultés internes que cette politique entraînerait.

Le budget que Johnson a présenté au Congrès est le plus élevé depuis la Seconde Guerre mondiale : 186 milliards de dollars et des poussières. C'est un budget exceptionnel, un budget « de sacrifice », un budget qui ne peut masquer les difficultés auxquelles se confronte actuellement l'Amérique en dépit de ses immenses ressources. Les chiffres n'ont pas été une surprise, pas plus que ne l'a été la proposition de réduire le déficit de 20 milliards par une surtaxe de 10 % de l'impôt sur le revenu des ménages.

Aussi bien le message du président qui accompagnait sa proposition au Congrès que la répartition des dépenses publiques révèlent des situations et des choix qui seront au cœur d'un débat de fond, vif et circonstancié, et qui surviendra certainement au seuil de la campagne présidentielle. Dans son introduction, Johnson écrit : « Le budget que je vous transmets aujourd'hui reflète une série de choix difficiles. Il y a des choix qui ne peuvent être évités... Nous possédons aujourd'hui la plus forte capacité militaire qu'une nation n'ait jamais eue... Sur le plan national, nous avons connu une période de progrès économique incomparable, mais nous sommes confrontés aujourd'hui à un certain nombre de problèmes qui exigent notre énergie et notre détermination... À l'étranger, nous devons relever le défi d'un ennemi tenace qui met à l'épreuve notre détermination et la valeur de notre engagement. C'est pourquoi nous devons continuer à maintenir notre défense contre ses agressions. »

Un programme de guerre

Plus personne ne s'en cache. La guerre est la cause et la justification de toute une politique. Il sera intéressant de voir comment et dans quelle mesure, au Sénat et à la Chambre des représentants, ces forces en théorie opposées à la politique de Johnson, notamment en ce qui concerne le Vietnam, seront capables de contester activement cette politique. L'organe législatif a longtemps rencontré des difficultés pour débattre de la légitimité des opérations en Asie ; il faudra maintenant voir dans quelle mesure il est capable de livrer bataille sur un terrain politiquement moins dangereux mais très efficace, en refusant à Johnson les moyens de mettre en œuvre cette politique et en renversant peut-être ses priorités.

Le budget est celui d'un pays en guerre, obligé de faire des choix. Dans ses précédentes soumissions de budget, Johnson avait fait de vastes références à son programme de la Grande Société. Les slogans ont désormais disparu et il n'y a plus un seul mot sur la Grande Société. Mais le budget de Johnson n'est pas seulement celui d'un pays en guerre ; c'est aussi celui d'un président qui, dans quelques mois, devra affronter une population en quête de réélection, et ses priorités ne semblent pas du tout être celles des forces qui contrôlent la majorité au Congrès. Nombre de critiques ont déjà souligné que de trop nombreux programmes lancés par dans le passé ont été complètement abandonnés pour faire place à ceux qui portent le plus clairement la marque L.B.J., tels que le programme de ville modèle et le programme de construction du nouveau bombardier supersonique.

La partie du budget consacrée aux dépenses militaires suscite un considérable scepticisme. Johnson a expliqué que le Pentagone avait demandé plus de 100 milliards et que des ajustements avaient permis de ramener le montant à environ 77 milliards ; il a cependant ajouté qu'à l'avenir, il pourrait être nécessaire de réviser ce chiffre et de rétablir une partie de ce qui a été retiré.

Le budget de la Défense a plus que doublé en dix ans, mais ce n'est toujours pas suffisant étant donné l'engagement international du pays, et Johnson a dû faire des choix tels que réduire le personnel – 3 490 000 membres des forces armées en activité aujourd'hui – afin de dévier l'effort vers la constitution de l'arsenal : on a prévu la construction de 25 nouvelles unités navales, dont deux croiseurs nucléaires et quatre gigantesques navires de ravitaillement qui devraient fonctionner comme d'immenses entrepôts de matériel de guerre à déployer dans les points de conflit aux quatre coins du monde. L'achat de près de 3 000 nouveaux aéronefs est programmé.

L'augmentation de 3,3 milliards de dollars du budget de la Défense sera en grande partie allouée au développement de trois systèmes de missiles : le Sentinel, présenté comme devant protéger le territoire américain d'une attaque chinoise; le Minuteman, missile balistique intercontinental, et le Poseidon, destiné à être lancé depuis les sous-marins atomiques.

En ce qui concerne le coût de la guerre au Vietnam, la hausse n'est que de 1,7 milliard de dollars. En substance, Johnson part du principe que l'effort de guerre restera constant. Mais l'administration, dans sa tentative de contenir les dépenses courantes et de contenter tout le monde pour ne pas être accusée ni de ne pas répondre convenablement à la situation actuelle, ni d'abandonner les programmes de défense à long terme à cause d'elle, risque fort de se retrouver dans la situation de détourner certaines sommes d'argent vers les fonds alloués au Vietnam. Et la question de la fragilisation de la défense globale des États-Unis, cheval de bataille des républicains, devient son point faible.

Le problème qui, par-dessus tout, risque de causer de grandes difficultés à Johnson est la façon dont le budget proposé répond à la question du déficit. La situation est certes déficitaire depuis neuf ans, mais le niveau atteint cette année est sans précédent : 21 milliards de dollars prévus. Pour surmonter cette difficulté et éviter d'emprunter de l'argent aux citoyens, Johnson propose de presser les contribuables avec une augmentation nette des impôts de 10%. Bien que le président croie fournir un argument convaincant (« Ce n'est pas à cause de l'augmentation du budget normal qu'on doit augmenter la pression fiscale, mais à cause du coût du Vietnam »), il ne trouvera pas beaucoup de personnes d'accord sur ce point.

Gerald Ford, chef de file des républicains à la Chambre des représentants, a déclaré : « Cette imposition est inconcevable et absurde. » Un autre représentant a déclaré : « On réduit d'abord les dépenses de façon radicale, et seulement après on pourra parler des impôts. »

Les réactions contre ce budget et la hausse des impôts sont déjà fortes en dehors de Washington dans les milieux financiers et privés. Des associations de professeurs et d'intellectuels appellent publiquement à refuser de payer les impôts. Mais s'il est certain que Johnson rencontrera des difficultés, on ne peut pas prédire sa défaite ni celle de ses politiques.

Il y a un manque de voix autorisées pour soutenir la dissidence et celles qui existent sont mises en accusation. Le Dr Spock et ses partisans sont accusés d'avoir fomenté la désobéissance et l'insoumission et seront jugés. Robert Kennedy, aux yeux de beaucoup la seule option pour se libérer du « johnsonisme », a réitéré son soutien au président.

Pendant ce temps-là, la guerre continue avec ses massacres qui menacent de s'intensifier, et parmi les jeunes qui sont de plus en plus impliqués, la question de sa légitimité et de sa moralité se précise. Un étudiant m'a dit il y a quelques jours, au sujet de la photo de ce chef de la police sud-vietnamienne qui a exécuté d'un tir dans la tempe un officier vietcong capturé dans une rue de Saigon : « Toutes les guerres sont morales, ça dépend juste du camp dans lequel on se bat. »

Avec le retour du printemps revient le grand défi politique du prologue aux élections présidentielles : les primaires qui doivent se conclure lors des conventions des deux camps. Tiziano fait découvrir aux lecteurs de L'Astrolabio *ce moment du processus démocratique en analysant les forces et les faiblesses des candidats. Des visages connus et nouveaux occupent le devant de la scène : parmi les républicains, c'est Richard Nixon qui refait surface, chez les démocrates, le sénateur du Minnesota Eugene McCarthy émerge pour se mesurer à un Lyndon Johnson de plus en plus affaibli.*

LETTRES DES ÉTATS-UNIS : LA GUERRE DE MCCARTHY

24 mars 1968, New York

« Votez, votez pour moi ! Je mettrai fin à la guerre et remporterai la paix ! » « Et comment comptez-vous donc le faire ? » « Eh bien, je ne peux pas vraiment dire ça, sinon on n'aurait plus rien pour négocier ! » « Faites votre choix, mesdames et messieurs, vous prendrez une Ford ou une Chevrolet... ? » « Comment voulez-vous le président, plutôt faucon, plutôt colombe, un peu des deux ? » « Chacun est libre de choisir ; on est en démocratie ; choisissez Nixon ou Johnson, Kennedy ou Rockefeller... » « Paix, prospérité, justice, droits, stabilité, développement économique... il y en a pour tous les goûts ! » « Quoi, même pour les communistes ? Ah, mais non, pas pour les communistes, certainement pas ! »

Des slogans, des grandes installations lumineuses, des cars remplis de partisans qui sillonnent le pays, des acteurs, des chanteurs, des écrivains qui vendent leur visage, leur voix, leur plume pour une cause ou une autre ; des grands dîners pour récolter des fonds, des jeunes femmes qui arpentent les rues des grandes villes avec le nom du candidat sur la poitrine, des fanfares, des danses, des manèges, des ballons, des serpentins.

La grande foire a commencé. Ici aux États-Unis on appelle ça faire campagne. Tout le monde se présente : Johnson, Bobby Nixon, Rockefeller, Wallace...

Le premier acte a déjà eu lieu : les élections primaires dans le New Hampshire. Viennent ensuite le Wisconsin, l'Oregon, la Californie et ainsi de suite jusqu'à l'été ; puis en août les conventions (celle des républicains à Miami au début du mois ; celle des démocrates à Chicago), enfin en novembre l'élection du président.

Les primaires sont un drôle de phénomène, difficile à comprendre depuis l'Europe, cela reste également assez obscur pour nombre d'Américains. Parmi les cinquante États qui composent les États-Unis, quinze seulement organisent des élections primaires au cours desquelles non pas tous les citoyens, mais seulement ceux qui sont inscrits à l'un des deux grands partis donnent leur voix à l'un des candidats qui se présentent. Chacun de ces États dispose d'une législation propre régulant ce type de scrutins, qui ne sont pas prévus par la Constitution et n'ont donc aucune signification juridique au niveau national.

Les primaires n'importent pas non plus dans la constitution du programme des partis puisque celui-ci est établi, de même que le candidat, lors de la convention où les résultats des élections primaires peuvent être écartés au point qu'on peut finir par désigner un candidat qui n'y a même pas participé. Par ailleurs, il n'est même pas certain que des primaires aient lieu dans tous les États où elles sont susceptibles d'être organisées, car certains envoient le « fils préféré » (généralement le gouverneur) à la convention de sorte que l'élection primaire se résume à une simple formalité.

Un test

De ce fait, les élections primaires, ou mieux, certaines d'entre elles, se réduisent à un simple test d'opinion publique, un sondage de la position du pays face à différentes questions. Mais même en tant que tel, elles sont biaisées et peu concluantes car les États dans lesquels elles se déroulent ne sont pas un modèle représentatif de la population américaine. C'est pourquoi, malgré la publicité donnée à ces votes et les spéculations et prédictions qui en sont tirées, le nom du candidat à la présidence de chacun des deux partis ne sort pas forcément de ces urnes-là, mais plutôt des discussions, des médiations, des tractations faites lors de la convention entre un gala et un dîner, dans les manœuvres de couloirs selon la logique de ce que les politologues appellent le système de dépouilles dont la logique, schématiquement, revient à « un vote pour moi, un contrat pour toi, un vote pour moi... ».

Voilà ce que sont les élections primaires et ici, on dit qu'elles font partie du processus démocratique. Toutefois, elles ont bien un sens. Elles servent à mobiliser les gens, à collecter des fonds, à huiler la machine du parti ; elles donnent à connaître les candidats, leur font formuler des promesses (qu'ils ne sont pas obligés de tenir par la suite) ; elles servent aux équipes qui accompagnent les candidats à mesurer l'efficacité des « images », des formules publicitaires, des slogans qui, une fois les finalistes connus, seront diffusés par la radio, la télévision, les lettres, la rue... aux millions d'électeurs américains qui, quoi qu'il en soit, en novembre, devront choisir entre une Ford et une Chevrolet, entre Nixon et Johnson, entre Rockefeller et Kennedy.

Il est difficile, voire totalement impossible, de prédire aujourd'hui, à cinq mois de distance, qui seront les deux candidats à l'issue des conventions d'août. Car ce qui se passera à Hué ou à Détroit, à Khe Sanh ou à Watts d'ici là peut exercer une influence considérable sur le changement du paysage politique actuel.

Ce qui semble certain à ce stade, malgré les illusions de beaucoup, c'est que Johnson a encore de très bonnes chances d'obtenir l'investiture, et pas seulement parce qu'il a de son côté la tradition (il faut remonter à un siècle pour trouver un président en exercice qui se soit vu refuser l'investiture), la bureaucratie du parti (la majorité des grands électeurs le soutiennent encore), le pouvoir réel et pas seulement potentiel des prétendants (dans la distribution des contrats, des licences, etc.) mais parce que par rapport à ses adversaires, aussi bien de son bord que du bord opposé, le président a l'initiative politique dans les deux domaines qui seront au cœur du débat électoral : le Vietnam et les problèmes dans les villes. On ne peut pas dire que l'Armée, et Johnson avec elle, aient l'initiative des opérations au Vietnam, puisqu'ils sont contraints de combattre selon une stratégie qu'ils avaient rejetée (celle des enclaves du général Gavin), contraints de creuser tranchées et fossés au lieu de se projeter vers l'avant, mais Johnson garde complètement la main pour réagir à cette situation qui, à un moment donné, pourrait aussi être facile à exploiter pour faire appel à la nation, à l'unité, à la loyauté dans un moment de danger, etc. Ce n'est qu'une hypothèse, mais elle mérite d'être envisagée ; à l'instar de celle selon laquelle l'affaire du *Pueblo* était un bluff des militaires pour forcer Johnson à leur donner plus de pouvoir et de marge de manœuvre.

Songeons à Khe Sanh. Ce sont les États-Unis qui y sont allés, ce sont eux qui ont déclaré que c'était un nœud de communication très important (comme s'il y avait des nœuds de communication dans la jungle !), eux qui font des comparaisons avec Dien Bien Phu, qui espèrent enfin affronter cet ennemi invisible qui creuse comme une taupe sous les bases et sous leurs pieds. C'est Johnson qui a fait mettre par écrit et signer par le chef d'état-major que Khe Sanh ne serait pas abandonné. Si l'attaque devait avoir lieu, on peut se demander si Johnson n'aurait pas alors une bonne justification pour envoyer sur le front les 200 000 hommes supplémentaires demandés par Westmoreland, afin de lancer les plans, certes bien conçus, d'invasion du Nord, du Cambodge, du Laos, ou pour l'utilisation d'armes nucléaires tactiques ou allez savoir quoi encore. Au niveau national, la situation est similaire en ce qui concerne le problème des émeutes dans les ghettos. C'est devenu un lieu commun que de dire que l'été s'annonce long et chaud. Des soulèvements sont attendus partout, notamment à Chicago où, pour la convention démocrate, on parle déjà de loi martiale et de centaines de milliers de manifestants en provenance de toute l'Amérique, qui auraient l'intention de bloquer la ville, les délégations, la police. L'initiative n'est certainement pas entre les mains de l'administration, qui ne peut pour l'instant que se préparer à l'affrontement; mais l'initiative de la réaction reviendra à Johnson et non pas à ses adversaires; et Johnson pourra certainement projeter à la nation l'image d'un chef ferme, décisif, seul capable de maintenir « la loi et l'ordre », se créer une respectabilité que l'électorat recherche et peut-être essaiera-t-il de faire passer ses adversaires pour des complices ou en tout cas des sympathisants de la « révolution ».

Les ingrédients de McCarthy

Lorsque Eugene McCarthy a annoncé sa candidature à la présidence en novembre de l'année dernière, beaucoup y ont vu une sorte de suicide politique, un ballon d'essai, un défi moral aux politiques de Johnson; en substance, une démarche qui permettrait à Robert Kennedy de ne pas s'exposer à la défaite, tout en lui laissant la possibilité d'en récolter les fruits en cas de succès.

À l'heure actuelle, on ne peut affirmer avec certitude l'existence d'un tel accord entre les deux hommes. Cependant, c'est un fait que McCarthy, et encore plus ses partisans, considèrent la candidature de Bobby comme l'expression de son opportunisme le plus cynique. Pour sa part, Kennedy n'a pas hésité à affirmer que McCarthy était une tête de pont dans son plan, et ce, dès que les résultats du vote dans le New Hampshire ont montré que 40% des voix étaient défavorables à Johnson. Après tant d'hésitations, après tant de « Prenons les armes et allez-y, vous ! », il a fait savoir qu'il était lui aussi candidat, puis, avec toute la solennité d'un moment historique, dans la pièce même où JFK a fait la même déclaration huit ans plus tôt, entouré de toute sa famille, il est apparu devant les caméras et des dizaines de journalistes pour l'annoncer officiellement.

Sa recette n'est pas originale, mais elle comporte certainement les ingrédients d'un grand succès. Il ne s'agit pas d'un choc de personnalités, a dit Kennedy : Johnson a fait des choses très louables et il ne s'agit pas de revoir telle ou telle politique mais de réexaminer entièrement notre position vis-à-vis de nos alliés et de nos adversaires; il s'agit de résoudre nos problèmes intérieurs, de combler le fossé entre les générations, entre les pays pauvres et les pays riches, il s'agit de « construire un monde nouveau... il s'agit d'établir un nouveau leadership moral sur notre planète ».

« Il y a ceux qui spéculent sur l'or et ceux qui spéculent sur la politique », a commenté Johnson lorsqu'il a appris la candidature de Kennedy. L'opportunisme et le cynisme de Kennedy ne sont un secret pour personne, il a fait carrière en tant que maccarthyste à l'époque où la chasse aux sorcières était à la mode et qu'il avançait dans l'ombre de son frère et aujourd'hui, il est clair qu'il se présente pour ramasser les marrons que quelqu'un d'autre a tirés du feu. « Il y en a beaucoup qui dansaient autour d'un feu de camp au clair de lune alors qu'il y avait des combats à mener », a-t-il dit de McCarthy.

McCarthy a été le premier. Il a attaqué Johnson; il a réclamé la fin de la guerre; il a pris des risques, a rassemblé autour de lui des légions de jeunes qui ont réussi à en faire, en quelque sorte, leur étendard. Beaucoup lui seront loyaux et persévéreront dans leur soutien lors des élections primaires auxquelles sa participation est déjà officielle.

Bob Kennedy a perdu une bonne partie de ses sympathisants. L'année dernière il a raté le coche lorsque, pour des calculs politiques incompréhensibles au commun des mortels, il a refusé de prendre la tête des mécontents et des rebelles qui, faute de mieux, se sont rangés derrière ce professeur souriant et serein sur lequel ils ont à leur tour réussi à exercer une certaine influence. McCarthy aujourd'hui est davantage un symbole de la jeunesse que Kennedy, et ils disent : « Il ne suffit pas d'avoir les cheveux longs et une mèche sur les yeux. » Mais bien sûr, les gens ont la mémoire courte et Kennedy peut surmonter cet obstacle et la machine du parti pourrait certainement pencher plutôt pour lui que pour McCarthy s'il s'avère que Johnson a perdu la partie. Et le temps ne peut que jouer en sa faveur.

À cela s'ajoutent l'imposante équipe à sa disposition, des capacités de gestion éprouvées par les campagnes précédentes, et la possibilité de produire une image dans laquelle le style, la qualité et l'attrait pour les valeurs actuelles le rendront certainement plus acceptable que Johnson.

Kennedy sera l'homme des cinq prochains mois.

Johnson ne joue pas le jeu et incarne le rôle de celui qui, au-dessus de la mêlée, porte le poids du pouvoir et de la responsabilité. Il fait en sorte de paraître concentré exclusivement sur les crises du moment (le dollar, la guerre, les bidonvilles), distribue des médailles aux héros du Vietnam et ne projette pas de se présenter aux élections primaires. Il paraît que ses conseillers préparent une campagne exclusivement télévisée grâce à laquelle il touchera chaque foyer américain avec l'image d'un homme sérieux et mûr au milieu des problèmes du monde. La télévision est une bonne solution. Comment, d'ailleurs, en envisager une autre? Johnson ne s'est pas montré en public depuis des mois et, lorsqu'il quitte la Maison-Blanche pour rendre visite à des bases militaires et à des soldats en partance, les mesures de sécurité prises sont sans précédent, et il finit par dormir à bord d'un porte-avions de la Navy ancré au large des côtes américaines.

Faire campagne dans ces conditions n'est pas facile et le problème ne vient pas de ces pancartes vues récemment dans les manifestations « Où es-tu Lee Oswald, quand on a besoin de toi ? » mais des centaines et milliers de jeunes prêts à attendre pendant des heures derrière les barrières de police, à crier leur révolte, leur désillusion, leur colère chaque fois qu'un représentant du gouvernement n'a d'autre choix que de se montrer devant eux.

Un parti divisé

Dans la situation actuelle, le Parti démocrate avec ses trois candidats semble fondamentalement divisé, embarrassé, affaibli ; mais le besoin de dialogue, de discussion, peut être une raison suffisante pour maintenir les rangs serrés au moins jusqu'à la convention de Chicago. À ce moment-là, les hésitations de l'électeur lambda seront résolues par des manœuvres politiques et des solutions de compromis, dont certaines risquent, dit-on, de faire scandale : Johnson comme président et Kennedy comme vice-président ? Ou, plus convenable, Kennedy président, McCarthy vice-président ?

Cette situation pourrait jouer en faveur du Parti républicain et, d'une certaine manière, donner l'espoir d'un renversement du pouvoir. Nixon est toujours sur la sellette, lui l'éternel perdant depuis l'époque du premier Kennedy, néanmoins il a remporté une victoire facile et quelque peu inutile lors de l'élection primaire du New Hampshire, où, après le retrait de Romne, il n'a finalement battu personne. Nixon monopolise l'aile conservatrice et réactionnaire, il est soutenu par Goldwater et sa vision du monde reste celle de l'époque de la guerre froide.

La possibilité d'une alternative républicaine est représentée par Nelson Rockefeller. Le gouverneur de New York fait prudemment campagne depuis des mois en tant que non-candidat, mais il n'a manqué aucune occasion de déclarer qu'il ne veut pas de la présidence, et a fait les gros titres à maintes reprises. Personne n'a cru à cette non-campagne, et certains se délectent de son lapsus lors d'un déjeuner en janvier, quand, debout pour porter un toast à quelqu'un, il a lancé : « Je suis honoré par la présidence... présence de... »

Sa position en matière de politique étrangère n'est pas claire. Dans le premier numéro de *Foreign Affairs* de cette année, il a publié un article sur les relations entre la politique et le peuple dans lequel, alors qu'il abordait toute sorte de sujet, il a réussi à ne pas écrire une seule fois le mot Vietnam. On dit de lui qu'il est une colombe, mais on dit aussi que son conseiller aux Affaires étrangères est Henry Kissinger de Harvard, célèbre en son temps pour avoir été le théoricien de l'utilisation d'armes atomiques tactiques dans des guerres limitées. Il est toutefois probable qu'il doive adopter une position modérée sur cette question s'il veut trouver un espace politique sur lequel rivaliser avec Nixon. Les Républicains célèbrent leur convention en premier et ils devront flairer le vent démocrate afin de désigner un candidat qui ait une chance de battre ses adversaires.

Une hypothèse serait la suivante : dans l'idée que les démocrates désigneraient Johnson, Nixon aurait peu de chances de l'emporter, et seul Rockefeller pourrait, à partir d'une position modeste, attirer les votes des pacifistes démocrates sans peut-être perdre l'aile conservatrice en choisissant un homme tel que Ronald Reagan comme vice-président. À l'inverse, dans l'hypothèse où les démocrates éliraient un pacifiste, que ce soit Kennedy ou McCarthy, les républicains voudront choisir Nixon qui attirerait alors les votes des démocrates pro « loi et ordre ».

Le facteur « guerre »

La guerre semble toutefois être la question déterminante de ces élections, mais la question même de la guerre est un miroir des difficultés et des incohérences de l'Amérique d'aujourd'hui.

Actuellement, ceux qui s'opposent à la guerre sont nombreux, même si pour moi ils ne représentent pas la majorité. Puis, au sein de cette opposition, on trouve les raisonnements les plus divers qui vont d'une vision de la guerre comme un problème économique à la guerre en tant que problème moral, en passant par un problème intrinsèquement lié à la logique du système.

Les groupes radicaux qui se sont formés dans les universités pour s'opposer à la guerre et organiser la résistance à l'appel sous les drapeaux, se retrouvent confrontés à un choix, qui consiste à coopérer avec des candidats comme McCarthy ou Kennedy ou à s'abstenir complètement de participer à cette modalité de participation politique.

La guerre au Vietnam a catalysé beaucoup d'attention et suscité une réflexion qui dépasse le cadre de la situation actuelle et la question est de savoir si, le jour où la guerre sera terminée, il sera possible de maintenir l'attention politique et le degré de réflexion qu'elle a provoqués aujourd'hui. Beaucoup de jeunes, surtout dans les universités, se sont alignés sur McCarthy, et d'autres feront certainement de même avec Kennedy, même s'ils savent que ni l'un ni l'autre ne résoudra les problèmes substantiels du pays, et en concluent : « Les nôtres sont les moins pires. Réglons le problème du Vietnam, puis on réfléchira au reste. »

Pourtant, on voit mal comment le reste pourra être résolu, si tant est qu'on trouvera comment faire. S'il est si difficile aujourd'hui d'émouvoir les gens, l'opinion publique, malgré les indignations liées à la guerre, avec des centaines de villages brûlés, avec Hué rasé comme Lidice[6] avec des tortures et des morts, comment sera-t-il possible d'appeler le public à accepter la révision d'aspects fondamentaux de la vie américaine ? Aujourd'hui, les pilotes américains larguent des bombes au napalm sur les guérillas en Angola et au Mozambique, et les rangers américains sont partout en Amérique latine à la chasse aux Che Guevara plus ou moins célèbres.

La guerre au Vietnam n'est pas un malheureux accident de l'histoire, lié au caractère « texan » de Johnson, comme trop de gens voudraient le croire. Elle est le produit d'une société, d'une logique, d'un système économique qui divise le monde en libre et non-libre (libre pour l'exploitation capitaliste). Des problèmes que des hommes comme McCarthy et Kennedy, dont les déclarations plaisent à tant de bien-pensants qui les lisent depuis l'Europe, ne sont pas disposés, je ne dis même pas à les résoudre, mais ne serait-ce qu'à les affronter.

L'Amérique non seulement des Johnson, mais déjà celle d'avant les Kennedy, avait choisi la contre-révolution permanente comme mission dans le monde ; Kennedy, dont l'histoire reste à écrire, a inventé les bérets verts, les écoles de contre-guérilla, les conseillers militaires au Vietnam. Son cheminement était plus sophistiqué, plus discret, moins scandaleux, mais le choix était le même. Ce n'est pas une question d'idéologies différentes, seulement de tactiques. Il y a pas mal de monde qui s'oppose à la guerre et qui est contre Johnson uniquement parce qu'ils pensent qu'on devrait mener un autre type de guerre. Même McCarthy lui-même, qui a pris position sur le Vietnam (retrait des troupes et gouvernement de coalition), a déclaré au sujet de la Thaïlande que la situation y est différente et qu'il faut tenir bon.

Bien sûr, cela fera une différence si, en janvier de l'année prochaine, nous avons un Johnson à la Maison-Blanche réélu par le vote populaire ou un Kennedy porté par les forces libérales. Mais il ne faut pas croire que cela va changer structurellement l'Amérique. Parmi les groupes de la nouvelle gauche, il y a ceux qui pensent que la présidence de Kennedy pourrait être la plus dangereuse de toutes, en raison de sa sophistication et du fait que Rap Brown se promène en disant qu'il faudrait voter pour le ségrégationniste Wallace, afin de faire naître une situation révolutionnaire. Il est probable que parmi les groupes radicaux, beaucoup finissent par soutenir un candidat comme Kennedy, mais il faut tenir compte des problèmes sous-jacents, lorsque, effrayé par des visions apocalyptiques d'un avenir atomique, on

6. Le 10 juin 1942, un détachement de SS détruit le petit village de Lidice (actuelle République tchèque) et massacre sa population – 192 hommes, 60 femmes et 88 enfants.

est prêt à choisir le moins pire et à se laisser embobiner par les paroles de quelqu'un qui semble dire exactement ce que l'on voulait entendre.

Les groupes de militants noirs préparent des cocktails Molotov pour l'été dans l'obscurité des ghettos, et les inspections minutieuses des bagages des G.I. revenant du Vietnam ne suffisent pas à tarir l'approvisionnement. La police accumule les fusils automatiques, teste les gaz et les balles paralysantes, prépare des milliers de volontaires pour les opérations anti-émeutes, s'équipe de véhicules blindés à utiliser dans les villes. On continue à tuer le peuple vietnamien et à incendier au napalm ses villages au nom de la liberté et du peuple américain. C'est dans ce décor que la démocratie américaine cherche son trente-septième président.

« Lorsque je suis arrivé en 1967, mon Dieu, la situation des Noirs était vraiment épouvantable. » Installés à deux pas de Harlem, Tiziano et Angela fréquentent plusieurs groupes d'activistes et constatent de première main la pauvreté et la marginalisation dans lesquelles vit la population afro-américaine ainsi que la fragmentation dans les mouvements de lutte pour les droits civiques. Ils se lient d'amitié avec Stokely Carmichael, ancien leader du Student Non-violent Coordinating Committee, désormais à la tête des Black Panther Party, « mais les Black Panthers nous ont aussi déçus parce que leur leader voulait des mocassins de chez nous, confectionnés à Florence. Nous cherchions des révolutionnaires et nous avons trouvé ces charlots. » À la recherche d'une légitimité politique solide, les mouvements oscillaient entre des positions non-violentes et des positions extrémistes et sectaires. Le 4 avril 1968 à Memphis, l'assassinat du révérend Martin Luther King Jr, leader politique et spirituel de la lutte contre la ségrégation raciale, prix Nobel de la paix en 1964, déclenche la colère des banlieues et des ghettos avec des pillages et des émeutes dans tout le pays.

APRÈS LUTHER KING : LE TEMPS DES PANTHÈRES

14 avril 1968, New York

Johnson revenait tout juste de New York, où il avait rencontré U Thant au secrétariat des Nations unies. Des centaines de policiers et d'agents du FBI bloquaient les rues et surveillaient comme des faucons le court trajet entre le « Palais de Verre » et Central Park, au cœur duquel était garé l'hélicoptère présidentiel. De nombreuses fenêtres avaient été condamnées, les piétons étaient tenus à l'écart et les forces de l'ordre, les yeux scrutant les hauteurs, guettaient d'éventuels francs-tireurs dans les zones d'ombre des buildings. Presque au même moment, à Memphis, un fusil télescopique avait dans sa mire la tête de Martin Luther King. Et l'Amérique, après des heures d'attente et de panique, affrontait dans la terreur la tragédie de cet assassinat.

Des milliers de policiers patrouillaient désormais ses plus grandes villes, des régiments de la Garde nationale surveillaient les ghettos et les photos de mitrailleuses sur les marches du Sénat faisaient le tour du monde tandis que de vastes secteurs de la capitale s'enflammaient et que d'épais nuages de fumée flottaient sur la Maison-Blanche elle-même. Johnson a changé ses plans et s'est enfermé dans ses bureaux, tandis que des troupes étaient déployées pour défendre les bâtiments publics et qu'on déclarait le couvre-feu pour l'ensemble de Washington D.C.

La campagne électorale, déjà bousculée par l'annonce du retrait de Johnson la semaine dernière, a subi un autre choc ; le Vietnam, la possibilité de négociations avec Hanoï : tout se brouille à cause de l'ouverture de ce terrible et nouveau front intérieur. La panthère noire du Black Power a repris sa marche. Quelques heures seulement après la mort de Luther King, Floyd McKissick, directeur national de l'organisation militante noire CORE, déclarait que King était « le dernier prince de la non-violence » ; que la non-violence était désormais « une philosophie morte, et ce sont les Blancs racistes qui l'ont tuée ». Au ghetto de Washington, Stokely Carmichael incitait les masses noires à venger leur leader et à sortir les armes de leur cachette. Cette année, l'incandescent été américain est arrivé tôt, très tôt.

« Moi aussi, je suis un homme. »

Tout a commencé à Memphis, dans le Tennessee. Un jeune Noir tué par la police, des dizaines de blessés, des arrestations, les six mille manifestants d'une marche pacifiste organisée par Luther King dispersés à coups de matraque et poursuivis dans les rues du centre-ville. La Garde nationale pénètre dans la ville, des camions et des véhicules blindés patrouillent les principales artères tandis que, entre deux rangées de soldats baïonnette au canon, les derniers manifestants noirs défilent avec des pancartes « Moi aussi, je suis un homme ».

La tactique pacifiste n'a pas fonctionné. La marche organisée en soutien aux éboueurs noirs de Memphis ne s'est pas passée comme le souhaitait Luther King, et le pasteur intégrationniste décide d'en préparer une autre pour la semaine suivante. Les journaux bien-pensants, partant aussi de la prémisse que le pacifisme n'a pas fonctionné, proposent d'autres conclusions dans leurs éditoriaux. « Le Dr King, a dit le *New York Times*, devrait garder à l'esprit l'exemple de son mentor, le plus grand représentant de la désobéissance non-violente de ce siècle, Gandhi, lorsqu'il fera des plans pour l'avenir. Peu après que le Mahatma avait lancé sa première expérience de masse lors d'une manifestation pacifique en 1919, des violences ont éclaté dans plusieurs villes indiennes. Gandhi a immédiatement suspendu sa proposition et a jeûné en pénitence pour les méfaits de ses partisans. »

L'appel aux principes pacifistes semble raisonnable et, dans ce contexte, très habile, mais les Noirs, même ceux qui sont favorables à la non-violence, ne se laissent pas berner; Luther King, au lieu de jeûner, peut-être seul sur la pelouse de la Maison-Blanche, a continué à organiser sa « marche des pauvres » qui devait amener des milliers et des milliers de Noirs à manifester à Washington à la fin du mois. Les militants noirs, les activistes, déclarent quant à eux que si le seul moyen de se faire entendre est la violence, c'est la voie qu'ils choisiront.

Luther King, cherchant à appliquer une fois de plus ses méthodes, sans pour autant perdre de vue les risques qu'elles impliquent, retourne à Memphis et déclare devant la foule venue l'écouter : « Je ne sais pas ce qui va se passer, je sais seulement que des jours difficiles nous attendent, mais un homme qui croit en la liberté n'a pas peur. Moi aussi, j'aimerais, comme tout le monde, vivre très longtemps, mais ce n'est pas cela qui me préoccupe en ce moment. » Le lendemain soir, il est abattu par une balle qui se loge dans sa gorge.

Une pierre d'espoir

Dans la peur des violences que cette mort pourrait déclencher, Johnson multiplie les déclarations dans lesquelles, se référant à la philosophie de ce prophète désormais bien commode, il appelle au calme, demandant à chaque citoyen « de rejeter la violence aveugle qui a fait tomber le Dr King, qui vivait pour la non-violence ». Les appels à la retenue et au calme ont fusé à travers la nation : du président à Humphrey à McCarthy et aux autres candidats, jusqu'à Jacqueline Kennedy et à la veuve de King elle-même, chacun avec son style et ses motivations propres a espéré arrêter un retour de bâton désormais inévitable.

« Je fais un rêve qu'un jour mes quatre enfants vivront dans une nation où ils ne seront pas jugés par la couleur de leur peau, mais par leur caractère; je fais un rêve, qu'un jour, cette nation acceptera que tous les hommes naissent égaux. Avec cette foi, nous pourrons déterrer de la montagne du désespoir une pierre d'espoir », déclarait Martin Luther King en août 1963, lors de l'une des mémorables marches pour les droits civiques à Washington. Son appel à la non-violence est devenu la base et la justification de ceux qui appellent aujourd'hui à la retenue de la part des Noirs, mais ses paroles et ses discours résonnent aussi dans tous les coins des ghettos comme une incitation à la révolte.

Le mouvement pour les droits civiques est sans doute mort maintenant que Luther King n'est plus là, mais peut-être qu'il l'était déjà, et peut-être que le révérend lui-même changeait aussi graduellement de stratégie même si les tactiques ne pouvaient que rester les mêmes. C'est le résultat d'une situation culturelle noire particulière, créée dans le Sud de ce pays depuis l'époque de l'esclavage, et dans laquelle les Églises catholique et protestante ont toujours joué un rôle considérable.

La lutte visait essentiellement l'obtention de l'égalité juridique pour les Noirs, elle cherchait tout simplement à redresser des situations juridiques dans un cadre de valeurs qui n'étaient aucunement contestées ; au contraire, le but était qu'elles soient véritablement imposées. Cette bataille a été menée avec succès dans la société grossièrement raciste des États du Sud, où elle a fait tomber des barrières séculaires ; cependant, elle s'est enlisée dès qu'elle a été confrontée à la moralité plus sophistiquée et moins saisissable du Nord. Le refrain de la lutte pour les droits civiques n'a pas seulement été repris par Kennedy, mais c'est Johnson lui-même qui, en adoptant une partie de la législation pertinente, l'a accompagnée devant une session conjointe de la Chambre et du Sénat d'un discours qui se terminait par *We shall overcome*.

Une position dangereuse

La législation n'a pas eu un grand impact dans les États du Nord, puisque les situations sur lesquelles elle portait étaient elles-mêmes dépassées. Dans les États du Sud, elle a été, article par article, point par point, enfreinte ou délibérément boycottée. Il est vrai qu'on doit en grande partie au Mouvement d'avoir éveillé la conscience politique de la population noire ; on lui doit la conviction qu'il est possible de s'organiser, qu'il est possible de lever des obstacles et des préjugés séculaires, mais sa « cause » s'est déplacée au fil du temps, même si certaines personnes, dont Luther King, étaient devenues prisonnières des tactiques auxquelles le Mouvement s'était identifié. King lui-même avait essentiellement ajusté son objectif ces derniers temps. La marche pour les droits civiques de 1963 allait devenir « la marche des pauvres » en avril 1968 ; sur la question du Vietnam, il y a à peine dix jours King déclarait : « C'est peut-être la guerre la plus injuste de toute l'histoire de l'humanité. »

Sa position était donc devenue plus dangereuse et moins présentable. Les critiques allaient venir non seulement directement de l'establishment blanc, mais aussi d'organisations noires conservatrices ou réactionnaires, telles que la NAACP et la NUL[7] qui lui reprochaient de trahir la « cause » pour laquelle il s'était battu et qui avaient à plusieurs reprises fait allusion à ses affinités avec les « Rouges ». Cependant, lorsqu'on lui a demandé ces derniers temps quel était le rapport entre la guerre au Vietnam et les droits civiques, il a répondu : « Dans les deux cas, c'est des droits de l'homme qu'il s'agit, c'est évident. »

---

7. Respectivement : *National Association for the Advancement of Coloured People :* Association nationale pour la promotion des gens de couleur et *National Urban League* : Ligue nationale urbaine.

Le mouvement noir, devant ce qui constitue certainement son premier tournant crucial, se trouve divisé, fracturé et plein de contradictions. Il suffit d'avoir assisté une seule fois aux réunions ou aux manifestations des différents groupes pour se rendre compte que le plus souvent, le seul point qu'ils ont en commun après des heures de discussions c'est le fait qu'ils s'appellent « frère », car par ailleurs des failles et des différences insurmontables apparaissent, non seulement en termes de moyens, mais aussi en termes de fins. Je ne crois pas trop m'avancer cependant en disant aujourd'hui, quelques heures après la mort de King, que son nouveau statut de martyr et de mythe va créer du consensus et, à certains égards, forcer une clarification, ne serait-ce que parce que, comme on l'a dit, le mouvement pour les droits civiques en tant que tel s'éteint définitivement avec lui. Reste à voir ce qu'il deviendra dorénavant.

La route vers la radicalisation

Il existe au sein des communautés noires, en particulier dans les rangs de la bourgeoisie urbaine modérée qui s'était identifiée au mouvement de King, des forces qui tenteront, qui tentent déjà, de ramener les revendications et les attentes que le Mouvement a déclenchées dans les limites de la contestation du pouvoir établies par la logique et les règles du système.

Au cours d'une interview, lorsqu'on a demandé à Whitney Moore Young, président de la *National Urban League*, qui reprendrait la position de leader laissée par Luther King, il a répondu que l'idée que le leader devait être un Noir était dépassée, et qu'un homme comme le président Johnson pourrait tout à fait être considéré comme le nouveau leader naturel. Une telle position risque de ne pas trouver beaucoup d'adeptes, mais plutôt de favoriser une radicalisation des forces militantes : l'appel à la violence lancé par Carmichael et ses compères du Black Power, dont l'origine est à trouver dans les conditions de vie dans les ghettos et la misère des populations moins privilégiées, reçoit déjà un écho spontané qui ne tardera pas à s'amplifier.

Il y aurait beaucoup à dire de ce que représente le Black Power et de son influence aujourd'hui. Mais ce que l'on peut affirmer pour l'heure, c'est que le mouvement noir est en pleine mutation et que la société blanche contre laquelle sa lutte se fait de plus en plus radicale, répond désormais par des véhicules blindés, la police, des forces spéciales, des gaz et des bombes lacrymogènes, ce qui provoque une réaction en chaîne imprévisible, comme l'ont montré les émeutes de l'été dernier. Ce soir même à Harlem il y a des groupes de policiers tous les vingt mètres et une voiture de police à chaque feu de circulation : Harlem ainsi que tous les ghettos noirs du pays sont d'immenses prisons tenues en joue.

L'Amérique ne pourra se permettre encore longtemps de garder un tel front intérieur ouvert ; elle ne peut avoir en permanence des nids de mitrailleuses devant ses bâtiments publics, et elle ne peut affronter de nouveau cet été encore des manœuvres de véhicules blindés au cœur de ses grandes villes. La capacité de répression est immense, les techniques dont dispose le pays le sont tout autant, et l'éventualité d'un retour de bâton raciste et fasciste, qui a trouvé son idéologue dans le candidat présidentiel Wallace, pourrait gagner du terrain.

Deux échecs

Je suis le premier à reconnaître que ce qui se passe en ce moment revêt une importance considérable, mais il me semble qu'on est loin d'un effondrement de la société américaine et loin aussi du passage de la phase de rébellion à celle de la révolution, comme certains Noirs militants le proclament. Il me semble que si par un bel après-midi d'été à Central Park et avec l'accord des autorités locales, on peut prononcer un discours en l'honneur de Martin Luther King et que quelqu'un depuis l'estrade, comme on l'a vu, peut récolter de l'argent pour s'armer et réclamer que la mort du leader soit vengée par la destruction de 20 centrales électriques, 15 usines de traitement des eaux et 25 commissariats de police, on a fait un pas qui a certainement son importance et son poids dans le sens de la création d'une conscience, d'une sensibilisation, d'une fierté, mais on est encore loin d'une révolution. Le « système », comme l'appellent les radicaux, est sophistiqué, préparé, subtil ; à ce stade, il peut encore se permettre de laisser prononcer des discours enflammés à Central Park ; le fait même que la révolution soit si médiatisée prouve que le système peut se le permettre, qu'elle y a, sous cette forme en tout cas, sa place.

Il s'agit certainement d'une période de transition ; et bien qu'à ce jour les valeurs et les programmes du Black Power semblent faire défaut, la lutte, en dépit du manque de définition des positions quant à la race, la classe ou la culture, a bel et bien commencé et le recours à la violence semble désormais sans alternative. Pour l'instant, elle prend la forme de pillages et d'incendies criminels et semble laissée à l'initiative spontanée des foules, tandis que les groupes plus organisés semblent attendre un moment propice pas encore advenu. La violence éclate soudainement et presque naturellement, ce qui peut être expliqué sans avoir recours à des théories psychanalytiques – à l'intention d'un public libéral désireux de comprendre – pourquoi lors d'un pillage, des Noirs sont plus susceptibles de voler un téléviseur ou une bouteille de whisky. « S'ils ont le choix, pourquoi prendraient-ils une télévision en noir et blanc alors qu'ils peuvent en avoir une en couleur ? » commentait un jeune homme.

Harlem aujourd'hui est comme une prison, et la seule chose à la portée de celui qui veut se révolter est de mettre le feu à sa cellule. C'est ce qui se passe dans les ghettos noirs, et la presse réactionnaire instrumentalise ces événements pour projeter l'image du Noir vaurien dont le seul but est de piller les magasins d'alcool. Pour moi, c'est là que se trouve malheureusement le point le plus tragique des événements actuels. Les pillages et les incendies ont une valeur en raison de ce qu'ils reflètent et de leurs conséquences, ils doivent être considérés comme le résultat de la répression, comme une tentative spontanée de rébellion contre des conditions de vie injustes et inhumaines. Cependant, il est encore difficile de les considérer comme une manifestation organisée, ou du moins organisable, de la conscience politique. Pour l'instant, tout ce qui se passe dans les communautés noires, des activités organisées par le CORE[8] aux *riots*, en passant par toutes les formes d'agression fomentées et encouragées par le Black Power, ne peut être considéré que comme la conséquence de deux échecs : celui de la société blanche et celui de sa capacité à résoudre ses contradictions internes, l'autre, mineur, des mouvements noirs en activité jusqu'à présent, y compris le mouvement pour les droits civiques.

Pacifistes et hommes d'ordre

On se trouve peut-être devant la première phase de quelque chose de très important pour les Noirs d'Amérique ; de la phase romantique, pour ainsi dire, vers la création d'une conscience, d'un « nationalisme noir » ; il faut encore du temps et des analyses pour qu'il se solidifie et s'articule.

King s'est rendu à Memphis pour une cause syndicale qui n'a pas encore triomphé. Il est mort pour la cause des droits civiques, une législation qui est devant le Sénat depuis des semaines et qui, malgré la pression causée par sa mort, n'a pas encore été adoptée.

L'Amérique noire devient de moins en moins pacifiste, me semble-t-il, et le fossé entre ces deux sociétés, noire et blanche, dont parle même le rapport au président sur les « troubles civils », est un fait auquel on ne peut plus échapper. Cette dichotomie existe, et la campagne électorale de ces derniers mois en est un bon exemple. Dans chaque discours des candidats à la présidence, on trouve désormais dans les expressions conventionnelles qui distinguent les différents points de vue (question urbaine, criminalité dans les villes, émeutes...) une référence au problème racial et à ses implications. Mais le sujet n'a suscité aucune mobilisation, encore moins au sein de la population noire, faute de représenter une « cause » comme, d'une manière ou d'une autre, le Vietnam.

8. *Congress of Racial Equality* : Rassemblement pour l'égalité des races.

McCarthy lui-même, qui mène la campagne des idéalistes, avec pour seules armes contre le pouvoir démesuré de Johnson et l'efficace machine Kennedy de la moralité et des principes, a très peu de Noirs dans sa suite et, pendant sa campagne dans le Wisconsin, il a évité de se montrer dans les ghettos, prétendant qu'il n'avait pas à se livrer à de telles formes de démagogie. En novembre dernier, dans le discours par lequel il annonçait sa candidature à la présidence, la question noire a été à peine effleurée et elle n'y apparaissait qu'en lien avec la guerre par son « coût », qui empêcherait d'allouer plus d'argent aux programmes de lutte contre la pauvreté.

Faire de la question raciale un thème de campagne pour la présidence peut s'avérer une arme à double tranchant et c'est pourquoi tout le monde s'en tient prudemment à des généralités ; prendre position en faveur des Noirs, tenter de s'attaquer aux causes profondes de ce problème, ne signifierait pas gagner plus de soutien de la part de ceux qui partagent déjà l'avis des libéraux sur la guerre. En revanche, celui qui s'y risquerait pourrait perdre le soutien de tous ceux qui sont contre la guerre, mais qui sont pour la défense de « l'ordre public », en ce qui concerne la criminalité dite urbaine.

Cela contribue, s'il en était encore besoin, à faire que les Noirs se sentent exclus de la gestion de ce système qui devrait aussi être le leur ainsi qu'à répandre la conviction, et pas seulement chez les militants, que les élections et tout ce qui s'y rapporte sont l'affaire des « autres », des Blancs. Il contribue à augmenter le nombre de ceux qui soutiennent que le pouvoir de négociation de la population noire sera déterminé bien plus par ce qu'elle fera d'ici novembre que par son vote dans les urnes.

« Cette vision du journalisme que j'avais eue, enfant, à travers le journalisme sportif, comme quelque chose de plutôt inutile fait par des ratés, a beaucoup changé lorsque j'ai commencé à écrire sur des choses qui m'importaient, l'injustice en particulier. » En 1966, en Afrique du Sud, le choc de l'inhumanité de l'apartheid avait suscité le premier reportage de Tiziano pour L'Astrolabio. *La découverte des signes évidents et profonds du racisme et de la ségrégation aux États-Unis l'a encouragé à décrire la partialité et les contradictions de la démocratie américaine.*

ÉTATS-UNIS : L'AUTODÉFENSE DU SYSTÈME

28 avril 1968, New York

L'opinion publique américaine, gavée de messages et manipulée par une quantité démesurée d'informations à stocker dans une mémoire à laquelle on demande tout sauf de se souvenir, semble refuser de transmettre des impératifs d'action.

C'était arrivé d'abord avec la guerre au Vietnam. L'annonce par Johnson de l'arrêt des bombardements a été interprétée comme l'annonce de la fin de la guerre, et en effet, la guerre est à présent perçue comme quelque chose de lointain, une question bien moins brûlante qu'il y a quelques semaines, alors que les opérations contre le Vietnam du Nord ont augmenté et que, la semaine dernière, la quantité de bombes larguées par habitant a dépassé tous les records établis depuis le début des hostilités. La guerre semble toucher à sa fin et rares sont ceux qui s'insurgent parce que les négociations, qui (selon les grands discours) auraient pu commencer « à tout moment et en tout lieu », sont encore loin d'aboutir.

La même chose s'est produite avec la question noire. L'assassinat de King et tout ce qui s'en est suivi ont mobilisé les forces les plus insoupçonnées dans une démonstration exceptionnelle d'hypocrisie collective.

Des membres blancs de la structure du pouvoir la plus conservatrice,

Nixon par exemple, ont assisté aux services religieux avec componction, épaule contre épaule aux côtés des leaders noirs les plus « extrémistes » lors des cérémonies commémoratives organisées dans tout le pays. La grande masse des hommes de la rue a passé une journée entière, déclarée fériée, devant le téléviseur dans un étalage collectif de culpabilité, à se donner bonne conscience en admettant que « c'est le racisme blanc qui a tué King, et nous en sommes tous coupables ». Une fois la cérémonie terminée, on l'a achevée en beauté avec l'adoption d'une loi insignifiante sur les droits civiques qui inclut à la fois des articles sur la déségrégation des logements et d'autres sur le contrôle des émeutes qui renforce les outils de répression aux mains de la police. L'Amérique est pour le moment apaisée ; la campagne électorale se poursuit banalement, et alors qu'aucune des questions sur lesquelles elle se concentre n'a été résolue, sinon par de belles paroles, la pression semble s'être évanouie pour le moment.

L'âge de l'abdication

Kennedy, en tournée de nouveau en Californie, n'a trouvé qu'un petit groupe de partisans l'attendant à l'aéroport ; il ne reste même pas l'ombre aujourd'hui des scènes d'extase collective d'il y a seulement quelques semaines. Ce calme ne saurait durer, car d'autres facteurs interviendront pour rompre cet équilibre apparent ; mais il me semble intéressant de souligner que cette immobilité est l'aspiration sous-jacente, et que la tendance est de se sentir absous et de se déresponsabiliser.

Arthur Miller a écrit récemment que nous vivons « l'âge de l'abdication ». C'est dans les ghettos noirs que l'équilibre sera rompu parce qu'aucune législation n'a encore changé les conditions désespérées dans lesquelles y vivent les gens ; et aucun des programmes qui sont si largement mis en avant en ce début d'été pour l'emploi de milliers de Noirs, pour la rénovation des logements, etc. ne changera la structure du pouvoir qui relègue encore le Noir dans une condition d'infériorité et de ségrégation. Rien de ce que la société blanche est prête à faire pour la population noire aujourd'hui ne peut l'apaiser ou la « pacifier ».

« Ce qui distingue un Noir d'un homme blanc, ce n'est pas la couleur de sa peau », m'a dit Julius Lester[9], jeune écrivain militant qui vient de rentrer d'Hanoï : « Ce qui les distingue, c'est la colère, que tout Noir possède et qu'aucun Blanc, même pas le plus passionné des sympathisants de notre cause, ne pourra jamais accumuler. »

---

9. Julius Lester (1939-2018). Son article « Les enfants en colère de Malcolm X » est considéré comme l'une des déclarations afro-américaines les plus contondantes de son époque. Son livre *Look Out, Whitey ! Black Power's Gon' Get Your Mama !* (Dial, 1968), est le premier ouvrage sur le mouvement du Black Power écrit par quelqu'un qui en faisait partie.

King en était venu, non seulement à reconnaître, mais à accepter la présence des mouvements plus militants et à rechercher leur contact. En revanche, ceux qui, aujourd'hui, prétendent assumer le rôle de leader du courant modéré que King a incarné, tentent d'affirmer leur légitimité par la voie opposée : en désavouant non seulement la légitimité, mais l'existence même de l'aile militante. Il y a quelques jours, le président de la NUL, M. Young, a déclaré que Stokely Carmichael n'avait pas de partisans dans la population noire, hormis une petite centaine ainsi que deux mille reporters blancs qui ont fait sa réputation.

La mort de King a pris l'Amérique de court et, dans une tentative de contrôler la violence qui risque fort d'éclater, l'establishment blanc ne recule devant rien pour s'approprier la figure désormais manipulable du pasteur noir et l'utiliser à ses propres fins. King, incarcéré plus de trente fois par les lois « justes » de son pays qui auraient fait de lui, ailleurs dans le monde, un délinquant habituel, s'est vu soudainement élevé au rang de citoyen émérite, de saint même, et une grande majorité d'hommes politiques, du président à la base, se sont efforcés de chanter ses louanges et de saluer tout particulièrement les fins pour lesquelles son combat a été mené.

La société blanche a tout à fait réussi la manœuvre, sauf que, en ayant donné de la dignité aux moyens de la lutte, elle a aussi et surtout, à mon avis, dignifié la cause, ce qui entraînera des conséquences importantes pour la population noire, de plus en plus disposée à jouer un rôle actif dans la poursuite d'un objectif qui a été largement accepté, du moins dans les discours.

L'autodéfense du système

Les Noirs modérés sont essentiellement des membres de la bourgeoisie noire qui, dans le cadre de la politique de tokénisme (acceptation symbolique de quelques Noirs dans le système), ont été admis dans la structure du pouvoir blanc, seulement pour des raisons de représentativité apparente. Thurgood Marshall, le premier juge noir à la Cour suprême des États-Unis en est un exemple.

Ces modérés sont souvent issus des professions libérales (avocats, médecins), ils appartiennent à la génération qui se trouve entre 40 et 60 ans aujourd'hui et le dialogue avec les jeunes militants dont l'âge moyen se situe à mi-vingtaine devient de plus en plus difficile. La bourgeoisie noire, dans sa position politique modérée et dans sa lutte pour les droits civiques dont elle a été la seule bénéficiaire, n'a aujourd'hui pratiquement aucun contact avec les grandes masses de la population noire des ghettos urbains et des zones rurales déprimées dont les conditions de vie n'ont pas changé d'un iota avec les droits civiques.

Les masses noires, qui ne sont encore que partiellement mobilisées par les nouvelles idées du Black Power, même dans la contradiction encore non réglée des fins et des moyens, sont de plus en plus sensibles à l'argument qui veut que dans la société américaine, telle que structurée aujourd'hui, il n'y a aucun espoir de réaliser l'intégration qui était le but des premiers mouvements, et elles se tourneront de plus en plus vers des positions radicales et militantes qui tendent à remettre profondément en question la structure de la société elle-même.

La société blanche réagit à cette situation de façons de plus en plus tranchées et polarisées. Sweezy et Baran écrivent dans *Le Capital monopoliste, un essai sur la société industrielle américaine* : « Ce serait une grossière erreur que de sous-estimer la capacité et la ténacité de réaction de l'oligarchie américaine lorsqu'elle est confrontée à ce qu'elle considère comme une menace pour son existence. » Il ne fait plus question que la condition de la population noire en tant que masse de travail sous-payée et exploitée, a servi comme base du développement de cette société américaine, et le racisme a démontré son utilité pour le système en tant que justification sociale et personnelle. Or, cette condition et cette justification provoquent des réactions et des perturbations qui ne mettent pas encore en danger le système en tant que tel, mais provoquent une série de tensions et de malaises qui s'avèrent tout sauf utiles, alors qu'elles affectent également ses relations avec l'extérieur. Il est certain qu'une partie considérable de l'establishment, dans la structure de pouvoir blanche qui contrôle les ressources et les marchés, est aujourd'hui bien disposée à changer cette situation, faisant même des concessions en faveur des Noirs dont la condition telle qu'elle se présente aujourd'hui n'est plus nécessaire en termes de développement néo-capitaliste et est prête selon ses propres techniques de cooptation et d'intégration à changer lentement la situation de base.

Une réaction modérée

C'est ce qui explique, à mon avis, l'existence même de la « Commission consultative nationale sur les désordres civiques » et les propositions, parfois très avancées au sens libéral du terme, contenues dans son rapport ; c'est aussi ce qui explique le consensus assez large auquel ont donné lieu ses recommandations. La froideur des commentaires de certains dirigeants, peut-être même de Johnson lui-même, s'explique davantage en termes de relations politiques avec sa propre base électorale que comme un manque de soutien à un programme d'intervention plus avancé. Il ne faut pas oublier qu'un homme comme Fulbright a plus ou moins constamment voté contre la législation sur les droits civiques, et lorsqu'un groupe d'étudiants lui a récemment reproché cette incohérence avec sa position sur les questions internationales, il a répondu : « Si j'avais voté pour les droits civiques, je ne serais pas sénateur de l'Arkansas, et je ne serais pas ici à vous parler du Vietnam. »

Il me semble qu'il s'agit d'un point fondamental qui devient peut-être déjà clair après l'assassinat de King et la grande peur ressentie dans les jours qui ont suivi. L'establishment politique ne peut qu'être ouvert, pour sa propre préservation et à moins de prendre le risque d'un virage fasciste, à faire des concessions à l'agressivité militante des Noirs et à réduire les motifs de tension, peut-être par une politique « tokéniste » corrigée et augmentée ; pour cela cependant, il devra tenir compte des vastes masses de la population blanche dont le racisme est encore radical et dont la tendance à maintenir le statu quo ne sera pas facilement surmontée, à présent que, dans la peur qu'elles éprouvent de se sentir cernées par l'ennemi à ses portes, elles cherchent le réconfort dans l'imposition de la loi et de l'ordre. Cela peut sembler paradoxal, mais il me semble qu'une tendance à la résolution du problème des Noirs est plus facilement concevable aujourd'hui et est peut-être déjà identifiable dans les hautes sphères du pouvoir politique plutôt que dans sa base.

Jusqu'à présent, c'est la ligne modérée qui a prévalu dans la réaction des Blancs et celle des autorités.

Au cours de la semaine d'émeutes qui a suivi l'assassinat de King, la politique était celle de la retenue maximale, du déploiement massif d'hommes et de l'utilisation minimale des moyens ; la protection des vies plutôt que des biens. Quelque 60 000 soldats ont été déployés dans les villes, et certains ont fait remarquer que ce nombre était supérieur à celui des troupes déployées au Vietnam il y a seulement trois ans. Des réservistes récemment appelés par le secrétaire à la Défense, 15 000 seront déployés en cas de nouvelles émeutes. À plusieurs reprises, la police, incapable de faire face numériquement à moins d'ouvrir le feu, à des groupes de Noirs pillant des magasins, a préféré rester à l'écart et regarder plutôt que de tirer.

« Nous avons dit de ne pas tirer parce que nous ne voulons pas tuer des gens, mais aussi parce que tirer est une mauvaise stratégie », a déclaré un responsable du ministère de la Justice.

Une sophistication remarquable du système d'information, et une méthode de simulation élaborée, opérée par le biais de centres électroniques, ont permis de contrôler les différents secteurs du soulèvement, de concentrer les hommes dans des lieux stratégiques et de faire intervenir préventivement des équipes spécialisées pour limiter la propagation du soulèvement. Les résultats ont été significatifs : par rapport à une période similaire l'année dernière, il y a eu beaucoup plus d'arrestations, et moins de décès (46 personnes tuées en une semaine dans tout le pays, contre 49 décès en seulement trois jours d'émeutes à Détroit l'été dernier).

C'est la voie suivie jusqu'à présent, mais il n'est pas encore certain que ce soit celle qui prévaudra dans les mois à venir. Carmichael a déclaré : « Ils nous ont laissé faire cette fois-ci parce qu'ils n'étaient pas préparés, mais ils ne se laisseront pas prendre au dépourvu une deuxième fois. »

Intégration ou extermination ?

La police a stocké des armes, commandé aux fabricants des véhicules blindés spécialement conçus pour une utilisation urbaine, et s'équipe d'armes de plus en plus sophistiquées pour le contrôle des émeutes, tandis que l'industrie chimique s'engage davantage dans l'effort de produire, en plus du Mace, le gaz poivre désormais bien connu, d'autres types d'agents chimiques destinés à débiliter et à paralyser. Ces derniers jours a fait grand bruit la nouvelle, confirmée par des sources gouvernementales, selon laquelle un changement soudain de la direction du vent au cours d'une expérience avec de nouveaux gaz toxiques menée près du Grand Lac Salé a tué 6400 têtes de bétail dans les pâturages environnants.

Tous ces nouveaux moyens de contrôler et de réprimer les *riots* que l'on craint et dont on parle tant sont déjà là ; leur utilisation ne dépendra que de la situation que les émeutes créeront et de la composition des forces politiques qui contrôleront la réaction. L'alternative semble caractérisée par deux prises de position récentes à ce sujet. L'une d'elles vient du maire de New York, John Lindsay, qui a appelé à la modération et à la compréhension, et a préconisé une nouvelle réunion de la Commission sur les désordres civiques pour mettre en œuvre ses recommandations, restées jusqu'à présent lettre morte. L'autre position a été adoptée par le maire de Chicago, qui a autorisé sa police « à tirer pour tuer ceux surpris en train de provoquer des incendies et à tirer pour mutiler et estropier ceux surpris en flagrant délit de pillage ».

James Former, dans un pamphlet publié par le SNCC, décrit la répression des Noirs par la société blanche comme une forme d'escalade dont les étapes sont : l'intégration dans *l'American way of life*, la pacification et le confinement, l'extermination. Il existe des secteurs de la société blanche, et le maire de Chicago semble en être, qui pensent que cette escalade est une politique vouée à l'échec et qui paraissent engagés dans la réalisation immédiate de la dernière étape.

C'est l'alternative de la société blanche dans le futur proche. Il ne reste plus beaucoup de temps. Le secteur le plus avancé de la société blanche voit dans ce qui se passe un risque pour sa survie et tente un moyen modéré de contrôle et de solution, mais le racisme qui sous-tend cette société n'est pas un processus qui peut être inversé du jour au lendemain et le coût de la prise en charge structurelle du problème est peut-être plus élevé que celui de la guerre du Vietnam, qui se paye déjà en lettres de change.

Les droits civiques ne coûtaient rien ou presque ; ce qui doit être fait pour les Noirs aujourd'hui a un coût très élevé pour l'homme de la rue, qui devra payer de sa personne pour préserver ce modèle de société. Le danger est que ce même homme croie avoir résolu le problème du Vietnam en confiant à Johnson la tâche de faire une paix encore lointaine et croie avoir résolu le problème des Noirs en pleurant la mort de King.

Il ne reste plus que quelques mois avant les conventions, républicaine à Miami et démocrate à Chicago, qui annonceront les candidats à la présidence. La course aux primaires est de plus en plus acharnée. Le gouverneur républicain de l'État de New York, Nelson Rockefeller, cherche à affaiblir Richard Nixon, mais l'un comme l'autre auront besoin du soutien du gouverneur de l'Alabama, George Wallace, opposé depuis toujours à l'intégration raciale et grand réservoir de voix dans les États du Sud. Du côté des démocrates, le retrait retentissant du président Johnson laisse la scène à son vice-président, Hubert Horatio Humphrey qui devra s'opposer à l'autre candidat Eugene McCarthy. Entre les deux, cependant, s'ouvre une place inattendue pour le sénateur Robert Kennedy.

ÉTATS-UNIS : LA RONDE PRÉSIDENTIELLE

12 mai 1968, New York

Maintenant que Nelson Rockefeller a cessé d'être un non-candidat et a laissé ce rôle à Ronald Reagan, sans que personne n'y croie guère, et maintenant que Humphrey a pris la place de Johnson, ou du moins s'est placé dans l'espace politique du « johnsonisme », il semble enfin que tout le monde soit arrivé sur la scène de la campagne électorale américaine. Or, plus il y a de candidats, moins il semble y avoir de choix.

Il y a quelques mois, alors que le public américain semblait irrémédiablement enfermé dans l'engrenage d'un choix électoral limité à la contraposition Nixon-Johnson, la nécessité d'une véritable alternative était le thème de ceux qui s'opposent à la guerre. Et McCarthy apparut. Sa campagne, qui a attiré les déçus et les frustrés, a été menée sous la bannière : « Enfin, un espoir pour le peuple américain. »

Eugene McCarthy, qui, du moins d'après ses collaborateurs, menait une croisade morale contre le pouvoir excessif de Johnson et contre l'influence du complexe industrialo-militaire qui domine la politique américaine, a rassemblé autour de lui des étudiants, des intellectuels, de nombreuses personnalités de la vieille gauche ainsi que des groupes de hippies hauts en couleur. Le sénateur du Minnesota n'avait aucunement la réputation d'être un révolutionnaire et encore moins un grand libéral et il n'a abordé, au cours de toute sa campagne, ni les problèmes fondamentaux de la société américaine ni ceux de l'engagement américain à l'étranger, et malgré cela il est devenu pour les partisans de la dissidence l'opportunité d'une remise en question et en sus, un miroir dans lequel les mouvements exclus du système politique pouvaient refléter leurs idéaux et leurs attentes.

Bien que s'étant largement prononcé contre la guerre et même occasionnellement contre le racisme, McCarthy ne s'est jamais attaqué aux causes de l'une ou de l'autre, ni n'a évoqué les déséquilibres fondamentaux de cette société qui, et ce n'est pas un hasard, se retrouve à affronter aujourd'hui son Vietnam à l'étranger et ses émeutes à la maison. McCarthy a parlé de la guerre, mais n'a jamais analysé pourquoi ni comment on aurait pu l'éviter. Néanmoins, comme beaucoup de ses partisans disent, « c'est ce qu'on a de mieux » et ça, ça donne de l'espoir.

Le deuxième espoir

Puis Kennedy arriva. Son entrée en lice a provoqué beaucoup de ressentiment dans les rangs du mouvement anti-Johnson qui avait déjà trouvé son leader ; pourtant il était évident que, malgré les déclarations fermes de McCarthy de ne pas se laisser récupérer par le kennedyisme, sa campagne allait devoir céder à la pression de la machine électorale pilotée par les Kennedy, leur argent et leurs experts. Pour battre Johnson, on ne pouvait pas compter uniquement sur les groupes, certes nombreux, de jeunes qui identifiaient leur cause antisystème à celle de McCarthy, et il était clair que pour contrebalancer la force encore très présente du président au sein du Parti démocrate, il allait falloir tôt ou tard accepter la plus grande attractivité et le charisme d'un homme comme Kennedy. Beaucoup se sont convaincus ou ont fini par se faire à l'idée qu'il était le (deuxième) espoir.

Puis le discours de Johnson à la fin du mois de mars a changé la donne. Les forces mobilisées contre la guerre se sont soudainement retrouvées désorientées. La suppression de la guerre en tant que question centrale de la campagne ôtait toute force à l'opposition anti-johnsonienne et créait une situation de confusion qui n'a fait qu'augmenter avec l'apparition sur la scène d'un Rockefeller, dépeint comme un progressiste, et d'un Humphrey cherchant à dépoussiérer sa réputation de radical vieille de 20 ans. L'espoir n'est plus dès lors l'apanage de McCarthy ou du front contestataire. En effet, puisque le slogan semble avoir eu du succès, Humphrey lui-même s'en est emparé : « L'espoir est ce que l'Amérique représente aujourd'hui. C'est notre message au reste du monde... Nous devons juste veiller à ce que ce message d'espoir ne soit pas détruit par un message de haine, mais au contraire qu'il soit renforcé par un message d'amour. »

Si on s'en tient à la rhétorique des discours électoraux destinés uniquement à embobiner le public et à arrondir les angles des problèmes, tout le monde s'est mis d'accord, tout le monde est maintenant pour la paix, chacun s'autoproclame le nouvel espoir. « Je ne peux imaginer rien de plus important pour le peuple américain, rien de plus important pour le monde, que de mettre fin à cette guerre triste, douloureuse et coûteuse », a déclaré Humphrey. Rockefeller dit plus ou moins la même chose. Ainsi, dans cette identification confuse des enjeux, l'ensemble des candidats se retrouve à lancer un appel au public qui n'est pas bien loin de revenir à dire : « Votez pour moi parce que je suis le meilleur. »

La « paix vide »

Kennedy a parcouru l'État de l'Indiana dans un vieux train qui lui sert de quartier général mobile de campagne ; il improvise des discours démagogiques et se met entre les mains de foules dont sans doute il attendait plus de soutien qu'il n'en obtient. McCarthy poursuit sa campagne sur un ton mineur : il est à court de fonds, il s'endette où qu'il aille. Rockefeller a commencé à se déplacer dans son avion personnel, entouré de conseillers, et lit mal des discours qu'il ne semble pas comprendre ou en tout cas ne pas incarner. Humphrey, qui au moment d'officialiser son entrée dans la course a trouvé plus de soutiens qu'il n'aurait pu en espérer, tente, en quittant l'ombre de Johnson, de se rebâtir une image digne et indépendante et prononce des discours avec une rhétorique qu'on dirait inspirée du *Livre-cœur*[10].

Il semble aussi s'agir d'une question de style, de personnalité ; la substance politique, si toutefois elle était différente comme on est en droit de s'y attendre, n'arrive pas à ressortir. Les tactiques électorales remanient toutes les croyances et renversent toute cohérence. Robert Kennedy qui, comme certains l'ont dit, « a mis vingt ans à se dresser contre un McCarthy et a fini par s'en prendre au mauvais » (Bob a travaillé avec Joe McCarthy à l'époque de la chasse aux sorcières), tout en essayant sur les campus de se présenter comme un candidat progressiste pro-jeunesse, pro-Noirs, a tenté désespérément avec

10. *Le Livre-cœur, Cuore* dans la version originale italienne de 1886, est un roman pour enfants écrit par Edmondo De Amicis. Il raconte, sous forme de journal intime, le quotidien d'un écolier pour l'année scolaire 1881-1882. L'intention affichée de l'auteur était d'inspirer aux jeunes italiens les vertus civiques : l'amour de la patrie, le respect de l'autorité et des parents, l'esprit de sacrifice, l'héroïsme, la compassion pour les moins favorisés. Le livre a connu un grand succès auprès du public, tant en Italie qu'à l'étranger, avec de nombreuses réimpressions et traductions.

la même énergie de convaincre les réactionnaires de l'Indiana qu'il est lui aussi « pour la loi et l'ordre ».

Rockefeller, qui s'était jusqu'à présent refusé à entrer en campagne au motif que cela contribuerait à l'émergence de Reagan, semble déjà réaliser que la seule façon d'arrêter Nixon est de faire alliance avec le gouverneur fascisant de la Californie. Assurément, beaucoup de choses ont changé au cours des derniers mois. Après avoir eu à envisager de choisir entre Nixon et Johnson, on est peut-être passé, après une période d'espoir, à devoir choisir entre Rockefeller et Humphrey ; mais cela ne revient-il pas à « plus ça change, plus ça reste la même chose[II] » ?

L'Amérique semble être aujourd'hui, pour tout observateur, dans une phase d'extrême crise et empêtrée dans mille contradictions. Et les élections présidentielles pourraient aborder les problèmes liés à la structure et à l'organisation de cette société, elles pourraient véritablement se tenir dans un contexte idéologique qui aborderait les différentes facettes du rôle que le modèle de la civilisation américaine représentera à l'avenir. Les enjeux sont immenses : une guerre coloniale menée dans un pays situé à 10 000 kilomètres, des centaines de milliers de soldats déployés aux quatre coins du monde, une situation interne d'extrêmes instabilité et incertitude qui, pour beaucoup, recèle en elle les symptômes d'une guerre civile et pourtant, il semble que toute cette affaire électorale soit sur le point de se régler dans la plus banale des routines.

Le seul à faire campagne sur une quelconque base idéologique est George Wallace, qui se réclame de principes racistes et d'autonomie locale – par opposition au pouvoir écrasant du gouvernement fédéral. Les autres candidats semblent vouloir avant tout se détourner des questions de fond pour réduire la campagne à une bataille de slogans et d'images publicitaires. Ce que dit Rockefeller n'est pas si différent de ce que dit Bob Kennedy, et on parle beaucoup plus de sa coupe de cheveux et de la dent qu'il s'est cassée contre la portière d'une voiture que de son plan de retrait du Vietnam.

Le système se défend

De fait, le Vietnam n'est plus présenté comme une question cruciale, ou du moins il n'est plus ressenti comme tel puisque tout le monde semble être d'accord, de Johnson jusqu'à la base. Le mouvement pacifiste est désormais intégré à la logique du système et la paix, du moins entendue comme le contraire du type de guerre menée au Vietnam, est ce que tout le monde veut aujourd'hui.

II. En français dans le texte.

Le Mouvement pour la paix a parcouru un long chemin depuis sa naissance sur les campus. Il a d'abord été le symbole de la protestation radicale, le sujet des chansons de chanteurs folk et de la littérature d'avant-garde ; il a ensuite atteint les intellectuels, et lorsqu'il a gagné l'homme de la rue, il a permis de rallier le type d'opposition politique qui a cherché à s'identifier à McCarthy. Mais alors qu'elle était sur le point de défier en lutte ouverte le pouvoir de l'establishment, elle a été, au contraire, récupérée par celui-ci.

Le pacifisme fait désormais partie de la vie culturelle américaine et c'est pour cela qu'on le retrouve désormais dans la rhétorique de presque tous les groupes politiques. Seule l'Église catholique, en retard comme toujours sur son temps, reste sur des positions conventionnelles ; dimanche dernier, à New York, il était curieux de voir l'archevêque Terence Cooke, successeur de Mgr Spellman, bénir les quelques manifestants pro-guerre, tandis qu'à quelques rues de là, le maire Lindsay, qui est une illustration intéressante de l'establishment politique le plus avisé, participait à une marche pacifiste.

À Central Park, où tout s'est terminé en beauté, l'ambiance était à la fête. Fanfares et discours. La police contrôlait discrètement ; le pacifisme semblait désormais être une attitude respectable. Seul un groupe de manifestants tentant de faire de la manifestation anti-guerre une manifestation contre l'impérialisme a été matraqué et dispersé.

Une réponse américaine

Il est fort probable que le monde politique, de Johnson à Rockefeller, de Kennedy à peut-être Nixon lui-même soit d'accord désormais que la seule réponse possible à l'appel guévariste à « créer deux, trois, de nombreux Vietnam » soit « plus jamais de Vietnam », en allusion au type de confrontation qui a eu lieu au Vietnam au début des années 1960, avant l'escalade, le même qui est en place aujourd'hui en Amérique latine au niveau de l'endiguement. Celle-là pourrait être l'interprétation la plus vraisemblable du pacifisme officiel. Et c'est peut-être la situation vers laquelle les Américains seraient enclins à amener le Vietnam d'aujourd'hui s'ils n'entendent pas revoir de fond en comble les objectifs de leur politique étrangère ni ne sont disposés à négocier avec Hanoï la seule chose qui semble moralement et politiquement recommandable : un moyen de se retirer définitivement tout en sauvant la face. C'est certainement le doute qui subsistera pendant des mois en filigrane des négociations qui débutent à Paris.

Selon le secrétaire d'État, Dean Rusk, le Vietnam est un test par lequel les États-Unis entendent prouver que les guerres de libération nationale ne peuvent réussir. En admettant que la proposition de paix soit sincère, on pourrait penser que l'Amérique d'aujourd'hui doit revoir cette thèse, non pas tant pour en conclure que les guerres de libération doivent être laissées à elles-mêmes, mais qu'elles doivent être combattues dès leur émergence, lorsque l'échelle est différente de ce qu'elle était au Vietnam et que les tactiques à employer peuvent rester plus discrètes et se passer de l'approbation générale de l'opinion publique, comme c'est le cas aujourd'hui avec le déploiement des bérets verts en Bolivie, en Colombie et Dieu sait où encore. Si cette hypothèse était vraie, la campagne, avec ses implications, aurait déjà apporté une contribution considérable, mais elle n'aurait certainement rien fait pour changer la structure de pouvoir de la société américaine, ni ses objectifs intérieurs et extérieurs.

La campagne de McCarthy, d'après lui-même, au départ en tout cas, était un « test du système » et « un défi à la guerre ». Pour beaucoup de ses partisans, il s'agissait d'une tentative de réviser et restructurer les valeurs et les objectifs de la société américaine elle-même. De ces deux points de vue, cette campagne est désormais finie. On peut dire qu'elle a réussi parce que le système a été testé et que la guerre a été remise en question ; on peut dire qu'elle a échoué parce qu'en substance elle n'a rien changé. La campagne de McCarthy, dans le sens qu'elle avait au début, est aujourd'hui résorbée. Il se peut que sa formation parvienne à traverser les élections primaires, et même qu'elle arrive à la convention de Chicago, mais il est très peu probable qu'elle survive en tant que force politique aux diverses tentatives et manœuvres d'engloutissement.

En revanche, McCarthy a toutes les chances de survivre et peut-être même d'accéder à la Maison-Blanche, ne serait-ce qu'en tant que vice-président d'Humphrey, si d'aventure Johnson venait à quitter la course pour de bon.

La conciliation peut avoir lieu pour diverses raisons et à différents niveaux. Après tout, McCarthy est celui qui, dans le temps au Minnesota, a aidé Humphrey à exclure du Farmer-Labor Party l'aile la plus gauchiste obtenant ainsi un siège au Sénat. McCarthy est également celui qui, au milieu des années 1950, s'est exprimé dans le plus pur style Dulles[12] : « Les États-Unis doivent prendre sur eux la mission de préserver la civilisation occidentale et les peuples qui respectent ses valeurs. Ils doivent protéger les voies d'approvisionnement vitales en pétrole, zinc, manganèse, uranium, ils doivent préserver notre honneur national… Il est dans l'intérêt des États-Unis de protéger les pays non communistes, même si, à un moment donné, cela implique de déployer nos troupes. »

Aujourd'hui, son ton est neuf comme les forces qu'il représente. Pour l'instant, sa campagne est menée avec des moyens artisanaux et délibérément maintenue sous une bannière qui semble davantage relever de l'improvisation que de la planification. Dans ce style, la campagne a mis en branle des espoirs et catalysé des humeurs. Qu'adviendra-t-il de ces forces qu'elle a éveillées lorsque, pour

---

12. John Foster Dulles, secrétaire d'État entre 1953 et 1959 dans le gouvernement d'Eisenhower. Il a joué un rôle prépondérant dans l'émergence de dictatures latino-américaines.

des raisons de combinaison politique, elle arrivera à son terme réel ? Beaucoup de ces jeunes qui suivent McCarthy aujourd'hui ne pourront pas voter pour Humphrey qui représente très précisément les valeurs contre lesquelles ils tenaient à se battre. Ils ne seront pas enchantés par Kennedy, sont déjà révoltés à la seule pensée de Nixon et Reagan et sont complètement étrangers au monde que Rockefeller personnifie. Ne reste que la déception et la frustration.

L'« après »

Du mouvement pacifiste des droits civiques, ou plutôt de la frustration découlant des considérations sur sa futilité, est né le Black Power. Et il n'est pas improbable que des restes de la campagne McCarthy, lorsqu'elle réintégrera les structures du pouvoir après avoir prétendu les défier, naisse un mouvement hautement militant et radicalisé.

Les symptômes de cette future radicalisation sont déjà visibles. La semaine dernière, des groupes d'étudiants de SDS (Students for a Democratic Society) et de SAS (Student Afro-American Society) ont occupé cinq bâtiments de l'université Columbia à New York dans le cadre d'une action coordonnée, pour protester contre une opération de spéculation immobilière menée par l'université dans le quartier de Harlem et contre les contrats de recherche que l'université passe continuellement avec des instituts et des agences liés au ministère de la Défense et aux structures des armées.

L'université a plongé dans une crise profonde. La protestation a remis en question le système de pouvoir de l'ensemble de l'université, ses relations avec la communauté environnante et la société en général. L'intervention massive de la police n'a fait qu'empirer les choses et, depuis une quinzaine de jours, le campus est en grève. Malgré l'atmosphère d'espoir et une certaine détente due à la politique de la main tendue, ces jeunes sont toujours appelés à s'enrôler et à partir au Vietnam. Malgré les professions publiques de pacifisme, la violence est toujours la constante qui domine la société qui les entoure.

Quelque chose sortira de cette frustration, car il est peu probable qu'après un tel engagement la plupart de ces jeunes soient prêts à se faire reprendre par le système pour partager ses valeurs. Et il est tout aussi improbable que, par pragmatisme, ils veuillent voter pour Humphrey ou Kennedy, qu'ils veuillent croire à la phrase qui semble être la devise de cette société, à savoir « qu'il faut détruire pour sauver[13]. »

---

13. Phrase tirée d'une dépêche iconique du grand reporter Peter Arnett diffusée par l'Associated Press en février de 1968. C'était un chronique de la bataille de Bến Tre et Arnett rapporta : « "Il est devenu nécessaire de détruire la ville pour la sauver" a déclaré aujourd'hui un officier américain. » La phrase fut déclinée, simplifiée et utilisée notamment par les opposants à la guerre pour en souligner l'absurdité et la brutalité.

« Nous faisons nos valises pour la Californie, où je vais étudier pendant deux mois, dans un cours destiné aux espions, "les Chinois". Huit heures par jour, de quoi perdre son souffle. Nous serons de retour en octobre ici à New York et je suivrai la campagne présidentielle. L'université m'a pris beaucoup de temps ; j'ai dû écrire une série de papiers sur les problèmes chinois (développement économique, bombe atomique, révolution culturelle, etc.) et le temps que je pouvais consacrer à toute autre activité, y compris à L'Astrolabio, *était extrêmement limité », écrit Tiziano à son ami Alberto De Maio le 4 juin. Les examens finaux se sont bien déroulés malgré les tensions estudiantines dans les universités. L'Europe aussi est traversée par les protestations des jeunes, rejointes par celles des syndicats et des travailleurs, mais aux États-Unis, les rébellions et les marches de protestation ne semblent pas entamer l'optimisme des politiciens.*

ÉTATS-UNIS : LES NANTIS AUX URNES

2 juin 1968, New York

« Ce que l'Amérique devrait avoir, c'est la politique du bonheur, la politique de la motivation et de la joie. C'est la politique qui prévaudra dorénavant. » C'est Hubert Humphrey qui s'exprime dans son style bien à lui : « Je me réjouis d'être un citoyen américain ; c'est merveilleux ; il y a des millions de gens aujourd'hui qui voudraient éprouver cette joie et ne le peuvent pas. Je pense que nous devrions nous féliciter de l'éprouver, nous. »

À New York, quelques milliers de sympathisants sont venus l'applaudir ; ceux qui étaient susceptibles de manifester contre lui étaient occupés ailleurs, ils préparaient les barricades de l'université Columbia pour le deuxième assaut de la police qui aurait lieu à trois heures du matin avec les arrestations et les têtes cassées habituelles. Au sujet des étudiants et de leur révolte, Humphrey a déclaré : « Rien que d'y penser, ça me retourne l'estomac. »

L'appel à l'optimisme, cette incitation à se voiler la face et à ne pas se laisser enquiquiner par l'état du monde, a toutes les chances de réussir, et avec lui, la candidature de Humphrey, qui semble désormais décidé à fonder sa campagne sur l'image de l'Amérique tant vantée pendant des années en Europe et à laquelle tant d'entre nous continuent de croire : l'Amérique heureuse et insouciante, un exemple de démocratie ; bref, le meilleur des mondes possibles sur terre.

L'Amérique jouit de nos jours d'un tiers de l'ensemble de la production industrielle mondiale, son produit national brut dépasse les 800 milliards de dollars par an, un chiffre que les économistes de 1945 ne croyaient pas possible avant l'an 2000 ; mais sa capitale est assiégée par une croisade médiévale de pauvres qui, des quatre coins du pays, à pied, en bus ou dans de grosses charrettes, sortent de l'anonymat du « pays invisible » pour nous rappeler qu'il existe ce que Michael Harrington a appelé « l'autre Amérique[14] » : 50 millions de personnes qui vivent en dessous du seuil de subsistance et qui vont maintenant, par leur simple présence, défendre une cause par ailleurs déjà perdue. La richesse est là, mais voici sa répartition : les 5 % les plus riches de la société profitent de 20 % de l'ensemble des revenus, tandis que les 20 % les plus pauvres se partagent 5 % de l'ensemble des revenus.

L'Amérique est riche, mais une armée de pauvres campe sur les pelouses de sa capitale et s'est engagée à y rester indéfiniment. L'État promet, alloue des fonds, planifie des changements et prétend vouloir éliminer les bidonvilles, mais comme l'a dit le sous-secrétaire au Commerce, « en Amérique, on dépense plus d'argent en chewing-gum qu'en rénovation urbaine, plus en coloration pour les cheveux qu'en dotations pour résoudre les problèmes de transport urbain ».

Le double défi à l'Amérique

Un projet de loi sur la lutte contre la criminalité et les émeutes est présenté en ce moment au Congrès ; des enveloppes budgétaires sont prévues, mais elles serviront essentiellement à créer de nouvelles unités de réserve pour le contrôle et la répression des émeutes et à acquérir des équipements allant du fusil au char d'assaut. Une grande partie de la population américaine a des idées très précises à ce sujet et ce sont les mêmes que celles exprimées sans ambages par Nixon dans son message électoral diffusé à la radio il y a quelques jours : « Le gouvernement pourrait, s'il en avait la volonté, garantir à tous les citoyens un logement, de la nourriture, des vêtements et assurer leurs soins ; mais cela ne ferait pas des États-Unis un grand pays. Où passeraient donc la fierté et le sens des responsabilités ? »

---

14. Michael Harrington, *The Other America: Poverty in the United States*, Macmillan, 1962. *L'autre Amérique : La pauvreté aux États-Unis*, trad. A. Marchand, Gallimard, 1967.

Les pauvres ne sont pas les seuls à mettre au défi l'image d'une Amérique heureuse. Des manifestations, des confrontations avec l'autorité, des occupations de bâtiments, des grèves ont lieu dans un nombre croissant des 2 168 universités américaines, avec des niveaux de politisation variables.

Les étudiants, les pauvres, les membres de *Resist*, le Dr. Spock et les nationalistes noirs n'ont pas de revendication spécifique pour l'adoption d'une mesure ou d'une résolution en leur faveur. Par leurs actions, ils attaquent et sapent les institutions fondamentales de cette société, et par la propagation de leurs idées, ils remettent en question les valeurs de base sur lesquelles repose l'ensemble de la société.

Exiger, comme le font depuis un mois les étudiants révoltés de Columbia, que l'administration de l'université annule ses contrats de recherche avec le ministère de la Défense et les organisations telles que l'IDA (Institute for Defense Analyses) qui coordonnent les études sur les questions de technologie militaire, c'est mettre en cause l'existence même de l'université, car plus de 50 % des fonds alloués à la recherche (85 % dans le cas d'une institution comme le MIT) proviennent de sources gouvernementales et sont liés à un type de travail bien spécifique. Exiger que les professeurs et les étudiants aient leur mot à dire dans la direction des affaires de l'université, c'est saper une structure du pouvoir jusqu'ici hors d'atteinte et qui va au-delà de l'université, car n'oublions pas que dans son conseil d'administration sont représentés IBM, la Chase Manhattan Bank ou MobilOil, chacune de ces entreprises ayant des intérêts propres dans les recherches menées par les différents instituts, de l'ingénierie aux sciences politiques.

Brûler ses papiers militaires et accepter la thèse du Dr Spock selon laquelle le citoyen a le droit et le devoir de considérer en conscience s'il doit servir dans l'armée de son pays en cas d'une guerre précise, c'est, comme le dit le ministère public « saper les racines et le tissu conjonctif mêmes de la société ».

Ces pauvres qui campent sur les pelouses de Washington représentent une déclaration de méfiance ouverte à l'égard d'un parlement démocratiquement élu ; ils incarnent une tentative de retirer aux urnes le pouvoir qui leur est conféré pour le faire retourner dans les rues et sur les places. C'est, comme l'a affirmé publiquement un sénateur du Sud, « une tentative d'intimidation ».

De ce fait, les étudiants rebelles, les pauvres, les brûleurs de papiers militaires, les Noirs sont tous mis dans le même sac et assimilés à des délinquants. Leur répression apparaît d'autant plus justifiée, la seule solution sans alternative et sans demi-mesure. C'est ce qui se passe déjà.

Les équations de Nixon

À Boston, le Dr Spock et trois autres personnes, dont l'aumônier de l'université de Yale, sont accusés d'« avoir conspiré pour conseiller aux jeunes hommes d'éviter le service militaire » et encourent des peines pouvant aller jusqu'à cinq ans de prison. Un prêtre et un étudiant ont déjà été condamnés à six ans pour avoir jeté une fiole de sang dans les fichiers d'un bureau de conscription lors d'une manifestation ; Rap Brown a été condamné à cinq ans de prison pour avoir transporté un fusil d'un État à un autre. Plus d'un millier d'étudiants de Columbia doivent être jugés début juin et l'université s'est déjà engagée à les exclure ; Mark Rudd, 20 ans , le leader des SDS – Students for a Democratic Society – et l'un des meneurs des manifestations, a été arrêté et accusé de conspiration et d'incitation à l'émeute et risque une peine de cinq ans ; en vertu d'une ancienne loi interdisant les manifestations dans les parcs de Washington, 18 membres de la Marche des pauvres ont été arrêtés, etc.

Edward Hoover, directeur du FBI, a témoigné devant le Congrès que l'attitude des groupes militants noirs et des nouveaux groupes de gauche comme les SDS constituait une menace pour la sécurité nationale ; que les activités de ces groupes sur les campus étaient « subversives » et que « le danger qu'ils représentent est grand ». Une commission ad hoc de la Chambre des représentants, présidée par un démocrate de Louisiane, a récemment publié un rapport soulignant que des groupes mixtes de nationalistes noirs et de communistes s'organisent et se préparent à des opérations de guérilla urbaine dans le pays.

Aux États-Unis, communisme et criminalité sont utilisés comme synonymes depuis longtemps en tant que symboles de tous les maux dont souffre cette société. Le spectre d'une conspiration anonyme dont chacun sent la menace peut une fois de plus servir ceux qui tentent d'éliminer tout examen sérieux des problèmes sous-jacents. Nixon est passé maître dans l'utilisation de ces équations. « Pour gagner la guerre contre la pauvreté, a-t-il déclaré, il serait beaucoup plus efficace de doubler le nombre de condamnations de criminels que de quadrupler les fonds gouvernementaux qui y sont consacrés. »

Il ne s'agit pas d'une pensée isolée : une partie de la population est encline à la partager et une partie du Congrès est déjà d'accord et s'apprête à adopter une loi qui, contrairement à diverses décisions de la Cour suprême, concède à la police davantage de pouvoirs pour surveiller les personnes dites dangereuses pour la sécurité nationale, restreint les droits civiques des suspects et rend légales des procédures telles que les écoutes téléphoniques. Plus personne n'est choqué, dans une atmosphère que beaucoup considèrent déjà comme critique sur le plan national.

Du reste, on vient d'apprendre que Robert Kennedy, lorsqu'il était ministre de la Justice, a signé une ordonnance permettant au FBI de surveiller constamment les conversations téléphoniques de Martin Luther King. Pierre Salinger, le porte-parole de Kennedy, a tenté de nier l'affaire, pour finalement l'admettre implicitement.

Une poussée vers la droite

La question du Vietnam est désormais écartée. Il y a quelques mois, il semblait que la guerre allait être le sujet qui déciderait de tout. La guerre représentait le test de diverses loyautés politiques et idéalistes et pour beaucoup, elle était devenue un test de moralité. Aujourd'hui, après la très habile manœuvre de Johnson, le Vietnam ne fait plus partie du débat. Rien n'a changé dans le fond au cours des trois derniers mois et alors que plus de soldats américains sont morts au cours des deux dernières semaines qu'à n'importe quel autre moment depuis le début des hostilités, la guerre en tant que question fondamentale de la politique américaine est gelée à Paris, où rien ne peut se produire jusqu'à ce que les Américains décident de négocier la seule chose qu'ils peuvent négocier : un moyen de se retirer du Vietnam tout en sauvant la face.

La guerre ainsi écartée de la discussion, il reste le front intérieur, avec le problème des Noirs, le problème urbain, le problème de la rébellion étudiante, ou comme beaucoup ont tendance à le voir, le problème de la criminalité. Sur ce point, les prises de position ne sont pas aussi consistantes qu'à propos de la guerre, les répercussions de certaines politiques sont moins claires, et parmi ceux qui étaient et sont peut-être encore contre la guerre, nombreux se déclarent confrontés à des problèmes domestiques « pour la loi et l'ordre ». Tout ceci explique l'attitude de nombreux prétendus libéraux qui répondent à l'appel de Nixon qui dit à propos des bidonvilles que « promettre des millions et des millions de dollars n'est qu'une cruelle chimère », et à propos des émeutes que « la force doit être repoussée par la force ».

L'involution vers un système de plus en plus autoritaire ne semble donc nullement à exclure. Les forces qui poussent dans cette direction existent déjà et sont en partie en expansion : les militaires frustrés de mener une guerre dont ils ne voulaient pas et frustrés de devoir la mener, comme certains disent, les mains liées dans le dos et que l'on met maintenant à l'écart pour avoir montré qu'ils ne pouvaient pas la gagner ; le Sud avec sa population blanche qui se sent de plus en plus menacée par les manifestations et les demandes d'égalité des Noirs.

Wallace talonne Nixon et poursuit sa campagne présidentielle avec un programme politique ouvertement raciste et fasciste. L'ancien gouverneur de l'Alabama ne deviendra certainement pas président, mais il n'est pas non plus inconcevable que son parti réussisse à soustraire un nombre si important de voix aux deux partis majoritaires qu'il sera impossible d'élire un président par le suffrage populaire et que l'élection devra être renvoyée à la Chambre des représentants. Wallace pourrait alors faire pencher la balance et, grâce à ses votes, devenir le grand électeur du prochain président des États-Unis.

À gauche aussi, les positions se radicalisent et deviennent plus militantes. Lors de la première attaque de la police contre l'université Columbia, des étudiants ont été arrêtés alors qu'ils scandaient « *We shall overcome* » – « Nous vaincrons »; lors de la deuxième attaque, trois semaines plus tard, des barricades ont été érigées et beaucoup se sont défendus avec des pierres et des bâtons. Quelqu'un avec un tourne-disque à piles a joué *La Marseillaise.* La situation est très différente de celle de la France et de l'Europe en général, mais d'une certaine manière, l'Europe est maintenant devenue un exemple, et le slogan du mouvement pacifiste, « Arrêtez la guerre et ramenez nos gars à la maison », s'est transformé aujourd'hui en « Arrêtez nos gars et rapportez la guerre à la maison ».

« L'Amérique d'aujourd'hui est plus dangereuse que l'Allemagne des années 1930 parce qu'elle se repose encore sur la crédibilité de ses mythes ici et à l'étranger. L'Amérique est la puissance la plus dangereuse qui ait jamais existé sur terre. Les villes sont un capharnaüm de misère et de déshumanisation qui n'est même pas comparable à ce qu'on trouve dans les villages d'Afrique ou d'Asie. J'ai l'impression qu'en Italie, cela nous paraît très loin et que les gens jettent des pierres aux fenêtres des compagnies aériennes américaines. Je me sens terriblement isolé, coupé de toute action collective ; jouer les Cassandre a toujours été un métier à risques. » Ces inquiétudes avouées à De Maio seront malheureusement confirmées par les faits : dans la nuit du 5 juin 1968, le candidat à la présidence Robert Kennedy est assassiné à Los Angeles.

ÉTATS-UNIS : APRÈS LOS ANGELES

16 juin 1968, New York

Après la mort de Robert Kennedy, l'Amérique est aujourd'hui confrontée à sa crise la plus profonde depuis peut-être la guerre de Sécession. Cet assassinat vient s'ajouter à une longue série d'événements, sans lien entre eux, mais qui ont contribué à créer un sentiment de frustration et de méfiance dramatique, diffus et difficile à éradiquer dont les conséquences, notamment sur le plan politique, sont difficiles à prévoir.

L'Amérique, du moins au cours des deux dernières décennies, a vécu sur les rentes d'un prestige acquis et cultivé dans divers domaines. Le fait d'avoir mené deux guerres mondiales du bon côté lui a donné la conscience de jouer un rôle positif et moralement justifié dans les affaires internationales. Si l'on tient compte de la guerre de Corée, qui s'est terminée par un match nul, le pays n'a jamais été vaincu et cette invincibilité est devenue une sorte de catégorie morale. Ses modèles socio-économiques ont été vantés, imités ou imposés dans diverses parties du monde, sa démocratie est considérée comme le parangon des structures politiques modernes ; sa science et sa technologie sont réputées les plus avancées et constituent un modèle pour des milliers et des milliers d'étrangers qui, provenant des universités et industries des quatre coins du monde viennent chaque année les étudier et les intégrer, comme si l'éducation moderne de l'homme cultivé, du scientifique à l'artiste en passant par le chef d'entreprise, ne pouvait être achevée que par un passage par New York et le MIT.

Ces dernières années, ces valeurs et catégories ont été remises en question et critiquées non seulement par de nouvelles tendances philosophiques ou par des conceptions sociales autres que l'opposition marxiste traditionnelle qui trouve aussi des adeptes parmi les jeunes et sur les campus, elles ont également été mises en crise par une série d'événements dont l'assassinat de Robert Kennedy est le dernier exemple en date.

Cette crise des valeurs a peut-être commencé par l'assassinat de John F. Kennedy qui a ébranlé l'aspect institutionnel du système en exposant sa fragilité extrême. La théorie du complot aussitôt subodorée qui, si elle s'était avérée, aurait miné la confiance dans les valeurs fondamentales de la société américaine, n'a qu'à peine été contredite par les démonstrations alambiquées de la Commission Warren. Ainsi, l'assassinat du président n'en a pas moins constitué un exemple des dégâts que peut occasionner un assassinat politique, car (quels qu'aient pu être les motifs et les intentions des instigateurs, s'il y en a eu) la politique américaine a connu dès lors des changements radicaux à l'intérieur et à l'extérieur du pays, malgré les promptes déclarations de continuité de Johnson.

Une crise des valeurs

L'assassinat du président Kennedy n'était que le début. L'invincibilité des États-Unis, la supériorité de leur technologie, ont été mises à mal au Vietnam par un peuple asiatique et paysan, incomparablement plus primitif et moins sophistiqué ; les avions supersoniques sont aujourd'hui encore abattus par les balles tirées de vieux mousquets, et deux F-111, parmi les avions les plus avancés jamais produits par la technologie américaine, ont récemment disparu quelques jours après leur entrée en service dans la guerre.

Une autre petite nation asiatique, la Corée du Nord, a capturé il y a quelques mois un navire bourré d'instruments électroniques pour des missions d'espionnage et a défié les États-Unis devant l'opinion publique mondiale sur la base de principes de légalité internationale qui ont d'abord été niés par les États-Unis de manière propagandiste, mais qui ne sont maintenant même plus discutés ; aujourd'hui, l'équipage de 80 hommes est toujours aux mains de « l'ennemi » et il n'y a aucun espoir de libération imminente.

La course à l'espace et vers la Lune a été stoppée net par divers accidents, comme celui de la capsule Apollo 1 avec trois astronautes brûlés vifs, et a perdu toute compétitivité au profit des Russes. Ces dernières semaines, l'Amérique a été à nouveau secouée par la disparition de l'un de ses sous-marins atomiques les plus modernes, avec un équipage de 99 hommes, qui s'est volatilisé dans les profondeurs de l'océan[15], peut-être rendu introuvable par sa propre « sophistication » – le fait que ces sous-marins soient construits de manière à ne pas pouvoir être détectés par l'ennemi en cas de conflit rend impossible leur détection même en cas de récupération.

Sur le plan national, beaucoup de grandes villes américaines sont maintenant devenues des champs de bataille, et on attend l'été en sachant qu'en plus de la chaleur, il y aura des émeutes, des fusillades et la peur. Récemment, la photo d'une mitraillette placée sur les marches du Congrès lors des émeutes de Washington est apparue comme le symbole du défi lancé aux institutions du pays, la preuve de leur précarité. Et maintenant, l'assassinat de Robert Kennedy. Quelle que soit la vérité qui sera révélée ou ce qu'on présentera comme la vérité, il est difficile de réfuter la thèse selon laquelle l'assassinat politique est désormais une composante de ce processus « démocratique ». Son nom s'ajoute à la liste dans laquelle divers groupes sociaux et politiques peuvent compter leurs victimes : de Malcolm X au chef nazi Rockwell, de John F. Kennedy aux trois jeunes hommes tués par des racistes dans le Mississippi et à Martin Luther King.

Avec les institutions, la validité des valeurs sur lesquelles elles reposent est également remise en question. Les universités sont attaquées et occupées par des étudiants rebelles ; les jeunes brûlent leurs cartes de conscription et parfois le drapeau américain dans des manifestations, tandis que l'idée que le rôle international des États-Unis est tout simplement immoral se fait entendre de plus en plus, et certains vont jusqu'à faire des comparaisons avec l'Allemagne nazie. « Aujourd'hui, le drapeau américain est devenu le symbole de la John Birch Society[16], du fascisme », m'a dit un jeune néogauchiste. Pourtant, les États-Unis qui ont été pendant les dernières décennies la destination des réfugiés politiques du monde entier, engendrent à présent leurs propres exilés qui fuient vers le Canada ou la Suède pour éviter de se trouver pris dans la guerre ; et pas mal d'entre eux parlent déjà d'émigrer en Europe lorsque les choses « prendront une mauvaise tournure » ici.

---

15. L'USS Scorpion (SSN-589) est un sous-marin nucléaire d'attaque américain de la classe Skipjack perdu en mer le 22 mai 1968, dans des circonstances non encore élucidées.

16. La John Birch Society (JBS) est une organisation politique américaine qui soutient le conservatisme social et réunit des partisans des idées ultra conservatrices, de droite radicale, d'extrême droite ou libertaires. Fondée en 1958, son nom fait référence à John Birch, militaire et missionnaire protestant, tué par des communistes chinois en 1945. A l'époque de ce texte, elle était l'un des fers de lance de l'anticommunisme américain.

McCarthy lui-même a déclaré, lors d'une de ses rares déclarations dans la consternation qui a suivi l'assassinat de Kennedy, que la façon dont les campagnes sont menées est encore celle de l'Amérique agraire du siècle dernier ; il a fait référence à l'obsolescence possible des institutions personnifiées, telles que celle du président, et a fait allusion à d'autres formes d'organisation politique, éventuellement préférables, à l'instar du système anglais. C'est un fait qu'en dépit de la déférence et de la cordialité officielle des gouvernements alliés, l'Amérique est aujourd'hui mise en accusation sur diverses places publiques du monde, ses représentants à l'étranger sont accueillis par de vastes manifestations de protestation, et ses ambassades sont l'objet des sentiments hostiles des populations.

L'âge de la violence

Ce n'est pes le moindre des paradoxes que ce monde soit mis en crise par l'assassinat de Kennedy, alors que cet assassinat n'est en fin de compte peut-être ni un symptôme ni un exemple de cette décadence. Mais c'est malheureusement le cas ; l'opinion publique se réveille lorsque Robert Kennedy, dont la machine publicitaire lui a fourni tous les détails de la vie privée, est assassiné, et ce n'est qu'à ce moment-là qu'elle commence à se demander si la société américaine n'est pas vraiment en crise, fondée comme elle apparaît sur la violence. Nous voyons des psychologues commencer à expliquer, avec la référence culturelle de la « conquête du Far West », comment il se fait qu'il soit possible encore aujourd'hui de tirer sur un personnage politique. Des propos tout à fait inappropriés qui déforment les faits. En ce qui me concerne, Robert Kennedy peut très bien avoir été tué par accident par un fou qui cherchait à abattre quelqu'un de son proche entourage pour des éventuelles raisons d'honneur : ce n'est pas là que réside la preuve de la violence des États-Unis ni de la crise des valeurs dans cette société. On la trouve, et elle peut être mesurée, dans les listes de morts américains et vietnamiens qui sont publiées chaque semaine sans que cela ne pose plus aucun problème à personne, puisqu'elles appartiennent à la routine de la guerre qui arrive à la télévision dans tous les salons d'Amérique.

C'est dans les motivations et les implications de cette violence que réside le problème de l'Amérique, et non dans le fait que deux millions de fusils sont vendus chaque année et que les armes et les munitions peuvent être achetées ici comme des canettes de Coca-Cola. Bien sûr, cela a son importance, et il est effrayant de penser que depuis le début du siècle, comme l'a dit Johnson lui-même, 750 000 personnes ont été tuées par des armes à feu aux États-Unis, soit plus que dans toutes les guerres que l'Amérique a menées. Mais il est absurde et peut-être trop commode de supposer, comme la majorité des gens est amenée à le faire aujourd'hui, que le problème de la violence est uniquement lié à l'absence d'une loi sur les ventes d'armes.

Depuis les années 1950, la violence est le moyen par lequel les opposants politiques sont combattus dans le pays et à l'étranger. C'est pendant le maccarthysme qu'ont été mises en place les chaises électriques pour les Rosenberg et que des milliers de personnes ont été condamnées à la mort civile uniquement parce que soupçonnées d'être communistes. À l'étranger, c'est la violence plus ou moins dissimulée perpétrée par des agents secrets et des bataillons de marines qui a été utilisée contre des opposants politiques réels ou seulement supposés, de l'Iran au Liban à Saint-Domingue en passant par l'Amérique du Sud et le Vietnam.

Une « conjuration raciste »

Mais, paradoxalement, cet État qui use et abuse de la violence utilise la mort de Robert Kennedy comme une nouvelle justification pour continuer avec les mêmes méthodes de répression habituelles, en éludant d'apporter au système des changements qui seraient souhaitables pour sa survie même. Les lignes sont déjà claires dans le discours de Johnson après l'assassinat. La violence ne peut plus être tolérée et sera combattue dans toutes ses manifestations, des émeutes aux campus en passant par les assassinats. Le *Washington Post* écrit dans un éditorial : « De nombreux membres du Congrès ont maintenant tendance à lier, non sans une certaine logique, l'assassinat de Kennedy au désordre et à la menace implicite de violence représentés par la marche des pauvres et l'anarchie des étudiants rebelles. »

Cette réaction est vue par les groupes contestataires comme un danger pour leur existence tandis que la population des défavorisés voit dans ce nouvel épisode une nouvelle atteinte à sa représentativité, la perte de toute communication avec le reste du pays puisque la vie du dernier dirigeant en qui ils pouvaient placer des espoirs a été fauchée. Kennedy était le seul qui aurait pu réabsorber, avec sa politique, avec la réputation héritée de son frère, avec le souvenir de l'époque où il défendait les droits civiques, la marée montante de la révolte des Noirs. Il avait en quelque sorte repris la cause politique de Luther King, ou du moins une partie de la population noire avait été amenée à le penser. Aucune des explications qu'on pourra apporter à son assassinat ne réussira à effacer l'idée d'une nouvelle conspiration des forces réactionnaires et racistes contre les Noirs. Vrai ou faux, ce qui compte c'est ce que les gens croient. Avec la disparition de Kennedy, la dernière voie, souhaitable ou non du point de vue du peuple noir, mais tout de même la dernière voie d'un redressement politique non-violent d'au moins une partie de la population défavorisée, noire, portoricaine, indienne, mexicaine, est fermée pour l'instant.

Kennedy représentait au sein du système une forme sophistiquée de conception politique qui aurait pu apporter à la structure de pouvoir actuelle des modifications qui auraient assuré sa survie, sans toutefois en changer la substance. S'il était arrivé au pouvoir, il aurait certainement arrêté la guerre au Vietnam, du moins telle qu'elle est menée aujourd'hui, et aurait mis en place des plans pour réduire le problème des Noirs et des minorités ethniques dont le manque d'intégration sociale constituait à ses yeux un danger considérable.

Kennedy aurait fait tout cela s'il était devenu président, il aurait servi de filtre aux problèmes et aux tensions des groupes défavorisés, une nouvelle voie de communication au sein du système. Ses victoires dans les primaires, et surtout dans la primaire californienne, sont largement dues à sa popularité auprès de ces secteurs de la population. Environ 90 % de la population noire a voté pour lui dans les États où son nom figurait sur les listes. « Maintenant qu'on nous l'a enlevé, lui aussi, disait la jeune femme portoricaine à côté de moi lors des funérailles, nous n'avons vraiment plus personne pour nous représenter. »

Personne ne peut prendre sa place à cet égard, encore moins Eugene McCarthy qui, bien qu'il ait représenté une concurrence considérable pour Kennedy dans les rangs des intellectuels libéraux et surtout parmi les jeunes, n'a eu aucun succès auprès du segment moins privilégié de l'électorat, sans parler des Noirs et des minorités ethniques.

La farce des primaires

Il est difficile d'imaginer une année où il y ait eu plus de rebondissements sur la scène politique, plus de surprises, plus de changements de front, plus de drames et de tragédies que cette année 1968 aux États-Unis. Il est fort probable pourtant, qu'*in fine*, après tant d'événements, on se retrouve exactement dans les mêmes positions qu'au départ, face aux mêmes alternatives électorales, face aux mêmes choix politiques qu'il y a un an.

En novembre de l'année dernière, alors qu'il semblait impossible que quelqu'un se présente et mette au défi les politiques de Johnson, il était tenu pour certain que le président serait candidat de nouveau et qu'il serait, très probablement, concurrencé par une candidature de Nixon. Aujourd'hui, à deux mois des conventions républicaine et démocrate, beaucoup prédisent que les candidats seront toujours Nixon pour la première et, si Johnson a vraiment décidé de se retirer, Humphrey pour la seconde, car il est plus que probable qu'après la mort de Kennedy, une partie de ses délégués passeront dans le camp du vice-président et qu'une part minime d'entre eux suffira à assurer sa victoire au premier tour.

Si cela se produit, les primaires se révéleront être une véritable farce dans la mesure où, lors de la convention, la politique préconisée par l'administration

Johnson en sortira gagnante alors que Kennedy et McCarthy s'y sont opposés lors des primaires. Or, c'est une politique qui non seulement n'a jamais réussi à gagner, mais qui a obtenu un pourcentage de voix absolument insignifiant.

Quoi qu'il en soit, le pays semble s'attendre à une vague de répression. La mort de Kennedy aura tendance à devenir l'excuse pour répondre non seulement à la violence, mais à toutes ces manifestations d'opposition qui s'échelonnent, dans une suite de moins en moins distincte, de brûler des papiers militaires à occuper des bâtiments universitaires en passant par des manifestations pour la paix ou pour les droits des pauvres. On répondra à la violence par une autre violence, cette violence institutionnelle qui a toujours été plus ou moins latente et dont on a déjà connu des éclats à diverses occasions dans la société et la culture américaines : la violence anticommuniste, anti-intellectuelle, anti-Noirs. Celle-ci trouve malheureusement déjà ses défenseurs et sa base électorale dans les vastes masses de la classe moyenne blanche.

C'est en effet l'homme moyen, celui dont le salaire annuel varie entre 5 et 10 000 dollars, à qui l'on demande de payer directement les coûts de ces tensions ; c'est lui qui se sent directement menacé par les revendications croissantes des Noirs et des jeunes rebelles ; c'est son salaire qui est touché plus que tout autre par l'inflation et la hausse des impôts. C'est lui qui est prié de partager sa banlieue avec la population noire qui parvient à quitter les ghettos ; c'est lui que concurrence le Noir enfin autorisé à effectuer un travail qualifié ; et c'est sa fierté de citoyen américain et son sens de la dignité et du devoir patriotique que les jeunes hommes offensent lorsqu'ils refusent de servir leur pays contre un ennemi désormais considéré comme naturel : le communisme.

La répression, si elle vient, quelle que soit sa forme, ne sera pas imposée d'en haut, mais demandée et exigée par tous ceux qui pensent que les assassinats du président Kennedy, de King et de Robert Kennedy n'ont été possibles que parce qu' « il y a trop de liberté dans ce pays, parce qu'il y a trop d'indulgence pour ceux qui ne respectent pas les lois ».

L'autorité au pouvoir ne semble pas être en mesure de répondre à la situation créée par des changements substantiels, et a déjà tendance à répondre par des méthodes qui vont dans le sens de l'involution : la police sera augmentée, elle sera mieux payée, elle sera mieux formée ; les droits des citoyens seront réduits, certains à juste titre, comme le droit de porter des armes, d'autres moins, comme le droit de manifester son opposition à la guerre.

Le Congrès vient de voter ces jours-ci une loi qui, au contraire de ce qu'a établi un certain nombre de décisions de la Cour suprême, abolit plusieurs droits des accusés qui ne sont que soupçonnés d'un crime.

Il est impossible de prévoir ce qui ressortira de tout cela. Ce qui vient à l'esprit c'est qu'il sera extrêmement difficile de sauver la liberté chez soi lorsqu'elle est tranquillement mise sous tutelle à l'étranger, dans un monde que beaucoup ici croient encore infesté de barbares à civiliser et d'infidèles à christianiser par la force des armes et des dollars.

« Plus je connais cette Amérique, plus je pense qu'ils devraient la rendre aux Indiens. » Le long voyage vers la Californie dans la Chevrolet Chevelle – incluse dans la bourse d'études – remplit les lettres de Tiziano de questions et de jugements. Avec Angela, il réside au 12/B à Escondido Village, un petit quartier proche du campus de l'université de Stanford. C'est là, dans le département des langues asiatiques présidé par l'expert du Japon William H. McCullough et dirigé par le sinologue Albert E. Dien, qu'il assiste au cours intensif de chinois moderne du 24 juin au 30 août, dix semaines, quatre heures chaque matin du lundi au vendredi. « Je ne suis pas allé étudier le chinois par hasard. C'était la seule chose qui m'importait. Je voulais aller voir ce monde-là, je voulais aller en Chine. » Même l'ambiance hippie californienne ne le détourne pas de sa volonté d'étudier ni de son désir de raconter l'ambiguïté de l'Amérique, à commencer par le système électoral.

ÉTATS-UNIS : L'ÉLECTEUR FRUSTRÉ

21 juillet 1968, San Francisco

L'élection du président des États-Unis est une affaire sérieuse, non seulement parce qu'il représente la continuité et la stabilité du système américain, mais aussi parce que dans cette fonction se trouve aujourd'hui le centre de pouvoir le plus concentré de la planète, et que la désignation de celui qui doit l'occuper est devenue une question d'un intérêt extrême qui dépasse largement le peuple américain. Le choix du président des États-Unis a toujours été considéré comme le symbole de la fonctionnalité et de la nature démocratique de ses institutions politiques. Walt Whitman a écrit : « Je ne connais rien de plus grand, (...) de preuve plus positive du passé, de résultat plus triomphal de la foi en l'espèce humaine, qu'une élection nationale américaine bien disputée[17] » ; et Alexander Hamilton, un autre prophète cher au cœur des

17. Democratic Vistas, *in* Prose Works, *version en ligne sur barteleby.com. (Notre traduction)*

Américains, a écrit : « Le jour n'est pas loin où tous les problèmes vitaux de l'État convergeront vers la question : qui sera le prochain président[18] ? »

Beaucoup pensent que ce jour est arrivé, mais le choix du président, au lieu de représenter une preuve de la continuité du système, de sa nature démocratique et de la validité de ses institutions, est maintenant considéré par beaucoup d'autres comme encore un exemple de la crise profonde dans laquelle se trouve le système américain lui-même.

En 1776, les Pères fondateurs, affirmant leur indépendance vis-à-vis de la domination britannique, se sont permis une affirmation révolutionnaire de l'égalité et des droits des hommes. Dans les mots de Jefferson lui-même qui, dans son État natal de Virginie cultivait des milliers d'hectares avec des centaines d'esclaves, la Déclaration dit : « Nous tenons pour évidentes par elles-mêmes les vérités suivantes : tous les hommes sont créés égaux ; ils sont dotés par le Créateur de certains droits inaliénables ; parmi ces droits se trouvent la vie, la liberté et la recherche du bonheur[19]. » (Il est intéressant de noter que dans la première version, au lieu du droit au bonheur, on parlait du droit à la propriété.)

Cependant, onze ans plus tard, au moment de rédiger leur Constitution, la nature élitiste de la société et le maintien de sa structure de pouvoir ne pouvaient être remis en question, et lorsqu'ils ont établi le mécanisme par lequel les différents présidents des États-Unis seraient choisis jusqu'à ce jour, les Pères fondateurs ont renoncé aux idéaux d'égalité et de démocratie. On croyait que le peuple n'était pas en mesure de juger les différents candidats à la présidence et de faire un choix intelligent, on craignait que les habitants des différents États ne votent exclusivement pour les candidats de leur propre circonscription, et on a donc conclu que l'élection ne devait pas se faire au suffrage direct, mais plutôt par un système de grands électeurs. C'était bien sûr la solution souhaitée par les délégués du Sud qui, dans le cas du suffrage populaire, auraient dû donner le droit de vote aux esclaves pour équilibrer les votes des populations plus nombreuses des États du Nord. C'est encore aujourd'hui, à quelques retouches près, le système électoral par lequel sera choisi le prochain président des États-Unis.

Un mécanisme obscur

D'un point de vue constitutionnel, le système fonctionne comme suit : en novembre, les citoyens sont appelés non pas à voter pour un candidat à la

18. Notre traduction.

19. Version disponible en ligne sur la Digithèque de matériaux juridiques et politiques de l'Université de Perpignan.

présidence, mais à désigner des « électeurs » qui voteront à leur tour pour le président. Dans certains États, le nom des candidats à la présidence ne figure même pas sur les listes, dans d'autres, le nom des « électeurs » est lié à celui d'un des candidats désignés par les conventions des partis. Techniquement, les élections primaires qui ont déjà eu lieu et les conventions des deux grands partis, qui se tiendront en août, font partie du processus extraconstitutionnel : cette procédure n'a été introduite qu'au début des années 1800, la Constitution n'en fait pas mention, et les différents États sont libres d'organiser ou non ces élections primaires et, en tout état de cause, de les organiser selon des règles locales qui n'ont aucune pertinence dans la législation fédérale.

Les élections de novembre donnent donc naissance à ce que l'on appelle le « collège électoral », composé de 538 personnes élues par les différents États selon un critère qui ne représente que grossièrement les différentes populations de ces États. Ces grands électeurs, qui éliront ensuite à leur tour, par un vote à bulletin secret, le président, sont généralement des personnalités en vue des deux partis qui voteront évidemment dans le respect de la discipline de groupe pour le candidat désigné lors de la convention.

Toutefois, d'un point de vue strictement juridique, les grands électeurs ne sont pas obligés de suivre la ligne du parti et il est arrivé à plusieurs reprises que leur voix aille à un autre candidat que celui pour lequel ils s'étaient engagés. Le processus par lequel le président est ainsi choisi reste centré sur les rouages invisibles de la machine des partis et le mécanisme obscur du collège électoral, même si, à travers une campagne électorale souvent carnavalesque, des millions de citoyens ont l'impression d'y participer substantiellement.

Le principe manifestement antidémocratique énoncé par les Pères fondateurs, selon lequel le président ne doit pas être élu au suffrage universel, est resté inchangé, tout comme les intérêts convergeant vers le maintien de ce système qui laisse aux groupes de pouvoir fermés le monopole des choix politiques. Ces groupes, il y a deux cents ans, étaient représentés par ces mêmes Pères fondateurs qui se sont emparés de la présidence dans les premières années, aujourd'hui ils sont représentés par la bureaucratie des deux partis.

La politique des « nouveaux libéraux »

À ce jour, ce système a permis d'élire quatorze présidents qui n'avaient pas obtenu la majorité du vote populaire, trois ont été élus bien qu'ils aient reçu moins de voix que leur adversaire (Kennedy a été le quatrième, ayant recueilli, selon un décompte, moins de voix que Nixon), et permettrait théoriquement l'élection à la présidence d'un candidat qui n'aurait obtenu que 25 % du vote populaire. Si aucun des candidats ne parvient à obtenir au moins la moitié plus un des votes du collège électoral (ce qui s'est déjà produit deux fois dans l'histoire des États-Unis), la votation pour le président est alors renvoyée à la Chambre des représentants où chaque État (aujourd'hui 50), indépendamment de l'énorme différence de population, et des résultats en novembre, compte pour une voix en faveur de l'un des trois prétendants qui sont en tête dans le décompte.

La critique de ce système électoral est aussi vieille que le système lui-même, et il y a eu plus d'une centaine de propositions d'amendements pour le modifier. Wilson lui-même a écrit il y a 40 ans qu'il ne devrait plus y avoir de convention pour élire un candidat à la présidence, et que la nomination devrait être faite par le peuple lui-même à travers les urnes. Ces propositions ne sont jamais devenues des lois et la forte structure des partis, avec ses patrons, de la politique et ses nœuds de pouvoir, a réussi à maintenir ce système qui permet un contrôle absolu de l'aspect le moins visible de la nomination (celui de la convention), laissant la partie apparente mais sans pertinence du processus électoral, notamment celle des primaires, au vote populaire. Ce système a également réussi à empêcher la formation de nouvelles structures politiques et de nouveaux partis qui remettraient en cause de quelque manière que ce soit les structures établies.

Face à ces constats, qui se sont accentués ces dernières années et plus encore ces derniers temps en raison des problèmes liés à la définition de politiques telles que celles relatives au Vietnam, aux problèmes urbains et aux droits civiques, la tendance à se retirer de la politique, à renoncer à l'utilisation du système politique comme instrument de représentation de nouveaux intérêts et de nouvelles volontés, a pris une signification croissante, bien que non inquiétante. D'un côté, les attitudes « révolutionnaires » de certaines franges de la nouvelle gauche ; de l'autre, un rejet et un désintérêt qui trouve son extrême dans la philosophie des hippies.

C'est sur la récupération de ces secteurs centrifuges que s'est essentiellement fondée la position politique des « nouveaux libéraux », comme on pourrait appeler McCarthy (et comme l'était Bob Kennedy) par rapport aux libéraux d'hier, représentés par Johnson et Humphrey lui-même. Le sens de cet effort de récupération et, avec lui, de la préservation du système tel qu'il est – éventuellement modernisé – apparaît clairement dans l'une des premières déclarations de McCarthy lorsqu'il a espéré que sa candidature serve à « combattre le sentiment croissant d'aliénation de la politique que je crois discerner actuellement dans la tendance à se retirer de l'action politique, à parler de non-participation, à devenir cynique et à menacer de soutenir des tiers et des quatrièmes partis ou des mouvements politiques irréguliers ». Kennedy était sur la même ligne et avait commenté, au sujet de la candidature de McCarthy, qu'elle « aiderait les Américains à exprimer leurs frustrations par des mots plutôt que par des actes de violence », et qu'elle représentait « un service important et significatif pour notre société ».

L'hypothèse du quatrième parti

La faible représentativité du système électoral dans sa forme actuelle n'a pas seulement été constatée par les « dissidents » qui y voient une formule pour la conservation du pouvoir par les groupes qui le contrôlent, mais elle est également débattue par de nombreux modérés progressistes qui ont bien vu le danger croissant des deux radicalisations de la droite et de la gauche et senti la perte d'une partie de leur base politique naturelle dans les masses croissantes de jeunes désengagés : à travers d'une part la formation d'un parti idéologique tel que le *Peace and Freedom Party* et d'autre part la candidature de George Wallace.

Selon de récents sondages d'opinion, Wallace pourrait obtenir environ 14 % de l'électorat national dans le cadre d'une élection Nixon-Humphrey et 17 % dans le cadre d'une élection Humphrey-Rockefeller, ce pourcentage étant toutefois constitué de fortes concentrations de votes dans les États du Sud, où Wallace serait en mesure de gagner de nombreux votes qui, dans les calculs de certains, pourraient déjà atteindre la centaine. Si cela devait se produire, l'élection du président reviendrait à la Chambre ; Wallace aurait alors un énorme pouvoir de négociation et on pourrait s'attendre à tout. La théorie selon laquelle la candidature de McCarthy chercherait à récupérer pour le système, et en particulier pour le Parti démocrate, l'électorat des jeunes et à élargir la base contre les extrémistes de droite et de gauche est plus que plausible. Reste à savoir si McCarthy parviendra à entraîner ses partisans lorsque Humphrey deviendra le candidat du Parti démocrate et qu'il décidera de le soutenir.

En prévision d'une telle situation, on ne parle plus que d'un quatrième parti. L'hypothèse revient souvent, et parmi les diverses prophéties, il y a aussi celles, de politique-fiction, qui voient McCarthy et Rockefeller, vaincus aux conventions concernées, fonder un mouvement commun.

Il est difficile de prédire ce que fera McCarthy lorsque la convention s'achèvera, comme cela semble maintenant de plus en plus probable, par l'élection de son adversaire Humphrey. Ses partisans sont beaucoup plus actifs et beaucoup plus bavards que lui quant à la perspective de fonder un mouvement indépendant. McCarthy l'a à peine évoqué et s'il devait se montrer à la hauteur de la déclaration faite récemment dans l'Oregon, « ma stratégie est de marcher pieds nus à travers la mer Rouge », il devrait répondre aux attentes de ceux qui le soutiennent encore et tirer les conclusions de sa campagne qui, comme il l'admet lui-même continuellement, « est un test du système ». Il est peu probable qu'il ait lieu de le faire. Quoi qu'il en soit, si ce quatrième parti venait à voir le jour, il n'aurait aucune chance de remporter la présidence, car il est désormais impossible d'enregistrer une nouvelle liste dans onze États et, après la convention démocrate, les chances seraient limitées à 27 États seulement qui, même en les remportant tous, représenteraient moins que les grands électeurs nécessaires à la nomination ; seule subsisterait la possibilité, l'élection empêchée dans un premier temps, de l'influencer ensuite à la Chambre.

Un reflux radical

Le quatrième parti reste présent dans les colonnes, les éditoriaux, les courriers des lecteurs des journaux, dans les réunions des maccarthystes qui y voient la seule possibilité de se faire entendre. Si McCarthy avait été Kennedy, qui s'était lancé dans une telle aventure porté par un élan populaire, il aurait peut-être eu une chance de réussir et sa vision messianique d'un « droit moral au leadership de cette planète » aurait contribué à cette impulsion. Il aurait cependant représenté une tentative sophistiquée des « néolibéraux » de maintenir le « système » tout en le remettant en question de l'intérieur, en repêchant certains secteurs de la gauche tout en affaiblissant l'opposition idéologique des groupes les plus progressistes. Une possibilité qui me semble moins atteignable avec McCarthy. Quoi qu'il arrive, les institutions traversent une crise de confiance ; non seulement les groupes minoritaires, par exemple les Noirs, croient de moins en moins à la possibilité d'exprimer leur volonté dans leur sein et recourent à des actions comme le boycott économique décidé par la marche des pauvres ; non seulement elles sont mises en accusation par les contestataires et les « révolutionnaires » qui dénoncent leur caractère non démocratique, mais de surcroît une méfiance croissante quant à leur représentativité pourrait se répandre parmi la population bien-pensante de classe moyenne, qui continue pour l'heure à signer des pétitions qu'elle sait assez inutiles en faveur de McCarthy.

Le manque de flexibilité et d'adaptation, s'il n'est pas pallié, risque de ramener dans les rangs radicaux tous ceux qui, après avoir essayé d'utiliser le système en l'état, se rendront compte qu'ils ont été trompés (c'est déjà l'idée de nombreux partisans de McCarthy lorsqu'ils comptent le nombre de délégués que le parti leur attribue par rapport au nombre de voix obtenues lors des primaires). On peut s'attendre, dans ces circonstances, à une augmentation des manifestations de rue et à une escalade rapide de la violence ; d'autant plus grave que la capacité de récupération et d'absorption de ces phénomènes n'a pas encore été prouvée.

L'Astrolabio est pour Tiziano un atelier où il apprend le métier. Il envoie les articles à titre gratuit et se trouve physiquement éloigné de la rédaction romaine qui œuvre au quotidien pour la publication de l'hebdomadaire via Torre Argentina, à deux pas du Panthéon, mais l'espace et la liberté accordés par le magazine lui permettent de prendre la mesure de ses capacités. C'est le cas des critiques de livres. Souvent il traite de textes encore inconnus en Italie, liés à l'actualité et à ses études en sciences politiques. Les lectures passionnées de cette période s'avéreront déterminantes pour conférer une profondeur d'investigation aux reportages envoyés du front vietnamien à partir de 1972.

BOMBES SUR LE VIETNAM

28 juillet 1968

Parmi les nombreux « booms » plus ou moins importants, que la guerre en Asie a suscités ici en Amérique, il ne faut pas oublier le boom éditorial. Au cours des trois dernières années, on a publié des dizaines de romans, de récits, de rapports et d'enquêtes dont le sujet ou le cadre est le Vietnam et sa guerre. Souvent dans des éditions bon marché, ces livres faciles à lire se perdent parmi les milliers de nouvelles consommées sans laisser de trace par les foules de « navetteurs » qui font chaque jour le morne trajet de leur banlieue au bureau dans les mégapoles du Nouveau Monde. Dernièrement, l'un de ces ouvrages est sorti du lot : il fait l'objet de discussions, de controverses et de critiques. Il s'agit du reportage de Frank Harvey, *Air War : Vietnam*, sur la guerre aérienne menée par les États-Unis au Vietnam.

Harvey, dont le nom a été suggéré par le Pentagone qui le considérait comme la personne la plus apte à écrire sur le sujet, s'est rendu au Vietnam pendant un mois et demi à l'invitation du Bureau des relations publiques de l'Air Force posté à Saigon. Ancien pilote devenu écrivain et contributeur habituel de la presse spécialisée, c'est donc en tant qu'expert paré de toutes les références nécessaires qu'il s'est rendu au Vietnam pour faire de son livre un document fiable et plus difficile à discréditer que s'il avait exprimé, disons, le point de vue d'un « dissident » incompétent. Dans les faits, Harvey est loin de se prononcer contre la guerre et encore plus loin de le faire pour des raisons morales et c'est pour cela que ce livre qui de toute évidence se veut un éloge des pilotes, de leurs difficultés, et de leur professionnalisme irréprochable, est devenu sans le vouloir, avec ses récits de première main, ses citations et ses détails techniques, une mise en accusation des moyens et des fins de la guerre qu'on mène au Vietnam aujourd'hui.

« Pendant mon séjour, écrit Harvey, j'ai demandé à nos troupes ce qu'elles pensaient de la guerre. Quatre-vingt-dix pour cent m'ont donné plus ou moins la même réponse : "Nous devons arrêter le communisme ; il vaut mieux le faire ici que sur la côte californienne." Sur la manière de procéder, il existe diverses "philosophies" – ce mot si souvent utilisé en Amérique pour glorifier les platitudes – mais elles se ressemblent toutes. Un pilote de chasseur bombardier m'a dit qu'il faudrait partir de la zone démilitarisée vers le haut et tuer chaque homme, femme et enfant du Nord-Vietnam. »

Le principe n'est pas bien différent de celui qui guide les pilotes qui rentrent d'une mission au-dessus du Nord en lâchant les bombes et les munitions qui n'ont pas été utilisées pendant la mission : « Tant que le carburant le permet, ils se promènent à la recherche de quelque chose qui bouge », ce qui semble être leur équivalent du concept de cible militaire. Lorsque le pilote d'un des nombreux hélicoptères qui patrouillent dans le ciel du Sud « revient d'une mission nocturne, ses camarades demandent : "Combien en as-tu descendu ?", "Bah, trente, peut-être quarante" et il roule les épaules comme quelqu'un qui a besoin de se dégourdir les membres après être resté trop longtemps dans la même position, "Alors les gars, vous payez votre bière ou quoi ". Un autre pilote revenant d'une mission : "Aujourd'hui, c'était maigre, juste deux buffles d'eau et une femme enceinte." »

Lors de ses déplacements dans les zones d'opérations, Harvey a accompagné de nombreux pilotes dans diverses missions. Ce qui l'a le plus interloqué, c'est l'immense gaspillage avec lequel cette guerre est menée. Les munitions et les bombes sont tirées sans contrôle. Au sujet d'une mission de nuit contre un endroit où des combattants de la guérilla avaient été signalés quelques jours plus tôt, Harvey écrit : « Nous avons survolé plusieurs fois en larguant tout le chargement dans le silence et l'obscurité puis nous sommes rentrés à la base. Personne ne saura jamais si nous avons touché quoi que ce soit. Bien sûr, le fracas produit était quelque chose. » L'image de l'Amérique comme un ensemble harmonisé, programmé, électronisé s'estompe pour devenir prisonnière de sa propre logique. Harvey raconte, par exemple, comment à un certain moment, en raison d'un manque de bombes dans les magasins, les jets ont décollé à moitié chargés, juste pour maintenir le nombre de sorties à un certain niveau statistique.

Au cœur de la guerre aérienne au Vietnam se trouve l'utilisation d'hélicoptères, qui servent à découvrir l'ennemi puis, une fois les avions déployés, à diriger leurs opérations. Dans les explications techniques de ces missions, dans les acronymes de chaque type d'arme et dans les désignations de chaque type d'opération, le facteur humain disparaît, tout tend à l'abstraction. Harvey décrit deux méthodes consacrées pour détecter le Vietcong au Vietnam du Sud. L'une est dénommée « Reconnaissance avec fumée », l'autre « Reconnaissance avec feu ».

Les hélicoptères qui survolent une zone suspecte, s'ils ne repèrent rien, sont autorisés à larguer des bombes fumigènes ou à faire appel à une série de bombes « antipersonnel ». Quiconque ne s'était pas montré à l'arrivée des hélicoptères, s'il se déplace à ce moment-là, devient suspect et l'hélicoptère coordonne les opérations pour l'éliminer. Si les suspects se réfugient dans les huttes, ils sont « rôtis » au napalm (ou « essence gélifiée » comme on l'appelle dans les communiqués officiels) ; s'ils tentent de se cacher dans les rizières, ils sont mitraillés. À propos de la mort au napalm, Harvey écrit : « L'homme qui meurt du napalm a un visage noir de brûlures au troisième degré ; la putréfaction suit la mort des tissus, mais reste encore à venir l'agonie qui se poursuivra jusqu'à sa mort, car tout de suite il est en état de choc, et lorsque quelqu'un lui parle, il sourit avec son visage noir tragique ».

Les pilotes se demandent pourquoi le Vietcong continue de se battre face à l'écrasante supériorité américaine. Un mitrailleur d'hélicoptère déclare : « Au moins, dans le Nord, ils ont des arbres pour s'abriter, mais ici, dans le Delta, c'est comme chasser les lapins ».

Les équipages d'hélicoptères semblaient être les plus violents, mais aussi les plus sereins. Il s'agit peut-être d'une question de motivation. En raison des moyens qu'ils utilisent, leur guerre est plus immédiate, leur relation avec l'ennemi est directe, personnelle. Ce n'est pas le cas des pilotes de B-52 qui larguent des bombes à très haute altitude qui « forment d'immenses piscines dans le sol ». Les B-52 sont nés de la doctrine Dulles de représailles massives pour larguer des bombes atomiques sur le territoire de l'Union soviétique.

Aujourd'hui, cependant, ils sont utilisés pour bombarder le Nord-Vietnam et les zones suspectes du Sud. Leur mission « consiste à faire exploser et à incendier de vastes étendues de territoire (y compris des routes, des bâtiments, des champs) où se trouvent des êtres vivants, aussi bien des animaux que des humains ». Après les tapis de bombes effectués par ces armées super puissantes dans la zone de guerre « D » et dans le Triangle de fer[20], toute trace d'être vivant a disparu ; « les Vietcongs cachés dans leurs tunnels ont été éliminés, et ceux qui se cachaient sous l'eau avec de longs roseaux pour respirer, et dans les canaux et les rivières, font maintenant surface comme des bouchons ». Plus qu'à toute autre opération militaire, c'est à l'œuvre de ces bombardements qu'on doit les trois millions de réfugiés qui s'entassent dans les camps et les banlieues des grandes villes.

Aujourd'hui, même les villes ne sont pas à l'abri ; elles ne sont pas à l'abri du Vietcong ni de la guerre aérienne des Américains, obligés à présent d'effectuer leurs missions sur les quartiers populaires de Saigon ou de Hué avec la même logique avec laquelle ils opéraient dans les campagnes.

Les techniques utilisées sont encore celles de la reconnaissance « fumée » ou « feu ». Souvent, ceux qui veulent justifier leur agnosticisme moral soutiennent que la situation vietnamienne est complexe et incompréhensible, qu'il n'est pas facile de savoir comment les choses se passent réellement ni s'il existe des raisons militaires qui justifient des comportements, des actions et des techniques. Au-delà du fond du problème, qui me semble loin d'être si compliqué, voire des plus élémentaires, ces techniques et stratégies de conduite de la guerre sont le résultat de choix précis, liés à toute une logique qui transcende le pur comportement militaire.

Certes, lorsque pendant la Seconde Guerre mondiale, un navire apparemment marchand a ouvert le feu et coulé un navire de passagers ennemi, il était militairement nécessaire de mitrailler et d'éliminer chaque survivant car un seul aurait pu révéler la supercherie, mais les raisons militaires étaient valables ; elles ne l'étaient pas pour ceux qui les invoquaient exclusivement pour éviter la potence de Nuremberg. Beaucoup de gens continuent à dire, à propos de cette époque-là : « Nous ne savions pas. Cela ne nous semblait pas possible, nous croyions que les camps de concentration n'étaient que des camps de travail. »

---

20. La zone de guerre D, au Sud-Vietnam, était la région autour de la rivière Dong Nai, au nord de Bien Hoa, qui a servi de zone de base et de voie d'infiltration pour les Vietcongs et l'Armée populaire du Vietnam pendant la guerre du Vietnam. Le Triangle de fer était une zone de 310 km^2 dans la province de Bình Dương au Vietnam, ainsi nommée parce qu'elle était un bastion des activités du Viet Minh.

« Je suis aussi allé en Amérique avec une certaine curiosité. Mais tout comme la Chine nous a déçus plus tard – le paradis des travailleurs était un enfer, mon rêve d'étudiant était leur cauchemar – l'Amérique s'est avérée être un pays effrayant. En regardant autour de moi, je voyais une société profondément raciste, profondément injuste et violente comme l'enfer. » En juillet, Cleveland est le théâtre d'une fusillade – avec des morts et des blessés – entre la police et un groupe de militants du nationalisme noir dirigé par Fred Ahmed Evans. En quelques heures, la situation dégénère et le quartier de Glenville sombre dans un chaos de pillages, combats et de dévastations qui dure cinq longs jours. Tiziano se rend dans la ville de l'Ohio, observe l'incapacité du mouvement pour les droits civiques à gérer et à isoler les groupes radicaux les plus violents et reproche à l'administration fédérale d'ignorer la pauvreté et la dégradation des banlieues.

BLACK POWER : LE TEST DE CLEVELAND

4 août 1968, San Francisco

Dans le calendrier 1968 du SNCC – Comité de coordination des étudiants non violents – l'organisation noire militante de Stokeley Carmichael et Rap Brown, les dates importantes ne sont pas les fêtes nationales ou religieuses, mais celles des différentes révoltes noires dans différentes villes américaines. Hormis les éphémérides du XIXe siècle et de la première moitié du XXe, on y trouve : pour l'année 1965 : 9 révoltes ; 1966 : 38 révoltes ; 1967 : 128 révoltes. Cette année, entre l'assassinat de Martin Luther King et l'étape qui s'est ouverte avec les événements de Cleveland, il y a eu 130 émeutes ; l'été ne fait que commencer et il serait vain d'espérer que l'arrivée de l'automne suffise à arrêter le mouvement. Cependant, le point clé de l'évolution de la situation dans les ghettos américains ne réside pas dans cette considérable augmentation du nombre d'incidents mais plutôt dans la nouvelle forme qu'ont prise les émeutes.

Dans les désormais célèbres émeutes de Watts en 1965, dans celles d'Atlanta en 1966 ainsi que dans celles de l'année dernière décrites par Tom Hayden dans son livre *Rebellion in Newark*, le déclenchement et la suite des événements étaient similaires à ceux reconstitués dans le *Rapport de la Commission sur les désordres civiques*. En général, les émeutes éclatent en réaction à une action de la police qui tente d'arrêter un Noir, de fouiller une voiture, de disperser un attroupement. Le comportement de la police attire une foule, la police appelle des renforts, d'autres Noirs viennent prêter main-forte à leurs camarades, et c'est l'escalade. Lors des émeutes des années passées, l'utilisation d'armes à feu par les Noirs était restée occasionnelle et les confrontations avaient lieu entre des masses de manifestants noirs non armés et des policiers et gardes nationaux armés. En effet, les enquêtes sur les émeutes de ces dernières années ont montré que le nombre de Blancs tués par des tirs directement dirigés contre eux ne dépassait pas cinq, le reste des décès étant attribué aux balles de la police.

L'été dernier, la présence de tireurs embusqués a pris de l'importance sans pour autant entraîner un véritable changement dans le déroulement des émeutes, qui sont restées des manifestations de masse spontanées, sous forme principalement de pillages de magasins appartenant à des Blancs et d'incendies d'immeubles anciens. En avril, au moment de l'assassinat de King, la protestation était de cette teneur.

Les émeutes de Cleveland

La semaine dernière à Cleveland, en revanche, les choses étaient fort différentes. Alors que la police tentait de retirer avec une dépanneuse une voiture abandonnée dans le ghetto, des coups de feu ont été tirés et les véhicules arrivés en renfort ont été canardés eux aussi. Un policier racontait : « C'était une embuscade. Ils venaient de tous les côtés. Je n'ai jamais vu autant de fusils dans ma vie. » La bataille a duré plusieurs heures. Dix personnes ont été tuées. Si les pillages et les incendies ont eu lieu comme d'habitude, c'était en tant que phénomènes secondaires.

Malgré le fait que Ramsey Clark, ministre de la Justice, se soit empressé de démentir les hypothèses avancées par le FBI selon lesquelles l'épisode Cleveland s'inscrirait dans le cadre d'une conspiration contre les plus grandes villes américaines, il n'est pas possible de considérer ce changement de tactique – auquel les groupes noirs les plus combatifs font allusion depuis quelques mois – comme un événement survenu par hasard.

Cleveland est devenu le centre d'attention du pays l'année dernière lorsqu'elle est devenue la première grande ville à élire, en partie avec le vote des Blancs, un maire noir : Carl Stokes. Et peut-être à cause de l'attention suscitée par sa campagne, l'été dernier à Cleveland a été calme.

Stokes était un test : son élection a été considérée par les Blancs et les Noirs comme une ultime tentative pour résoudre pacifiquement les problèmes de leur grande ville, avec ces fléaux que sont les bidonvilles, le chômage et la criminalité si intrinsèques à la réalité américaine et qu'on connaît encore très mal aujourd'hui. Stokes n'est pas un militant noir, bien au contraire, il est un représentant typique de la mince classe moyenne noire que les militants considèrent comme l'obstacle le plus dangereux à leur cause, car ils sont utilisés par l'establishment blanc comme des *token*, c'est-à-dire des gages symboliques de progrès. *Ebony Magazine*, le journal illustré destiné aux ghettos et tiré à un million d'exemplaires, écrit à propos de l'élection de Stokes, mettant en avant son élégante épouse, sa belle voiture et sa maison : « La voie des urnes est la seule possible pour l'obtention du pouvoir par les Noirs. »

Les groupes radicaux noirs se sont toujours méfiés de Stokes et, au moment de son élection, ont déclaré qu'un visage noir à l'hôtel de ville n'avait rien à voir avec le Black Power et que Stokes était plus blanc que blanc. Une fois à la tête de la mairie, Stokes a mis en route une campagne de communication massive présentant Cleveland comme la ville qui résout ses tensions de manière pacifique grâce à l'intégration. Il y a un mois, j'y étais et j'ai vu les rues placardées d'affiches qui mettaient en avant le projet que veut mener la nouvelle administration : *Cleveland : now.*

Chaque soir à la télévision locale, Stokes demande à ses concitoyens de faire preuve de calme et de compréhension. À vrai dire, outre le gros coup de publicité créé par son Bureau de relations publiques, rien n'a changé à Cleveland après neuf mois d'administration Stokes : il a obtenu moins de subventions que ses prédécesseurs pour ses programmes de rénovation, il n'a pas réussi à mettre en place une administration efficace et crédible, la criminalité a augmenté et, dans les ghettos, rien de nouveau sauf pour les émissions de télévision. Un sondage récent a montré plus de 65% de mécontents parmi la population. Pour les militants noirs, fomenter des émeutes à Cleveland signifie avant tout souligner la futilité des solutions de compromis au sein du système tel qu'il existe aujourd'hui.

Rien ne change dans les ghettos

Cependant, l'immobilisme de la situation à Cleveland n'est pas un cas isolé et ne doit pas être attribué uniquement à la présence de Stokes. Rien n'a changé dans les ghettos depuis l'année dernière et ce serait un vœu pieux que d'espérer que des émeutes comme celles de l'été dernier ne se reproduisent pas.

À Chicago, considérée comme l'une des zones les plus explosives, le pourcentage de chômeurs parmi la population noire est de 8,2 %, contre 2,8 % parmi les Blancs ; alors que la moitié des écoliers sont Noirs, il n'y a que vingt-quatre directeurs de couleur sur un total de 490 et les écoles des ghettos accueillent deux fois et demie plus que leur capacité ; dans les forces de police, il n'y a pas un seul Noir au niveau de capitaine et dans les ghettos, seuls 5 % des commerces sont contrôlés par des Noirs.

À Newark, où une minorité d'origine italienne contrôle l'administration de la ville à majorité noire, le programme visant à employer des chômeurs pendant les mois d'été a récemment été réduit de 25 % par manque de fonds ; la même chose s'est produite à New York. À Détroit, un an après les émeutes, les décombres des bâtiments détruits n'ont toujours pas été déblayés et sur les 74 maisons endommagées, une seule a été reconstruite. Le chômage augmente et le chef de la police a déclaré récemment à la presse que le gouffre entre Blancs et Noirs s'est encore élargi par la force de l'arsenal accumulé de part et d'autre de la ville.

Les problèmes provoqués par les émeutes de 1967 sont encore patents aujourd'hui, aggravés par l'incapacité du gouvernement fédéral à répondre aux diverses demandes et propositions. Après les émeutes de ces deux dernières années, le Congrès n'a pas adopté de législation en faveur des minorités et la série de lois sur les droits civiques – peu importantes substantiellement mais indicatives au moins d'une certaine réceptivité – n'a pas eu de suite alors que pendant cette période, le Congrès adoptait une loi anticriminalité et une autre antiémeutes à propos desquelles Edward Kennedy lui-même a déclaré : « C'est une fraude sur le dos du peuple américain car cela n'est une action qu'en apparence et en réalité ce n'est qu'une réaction. »

Le programme proposé par la « Commission sur les désordres civiques », qui prévoyait la création de 2 millions de nouveaux emplois, déjà ramenés par Johnson à un demi-million, a été réduit à la portion congrue par le Congrès. Toutes les économies réalisées pendant l'actuelle législature se sont faites au détriment de la lutte contre la pauvreté ; les demandes en faveur des populations défavorisées sont restées lettre morte et alors que leur lobbyiste en chef, Ralph Abernathy, se retrouvait en prison, de l'autre côté les lobbyistes du complexe militaro-industriel célébraient leur plus grande victoire : le Congrès a entériné la mise en place du programme pour la construction du missile antiballistique (ABM).

Le fléau des racistes

Le coût du système ABM est estimé aujourd'hui à 5 milliards de dollars, chiffre qui pourrait très bien être multiplié par dix, alors que personne ne comprend vraiment à quoi il est censé servir et que l'administration semble confuse quant à son but et qu'elle le présente tantôt comme une défense contre une éventuelle attaque nucléaire chinoise, tantôt comme ayant simplement une fonction anti-URSS. L'antimissile est cependant l'aubaine tant attendue par les 15 000 entreprises américaines impliquées dans la construction d'armements : des entreprises comme General Electric, General Dynamics et Thiokol Chemical qui ont mené toute une campagne d'abord contre McNamara qui y était opposé, ensuite pour soutenir son utilité. Une récente étude sur l'armement réalisée par le *Congressional Quarterly* – un ensemble de publications ayant principalement trait au Congrès des États-Unis– a conclu que le maintien du budget de la défense à plus de 40 milliards, une fois la guerre du Vietnam terminée, ne sera dû qu'à la pression des entreprises privées plutôt qu'au besoin objectif de la défense nationale, et ce, même selon des sources autorisées du Pentagone. Aujourd'hui, la guerre coûte 30 milliards de dollars par an; mais l'espoir que beaucoup exprimaient sur l'utilisation de ces fonds pour la réhabilitation des ghettos et la lutte contre la pauvreté une fois l'engagement militaire terminé, a dû être enterré après une récente déclaration de Clark Clifford. Le chef du Pentagone a clairement indiqué que cette hypothèse est absolument hors de question puisque la Défense, même après la guerre, aura besoin de cet argent pour le développement d'autres programmes qui ont jusqu'à présent été laissés de côté, précisément en raison du conflit actuel.

King assassiné, Kennedy assassiné, la « campagne des pauvres » échouée, il semblerait qu'il n'y ait plus aucun moyen viable pour les Noirs d'atteindre cet objectif qu'Abernathy appelle « participation à la richesse de l'Amérique » et que les militants nomment « libération ».

La violence devient non seulement une réaction naturelle à la frustration causée par l'inefficience de tous les autres moyens, mais aussi la seule forme d'expression efficace du pouvoir que les Noirs estiment détenir. Mais la violence est en passe de se transformer et de manifestations de rue et conflits non armés avec les structures de pouvoir représentées par la police, elle devient avant tout une forme d'autodéfense : car ce qui semble être en jeu pour de nombreux Noirs n'est pas seulement l'obtention de ce qu'ils n'ont pas, mais aussi leur survie même.

Les groupes qui se préparent plus ou moins clandestinement à cette violence sont multiples et les événements de Cleveland sont peut-être le premier exemple de la façon dont la menace jusqu'ici rhétorique d'actions contre la police peut se matérialiser sous forme de guérilla urbaine ou de terrorisme.

La minorité noire, et surtout ses courants militants, croit peut-être avoir trouvé la dernière arme à leur disposition dans cet équilibre entre l'usage et la menace de la violence. Ce qui s'est passé à Cleveland confirme donc la « crédibilité » de cette violence et la volonté de certains groupes d'y recourir s'ils s'y sentent obligés. Le Black Power, au-delà de toute définition en termes d'idéologie et d'agenda politique, a peut-être une réelle force aujourd'hui, qui est le pouvoir de refuser la paix et la stabilité aux villes américaines, de les terroriser non plus de manière aléatoire et sporadique, mais à une certaine heure, un certain jour, dans un certain lieu.

La convention du Parti républicain organisée à Miami du 5 au 8 août confirme la candidature de Richard Nixon à la présidence. C'est un signe surprenant, car peu auraient imaginé le retour de l'homme battu par John F. Kennedy en 1960. À ses côtés, candidat à la vice-présidence, se trouve le gouverneur du Maryland, Spiro Agnew, connu pour avoir employé plus de dix mille hommes – policiers, garde nationale et compagnies spéciales – à Baltimore lors des émeutes en avril.

ÉLECTIONS AUX ÉTATS-UNIS : LE LAZARE AMÉRICAIN

25 août 1968, Chicago

Le sordide carnaval politique de la convention républicaine est clos. C'est maintenant au tour de la convention démocrate de s'ouvrir. À Chicago, grâce aux réactions écœurées d'une grande partie de la presse aux aspects peu édifiants de l'ensemble du spectacle, il est probable que la convention tentera d'éviter tous ces aspects folkloriques, incompréhensibles pour un observateur européen mais sur lesquels beaucoup insistent encore comme étant typiques de ce système politique et du mode de vie américain. Il est donc probable qu'à Chicago, nous aurons moins de ballons, moins de fanfares, moins de « manifestations spontanées » et de discours inutiles, et moins de déclarations façon boniment : « Le grand État X, producteur des plus belles pommes de terre d'Amérique, donne ses 19 voix à notre grand prochain président des États-Unis, M. Y. » Les résultats, cependant, ne seront pas plus rassurants si la nomination d'Hubert Humphrey est, comme il semble maintenant, confirmée.

La nomination de Nixon à Miami a entériné les prédictions faites il y a plus d'un an, et cette confirmation seule est déjà le signe d'une remise en cause profonde de tout ce qui s'est passé en Amérique et dans le monde au cours de l'année écoulée. Nixon-Agnew est le binôme du nouveau défi républicain. C'est un défi qui ne concerne pas seulement les démocrates ; la nomination de

Nixon est un défi lancé à la nouvelle génération d'Américains qui cherche une issue aux terribles problèmes auxquels cette société, vantée autrefois comme l'idéal à imiter, est désormais confrontée. C'est un défi aussi à toute la nouvelle génération, un défi envers l'évolution et la recherche de nouvelles solutions et de nouvelles frontières dont les Kennedy ont été, à leur manière, les porte-parole.

On se fourvoierait toutefois en croyant qu'il s'agit d'un défi au sentiment de la majorité des Américains qui, finalement, ne sont pas idéologiquement très éloignés des positions qu'un Nixon a représentées pendant plus de vingt ans. Ce n'est pas la peine de se voiler la face en disant que le processus électif américain n'est ni démocratique ni représentatif : cela aura beau être vrai, le fait est qu'aujourd'hui, l'électorat confronté à une alternative hypothétique entre Nixon et McCarthy, a de fortes chances de choisir Nixon.

Ceux qui regrettent aujourd'hui l'Amérique de Kennedy comme un moment heureux de maturité politique dont la nomination de Nixon – qui est l'homme d'il y a dix ans – semble aujourd'hui la négation, ne doivent pas oublier que Kennedy a été élu avec moins de la moitié des voix de l'électorat américain et qu'un nombre égal de voix est allé, en 1960, à Richard Nixon. Il y a eu des émeutes dans les villes, d'énormes manifestations de masse pour la paix, des assassinats politiques, et voici maintenant Nixon qui ressuscite d'un passé que beaucoup pensaient oublié ou en tout cas dépassé.

L'appel au nationalisme

Nixon, le nouveau candidat républicain à la présidence des États-Unis, n'y est pas parvenu grâce simplement à la persistance de quelques manipulateurs de son parti, mais aussi, probablement, parce qu'une grande partie de la population est prête à le suivre et à voter pour lui. C'est la raison pour laquelle sa nomination, aux yeux des républicains qui ne comptent que sur 27% de la population, représente un véritable défi au pouvoir des démocrates, qui depuis la fin de l'administration Eisenhower dominent sans conteste.

Rockefeller, porte-drapeau du courant libéral au sein du Parti républicain, ne constituait pas une réelle menace pour la nomination de Nixon. Il aurait certainement été intéressant d'avoir comme candidat à la présidence des États-Unis le représentant de cette aristocratie économique américaine typique qui, par le biais de ses banques, de ses fondations culturelles et de ses compagnies pétrolières, contrôle les affaires de la moitié du monde de l'Afrique du Sud à l'Amérique latine.

Les actifs de la famille Rockefeller, estimés aujourd'hui à dix milliards de dollars, sont les plus importants jamais accumulés aux États-Unis, le capital personnel de Nelson Rockefeller est de 200 millions de dollars. Entré tardivement dans la campagne électorale après moult retournements et indécisions, il s'est présenté sous l'image d'un libéral et avec la clairvoyance des intérêts qu'il représente : pro système social, partisan des droits civiques, « colombe » sur la question du Vietnam pour laquelle il a proposé un plan qui n'était en réalité qu'une tentative de revendre au même acheteur floué la même came qu'il y a quinze ans. L'illusion n'a pas fonctionné. Il est inutile de croire que le monde a perdu avec Rockefeller une alternative plus rationnelle et plus optimiste à ses problèmes. Le style aurait été différent, la substance pas tellement.

Nixon mène sa campagne en cherchant à donner une image modernisée de lui-même ; beaucoup de ceux qui sont contraints de le soutenir aujourd'hui prétendent qu'il est un « nouveau » Nixon : il n'a évidemment pas changé. Il continue à puiser dans le fonds de commerce qui a fait son succès depuis le début de sa carrière, c'est-à-dire, un anticommunisme farouche. En 1954, quelques jours avant Dien Bien Phu, il a soutenu que les États-Unis devaient intervenir en Asie et qu'il n'était absolument pas nécessaire de négocier avec les communistes, car cela aurait pour conséquence de renforcer leur domination sur une nouvelle zone vitale.

Aujourd'hui, il affirme que « nous sommes passés d'une ère de conflit à une ère de négociation », tout en ajoutant qu'il faut négocier depuis une position de force et ne pas se contenter de la parité avec l'Union soviétique, surtout pas dans le domaine atomique. Son appel aux forces nationalistes et l'allusion, bien que plus subtile, à la menace communiste sont toujours un élément crucial de sa position politique. Dans tous ses discours politiques durant la campagne électorale, et dans son discours d'investiture, il n'a pas manqué de mentionner l'épisode du *Pueblo*, et c'est là qu'il a suscité les applaudissements les plus longs et les plus enthousiastes. « Les États-Unis, en tant que leader du monde libre, ne peuvent pas se permettre de perdre davantage du terrain en Asie », a-t-il dit en 1954. Aujourd'hui, il soutient que les États-Unis ne peuvent pas supporter l'affront fait à leur prestige par cette « nation de quatrième ordre » qu'est pour lui la Corée du Nord.

La plate-forme républicaine votée à Miami ne rejette aucunement les objectifs de politique étrangère de l'administration Johnson ; en fait, elle les partage essentiellement avec un programme qui pourrait bien être plus proche de la politique de l'administration actuelle que celui qui sortira de la convention démocrate de Chicago. Lorsque Nixon, dans un discours que le public connaît désormais par cœur car il le répète depuis le début de la campagne, affirme qu'il est temps de changer de gouvernement à Washington, il dit le faire parce que, « avec toute la puissance militaire, diplomatique et économique dont il dispose, [l'administration Johnson] n'a pas été capable de gagner une paix honorable ».

Contre les Noirs, le recours à la force

En ce qui concerne la question des problèmes dans les villes, la plate-forme républicaine défend une position très conservatrice ; et sur le sujet des droits civiques, Nixon a déclaré que « le premier droit civil de chaque citoyen américain est d'être libre de toute violence », que « le rôle de la pauvreté comme cause de l'augmentation de la criminalité a été grossièrement exagéré », et néanmoins « une force immédiate et décisive doit être la première réponse à la violence dans les villes ». Quant au rapport Kerner sur les troubles civils, il estime qu'il devrait être rejeté, « parce qu'il imputait essentiellement les troubles urbains à tout le monde, sauf à ceux qui en sont réellement la cause ». La solution aux problèmes des villes s'inscrit dans la plus pure tradition républicaine : « Plus d'emplois et de meilleurs logements seront disponibles pour la population noire lorsque l'industrie privée se développera dans les ghettos et lorsque les gens des ghettos se lanceront dans les affaires. »

En ce qui concerne le problème des Noirs, la position républicaine est encore plus réactionnaire : il n'y a pas eu le moindre signal de compréhension pour les problèmes qui affligent actuellement les villes, et la seule réponse qui a été indiquée, c'est la force. Avec cela, les républicains et Nixon ont délibérément coupé la population noire du pays de leur base électorale, non seulement à cause des positions affichées dans le programme du parti, mais surtout lorsqu'ils ont choisi Spiro Agnew comme colistier pour la Maison-Blanche. Agnew, gouverneur du Maryland, connu uniquement pour sa répression sévère des émeutes de Baltimore et sa condamnation de la marche des pauvres, a été accepté avec enthousiasme par les délégués des États du Sud, à qui Nixon aurait donné un droit de veto sur la nomination du candidat à la vice-présidence.

En termes électoraux, le fait que les républicains aient rapidement renoncé au soutien du vote des Noirs n'a que peu d'importance. Les Noirs représentent environ 10 % de la population, et leur vote est traditionnellement allé en majorité au Parti démocrate ; leur voix au sein du Parti républicain a toujours été ignorée, comme en témoigne la participation des Noirs à la convention elle-même (seuls 2 % étaient des Noirs). Mais cela peut avoir une énorme signification pour tout ce qui se passe en dehors du processus électoral, et l'irresponsabilité du Parti républicain ne peut pas se mesurer uniquement au nombre d'électeurs éventuellement perdus.

Une robe élastique

Malgré ses positions réactionnaires et conservatrices sous-jacentes, Nixon conduit désormais sa campagne comme celui de la voie du milieu, comme le modéré dont le premier intérêt est la réunification du Parti et celle du pays. Son langage est moins dur qu'il y a dix ans, et à chaque étape de sa campagne c'est d'une attitude modérée qu'il se prévaut. Ce qu'il fera une fois à la Maison-Blanche pourrait bien sûr être complètement différent. Une profession de foi est aussi élastique qu'une robe faite pour s'adapter à tous les âges, et on ne compte plus les preuves de l'élasticité de Nixon. Par exemple, lors d'une réunion secrète tenue à Miami avec des représentants du Sud, Nixon a déclaré qu'il n'était pas favorable à la déségrégation dans le secteur du logement, mais que si sa position en public devait être différente, ce n'était pas le moment d'en faire un problème.

Voilà le nouveau Nixon, tel qu'il tend à se présenter, mûri par l'expérience, affûté par le temps. Dans son discours d'investiture, dont le contenu avait suscité beaucoup de suspense à Miami et qui s'est encore avéré un collage pathétique de phrases remaniées durant les longs mois de campagne, il a conclu : « La nuit noire de l'Amérique touche à sa fin et une aube de liberté et de paix se lève sur le monde. » Il n'est pas très improbable que cette aube arrive pour Nixon lui-même et il est donc utile de rappeler les mots qu'Adlai Stevenson[21] écrivait à l'époque à propos de cette perspective : « Je frémis à l'idée que Nixon puisse être le gardien de l'avenir de cette nation (...) le pays de la calomnie et de la peur ; le pays des insinuations sournoises : voilà ce qu'est Nixonland. »

Il ne sera pas élu par les Noirs ; il n'aura pas les votes des jeunes ou de ceux qui cherchent de nouvelles solutions et de nouvelles frontières pour l'Amérique et pour qui Nixon n'est qu'une « mauvaise farce ». Mais il aura les voix d'une classe moyenne qui se sent menacée par l'inquiétude croissante créée par l'administration actuelle ; il aura les voix de tous ceux qui prennent leurs décisions politiques avec la logique du « essayons de changer » ; il aura les voix de nombreux démocrates qui se sentent soumis à un chantage par la candidature de Humphrey – si c'est le cas – ; de ceux dont la sécurité est maintenant remise en question par la vague « révolutionnaire » croissante, dont le « sens de l'honneur » est remis en question par tout ce que les nouvelles générations voudraient changer.

Le « nouveau » Humphrey

Dans le camp démocrate, l'entrée de George McGovern, qui tente de capitaliser sur les anciens délégués de Kennedy, pourrait aider McCarthy s'il

21. Adlai Stevenson : candidat démocrate aux élections présidentielles de 1952 et 1956 – toutes deux perdues face à Eisenhower –, c'est au cours de sa deuxième campagne qu'il a lancé l'expression Nixonland, imaginée par J.J. Galbraith qui rédigeait ses discours. In *Nixonland: The Rise of a President and the Fracturing of America.*

parvenait à attirer suffisamment de voix pour empêcher la nomination de Humphrey au premier tour. Dans le cas contraire, cependant, la nouvelle candidature ne servirait alors qu'à favoriser Humphrey, pour le rétablissement au sein du parti d'au moins une partie des forces progressistes que McCarthy a mobilisées. McGovern, avec sa position à la gauche de Humphrey sur le Vietnam et les droits civiques, et sans aucune de ces raisons personnelles ou idéologiques qui empêchent aujourd'hui McCarthy de devenir vice-président, pourrait au contraire se retrouver sur la liste avec Humphrey pour donner l'impression que ce dernier a accepté le dialogue avec l'aile la plus progressiste.

Bien sûr, à Chicago, où la police a construit une prison de campagne de 10 000 places pour l'occasion, même Humphrey, s'il devait émerger comme candidat, serait vendu comme un « nouveau Humphrey » ; non pas le vice-président coresponsable de l'actuelle administration démocratique, de la guerre au Vietnam, de l'échec de l'intégration raciale et de la lutte contre la pauvreté, mais un « nouveau » Humphrey qui, avec le « nouveau » Nixon, se présenterait devant l'électorat américain libéré, ironiquement, après tant de batailles, de la présence du vieux L.B.J..

Du « nouveau » Humphrey, nous parlerons s'il est élu. Ce qui est sûr pour l'instant, c'est qu'on est en présence du « nouveau » Nixon, possible nouveau président des États-Unis en novembre. Son succès à Miami, outre une régurgitation effrayante du passé, est la victoire personnelle d'un homme que tout le monde dépeignait jusqu'à présent comme l'éternel perdant. Ce brillant retour politique est sans précédent dans l'histoire américaine. Le *New York Times* a écrit dans un éditorial que sa résurrection était la plus notable depuis celle de Lazare. Un couple du New Jersey s'est empressé d'écrire une lettre au rédacteur en chef, rappelant qu'il est également dit dans l'Évangile que les proches de Lazare se sont approchés du Christ pour lui dire : « Mais Seigneur, maintenant il pue ! »

Du 26 au 29 août à Chicago, Illinois, le Parti démocrate se réunit pour élire son candidat à la présidence. Hubert Humphrey l'emporte sur Eugene McCarthy et est rejoint par Edmund Muskie, sénateur du Maine, pour la vice-présidence. Un résultat obtenu de façon trouble qui déchire le parti. À l'extérieur du théâtre, des milliers d'étudiants et de militants des comités pacifistes descendent dans la rue et se rassemblent dans Lincoln Park pour protester contre la guerre au Vietnam (parmi eux : les poètes Allen Ginsberg et William Burroughs). La Garde nationale mobilisée par le puissant et controversé maire Richard Daley les attend.

ÉTATS-UNIS : LA MAFIA À CHICAGO

8 septembre 1968, Chicago

Le plus décourageant est de penser qu'après tout ce qui s'est passé ici à Chicago lors des deux conventions qui se sont tenues, l'une par le Parti démocrate dans l'International Amphitheatre, l'autre par le peuple dans les rues et parcs de la ville, il y aura encore des gens qui auront le cran, et pas seulement en Amérique, de nier l'évidence en cherchant à prouver que le processus américain est un procédé démocratique et que le « système », en l'état, exprime la volonté de la base.

À Chicago, l'Amérique des cercles restreints du pouvoir a eu raison des groupes de délégués venus défendre une cause moralement juste à leurs yeux; l'Amérique de la violence, des fusils, des lacrymogènes a eu raison des foules de jeunes venus de tout le pays, armés seulement de pancartes, de leurs voix et de leur colère. L'Amérique de la base, représentée par des centaines de délégués élus lors des élections primaires, a été vaincue par les sombres machinations, l'intimidation et le terrorisme d'une structure de parti dirigée par le gangstérisme éhonté d'un *patron* tel que Daley, maire de Chicago, qui était à son tour honteusement soutenu par ceux à qui sa victoire allait profiter. De fait, le climat à Chicago pendant les jours de la convention est devenu une sorte d'étalon à l'aune de laquelle mesurer les conventions à venir.

Humphrey et Saint François

Il s'est passé beaucoup de choses à Chicago : lors du congrès du parti, toutes les règles de la procédure parlementaire ont été bousculées ; des délégations dont les membres avaient été choisis par leurs gouverneurs ou secrétaires de parti ont été accréditées sur l'unique base de leur allégeance à la politique de l'administration ; les motions d'ordre proposées par l'opposition ont été rejetées systématiquement ; les microphones ont été arrachés pour priver l'opposition de la parole ; des résultats ont été déclarés unanimes alors que des délégations entières avaient hué et crié leur désaccord ; toutes les manifestations ont été interdites, sauf celles en faveur du parti.

Dans la convention de la rue : des arrestations massives, des autorisations de manifestation révoquées au dernier moment, des passages à tabac, des descentes chez des particuliers jusqu'au quartier général de McCarthy au 15e étage de l'hôtel Hilton. Puis, comme si tout cela ne suffisait pas, la voix plaintive d'Hubert Horatio Humphrey qui, avec des trémolos surjoués, scandait l'appel à l'unité du parti, cherchait à colmater toutes les brèches, à calmer les esprits en usant de mots et d'une rhétorique digne du *Livre-cœur* d'Edmondo de Amicis, soulignée par des roulements de fanfare de cirque à chaque idée, présentait sa vision de l'avenir de l'Amérique en évoquant pêle-mêle saint François d'Assise, JFK, Lincoln, Churchill et Bob Kennedy.

Les politiques menées par Johnson depuis quatre années, critiquées à différents niveaux dans tout le pays, rejetées par le vote populaire à chaque élection primaire, lui ont pourtant permis d'être réélu à Chicago par une large majorité de voix. Le *johnsonisme* a gagné, haut la main, sans compromis ni concession. Le programme du Parti démocrate approuvé par la convention était celui que Johnson voulait, peut-être celui qu'il a dicté, et rien ne changera sur le Vietnam, les droits civiques ou les questions urbaines.

Les événements des dernières semaines, dont l'invasion de la Tchécoslovaquie qui a dominé les discours, notamment ceux de l'aile conservatrice, ont aidé les partisans de l'administration, mais tout était décidé depuis longtemps. La décision avait été prise depuis le 31 mars, lorsque Johnson a annoncé qu'il se retirait. Cette manœuvre qui avait pour but premier de sauver l'essentiel de sa politique donnait en même temps à Humphrey une chance de remettre à la mode avec de nouveaux chanteurs la même vieille rengaine. C'est à ce moment-là que tout s'est décidé, puisque ni les défaites aux primaires ni les échecs ni les critiques n'ont servi à quoi que ce soit du moins en termes de politique de parti et de candidature à la présidence. Plus tout changeait, plus tout restait comme c'était. Humphrey en est la preuve.

L'Eleanor de Johnson

Lorsqu'en 1965 George Wallace, le gouverneur raciste de l'Alabama, n'a pas pu se représenter une deuxième fois en raison des lois de cet État, il a fait candidater sa femme et l'a fait élire pour devenir ensuite son assistant « number one ». Johnson a fait exactement la même chose avec Hubert Humphrey. Cette image d'épouse ne semble pas déranger Humphrey au vu de ses déclarations dans une interview récente : « Je suis l'Eleanor Roosevelt de Johnson. Elle avait l'habitude de voyager et de rapporter à son grand mari ce qui se passait dans le pays et quelles étaient les humeurs du moment ; c'est ce que je fais pour le président... Président et vice-président, c'est un mariage sans divorce. »

Cela donne une situation très paradoxale. Malgré les prétentions de ceux qui parlent d'un « nouveau Humphrey » et malgré ses propres tentatives timides de se dissocier de ce que Johnson représente aujourd'hui, Humphrey est ce qu'il est grâce à celui-ci et si Humphrey se présente à la présidence, c'est parce que Johnson non seulement l'a permis, mais qu'il l'a voulu. C'est Johnson qui en a fait une figure nationale en 1964 lorsqu'il l'a pris comme second dans la course à la Maison-Blanche pour compenser grâce à sa réputation de libéral les concessions faites aux délégués du Sud dans le programme du parti sur les droits civiques. C'est Johnson qui l'a maintenu dans l'ombre de sa présidence et qui l'envoie aujourd'hui défendre les politiques de son administration puisqu'il lui est devenu impossible de le faire lui-même.

Humphrey n'est pas seulement un produit de Johnson et de la politique que le président a menée jusqu'ici, il est prisonnier aussi de la politique qu'il mènera dans les prochains mois. Johnson détient les clés de l'avenir du vice-président et de son destin politique, en l'occurrence sa nomination à la Maison-Blanche. D'ici novembre, le président a une bonne marge de manœuvre alors que les pourparlers de paix à Paris dépendent de lui, que le cours de la guerre dépend de lui, et que la force des arguments dont disposera Nixon pour remporter ou non l'élection dépendra aussi de lui.

À ceux qui lui demandaient un rejet de la politique de Johnson et même de démissionner de la vice-présidence afin d'augmenter ses chances de victoire en novembre, Humphrey répond toujours en réitérant sa loyauté envers son grand chef qui le tient cependant en échec avec son attitude ambivalente envers Nixon qu'il a invité au ranch présidentiel du Texas.

« Merci, M. le Président. »

Dans son discours d'investiture, Humphrey a chanté les louanges de l'administration Johnson et, alors qu'une partie de l'auditoire le huait et qu'une autre se levait pour l'applaudir, il a continué : « En l'espace de cinq ans, le président Johnson a fait davantage pour le pays que n'importe lequel de ses prédécesseurs modernes. Ainsi ce soir, je tiens à dire : merci, merci Monsieur le Président ! » Puis, dans l'espoir d'amadouer ceux qui, bien qu'opposés à ses positions, sont prêts à le croire sur parole, il a ajouté : « Les politiques de demain ne doivent pas être limitées par les politiques d'hier » et encore : « Chaque jour est un nouveau jour, chaque semaine est une nouvelle semaine... »

Il semble penser que de tels propos convaincront qu'on est en présence d'un « nouveau Humphrey ». Pas le Humphrey qu'on a vu bras dessus bras dessous avec Lester Maddox, gouverneur ségrégationniste de Géorgie, au sujet duquel il a déclaré « Maddox est un véritable démocrate » ; mais un Humphrey qui soutient les droits civiques. Pas le Humphrey qui a dit que la loi et l'ordre sont irremplaçables, mais un Humphrey qui souligne la nécessité de justice sociale. Pas celui qui a déclaré que la guerre au Vietnam est juste et « qu'il serait dangereux et indécent de tourner le dos à 250 millions d'hommes libres en Asie du Sud-Est », mais celui qui laisse aujourd'hui à ses assistants le soin de faire comprendre que même lui, en interne, a du mal à assumer le conflit.

La vérité est qu'il n'y a pas de contradiction, qu'il n'y a pas à choisir entre deux Humphrey différents. Humphrey est toujours tout en même temps. Ses déclarations sont ambiguës au point d'être creuses et peuvent par ailleurs être niées ou déformées de sorte que peu prennent le risque de les prendre au sérieux. Alors qu'il avait dit, au sujet des émeutes : « Si je vivais dans les quartiers pauvres d'une ville, je pourrais très bien me mettre à la tête d'une émeute », à la suite de l'avalanche de critiques que le commentaire avait déclenchée, deux jours plus tard il disait : « S'il y a une chose que je ne puis tolérer, c'est la violence, le désordre, l'irrespect de la loi ! » Parmi ses autres perles : « Je n'ai pas rencontré un seul faucon dans tout le gouvernement » ; « L'Amérique n'a sa propre politique étrangère que depuis 1945, les autres pays ont eu des siècles pour façonner la leur. »

Le manifeste de la joie

L'image de lui qui émerge d'un livre qui, en dépit des pressions pour éviter sa publication, a fini par trouver le chemin de l'imprimerie (*The Drugstore Liberal*[22]), est celle d'un homme qui croit être le symbole de la véritable Amérique, du rêve américain du *self-made man*. Il est toujours le fils du « pharmacien de quartier », toujours le chic type bien de chez nous. La pauvreté lui tire des larmes comme tout ce qui est vilain dans ce bas monde ; il s'intéresse à tout, mais ne s'engage pour rien, sauf, à son époque, la lutte pour les droits civiques. La politique étrangère, dont il a dit qu'elle était « simplement la poli-

---

22. Robert Sherrill and Harry W. Ernst, Grossman Publishers, New York, 1968.

tique intérieure endimanchée », est sa passion et le domaine dans lequel il peut se vanter d'avoir de l'expérience. Les récits de ses gaffes sont nombreux, dont la dernière au cours de sa visite officielle en Thaïlande, une monarchie, où il a demandé aux dignitaires de la cour : « Comment va votre président bien-aimé ? »

Les villes sont en crise profonde, menacées par les émeutes et les tensions raciales ; le pays est au milieu d'une guerre qui engendre mécontentement et révolte et Humphrey se présente aux électeurs avec un « manifeste de la joie et la bonne humeur ». À l'heure où de nouvelles forces émergent, notamment parmi les jeunes, à la recherche d'une nouvelle direction pour le parti et le pays, Humphrey est lié à des « patrons » de la vieille garde tels que le maire de Chicago Richard J.Daley depuis qu'il était lui-même à la tête de Minneapolis et qu'il a combattu les communistes avec les fascistes et purgé les syndicats de leurs tendances socialistes.

Les deux conventions de Chicago étaient censées se dérouler à part, séparées par des barbelés, des barrières et des lignes de police. L'une sous les yeux des caméras, en présence d'observateurs étrangers, de diplomates invités expressément par le département d'État « pour observer la démocratie américaine à l'œuvre » et l'autre, dans les rues et les parcs où, en raison d'une grève des électriciens fort opportune, les chaînes de télévision n'ont pas pu déployer leurs équipes, et les reporters et photographes ont été poursuivis et intimidés, les pellicules confisquées, les voitures fracassées et plus de vingt journalistes ont été délibérément battus par la police pendant les affrontements. Cette séparation n'a pas duré longtemps. Délégués et manifestants, victimes à différents égards de la même violence, ont partagé certains moments : des policiers casqués armés de matraques ont fait irruption dans la salle pour emmener un délégué ; le président de la délégation du New Hampshire, a été menotté, blessé dans l'affrontement et arrêté ; enfin, un groupe de délégués a quitté l'assemblée pour se joindre à des manifestants. Même dans l'enceinte officielle de la convention, il y a eu des actes de révolte : les applaudissements prolongés en l'honneur de Robert Kennedy étaient un défi aux tentatives répétées de ramener l'ordre dans l'assemblée au moment des discours d'investiture. Il y a eu une proposition d'ajourner la convention de deux semaines et de la célébrer ailleurs ainsi qu'une forte abstention lors du vote désignant le candidat à la vice-présidence pour laquelle, de surcroît, la délégation du Wisconsin propose la nomination d'un Noir de 28 ans, chef de la délégation dissidente de Géorgie.

Pour les radicaux et les « révolutionnaires », cet affrontement contre les instances du pouvoir revêtait les mêmes caractères et motivations que les événements aux universités Columbia et de Berkeley ; pour les libéraux dissidents, il s'agissait d'une nouvelle « marche sur Washington ». Cependant, pour les radicaux, ce n'était qu'une opportunité de se faire remarquer et d'attirer de nouveaux sympathisants dans les rangs de la jeunesse pro McCarthy déçue par le manque de critique et d'opposition au sein du système. Il n'y a pas grand-chose d'autre à attendre d'eux. Les libéraux, en revanche, tout en sachant dès le départ que McCarthy ou McGovern ne seraient pas élus, auraient pu obtenir un programme plus ouvert et influencer quand même la question du Vietnam et à un moment on a pu même y croire grâce au concours d'une fraction des partisans de Humphrey qui auraient voulu donner à leur candidat une plus grande latitude programmatique. Mais cette manœuvre a aussi échoué et c'est leur position politique qui s'en est vue compromise.

En ce qui concerne McCarthy, il a jusqu'à présent évité de répondre à l'appel au rassemblement de Humphrey et beaucoup gardent encore l'espoir qu'il lance son propre mouvement en marge du Parti démocrate. Sa présence sur la scène politique, qui a déjà provoqué le retrait de Johnson et les négociations de Paris, a une importance qu'il ne faut pas sous-estimer et qui risque de perdurer d'une manière ou d'une autre. Au fil de sa campagne, McCarthy a délaissé son identité récente de libéral pour redevenir ce que les gens attendaient de lui : alors qu'il était parti sur une position d'insoumission raisonnée au sujet de la guerre, il a fini par devenir une sorte de porte-parole autorisé et véhément des manifestants dans la rue le soir de l'investiture de Humphrey, après que la police a tabassé des membres de son équipe.

Un nouveau parti n'a plus aucune chance de remporter la présidence mais il pourrait l'influencer en faisant contrepoids à la droite de Wallace et en jetant les fondations d'une future force. Edward Kennedy, après de nombreuses spéculations et une tentative tardive de le mettre sur le bulletin de vote, est resté en marge, refusant même de se montrer à la convention où il aurait inévitablement été assimilé au vainqueur et aux stratégies déployées. Il vise à présent l'élection de 1972 et, tout bien considéré, si Nixon gagnait en novembre cela jouerait en sa faveur car il pourrait alors se présenter comme le salut du Parti démocrate.

Chicago aura des conséquences, c'est évident, et un échec des démocrates en novembre est désormais assez probable. La convention de Chicago a marqué une étape importante. McCarthy avait défini sa campagne comme le moyen ultime de mettre le système à l'épreuve. Beaucoup se demandent s'il y aura encore un Parti démocrate après Chicago et après les élections de novembre.

« L'Amérique est aujourd'hui un phénomène politique, militaire et social sans précédent dans l'histoire de l'humanité par sa puissance, par son incommensurable capacité de destruction. Son plus grand danger est sa sophistication. Le système est désormais si bien huilé et calibré qu'il peut résister à tout semblant d'opposition et se permettre des images publicitaires qui rendent le linge plus blanc que blanc. Les mouvements Noirs, les protestations des jeunes appartiennent à la physiologie du système et ce n'est pas d'eux dont il faut espérer que viendra la solution. » Tiziano confie à De Maio ses inquiétudes, confortées lors de son voyage à la Nouvelle-Orléans. Il assiste ici au show de l'ancien gouverneur de l'Alabama George Wallace, l'outsider de la course à la présidence, dont le programme en faveur de la ségrégation raciale recueille un énorme soutien dans les États du Sud.

WALLACE : « SI JE DEVIENS PRÉSIDENT »

22 septembre 1968, La Nouvelle-Orléans

Dans le reste de l'Amérique, les États du Sud – l'Alabama, la Géorgie, la Louisiane, le Mississippi – sont considérés comme un monde à part. Parfois même, on tente de décourager celui qui veut s'y rendre car il est facile d'y avoir des ennuis avec la police ou les locaux, puis on entend souvent dire que les gens du Sud sont des rétrogrades qui n'ont pas évolué, qu'ils ont gardé la mentalité de l'époque de la guerre de Sécession. Même sur le plan politique, on considère désormais les États du Sud comme une cause perdue et, de façon presque unanime, la victoire de Wallace dans la région en novembre est considérée comme acquise.

Une fois sur place, ce n'est pas tant qu'on a l'impression que les choses sont différentes de ce qu'on a entendu ou que ces théories se révèlent fausses. En fait, la réalité est encore plus choquante que l'idée qu'on a pu se faire d'après les clichés sur le retard culturel du Sud et les pronostics électoraux augurant que les deux grands partis devront inscrire les États de la Confédération dans la colonne des pertes. Ce n'est pas seulement des enfilades de voitures sur les autoroutes avec des écriteaux « Wallace président en 1968 » ; ni des panneaux payés par la John Birch Society[23] à l'entrée des villes qui clament en grand « La vérité est notre seule arme » ; ce n'est pas non plus la vision des questions nationales et internationales qui émane des éditoriaux de la presse locale ni les histoires de plus en plus irréfutables au sujet des diverses organisations fascistes, telles que le Ku Klux Klan ou les Minutemen, la première visant à empêcher l'intégration raciale, la seconde armée, entraînée et endoctrinée pour tenter un coup d'État lorsque la prétendue conspiration communiste tentera de déstabiliser le pays.

Ce qui est vraiment effrayant, c'est l'étendue et l'attrait croissant de cette « philosophie » fasciste fabriquée dans le Sud, plus le fait qu'elle se concrétise de plus en plus dans la structure politique et qu'elle soit portée par un aspirant à la présidence dont les deux principaux candidats doivent tenir compte. Ce qui frappe le plus c'est que cette prétendue « philosophie », qui trouve toujours une façon de justifier l'état du pays et du monde, dont elle offre une vision d'autant plus convaincante qu'elle est élémentaire, cette philosophie donc a maintenant des partisans bien au-delà des États sudistes où elle est née avec des motivations et des arguments locaux et dont la pertinence est, quoi qu'il en soit, limitée.

Les invités d'honneur

La convention de l'American Legion, une organisation d'anciens combattants comptant des centaines de milliers de membres dans tout le pays, s'est tenue ces jours-ci à la Nouvelle-Orléans. Les délégués, tous Blancs à de rares exceptions près pour la forme, se sont réunis pour voter au sujet d'une plateforme politique qui appelle à la libération de Cuba du communisme quoi qu'il en coûte, à la fin de la participation américaine au boycott économique de la Rhodésie, etc.

Cette convention de trois jours était considérée de la plus haute importance en raison du prestige et de l'influence de ses délégués. En effet, elle a reçu trois grands invités d'honneur : Lyndon Johnson est venu déclarer que les États-Unis ne cesseront pas de bombarder le Vietnam du Nord ; Richard Nixon est venu répéter qu'il est impératif de contenir le communisme « dont le but principal n'est pas de se maintenir là où il existe déjà, mais de s'étendre ». Il a également appelé les États-Unis à cesser les relations commerciales avec tous les pays qui aident l'ennemi et, assurant que dans deux ans, l'URSS aura non seulement rattrapé mais dépassé l'arsenal nucléaire des États-Unis, il a

23. Voir note 16, page 104.

qualifié sa « politique de négociation » avec l'Union soviétique de possible seulement à partir d'une position de force et de suprématie, justifiant de la sorte la poursuite de la course aux armements.

Mais c'est George Wallace qu'on a le plus applaudi. Sa cause est claire, son argumentaire l'est tout autant. La guerre du Vietnam se déroule comme on sait parce que ce sont les politiciens qui s'en chargent au lieu de laisser l'armée « faire son travail » tranquillement ce qui aurait amené la victoire en un clin d'œil vu l'arsenal dont dispose le pays. La perte de prestige et les problèmes auxquels l'Amérique est confrontée dans le monde sont dus à la faiblesse des politiques des dernières administrations ; les troubles intérieurs sont causés par les idéologies libérales des deux partis, par l'immense bureaucratie créée par le gouvernement fédéral qui empêche les différents États de régler leurs affaires locales comme ils l'entendent, par les tribunaux qui semblent plus que jamais déterminés à trouver le moyen de laisser les délinquants en liberté au lieu de les emprisonner (« si jamais on vous agresse un soir, soyez assuré que le criminel qui s'en est rendu coupable sera sorti de prison avant que vous ne sortiez de l'hôpital »), par les « pseudo-intellectuels » qui répandent des promesses d'égalité et de bien-être pour tous, ce qui ne sert qu'à engendrer des gens désabusés et frustrés parce que tout cela doit se gagner lentement. Pour Wallace, le système d'éducation actuel ne sert qu'à créer des inadaptés, car il se trouve essentiellement aux mains « d'éducateurs libéraux » qui ne comprennent rien à la politique. Aussi, les manifestations et émeutes, provoquées par des « infiltrés communistes », seraient facilement réglées si on donnait plus de pouvoir à la police et tout simplement « si on cassait quelques têtes de plus ».

Si je deviens Président

« Si je deviens Président, je convoquerai toute cette bande de bureaucrates de Washington et je jetterai leurs dossiers au fond du Potomac », est une phrase qu'il répète sans cesse et qui lui vaut immanquablement une salve d'applaudissements. « Le peuple en a assez de tous les problèmes créés par ces messieurs surdiplômés dans leur tour d'ivoire, avec leur tête en forme de poire, qui froncent le nez et prennent de haut les gens comme vous et moi ! » Wallace se présente comme le candidat des gens simples et les gens simples sont sa syntaxe, ses arguments et son humour. À un garçon aux cheveux longs qui lui demandait combien de temps il donnerait aux insoumis pour quitter le pays s'il devenait Président, il a répondu : « Deux jours, madame. » Alors que les deux grands partis, ayant perçu le virage à droite du sentiment populaire, tentent de faire des concessions dans ce sens, même s'ils doivent composer en interne avec les ailes les plus progressistes (les républicains avec les forces de

Rockefeller et les démocrates avec les partisans de McCarthy dont le soutien leur est encore nécessaire) Wallace, libre de tout frein idéologique et de toute pudeur démagogique, attire de plus en plus de foules et de voix « en disant au peuple ce que le peuple veut entendre ».

Le pays est excédé par la guerre, les émeutes, les manifestations ; il est moralement perturbé par les arguments des maccarthystes et des pacifistes, obsédé par les diagnostics qui disent que la société est profondément malade et il n'y a que Wallace qui offre une réponse optimiste, non seulement dans l'analyse des problèmes – « c'est la faute des communistes et des intellectuels » –, mais aussi dans les solutions – « nous devons utiliser tous les moyens dont dispose cette société et nous en avons, des moyens». À la Nouvelle-Orléans, s'adressant à un groupe de représentants des forces de l'ordre, il a dit : « Nous devrions vous laisser quelques années à la barre du pays pour la redresser. » À ceux qui l'accusent de vouloir créer un État policier, il répond : « Et quel est le problème si on empêche les gens de brûler des maisons, de piller des magasins, d'organiser des manifestations communistes ? »

L'Amérique « comme il faut »

À l'instar des autres candidats qui ont prétendu vouloir représenter l'Amérique oubliée au cours de cette bataille électorale – Nixon, l'Amérique pavillonnaire, Kennedy, celle des pauvres et des Noirs – Wallace a lui aussi sa propre Amérique oubliée à représenter : c'est celle de la majorité « nous sommes plus nombreux qu'eux », l'Amérique « des gens bien » qui ne brûlent pas leurs cartes de conscription, qui ne manifestent pas, qui ne contestent pas, dont le seul souci est de mener une vie tranquille et sûre chez eux et dans les rues de leurs villes. Alors que les candidats des deux grands partis partent souvent dans des argumentations si absconses qu'à la fin on ne sait plus qui est qui, et que cette campagne prend parfois des airs d'opérette – par exemple, lorsque Humphrey a pronostiqué le retrait des premiers contingents du Vietnam avant la fin de l'année pour que Johnson déclare quelques heures après que c'était impossible, ou bien lorsque Agnew a tancé Humphrey d'être « mou avec les communistes » pour se voir ensuite contraint à retirer ses propos et s'en excuser par les barons de son propre parti. D'un autre côté, alors que l'administration est de moins en moins crédible sur la question du Vietnam à laquelle s'ajoute ces jours-ci la crise du *Pueblo*, Wallace parvient à présenter sa cause comme celle de la véritable opposition, non seulement à tout ce qui s'est passé dans la politique américaine ces dernières années, mais à tout ce qui d'après lui risque de se passer sous une prochaine administration démocrate ou républicaine.

Les tendances vers la droite sont latentes depuis un certain temps mais les épisodes où elles remontent à la surface se multiplient, même en dehors des États du Sud, où le fait que ces positions soient depuis longtemps institutionnalisées et admises ne les rend pas moins scandaleuses ou absurdes. Tout récemment, l'état d'urgence a été évoqué à Berkeley à la suite de manifestations organisées par les hippies et la nouvelle gauche, l'état d'urgence a été invoqué, on a imposé un couvre-feu et désormais, non seulement dans les rues de Berkeley, mais sur le campus universitaire lui-même, il est illégal de s'arrêter pour discuter après huit heures du soir.

Les incidents de Chicago se trouvent au cœur d'une autre polémique concernant la presse et la télévision qui leur auraient accordé plus d'importance qu'ils n'en avaient. La Commission des activités antiaméricaines, héritage de la chasse aux sorcières de la période maccarthyste a été chargée d'enquêter sur une éventuelle infiltration des communistes parmi les manifestants. Gerald Ford, le chef du groupe parlementaire républicain de la Chambre des représentants, a demandé que les trois meneurs des manifestations tombent sous le coup d'une loi récente qui stipule que « traverser la frontière entre deux États pour inciter à l'émeute » est un crime fédéral. Par ailleurs, les sondages montrent qu'une majorité écrasante de citoyens approuvent le comportement de la police pendant la convention de Chicago. Le maire Daley sort de cette histoire avec tous les honneurs.

Les valeurs américaines

Rien de surprenant à tout cela. Il suffit de sortir des grandes villes comme New York ou San Francisco pour comprendre qu'il existe toute une Amérique de « gens comme il faut », de petits propriétaires, d'employés de bureau, d'agriculteurs, de chauffeurs de taxi, de femmes au foyer, d'ouvriers, pour qui la guerre est une affaire lointaine qui prouve simplement que les communistes sont des va-t-en-guerre et pour qui les problèmes, ici en Amérique même, sont causés par ceux qui veulent sa destruction. C'est une Amérique d'honnêtes gens dont les préoccupations – de bonne foi – se centrent, non pas sur la race ou la liberté, mais sur la propriété privée et leur sécurité personnelle qu'ils sentent menacées. Ils estiment leurs droits bafoués par l'outrecuidance du gouvernement qui peut leur imposer un Noir comme voisin ou l'école mixte racialement pour leur enfant. Pour eux, les idées que les jeunes, les intellectuels et les universités semblent produire sapent les « valeurs américaines » et vont à l'encontre de leurs principes religieux et moraux.

Le phénomène ne reste pas cantonné dans le Sud. On est frappé, lorsqu'on plonge dans cette société, de constater que la ségrégation, légalement abolie est encore largement pratiquée, et on est aussi choqué par le fait que cette prétendue « philosophie » aille si facilement de soi, mais le plus effrayant, c'est qu'elle regagne du terrain dans l'esprit de nombreux Américains, à grands pas, avec des conséquences qui ne sauront être mesurées par les pourcentages des sondages ou le nombre de votes.

Wallace n'a aucune chance de gagner les élections et il se peut même qu'il voie frustré son espoir d'empêcher la victoire de l'un ou l'autre des principaux candidats. En revanche, il est fort probable que ses idées, qu'il n'a pas inventées car elles étaient déjà au cœur d'une grande partie de la société, prennent de plus en plus d'ampleur. Et on ne doit pas oublier un instant qu'il n'y aura pas que les rebelles américains et les Vietnamiens qui devront composer avec elles.

« New York est le seul poste de correspondant en Amérique qui vaille et en revanche, il en vaut vraiment la peine – écrit Angela à De Maio – Tiziano a obtenu en juin sa maîtrise en affaires internationales et à la rentrée, il ne suivra que quelques cours et pourra donc se consacrer à ses intérêts personnels, à la Chine et à la politique américaine, et par conséquent, au journalisme. » En octobre, après un été d'étude en Californie et le reste des vacances à explorer l'Amérique – tel que stipulé par la bourse – Tiziano et Angela retournent à New York après avoir parcouru les États du sud. Le jour des élections n'est plus qu'à quelques semaines et nous assistons au bouquet final d'une campagne électorale dont le vainqueur a déjà été décrété.

ÉTATS-UNIS : L'HEURE DE NIXON

20 octobre 1968, New York

Si le 5 novembre est une belle journée ensoleillée et que les Américains sont nombreux à se laisser tenter par une partie de pêche plutôt que par la queue devant les machines à voter, Richard Nixon deviendra le 37e président des États-Unis. Les démocrates n'ont plus beaucoup d'espoir. Bien que théoriquement, 46 % des électeurs s'identifient à leur parti (contre 27 % au Parti républicain), le problème est de convaincre tout le monde que cela vaut encore la peine de voter, qu'il y a une différence entre Humphrey et Nixon, que l'élection n'est pas perdue, que ce n'est pas le moment de faire des histoires sur la façon dont le candidat a été choisi, etc.

L'écueil pour les démocrates est que leur parti est profondément divisé, c'est le véritable problème et cela va bien au-delà de novembre. Plusieurs candidats démocrates se présentent aux élections du Congrès qui ont lieu en même temps que les présidentielles alors qu'ils ont déclaré ouvertement ne pas soutenir la candidature de Humphrey. En Californie, État qui, avec New York, est décisif dans le décompte des voix des grands électeurs (la Californie fournit 40 voix et New York 43 sur les 270 nécessaires à l'investiture), Jesse Unruh, le leader local des démocrates et coprésident de la campagne de Humphrey, a récemment fait une longue déclaration contre la politique de Johnson en Asie, critiquant le rejet présidentiel d'un arrêt total et inconditionnel des bombardements, le tout sans même mentionner le nom de Humphrey. Eugene McCarthy est le leader reconnu de cette fronde au sein du parti et ne semble pas disposé à abandonner ce rôle en dépit des appels de plus en plus insistants à l'unité lancés par le vice-président.

Lorsque McCarthy est arrivé à New York pour sa première déclaration officielle depuis la convention de Chicago, certains s'attendaient à l'entendre tout de même soutenir Humphrey, pourtant, à l'hôtel Hilton, il a déclaré : « Les raisons pour lesquelles nous n'avons pas pu répondre à l'appel à l'unité du parti il y a presque un an, lorsque notre campagne a commencé, sont toujours d'actualité. » Les deux mille personnes venues assister au déjeuner de Paul O'Dwyer, candidat pacifiste au Sénat américain, se sont levées pour une très longue ovation. Lorsque cela s'est calmé, quelqu'un a sauté sur une table pour crier : « Ne voyez-vous pas que vous aidez Nixon ? » Le malheureux a été agressé et traîné hors de la salle, mais pour l'essentiel, ceux qui s'en prenaient à lui ne pouvaient que souscrire à son exclamation.

Le wagon d'Humphrey

Humphrey n'a pas réussi jusqu'à présent, et il est peu probable qu'il y parvienne dans les deux semaines qui restent, à récupérer les voix de ceux qui, en votant aux primaires pour McCarthy et Kennedy, sans mettre en cause sa personnalité, ont exprimé une méfiance irréversible envers l'administration démocrate.

Il est vrai aussi qu'ils sont nombreux ceux qui, ayant travaillé dans les camps Kennedy et McCarthy, ont maintenant sauté dans le wagon Humphrey, mais ils ne semblent pas avoir amené avec eux beaucoup de monde. Certains sondages réalisés dans des régions économiquement défavorisées, où le vote pour Kennedy était fort, montrent qu'il s'est déplacé à présent vers les rangs de Wallace plutôt que vers ceux du vice-président ; entre-temps, les votes de cette classe moyenne et supérieure qui constituait la base électorale du « phénomène McCarthy » sont encore en partie en suspens et là où le nom du sénateur du Minnesota s'affichera dans les machines à voter, l'État de New York par exemple, beaucoup continueront à voter pour lui en vain.

Les démocrates n'ont d'autre choix que de pousser les gens aux urnes : les groupes syndicaux qui soutiennent Humphrey mènent une campagne intensive à cet égard. L'espoir est qu'une fois devant les leviers des machines dans les isoloirs, la loyauté envers le parti l'emportera sur tout ressentiment et qu'on retrouvera à la fin ces 46 % de voix traditionnellement démocrates. Pourtant il est très peu probable que cela se produise.

Humphrey est tiraillé entre la défense de son rôle dans l'administration Johnson et de vagues allusions à une politique différente s'il parvenait à entrer à la Maison-Blanche. La démission de George Ball des Nations unies pour diriger la campagne du vice-président et son discours à Salt Lake City sur la politique étrangère dans lequel il s'est contenté de répéter son discours habituel dans un ordre différent, semblent être des indications d'une position indépendante, et certains veulent y voir de grands signes de tête en direction des insoumis. En général, cependant, sa position est inchangée et on déverse sur lui tout l'anti-johnsonisme apparu ces derniers mois.

Beaucoup espèrent encore que Humphrey ait le courage de se détacher résolument des positions du Président, mais c'est extrêmement risqué pour lui de perdre la moitié de la face pour essayer de se refaire l'autre. Johnson a contracté une énorme dette que le Parti démocrate et Humphrey vont devoir payer, et une campagne plus active du Président actuel finirait par nuire plus qu'aider le candidat démocrate. Aujourd'hui, la seule chose qui pourrait aider Humphrey à regagner du terrain serait un arrêt des bombardements au Vietnam vers la fin du mois d'octobre, mais bien que des rumeurs persistantes à ce sujet circulent à Washington et à Paris, il est à peu vraisemblable que Johnson prenne cette mesure.

Le pauvre vice-président, malgré ses efforts pour embrasser autant de bébés qu'il peut et pour prêcher sans cesse sa pathétique vision du monde depuis les théâtres et les stades de cette province bigote qu'est l'Amérique en dehors des cinq ou six grandes métropoles, mène une campagne sans couleur, sans enthousiasme et sans conviction. Personne dans son entourage ne cache le fait que Humphrey est désormais deuxième, et il l'admet implicitement lui-même avec son plaidoyer constant auprès de Nixon pour un débat télévisé sur les questions fondamentales. Il est même allé jusqu'à proposer de payer toutes les dépenses de l'émission, mais Nixon continue de refuser avec des réponses ironiques et les républicains du Sénat ont empêché l'abrogation d'un projet de loi qui aurait rendu ce débat inévitable.

La crise du libéralisme

Nixon, quant à lui, a mené une campagne très calculée, sans gaspillage et sans grandes révélations, laissant à Spiro Agnew, son second, le soin de faire le « sale boulot », c'est-à-dire de lancer des calomnies, de déterrer des dossiers et d'insinuer des soupçons sur ses adversaires.

Avec le lourd bilan des cinq années d'administration *johnsonienne* autour du cou, la dernière tentative de contrôle libéral du gouvernement va peut-être tomber à l'eau avec Humphrey. Cette campagne électorale, centrée sur l'apologie de la « loi et l'ordre » à laquelle le vice-président lui-même ne peut déroger, est devenue le symbole des longues funérailles du libéralisme américain.

La crise a commencé par l'assassinat du président Kennedy ; elle s'est poursuivie avec celui de Martin Luther King, puis avec celui de Robert Kennedy ; maintenant que McCarthy a, lui aussi, été assassiné politiquement par des manœuvres intestines du parti, et avec la disparition à différents niveaux de la scène politique de différents types de « progressistes » et d'« éclairés », les libéraux ont perdu leur marge de manœuvre pour mener à bien ces opérations de rééquilibrage et de compensation au sein du système, possibles jusqu'à présent grâce à sa manœuvrabilité et sa flexibilité.

L'histoire du libéralisme, qui a connu sa plus profonde revitalisation avec l'ère Kennedy, se clôt, du moins pour le moment, devant un spectacle déconcertant : tout ce qui dans le passé résumait l'aspiration de franges très limitées d'une minorité, ces tendances politiques qui ne pointaient que vers une involution irrationnelle, ces solutions reçues par la majorité de l'opinion publique comme immorales et révoltantes (une sorte de plébiscite contre ces idées a eu lieu avec l'élection de Johnson contre Goldwater en 1964), sont aujourd'hui la philosophie politique de ceux qui pourraient obtenir une majorité électorale ; certaines personnalités politiques considérées dans le passé comme des hurluberlus sont non seulement devenues les acteurs majeurs d'aujourd'hui, mais risquent d'entrer à la Maison-Blanche, ou du moins d'influencer les choix qui y seront opérés. Les marges de manœuvre du système sont désormais réduites, et les positions durcies. Wallace est un parfait représentant de cette tendance lorsqu'il dit des dissidents, des anarchistes, des rebelles : « On a tout essayé, il ne reste plus qu'à leur taper dessus. »

Humphrey est le produit de cette corrosion libérale. Il est le libéral d'il y a vingt ans, lorsque son aide a été décisive pour donner à Truman une plateforme progressiste sur les droits civiques ; aujourd'hui, il est soutenu par les syndicats de Georges Meany qui représentent les forces réactionnaires, et au nom de la sauvegarde du système, il souscrit au principe de « la loi et l'ordre » qui est devenu une sorte de coqueluche pour tous ces électeurs qui recherchent avant tout la tranquillité. Il est impossible pour les libéraux restants de s'identifier à sa candidature.

Le temps de l'armée

La guerre du Vietnam est la clé de voûte de l'histoire américaine contemporaine. Elle est à l'origine de tous les changements, radicaux ou non, qui ont eu lieu ces derniers mois. La disparition d'innombrables figures de la scène politique et la disparition presque certaine de l'administration démocrate sont liées au Vietnam. La guerre, qui devait initialement être menée sur le plan politique et seulement en partie par des bérets verts et des forces spéciales, a lentement dégénéré en un type de conflit que les États-Unis ne peuvent poursuivre, notamment en raison de ses répercussions intérieures. D'une certaine façon, les États-Unis ont joué de malchance, car il n'y avait aucun autre pays sur la planète où un mouvement révolutionnaire pouvait compter sur l'infrastructure et la préparation idéologique que le Vietnam avait acquise il y a quelques décennies.

Les libéraux, soutenus par les forces économiques les plus éclairées, ont utilisé les meilleurs produits de la société américaine et ont amené au gouvernement, dans son voisinage, divers groupes d'intellectuels qui représentaient la force de frappe de cette philosophie politique inaugurée par le Kennedy de la première heure et reprise à sa manière par McCarthy. La disparition progressive de ces forces des sphères du pouvoir politique signifie la fin de la vision du monde de John K. Galbraith, celle du *Nouvel État industriel* dirigé par des techniciens industriels. Ceux-ci sont maintenant lentement remplacés par une cohorte de militaires frustrés et de bureaucrates réalistes, qui cherchent à imposer un État ouvertement basé sur la force ici et à l'étranger, et pour y parvenir agitent de vieux spectres tels celui du communisme, jamais vraiment éteint et encore plus présent aujourd'hui après la Tchécoslovaquie. Le remplacement de McNamara par Clark Clifford au Pentagone est une illustration de cette tendance. Dans le langage de Wallace, l'expression « intellectuels libéraux » apparaît comme un synonyme de « communistes et traîtres ».

Nixon comme Eisenhower

Jusqu'à présent, la politique étrangère américaine a été interventionniste par nécessité, mais « libérale » et contenue dans une ligne de légalisme international formel – par exemple, les premières justifications de la guerre au Vietnam articulées en termes de fidélité aux alliances, de respect des pactes, etc. Aujourd'hui, cette politique est confrontée à une alternative : 1) une stratégie de puissance globale qui ne soit plus conditionnée par des légalismes et des moralismes qui finissent par être autodestructeurs ; 2) l'isolationnisme. Compte tenu des motivations qui ont toujours animé la politique américaine d'intervention à l'étranger, on ne peut pas penser que cette dernière soit la voie à suivre. Reste donc la stratégie du pouvoir mondial sans restriction.

Si la réduction des investissements américains à l'étranger par Johnson n'était pas qu'une manœuvre ponctuelle pour résoudre le problème de la balance des paiements, mais aussi une démarche sur le long terme pour faciliter les exportations américaines, il est certain que cette politique sera inversée si Nixon est élu. Dans un communiqué récent à l'intention des grandes entreprises et des sociétés d'investissement, communiqué passé inaperçu dans la presse, Nixon s'en prend aux restrictions imposées par Johnson au début de l'année et s'engage à supprimer les contrôles sur les investissements étrangers, car « chaque dollar d'investissement bloqué aujourd'hui par l'administration coûte à l'homme d'affaires américain plus d'un dollar et demi de gains dans le futur ». Nixon a conclu que pour la plus grande nation du monde, se replier dans sa coquille et réduire le commerce extérieur serait la pire forme d'isolationnisme.

Précisément parce que le Vietnam est le point de chute d'une certaine politique américaine à l'étranger et, en même temps, une cause majeure de problèmes intérieurs exacerbés par le mouvement noir en plein essor, les libéraux ont tout fait pour placer la guerre au centre de la campagne afin de recueillir un vote populaire qui permettrait une solution de compromis, c'est-à-dire la relance. Mais la guerre n'est plus au centre des discussions politiques et la campagne se joue sur les questions domestiques. Cela déforme les questions fondamentales sur lesquelles il faudrait voter et dévoie le débat politique.

En effet, il est intéressant de voir aujourd'hui que les manifestants pour la paix au Vietnam se rendent à chaque rassemblement de Humphrey et ignorent au contraire chaque apparition de Nixon, qui ne promet rien de mieux sur le Vietnam. La position des républicains sur le Vietnam n'est pas claire, tant s'en faut. Lors d'une récente conférence de presse, on a demandé à Agnew comment ses équipes comptaient résoudre concrètement le problème de la guerre une fois à la Maison-Blanche, il a répondu : « Vous ne pouvez pas espérer qu'on réponde à ça aujourd'hui. Si nous brûlons toutes nos cartouches tout de suite, la campagne s'éteindra avant la fin octobre. » Puis, deux jours plus tard, se rendant compte que cette réponse avait été interprétée comme une promesse de clarification à court terme, il a précisé : « Je n'induisais nullement que nous avons un programme pour résoudre le problème du Vietnam. Je ne pense pas qu'il soit réaliste d'attendre de M. Nixon et de moi-même que nous présentions un plan précis face à une situation extrêmement fluctuante alors que nous ne disposons pas des données dont dispose le vice-président. »

Cela revient donc à demander en public « faites-nous confiance, nous ferons mieux qu'eux », cependant il y a des indications sur ce que Nixon exprime en privé à ce sujet. Lors d'une conversation avec des leaders républicains du Sud, enregistrée à son insu, il aurait déclaré : « Comment ferais-je pour mettre fin à la guerre ? Je vais vous dire comment Eisenhower a mis fin à la guerre en Corée. Ike a fait comprendre aux Coréens et aux Chinois qu'il ne tolérerait absolument pas la poursuite de ce conflit terrestre de friction, et en un mois, la guerre a été "négociée". » Cette révélation selon laquelle la guerre de Corée s'est terminée avec la menace implicite de l'utilisation d'armes atomiques par les Américains n'est pas nouvelle, c'est Eisenhower lui-même qui l'a révélée dans ses mémoires de l'époque. Si cela reflète vraiment les intentions de Nixon, il y a alors peu de différence entre sa position et celle de Wallace et de son nouveau candidat à la vice-présidence, le général Curtis LeMay, qui disent essentiellement la même chose sans y mettre les formes comme le nouveau Nixon qui a, depuis le temps, appris à arrondir les angles avec des formules publicitaires.

L'obligation morale du Pentagone

Il est possible que, d'une manière ou d'une autre, la question du Vietnam soit résolue après les élections, car aucun parti, et encore moins le Parti républicain, ne peut affronter les élections au Congrès de 1970 avec un demi-million d'hommes en Asie. La guerre a déjà fait tomber Johnson et fera tomber encore celui qui poursuivra sa politique. Tout le monde veut partir du Vietnam, seules les solutions envisagées diffèrent ; mais même si la guerre se termine par un compromis, rien ne semble pouvoir infléchir la tendance américaine à renforcer la présence militaire en Asie et en Europe. La stratégie post-Vietnam pourrait très bien être celle décrite par le *U.S. News and World Report* : faire de l'Allemagne et du Japon les deux grands bastions de défense du monde libre.

Les grandes lignes d'une telle politique militaire sont déjà dans les discours de Wallace et de Nixon ; la course à l'armement est déjà lancée avec le feu vert pour l'ABM et d'autres projets pour le renforcement de la marine et le rétablissement de la supériorité militaire américaine totale. Les moyens nécessaires à cette politique sont déjà à disposition. McCarthy a été le seul à mentionner pendant la campagne les sommes disproportionnées allouées au département de la Défense mais à cette exception près, la question ne s'est même pas invitée dans la campagne électorale. Pourtant le Congrès vient d'allouer près de 72 milliards de dollars (le chiffre le plus élevé de l'histoire) au budget militaire. Cela inclut les premiers fonds pour la construction de l'ABM que l'armée réclame depuis 1960.

À ceux qui objectent que les moyens économiques dont dispose le complexe militaro-industriel sont dilapidés ou en tout cas disproportionnés, Clifford a déjà répondu, devant l'Association des industriels, que le potentiel de la Défense peut être mis à profit pour résoudre les problèmes sociaux du pays. Il y a des implications inquiétantes dans ce qu'il a appelé « l'obligation morale » du Pentagone d'aider la nation à résoudre les problèmes au-delà des problèmes purement militaires.

Wallace, quant à lui, n'aurait certainement rien contre une telle perspective puisque les ingrédients de base de sa recette pour résoudre les problèmes de l'Amérique sont la police et la répression. La popularité croissante du troisième candidat effraie de plus en plus l'opinion libérale, de sorte que des organes tels que le *New York Times* montent au créneau en essayant de ridiculiser ses positions ou de le discréditer personnellement avec des histoires telles que celle de sa méningite, comme si l'existence même d'un personnage comme Wallace était due à une pathologie de l'Amérique « parfaite ». Pourtant, Wallace est l'homme politique le plus persuasif sur la scène américaine, sa position est claire et, par ailleurs, le raisonnement de ceux qui espèrent que son quotient électoral, estimé à plus de 20 % au niveau national, s'évanouira dans les isoloirs lorsque ses partisans, comprenant enfin qu'ils ne peuvent pas gagner, voteront pour Humphrey ou pour Nixon, est fondamentalement faux. Faux, car ceux qui soutiennent Wallace aujourd'hui le font fanatiquement et sans réserve, comme le prouvent des rassemblements parmi les plus nombreux de la campagne et le fait qu'ils provoquent des manifestations enthousiastes souvent incomparables à celles des autres candidats.

1984 a déjà commencé ?

Si les libéraux, tel qu'on le voit, perdent progressivement le contrôle du pouvoir politique, les répercussions sont vraiment imprévisibles dans une situation où des institutions telles que la police à l'intérieur et l'armée à l'extérieur, qui jouissent d'un soutien populaire croissant, visible par exemple en intentions de vote pour Wallace, peuvent cesser d'être les instruments contrôlables du libéralisme des grandes entreprises et des grands intérêts, et devenir des agents directs.

Curtis LeMay, chef d'état-major de l'Armée de l'air jusqu'en 1965, déjà partisan en 1963 de bombardements massifs sur le Nord-Vietnam et présentement candidat à la vice-présidence pour le parti de Wallace, est un exemple éloquent de la frustration de tout un secteur de la hiérarchie militaire qui, sans que cela se limite à la conduite de la guerre, a mal supporté le poids du contrôle civil des deux administrations démocratiques et de ces « intellectuels de la Défense », tels que McNamara, qui devraient être tenus pour responsables de la perte de puissance de l'Amérique dans le monde.

En début d'année, Curtis LeMay a publié un livre, *America is in danger*, qui résume un ressentiment assez répandu au sein de l'armée : la situation militaire américaine a été considérablement affaiblie, « à l'heure actuelle, nous sommes comme qui dirait nus devant la menace d'une attaque russe » ; l'arsenal dont disposent les États-Unis est épuisé ; l'ABM est indispensable, contrairement au système antimissile « subtil » voulu par Johnson ; le Traité de non-prolifération des armes nucléaires est à éviter, nous devrions plutôt armer nos alliés avec des armes atomiques et ne pas nous laisser piéger par la « phobie » générée par les armes atomiques. LeMay appelle à la supériorité militaire américaine face à l'URSS et en ce qui concerne le Vietnam, il prône de rendre la guerre tellement coûteuse pour le Nord et le Vietcong qu'ils soient contraints de vouloir la paix. Hormis ce dernier point, sur lequel Nixon ne semble pas d'accord, du moins publiquement, pour le reste la position républicaine n'est pas très différente.

Nixon, lui aussi, veut l'ABM et la supériorité militaire : bien qu'il ait pu se dire favorable au traité de non-prolifération, il demande aujourd'hui qu'il ne soit pas ratifié en représailles à l'intervention de l'Union soviétique en Tchécoslovaquie. Wallace ne remportera pas l'élection, mais il est probable que d'une manière ou d'une autre, une grande partie de son programme apparaisse dans la politique du nouveau Président, à l'instar de ce qui s'est produit en 1964 lorsque les thèses politiques de Goldwater, vaincu, ont été reprises par Johnson. Cela sera d'autant plus facile s'il revient à Nixon – comme cela semble désormais certain – de s'installer à la Maison-Blanche.

Les libéraux feraient mieux de ne pas s'estimer heureux si Wallace n'est pas élu. Tous ceux qui, aujourd'hui, remettent leurs programmes et leurs espoirs à 1972, avec Edward Kennedy ou qui que ce soit, ne font peut-être que se bercer d'illusions, car 1972 pourrait ne jamais arriver, et le *1984* de George Orwell commencer ici, en Amérique, dès demain.

« Vue d'ici, la situation politique de l'Italie me semble extrêmement intéressante et riche en possibilités d'évolution qui laissent augurer d'une implication et d'un engagement personnels. Si je reviens en Italie après une autre année en Amérique, je crois que je serai très tenté par l'engagement politique et non plus seulement en tant qu'observateur... Mais pour l'instant, j'essaie d'éviter tout choix ou décision qui ne soit indispensable à la construction d'une base de survie dont Angela et moi savons qu'elle sera de plus en plus précaire. » Tiziano écrit à De Maio en imaginant l'avenir pour son retour en Europe, tandis que le nouveau cap des États-Unis est pris le 6 novembre : le pays se réveille avec son 37e Président, le républicain Richard Nixon.

NIXON : COMMENT J'AI REMPORTÉ LA VICTOIRE

10 novembre 1968, New York

« J'ai dans les mains le monde entier, j'ai les États-Unis dans les mains », scandaient les partisans de Nixon dans la salle de bal du quartier général républicain, ici à New York, lorsque les résultats de l'Illinois sont tombés.

L'homme qui représentait une conception ancienne et dépassée du pouvoir politique il y a déjà huit ans, l'homme qui, vaincu dans sa tentative de devenir le chef de la nation, fut ensuite humilié par une défaite dans sa tentative de devenir gouverneur de son État d'origine puis mis à l'écart et balayé par un nouveau style, une nouvelle philosophie politique, c'est l'homme que le passé a régurgité effroyablement pour qu'il devienne aujourd'hui le nouveau président des États-Unis.

Cette campagne électorale qui, bien que morne et peu enthousiasmante, a été dramatique jusqu'au dernier moment, se termine par la résurrection de cette figure grise à laquelle sont liés désormais non seulement les destins de 200 millions d'Américains mais aussi ceux du monde entier. Pour quatre, voire huit ans. Pour les démocrates, c'est une défaite catastrophique. L'arrêt des bombardements sur le Vietnam du Nord, annoncé au dernier moment alors qu'ils savaient (on le sait maintenant) que le gouvernement sud-vietnamien n'avait pas accepté d'aller à Paris, ne les a pas aidés. L'effort de dernière minute pour inciter la population noire à voter pour le vice-président en agitant l'épouvantail selon lequel un « non » serait un vote pour Wallace ne les a pas aidés. Les manœuvres suspectes qui ont suspendu les votes pendant des heures dans certains bureaux de vote de Chicago, où l'on sait depuis 1960 que tout est possible car Daley aurait réussi à manipuler des bureaux de vote déterminants pour la victoire de J.F. Kennedy, ne les ont pas aidés. L'unité du parti, réuni seulement pour la forme au dernier moment par une déclaration tiède de McCarthy en faveur de Humphrey ne les a pas aidés.

Le choix d'un peuple

Nixon devient ainsi Président par une petite marge dans les urnes et un écart substantiel dans le collège électoral. Nixon devient Président parce qu'une grande partie du public américain l'a soutenu tout au long des primaires, jusqu'à la convention de Miami et l'envoie maintenant à la Maison-Blanche avec 43 %. Nixon est le choix du peuple américain et il faut en tenir compte.

À côté du pourcentage de Nixon, il faut placer celui de Wallace (14 %) qui, même s'il a baissé par rapport aux prévisions d'il y a quelques semaines, a néanmoins démontré une grande présence même en dehors des États du Sud, où le phénomène n'est plus confiné. On entendra encore beaucoup parler de lui dans les années à venir.

Ce changement de cap a été bel et bien déterminé par l'électorat américain qui a choisi la voie de la réaction. Ce serait se leurrer que de se fier à ces commentateurs optimistes qui veulent croire que la majorité obtenue par les démocrates à la Chambre des représentants et du Sénat ou bien la réélection de tous les sénateurs et représentants libéraux, réticents à l'égard du Vietnam, créent une situation qui montre « la sage sélectivité de l'électorat ». Songeons par exemple au cas de l'Arkansas : le gouverneur David Rockefeller, républicain modéré, a été réélu, le sénateur William Fulbright, démocrate libéral, a été renommé, mais c'est Wallace qui a reçu les voix des six grands électeurs de l'État. C'est donc moins un indice de sélectivité que le résultat de la manière dont les gens votent encore en Amérique, pour des personnes plutôt que sur des questions de fond. C'est aussi une indication de la capacité des candidats à s'adapter aux situations locales : ils savent se montrer réactionnaires dans leurs districts et libéraux à Washington, en faisant des déclarations de « colombes » loin de leurs électeurs pour, face à eux, s'opposer aux lois sur le contrôle des armes de feu.

Le Sénat et la Chambre des représentants restent sous contrôle démocrate, avec de légers changements en faveur des républicains. Nixon sera donc techniquement un « Président minoritaire », comme d'autres avant lui au cours de ce siècle, mais il ne fait aucun doute qu'il parviendra à gouverner grâce à une coalition de démocrates conservateurs (ceux du Sud qui ne sont démocrates que de nom parce que favorables à Wallace) et de républicains. C'est avec une telle coalition que la nomination du libéral Abraham « Abe » Fortas à la présidence de la Cour Suprême a été récemment empêchée.

Nixon a gardé sa marge d'avance sur Humphrey, même si celle-ci semblait s'être considérablement réduite dans les derniers jours. Il a habilement évité tout débat qui l'aurait trop exposé. Aussi, il a habilement répondu à l'objection que beaucoup avaient sûrement à l'esprit (qu'il était souhaitable de laisser les négociations de Paris entre les mains de cette administration) en disant être prêt, comme il l'avait déjà dit avec succès à l'époque d'Eisenhower et de la Corée, à se rendre à Paris ou à Saigon pour la cause de la paix. Nixon s'est ainsi davantage rapproché de Johnson que Humphrey lui-même, en écoutant ceux qui l'incitaient à s'écarter de son ancienne politique. La realpolitik a cette fois joué en faveur de Nixon. Dans le même ordre d'idées, il est probable que Nixon résolve certains des problèmes auxquels l'Amérique est confrontée aujourd'hui. Peut-être que la guerre du Vietnam elle-même reculera d'une manière ou d'une autre sous son administration.

Ce qui est certain, c'est qu'avec son entrée à la Maison-Blanche, ce n'est pas sur la base de nouveaux principes, et encore moins des principes qui ont guidé McCarthy et Kennedy, que la nouvelle administration formulera une nouvelle politique, mais plutôt sur la base des considérations opportunistes car c'est ainsi que ses positions sur les différentes questions ont été déterminées au cours de la campagne. Du moins pour celles sur lesquelles Nixon a dû se prononcer explicitement parmi beaucoup d'autres qu'il a laissées en suspens, dans une ambiguïté suspecte.

À l'intérieur et à l'extérieur

La politique des États-Unis, en particulier leur politique étrangère, n'a pas été désavouée dans cette élection, la défaite des démocrates ne signifie en aucun cas le rejet de leur politique en ce qui concerne la guerre du Vietnam. En fait, c'est la manière dont la guerre a été menée qui a été sanctionnée et non pas les principes en vertu desquels elle a été déclenchée. Si Humphrey avait été élu, la politique menée jusqu'à présent aurait été implicitement légitimée. L'espoir que des changements fondamentaux auraient pu résulter de son administration malgré tout, me semble aujourd'hui n'être qu'une vue de l'esprit d'optimistes incurables. « S'ils parviennent à gagner les élections après tout ce qu'ils ont fait, alors oui, ils seront capables de n'importe quelle atrocité », m'a dit un jeune homme dans un bureau de vote de Harlem.

Sous Nixon, il n'y aura pas de nouveaux programmes politiques majeurs et certainement pas dans les domaines où ils seraient le plus nécessaires pour résoudre, par exemple, les problèmes de la pauvreté et des droits civiques, mais il n'y aura pas non plus de faux espoirs auxquels rester farouchement loyaux, comme beaucoup l'ont fait jusqu'au bout avec la candidature de Humphrey. Il est désormais clair que le pays n'a pas emprunté la voie de la raison, mais celle de la réaction : la réaction d'un vaste secteur de citoyens blancs vivant dans les banlieues pavillonnaires et les zones rurales de l'Amérique, d'une classe moyenne préoccupée avant tout par l'ordre et la sécurité et qui, à court terme, devrait payer pour tout changement destiné à résoudre les problèmes sociaux de ce pays.

L'élection de Nixon a connu des épisodes extrêmement intenses en émotions lorsque les résultats de deux États clés, le Texas et l'Illinois, se sont fait attendre pendant des heures et qu'il semblait qu'une victoire de Humphrey dans ces deux bastions remettrait en cause l'élection du président à la Chambre des représentants, plongeant le pays dans une crise profonde dont la gravité avait fait l'objet de mises en garde publiques répétées de la part des deux principaux candidats. Wallace, dont la stratégie était fondée précisément sur ce point, aurait alors contrôlé le rapport de force. Cette crise a été évitée, ce qu'on considère comme un succès majeur ; on parle également d'amendements constitutionnels qui devraient réformer le système électoral. Mais tout cela ne semble plus d'actualité. Dire, comme de nombreux commentateurs l'ont fait, que cette campagne a été une grande leçon dont les démocrates finiront par profiter à long terme, grâce à une révision du système électoral et peut-être à une restructuration substantielle des partis (en tout cas du Parti démocrate), me semble être une énorme fumisterie, même si, malheureusement, de nombreux libéraux finiront par y croire, cherchant comme toujours des raisons de ne pas remettre en question les fondements de ce système et de cette république.

Il est accablant de penser que la révolution de Wallace, en termes de contestation de l'establishment, a eu plus de poids que la nouvelle gauche. Il a fallu la révolution de Wallace, avec la menace politique de mettre le système en crise, de jouer avec les règles qui ont été créées autrefois pour des raisons très différentes de celles pour lesquelles elles sont utilisées aujourd'hui. Il a fallu Wallace, qui aurait pu choisir le prochain président à la Chambre en passant des accords politiques avec d'autres dirigeants pour démontrer à quel point est antidémocratique un système où les États du Nevada et du Wyoming, avec une population de 300 000 habitants chacun, auraient une voix dans l'élection du Président égale à celle de l'État de New York ou de la Californie, qui comptent 17 millions d'habitants. Il a fallu que les enfants de la classe moyenne et de la bourgeoisie soient battus dans les rues et les parcs de Chicago, comme la police le fait depuis des décennies avec les Noirs dans les ghettos et les villes du Sud sans que l'immense majorité de la presse s'en fasse écho. Il a fallu tout cela pour découvrir qu'il n'était pas tout à fait normal d'avoir des « délégués » à la convention qui n'avaient été délégués par personne d'autre qu'eux-mêmes et les patrons provinciaux du parti. Cela a toujours été le cas.

Les larmes du crocodile

Et maintenant, nous en arrivons aux regrets de ceux qui, surtout au dernier moment, affolés par la perspective de la victoire de Nixon, ont voté et espéré l'élection de Humphrey. Le libéralisme américain est mort et je ne vois pas quelle clarté sa réanimation tardive aurait pu apporter. De Nixon, au moins, nous savons qui il est ; et je ne parle pas du nouveau ou de l'ancien Nixon, derrière les byzantinismes duquel se cache encore l'espoir de certains. C'est lui qui voulait intervenir au Vietnam dès 1954 ; c'est lui qui, la veille des élections, faisait allusion à la menace que représentait Cuba « qui a la plus grande armée de cet hémisphère et qui exporte la révolution » ; c'est lui qui disait que le Vietcong profitait de l'arrêt des bombardements ; c'est lui qui veut dépenser plus pour la course aux armements qu'on ne l'a jamais fait auparavant. Au moins, on sait à qui on a affaire. Ce qui ne serait pas le cas avec Humphrey.

Nixon représente le choix d'aujourd'hui de l'électorat américain mal conseillé et bien manipulé. Le libéralisme, en particulier celui de Johnson, a été l'embellissement d'un squelette, la façade propre d'une politique sale. Nixon n'est pas déguisé, il n'est pas beau. Et ceux qui persistent à ne pas comprendre n'auront plus d'excuses. Un dirigeant démocrate m'a dit : « C'est mieux que cela se soit passé comme ça ; on ne voulait certainement pas hériter du gâchis qu'on a provoqué. » Pour le monde entier, l'heure est à la grisaille, même si l'indice Dow Jones a grimpé de onze points à l'annonce des résultats de l'élection.

« À l'époque, il n'y avait pas un seul diplomate ou représentant de la République populaire de Chine aux États-Unis. Ce pour quoi nous avons fait quelques déplacements invraisemblables avec Maman au Canada, car il y avait à Montréal un bureau commercial – pas vraiment diplomatique – dirigé par l'ancien secrétaire de Zhou Enlai. Nous sommes allés le voir et l'avons supplié à genoux de nous laisser partir en Chine pour enseigner l'italien, travailler comme cuisiniers, peu importait. En vain. » Vers la fin du mois de novembre, Tiziano et Angela franchissent le poste de frontière de Blackpool en direction de Montréal où ils resteront un mois. Leur objectif est de trouver un contact qui puisse faciliter un transfert direct vers la Chine. C'est précisément la République populaire de Chine qui figurera parmi les « prescriptions » de Nixon. Dans le plus grand secret, il tente un rapprochement avec le pays asiatique dans une perspective antisoviétique – une manœuvre habile qui aboutit en 1972 à son voyage historique en Chine au cours duquel il rencontrera le premier ministre chinois Zhou Enlai et le président Mao Zedong – mais la priorité est désormais de promouvoir un programme urgent de réarmement.

ÉTATS-UNIS : LES PRESCRIPTIONS DE NIXON

17 novembre 1968, New York

Maintenant que tout est passé et que l'élection de Nixon appartient à l'histoire, beaucoup se demandent comment ils ont fait pour douter, ou espérer pour certains, que les choses tourneraient différemment, surtout les derniers jours. Les sondages d'opinion qui prenaient presque quotidiennement le pouls de l'électorat annonçaient depuis des semaines la victoire de Nixon, les commentateurs politiques les moins partisans en faisaient le pari depuis Chicago, et, en analysant le scrutin du 5 novembre, on se rend compte aujourd'hui que même les candidats savaient que les choses se passeraient ainsi. Les conclusions tirées de cette analyse ne sont rien d'autre que les postulats sur lesquels se sont basées les différentes stratégies des partis et qui ont déterminé durant la campagne la répartition du temps, des discours, du kilométrage et de l'attention consacrés par les candidats aux différentes sphères géographiques et sociales.

Commençons par Wallace

Wallace ne pouvait pas gagner. Lui et tout son électorat le savaient. Mais sa campagne s'articulait autour de deux axes : le premier était de gagner, depuis son fief du Sud, suffisamment d'États pour empêcher l'un ou l'autre des deux grands candidats d'atteindre les 270 voix nécessaires pour devenir Président. Si cette situation s'était produite, Wallace se serait retrouvé avec un grand pouvoir de négociation vis-à-vis du parti qui aurait accepté son soutien. Ses voix se seraient très probablement portées sur le candidat démocrate, car celui-ci, avec ses politiques plus modérées et « socialistes », lui aurait permis de jouer un rôle d'opposition important dans les années à venir.

Et c'est là le deuxième point de la stratégie du troisième parti. S'il ne pouvait pas prétendre à la présidence en 1968, Wallace pouvait créer une organisation à l'échelle nationale avec laquelle s'attaquer plus sérieusement à la conquête du pouvoir en 1972 ou 1976. Il y est parvenu. Non seulement son nom apparaissait dans les machines électorales de tous les États, mais pendant tous ces mois, il a mené sa campagne dans des territoires qui lui étaient clairement défavorables, dans le seul but de se constituer une base aux dépens de celle des deux grands partis. D'une manière générale, on peut dire que la candidature de Wallace a coûté autant à Nixon dans les États du Sud et dans les *border states*[24] qu'à Humphrey parmi les classes populaires des grandes villes et un peu partout dans les États du Nord. Un exemple en est le New Jersey qui, en 1960 et en 1964, avait été remporté par les démocrates ; cette fois, le pourcentage non négligeable de voix que Wallace y a remporté a permis à Nixon d'obtenir la victoire et par conséquent, les 17 voix de grands électeurs attribués à cet État.

Wallace rejoue la guerre de Sécession des gens du Sud – il se présente toujours sous le drapeau confédéré – contre les libéraux du Nord et les intérêts du capital et de Wall Street qui ont ruiné, et en cela il n'a pas tort, la structure sociale et économique de sa chère Dixieland. Ceux qui soutiennent sa croisade sont donc principalement des Sudistes blancs (c'est pourquoi le racisme joue un rôle si important dans sa présentation politique), et certaines franges frustrées par la politique traditionnelle, représentées par les cols bleus et les petits entrepreneurs. Il s'agit pour l'essentiel de votes masculins, et les minorités

24. Désigne les cinq États esclavagistes américains qui demeurèrent membres de l'Union durant la guerre de Sécession.

ethniques sont fortement représentées : 22 % des Italo-Américains et 18,2 % des Slavo-Américains ont voté pour Wallace.

« Notre mouvement restera actif », a déclaré Wallace avec une rhétorique propre à la nouvelle gauche. Sa défaite est loin d'en être une : non seulement sa présence dans la campagne a fait évoluer les deux autres candidats dans un sens conservateur (de là son commentaire : « On dirait qu'on a écrit ici en Alabama certains de leurs discours ») mais surtout, 9,5 millions de voix sont une base plus que suffisante sur laquelle travailler dans les années à venir.

Des changements au Parti démocrate

Humphrey. Le candidat démocrate partait avec un lourd handicap : sa campagne, pour des raisons liées à sa personnalité, aux épisodes de Chicago, à l'héritage de Johnson et aux divisions créées par les partisans de Kennedy et de McCarthy, n'était que réaction. Sa stratégie se centrait sur une tentative de recréer la coalition démocrate qui avait porté Roosevelt au pouvoir après une administration républicaine en 1932. Il y est presque parvenu. L'électorat noir, alarmé par le poids croissant de Wallace, a répondu aux appels du parti et est allé voter en masse. C'est en grande partie à cette contribution que l'on doit la victoire de Humphrey dans des villes comme New York, où le vice-président a obtenu une marge encore plus grande que Kennedy en 1960 et où 91 % des Noirs qui ont voté l'ont fait pour Humphrey.

Le vote des syndicats s'est également porté sur Humphrey avec 60 % des inscrits, de même que le vote dans les grandes villes. Cependant, la défection de certains des grands États tels que l'Illinois et la Pennsylvanie, qui sont à inscrire dans la colonne de Nixon, contrairement à ce qui s'est passé en 1960, a suffi à mettre les démocrates hors course. Il était difficile pour Humphrey de surmonter les difficultés initiales et de ressouder les failles qui avaient été créées au sein du parti, non seulement à Chicago, mais essentiellement tout au long de la campagne des primaires, qui a certainement été une sorte de plébiscite contre l'administration. Il est intéressant de noter que Humphrey n'a gagné dans aucun des États où Bob Kennedy et McCarthy ont fait campagne de janvier à juillet.

Il est cependant remarquable que Humphrey ait failli y parvenir, ce qui fait regretter à de nombreux démocrates que Kennedy n'ait plus été en lice pour l'investiture à Chicago et à d'autres, il fait à juste titre penser que McCarthy aurait peut-être pu battre Nixon. Certains disent même qu'il aurait suffi d'inverser l'ordre du ticket démocrate pour revenir à la Maison-Blanche (Muskie à la présidence et Humphrey à la vice-présidence).

L'identification de Humphrey à la politique du passé lui a certainement coûté cher. Humphrey restera un notable du Parti démocrate, mais il est peu probable qu'on lui redonne une chance puisque celle qu'il a eue cette année, il ne la doit qu'à un concours de circonstances difficilement reproductible.

Dès le lendemain de l'élection, on pouvait voir des gens se promener avec une grande cocarde verte « E.M.K. 1972[25] ». Bien sûr, Kennedy a sa « revendication dynastique », selon la formule ironique de McCarthy, à la direction du Parti démocrate ; mais cela n'a pas empêché Muskie de la réclamer pour lui sans ambages. McCarthy a déclaré qu'il ne se présenterait pas comme candidat démocrate, ni au Sénat en 1970 ni à la présidence en 1972. Un quatrième parti ? Peut-être. Mais on peut se demander, si tel était son projet, la raison de ces rumeurs selon lesquelles son soutien tardif à Humphrey a été moins conditionné par l'arrêt des bombardements sur le Vietnam, sans doute décidé au préalable en fonction d'une logique plus complexe, que par la restructuration du parti et l'acceptation de réformes en vue de sa véritable démocratisation.

Les héritages du passé

Le problème de la démocratisation de la vie politique américaine va cependant bien au-delà de la restructuration du Parti démocrate ; il concerne l'ensemble du système électoral, dont les élections qui viennent de se dérouler ont montré les insuffisances et l'anachronisme. Les aspects mis en lumière tout au long de cette année politique ont trait à l'importance cruciale non seulement des institutions formelles, mais aussi des institutions informelles – acceptées jusqu'à présent et remises enfin en question pour la première fois, par exemple « la machine du parti », « les barons locaux », et essentiellement cette éthique si peu démocratique qui structure le processus électoral lui-même. Il y a quinze ans, le sociologue écossais Denis W. Brogan écrivait dans son ouvrage *Politics in America* : « Il y a eu moins de changements aux États-Unis que dans n'importe quelle autre organisation politique, y compris le Tibet. »

En effet, les caractéristiques du système électoral sont les mêmes que celles instaurées à la fondation du pays, et les pratiques électorales sont peu ou prou celles établies à l'époque de la « frontière », quand les primaires se déroulaient dans des saloons, souvent revolvers à l'appui, et quand les assassinats et les menaces contre les candidats, ainsi que les épisodes des « votants répétés » et des « votants assistés » étaient monnaie courante. La situation n'a guère changé de nos jours. Quant aux assassinats, il suffit de citer Kennedy ; les menaces visent aussi bien les grands candidats que les petits, surtout dans le Sud, où l'absence de relais dans la presse rend les

25. EMK : Edward Moore Kennedy.

choses moins évidentes. Dans un bureau de vote de Harlem, j'ai moi-même vu des électeurs, pas du tout handicapés, entrer dans la machine à voter « assistés » par des volontaires pour Humphrey.

Un autre héritage du passé est la manipulation des votes au moment du dépouillement. « Il était d'usage, lors des élections, que les responsables du bureau de vote attendent que les derniers résultats soient enregistrés pour produire au dernier moment le nombre de voix nécessaires pour obtenir la majorité », (Brogan, *op. cit.*). Cette situation s'est reproduite cette année dans le comté de Cook, dans l'Illinois, où, pas plus loin qu'en 1964, on a empêché des observateurs neutres d'assister ne serait-ce qu'aux opérations du bureau de vote. Dans la nuit du 5 novembre, dans ledit comté, qui fut la base des activités criminelles d'Al Capone à Chicago, aujourd'hui l'un des fiefs du maire Daley, les résultats se sont fait attendre pendant des heures, et on ne doit l'échec de l'opération qu'à la réaction des chaînes de télévision, qui ont nettement laissé entendre qu'une des vieilles manœuvres était en cours.

Aujourd'hui, les machines à voter ont en partie rendu ces manipulations plus difficiles qu'à l'époque des bulletins en papier et la télévision et les autres médias ont rendu l'ensemble du système plus observable. Cependant, à leur manière, ils y ont ajouté des problèmes, comme ceux liés aux sondages d'opinion, devenus de plus en plus suspects en raison de l'influence qu'ils exercent dans un pays où, faute de cohérence idéologique, une partie de l'électorat finit par voter pour le vainqueur, ou du moins pour celui qui est donné comme tel. Les sondages finissent par *former* des opinions plutôt que d'enregistrer une opinion existante. C'est aussi le cas des projections de vote faites par les différentes chaînes de télévision et qui commencent à donner une diffusion nationale du vainqueur dans les différents États de la côte est, y compris New York, alors qu'en Californie les bureaux de vote sont encore ouverts et que les 40 voix de cet État qui, à la fin de chaque élection, se sont révélées si décisives, sont encore en jeu.

Un « mandat sans confiance »

Nixon. Pour l'ancien vice-président, le chemin vers la Maison-Blanche est plus facile. Il s'agit de recréer la force dont il a fait preuve en 1960, lorsqu'il a perdu avec une marge de voix très étroite. Ses points forts avaient été les régions agricoles du Midwest et de l'Ouest, les banlieues pavillonnaires des grandes villes, les classes moyennes et supérieures auxquelles s'est ajouté cette fois le soutien d'une partie importante des décideurs économiques intéressés par ses promesses. Pour Nixon, il s'agit de se prononcer le moins possible sur les différentes questions et d'insister sur l'argument « il faut changer de politique » qui a désormais tant d'auditeurs potentiels.

La marge de vote par laquelle Nixon entre à la Maison-Blanche est extrêmement faible et l'on parle d'une sorte de « mandat sans confiance ». C'est pourquoi Nixon enchaîne à présent les déclarations visant à rassembler le pays et qu'il promet une représentation dans son propre cabinet à tous les groupes politiques et sociaux. Mais le fait de ne pas pouvoir compter sur une majorité absolue de l'électorat et sur un Congrès qui reste essentiellement démocrate n'enlève rien au fait que Nixon commencera dès janvier à mettre en œuvre certaines politiques qui changeront fondamentalement la situation laissée par les démocrates.

Sur le plan intérieur, une promesse souvent faite, et qui ne manquera pas d'être tenue, est celle concernant la lutte contre la criminalité et le désordre sous toutes les formes évoquées actuellement : des délits de droit commun aux manifestations de dissidence, en passant par les révoltes sur les campus. Dans le domaine économique, Nixon a promis de lutter contre l'inflation. Les critères seront ceux de la « nouvelle économie » (nouvelle du moins pour le Parti républicain) selon lesquels le gouvernement doit utiliser son pouvoir de taxation et de dépense pour maintenir une économie saine.

Sous Nixon, il faut s'attendre à un certain protectionnisme, notamment dans les secteurs de l'acier et du textile. Il faut également s'attendre à une augmentation du chômage, indispensable pour maintenir le niveau actuel des prix, comme l'a déclaré, à son grand embarras, l'un de ses principaux conseillers économiques quelques jours avant l'élection.

Quant aux ghettos noirs, la prescription est de moins dépenser les deniers fédéraux et de plutôt encourager l'intervention privée des grandes entreprises. La pauvreté, le manque d'éducation, les bidonvilles deviendront ainsi progressivement le domaine de compétence du complexe social-industriel, tout comme le complexe militaro-industriel, comme l'appelait déjà Eisenhower, a son domaine de compétence dans la sécurité nationale. La position de Nixon sur les Noirs a déjà été clairement exprimée à Miami, quand il a choisi comme candidat à la vice-présidence Agnew dont la « philosophie » sur le sujet est bien connue : lors de la « Marche des Pauvres » et en réponse à l'appel du pasteur Ralph Abernathy pour une redistribution plus juste de la dignité et de l'abondance entre tous les Américains, il a répondu : « La distribution des richesses n'existe pas. » En avril, il a soutenu que la police devrait être autorisée à tirer sur les pillards en fuite. Tout au long de la campagne, aucun des deux candidats républicains n'a cherché ni à s'adresser à la population noire ni à visiter les ghettos et lorsqu'on a demandé à Agnew pourquoi cela, il a répondu : « Que dire : quand vous avez vu un ghetto, vous les avez tous vus. »

La population noire ne faisait pas partie de la stratégie républicaine, elle ne semble pas non plus faire partie des préoccupations de la nouvelle administration aujourd'hui, et le plus probable est que, dans un partage informel des responsabilités, Nixon laisse les problèmes dits urbains aux mains d'Agnew, qui a toujours été présenté comme un expert en la matière.

Un programme de réarmement

Le nouveau Président se consacrera plutôt aux affaires internationales pour lesquelles il montre une prédilection particulière. Non pas qu'il jouisse en la matière d'une grande réputation à l'étranger, notamment dans les pays communistes. Les Russes se sont toujours méfiés de lui ; Khrouchtchev s'est vanté auprès de Kennedy d'avoir contribué à le faire gagner pour ne pas avoir à traiter avec Nixon ; l'année dernière, lorsque Nixon était en visite privée en URSS, bien qu'il ait parlé d'une rencontre avec certains dirigeants du Kremlin, sa présence a été complètement ignorée. Seul un article est paru dans le *Komsomolskaïa Pravda,* disant qu'il s'était comporté comme un clown pendant tout son séjour en Russie. Au cours de ce même voyage, il a demandé, sans l'obtenir, un visa pour se rendre à Varsovie.

Mais la question qui aura le plus de conséquences sur le plan international, et par conséquent sur la situation intérieure, car elle augmentera le malaise de la population noire qui sera privée de nouveaux fonds sociaux, est celle de l'armement. Dans un discours prononcé le 24 octobre, Nixon a accusé l'administration démocrate d'avoir créé un « déficit de sécurité » vis-à-vis des Soviétiques et a promis de rétablir une nette supériorité militaire américaine. La mise en œuvre d'un tel programme va non seulement détourner 20 ou 30 milliards de dollars des programmes de réhabilitation de l'Amérique urbaine, mais aussi créer de nouvelles tensions avec Moscou et, en tout état de cause, décourager définitivement tout espoir de poursuivre un quelconque accord qui aboutirait même à un désarmement relatif.

En ce qui concerne le Vietnam, on peut supposer que Nixon accepte des solutions qui auraient été moins envisageables pour le démocrate Humphrey. Toute l'histoire personnelle et politique de Nixon, avec sa lutte contre le communisme, l'immunise contre les attaques auxquelles le vice-président en fonction aurait été plus vulnérable. Nixon a déclaré à plusieurs reprises qu'un gouvernement de coalition dans le Sud serait une « capitulation déguisée » ; mais si un gouvernement de coalition s'avère la seule solution possible pour mettre fin au conflit, il y a des chances que Nixon parvienne également à trouver un déguisement pour cette mascarade.

ARMEMENT : NIXON EN TÊTE DU PELOTON

1er décembre 1968, San Francisco

Fin 1960, alors que couraient les derniers jours de l'administration républicaine, et que Eisenhower était sur le point de quitter la Maison-Blanche après huit ans avec Nixon à ses côtés, on lui avait demandé quelles étaient les idées du vice-président qui avaient été incorporées aux politiques et programmes concrètement mis en place au cours de ces mandats, Eisenhower avait regardé autour de lui, gêné, puis avait répondu : « Je ne saurais pas dire, donnez-moi une semaine que j'y réfléchisse... Là, je ne me souviens pas. » Ce n'était pas de l'ironie : non seulement les idées de Nixon ne se sont jamais transformées en politiques sous l'administration républicaine, mais de plus, les théories de Foster Dulles, telles que « l'équilibre au bord de la guerre », n'ont jamais donné lieu à une application réelle sur le terrain parce que Eisenhower a toujours fait obstacle, lui qui filtrait de façon draconienne tout ce qui s'élaborait et avait lieu sous son autorité.

Aujourd'hui, ce filtre n'existe plus : les idées de Nixon seront la politique des États-Unis dès janvier 1969 et certains aspects du « dullisme » auxquels Nixon est indiscutablement attaché, risquent de revenir à la mode et de sévir dans le monde. Parfois même à travers les mêmes personnalités qu'à l'époque, comme l'ancien gouverneur de Pennsylvanie William W. Scranton qui faisait partie de l'équipe de Dulles dans les années 1950 et a participé à une mission nixonienne en Europe avant même l'élection.

L'une de ces idées, lancée par Nixon pendant la campagne et dont on ne manquera pas d'entendre parler dans les mois à venir en raison notamment de ses effets profonds et pertinents sur toutes les questions cruciales de notre époque (relations interblocs, désarmement, OTAN, guerre atomique, etc.), est l'idée d'une supériorité militaire américaine face à l'Union soviétique.

Un argument à usage domestique

Le 24 octobre dernier, Nixon a déclaré lors d'une émission télévisée à l'échelle nationale que l'administration démocrate « a créé un déficit de sécurité en défaveur des États-Unis » et il s'est engagé, s'il devenait le nouveau Président, à « rétablir une nette supériorité militaire par rapport aux Russes ». On pourrait croire qu'il ne s'agit que d'une promesse faite à des fins électorales, mais malheureusement c'est plus que cela. Cette question de l'armement et de la puissance militaire a toujours été utilisée dans l'arène politique américaine moins en tant qu'argument face aux « ennemis » de l'Amérique dans le monde, les Russes ou les Chinois (comme c'était le cas pour le système Sentinelle et l'ABM), que comme une arme contre les opposants politiques nationaux.

L'idée de l'infériorité américaine face à l'URSS n'est certainement pas une idée de Nixon ; c'est d'ailleurs contre lui et l'administration qu'il représentait que J.F. Kennedy l'a utilisée pour la première fois lors de la campagne de 1960. Ensuite, ce sont les démocrates qui ont utilisé le *missile gap* – déficit de missiles – contre les républicains ; aujourd'hui, ce sont les républicains qui utilisent le *security gap* – déficit de sécurité – contre les démocrates.

Le problème est que cet argument, utilisé en campagne électorale, non seulement mobilise l'opinion publique, suscitant certaines peurs qui ne peuvent être qu'attisées, mais permet aussi aux grands groupes d'intérêts intérieurs (en premier lieu le complexe militaro-industriel) de poursuivre leurs basses manœuvres sous couvert de mise en péril de la « sécurité nationale » et qu'il provoque ensuite des réactions en chaîne à l'étranger, chez les adversaires et les alliés, dont les conséquences sont difficilement prévisibles.

La nouvelle théorie de Nixon sur les « négociations depuis une position de supériorité » et surtout les arguments avancés pour la défendre remettent dans la question des arsenaux et de la puissance militaire la même confusion et la même mauvaise foi dangereuse qui la caractérisaient au début des années 1960.

Toute la doctrine militaire minutieusement mise au point par la sophistication de McNamara est complètement renversée. À la fin de ses sept années au Pentagone, McNamara admettait : « Nous devons prendre conscience qu'en termes de sécurité nationale, la supériorité n'a qu'une importance relative, car quelle qu'en soit sa nature et dans la mesure où elle serait atteignable dans un cadre réaliste, le fait incontournable reste que l'Union soviétique pourra toujours détruire efficacement les États-Unis, même après avoir absorbé tout le poids d'une première frappe américaine. » Le directeur de l'Agence pour le contrôle des armements et le désarmement, William C. Foster s'est exprimé récemment dans ce sens : « La supériorité signifierait-elle que nous devons posséder plus de missiles, plus de bombardiers, plus de mégatonnes nucléaires ? Non, puisque si chaque partie construit plus de missiles et de bombardiers qu'elle n'en a besoin pour assurer une dissuasion adéquate et sûre… le niveau du potentiel nucléaire augmente des deux côtés, sans qu'il y ait pour autant une véritable amélioration de la sécurité pour l'une ou l'autre. » Nixon se moque de ces considérations et revient aujourd'hui à l'idée de supériorité, la justifiant par le simple fait que « la supériorité américaine est nécessaire puisque les États-Unis sont une puissance de statu quo et la Russie une puissance expansionniste ».

La reprise de la course

La question du *missile gap* de 1960 est un exemple intéressant de la manière dont le système de prise de décision politique fonctionne au-delà et en dépit des « réponses logiques » fournies par l'analyse des systèmes et les cerveaux électroniques. Isidor F. Stone revient sur l'évolution de cette question pendant ces années-là dans la *New York Review of Books* où il critique le livre tant attendu mais inutile – parce qu'il n'apporte rien de nouveau à l'histoire déjà connue – de McNamara, *The Essence of Security*[26]. Le *missile gap* était l'une des principales armes rhétoriques de Kennedy contre l'administration républicaine, dont Nixon était coresponsable. L'argument de Kennedy était que les républicains avaient permis à l'URSS d'accumuler un arsenal qui déséquilibrait l'arsenal américain : en particulier, ils avaient permis aux Soviétiques de construire un nombre massif de missiles intercontinentaux qui exposaient l'Amérique à une attaque surprise.

Selon les chiffres fournis alors par la sphère de l'espionnage, l'URSS disposait de 400 à 500 missiles. En réalité, les Russes n'en avaient que 35. La question du déficit de missiles a eu une emprise considérable sur l'opinion publique et, plus important encore, puisqu'elle concernait directement un certain nombre d'entreprises, elle a servi à créer un réseau d'intérêts qui a lié à la campagne de Kennedy tout un groupe d'hommes politiques, de lobbyistes et de grandes compagnies qui ont été essentiels au succès électoral de JFK. Ce qui a engagé la nouvelle administration, une fois au pouvoir, à mettre en œuvre des politiques précises qui se sont traduites par une augmentation substantielle du budget de la défense et ont déclenché une course aux armements, même du côté soviétique.

Aujourd'hui, la situation internationale est très similaire à celle de 1960, et le secrétaire à la défense Clark Clifford, pour éviter tout malentendu – sans doute aussi pour contrecarrer le raisonnement de Nixon – a déclaré, en s'écar-

---

26. *Sécurité américaine et paix mondiale*, trad. R. Albeck, Fayard, 1969.

tant des théories établies par son prédécesseur, que les États-Unis ont déjà une supériorité sur les Russes en termes de bombardiers, de missiles, d'ogives atomiques. Et il l'a fait en révélant des chiffres jusqu'alors tenus secrets. La manœuvre ne semble avoir porté aucun fruit, et en ce qui concerne la politique de supériorité permanente envisagée par les républicains, les dangers sont bien plus grands qu'au début des années soixante.

Aujourd'hui, le problème n'est pas seulement que la course aux armements reprend, que les risques de conflit augmentent et que les intérêts à reporter toute négociation sur le désarmement s'accroissent. Il se passe autre chose, bien plus importante encore. Pour entamer une quelconque négociation dans le domaine du désarmement, deux conditions doivent être remplies : la première serait d'instaurer un minimum de confiance mutuelle entre les deux parties concernées, car il est difficile aujourd'hui d'établir un contrôle satisfaisant qui n'empiète pas sur la souveraineté de l'une ou l'autre ; la seconde est que le contrôle soit techniquement efficace. Même si la condition de confiance mutuelle n'a jamais existé et qu'elle est explicitement actuellement contestée à la suite de l'épisode de la Tchécoslovaquie, il existe cependant une situation qui rend l'autre condition possible.

Aujourd'hui, il existe un rapport équilibré entre la sophistication des armes et la sophistication du contrôle (par l'espionnage ou ce que l'on appelle plus génériquement le renseignement). En d'autres termes, il est possible de vérifier, par des vols d'espionnage et des satellites, l'état de l'arsenal de l'autre partie. Cela permettrait une première entente sur le désarmement sans devoir compter sur une relation de confiance qui n'existe pas. Accroître la course aux armements, à ce stade quelle qu'en soit la raison, c'est passer à une tout autre catégorie d'armes et de systèmes d'armes comme le FOBS, une charge nucléaire mise en orbite, le MIRV, ou ogive à têtes multiples, et la bombe Spectrum, dont la maîtrise devient infiniment plus incertaine et rend la négociation de plus en plus difficile et improbable.

« Faites de l'argent, pas la guerre. »

Nixon insiste néanmoins sur la supériorité américaine, bien qu'elle semble inutile ou superfétatoire. Tout cela ressemble étrangement à ce qui se passe en Europe après l'intervention russe en Tchécoslovaquie. Aujourd'hui, les Américains poussent les Européens et l'OTAN à dépenser davantage pour ce qu'ils estiment être notre défense. Il est clair qu'il n'y avait pas de meilleure occasion pour exercer cette pression que les événements de Tchécoslovaquie qui, selon l'interprétation de Washington, non seulement ont montré la recrudescence de l'expansionnisme russe et sa dangerosité, mais auraient modifié l'équilibre des forces entre les deux blocs en Europe. Cette théorie est plus que discutable, et dans un essai récent réalisé pour l'*Institute for Strategic Studies* de Londres, Alastair Buchan souligne que l'intervention soviétique en Tchécoslovaquie n'a absolument pas modifié l'équilibre des forces en Europe. Dans une publication de l'OTAN, *Atlantic News* du 31 octobre, John S. Foster, le secrétaire adjoint à la défense pour l'analyse des systèmes écrit : « La menace qui pèse sur la région centrale de l'Alliance n'a pas changé, que ce soit à court ou à long terme. » Or, quelques jours avant la réunion des ministres des Affaires étrangères de l'OTAN, le rédacteur du mémorandum s'est rétracté en invoquant une erreur de calcul !

Lorsque Nixon conclura la guerre du Vietnam, cette nouvelle course aux armements et à la supériorité absorbera les trente milliards de dollars actuellement engagés dans la guerre, enlevant au complexe militaro-industriel le problème autrement gigantesque de la reconversion et du redéploiement. À Wall Street, la spéculation sur la paix a déjà une nouvelle devise : « Faites de l'argent, pas la guerre ! »

« Ce brillant et diabolique roublard de Kissinger... » se souvient Tiziano dans ses Lettres contre la guerre. Personnage insaisissable et pourtant omniprésent derrière chaque action de politique étrangère de Nixon, Henry Kissinger – né Heinz Kissinger en Bavière dans une famille juive, rescapé du nazisme, universitaire à Harvard – est nommé à 45 ans au poste de conseiller à la sécurité nationale du Président. Un rôle clé qui influencera les choix, les alliances et les hostilités des États-Unis avec le reste du monde.

ÉTATS-UNIS : FOLAMOUR ET LE PRÉSIDENT

22 décembre 1968, New York

Nixon n'a pas tenu la première de ses promesses de campagne. Il s'était engagé, s'il était élu, à faire de son administration « une administration de républicains, de démocrates et d'indépendants » et à nommer à son cabinet « les hommes les plus compétents d'Amérique, des leaders de plein droit à cause de leurs mérites et non pas parce qu'ils ont été nommés ». Plus tard, il a même fait savoir qu'il voulait un Noir dans son cabinet, peut-être même une femme. Dans les jours qui ont suivi l'élection, l'équipe de Nixon basée ici à New York, à l'hôtel Pierre, a envoyé quelque 80 000 lettres à toutes les personnes figurant dans le *Who is Who* américain pour leur demander des suggestions sur les personnes compétentes dans divers domaines. Évidemment, Nixon n'entendait pas constituer son gouvernement de la sorte, mais il voulait offrir au pays une image d'ouverture et de bonne volonté de son administration. Il n'est pas certain encore qu'il n'utilisera pas certaines de ces réponses pour des postes de secrétaires à la Maison-Blanche. Mais pour l'instant, le cabinet qu'il a nommé est tout à fait différent.

Ils étaient tous assis en demi-cercle : un ministre et sa femme, un ministre et sa femme et ainsi de suite, les enfants au deuxième rang, les parents au dernier. Ponctuel, Nixon est apparu à dix heures et là a débuté le spectacle, plutôt que la cérémonie, de la présentation devant les caméras du monde entier. Conclusion : il n'y a pas de démocrate, il n'y a pas de Noir, il n'y a pas de femme, il n'y a pas de juif. Des hommes compétents, dit-on, qui sans exception cependant, sont tous des vieux amis du Président. Une série de messieurs en costume gris, pour la plupart inconnus du reste du monde. Après le discours et les civilités, il y a eu les photos de rigueur puis le lendemain, huit heures de conférences et de mises à jour sur la situation nationale et internationale, auxquelles toutes les épouses étaient également invitées.

La présentation des hommes qui allaient prendre leurs fonctions dans les douze départements exécutifs américains n'a pas été suivie de celle des conseillers et assistants de la Maison-Blanche que Nixon avait déjà fait connaître à la presse quelques jours plus tôt. Parmi eux, Henry Kissinger, qui succède à Walt Whitman Rostow à la tête du Conseil de sécurité nationale. Kissinger se passe de présentation : le monde entier le connaît déjà en tant que « Dr. Folamour », car c'est lui que Kubrick avait en tête lorsqu'il a écrit son film. Parmi les amis de Nixon, les postes importants reviennent à Melvin Laird (secrétaire à la Défense), William Pierce Rogers (secrétaire d'État), John Newton Mitchell (procureur général), Robert H. Finch (Santé et Éducation).

« Un mauvais concept de la sécurité »

Le nouveau secrétaire à la Défense Melvin Laird a toujours été l'un des critiques les plus perspicaces des politiques militaires des administrations démocrates : il fait partie de ceux qui ont toujours attaqué la conception managériale du Pentagone introduite par McNamara, selon laquelle les décisions les plus importantes se prennent suivant la logique des coûts qui guide les investissements dans les grands complexes industriels. McNamara (et Clifford en peu de temps n'y a rien changé) avait mis en place un système destiné à contrôler et rationaliser au maximum les demandes des différents corps de l'armée pour des crédits dont le principal objet, le plus souvent, était d'accroître la puissance des départements. Le principe était de tout faire rentrer dans un budget sain, dont l'équilibre était une priorité. À l'époque, Laird avait donné son avis sur la question : « C'est une vision erronée de l'économie et certainement une conception erronée de la sécurité que de tirer vers le bas la puissance des États-Unis à long terme dans le seul but d'équilibrer les comptes à court terme. »

Pendant ses années au Pentagone, McNamara a réussi, grâce à ces critères-là, à repousser la décision de construire de nouveaux systèmes de défense, tels que l'ABM et à lancer le développement d'autres armes stratégiques telles qu'un nouveau bombardier, de nouveaux types de sous-marins et ainsi de suite. Une autre critique bien connue de Laird à l'égard de l'administration démocrate était qu'elle a toujours surestimé la volonté soviétique de conclure des accords, même partiels, sur des questions telles que le désarmement atomique et interprété de manière trop optimiste les déclarations russes en faveur de la paix. Laird a toujours fait pression pour que le Pentagone accepte la théorie de la supériorité américaine, qu'il estime décisive vis-à-vis des Russes, et a demandé instamment que l'on fasse plus confiance aux responsabilités et à l'expertise spécifiques des armées en matière de défense.

En 1967, Laird a rédigé le programme républicain et a soutenu Goldwater lors des élections et réclamait une guerre illimitée au Vietnam. Cette année cependant, il a soutenu Rockefeller dès le début de la campagne électorale et est allé jusqu'à dire que la seule façon d'avancer au Vietnam était de négocier même si, à ce jour, il est toujours opposé à l'idée d'un gouvernement de coalition. Sa position générale, toutefois, semble être une position de réceptivité, ce qui accroît la flexibilité de Nixon, en particulier en ce qui concerne le problème immédiat de la guerre.

Qu'en pense le ministre des Affaires étrangères ?

De Rogers, le nouveau secrétaire d'État, personne ne sait grand-chose ; il n'est expert dans aucun domaine, et encore moins (tout le monde le reconnaît) dans celui des affaires étrangères. Mais en fait Nixon veut être lui-même secrétaire d'État et c'est là la clé de cette nomination. Le Président a toujours dit, car il en est fier : « Mon domaine d'expérience, ce sont les affaires étrangères et j'ai la ferme conviction qu'il faut réarmer les États-Unis pour traiter avec la Russie en position de force... » Aussi : « Je veux un secrétaire d'État qui pense comme moi. » Il l'a trouvé en la personne de Rogers, qui jusqu'à présent n'a exprimé aucun avis sur aucune question internationale et il n'y a aucune raison de penser qu'il le fera avant le mois de février. L'amitié entre Rogers et Nixon remonte aux années 1940, lorsqu'ils traquaient ensemble les communistes qui avaient infiltré le gouvernement. Ils se sont retrouvés sous l'administration Eisenhower, où Rogers était procureur général.

John Mitchell et Nixon étaient associés dans un cabinet d'avocats très réputé et prospère à Wall Street, et Nixon a proposé à son ancien collègue de diriger sa campagne présidentielle. Avant le rendez-vous de Miami, lorsque quelqu'un a demandé à Mitchell s'il accepterait un poste dans l'administration Nixon, il a répondu : « Absolument pas. Je suis inentamable. Jamais je n'accepterai un poste au gouvernement. » Quelques semaines plus tard Mitchell donnait sa nomination à un contre dix. Il est aujourd'hui le nouveau procureur général. On parle de lui en termes vagues : « C'est un vrai pragmatique, mais il n'a pas de modèle idéologique précis, certains voient en lui un libéral, d'autres un conservateur. »

Finch sera ministre de la Santé et de l'Éducation. Il était jusqu'à présent le lieutenant-gouverneur de Reagan, le gouverneur réactionnaire de la Californie. C'est le même Finch qui a dit de la nomination de Nixon qu'il était de notoriété publique qu'elle n'était due ni aux votes des Noirs ni à ceux des syndicats et que c'était une bonne chose, car cela ne créait pas de dette politique que Nixon aurait à rembourser et que le nouveau Président aurait ainsi les mains plus libres pour gouverner.

Kissinger est le personnage le plus connu de ceux qui sont entrés dans l'orbite de Nixon. On a tout écrit sur ses idées et théories parce qu'il a déjà écrit sur tout. Pour travailler à la Maison-Blanche il quitte une chaire à l'université de Harvard, d'où il a théorisé pendant des années sur les relations internationales et sur ce que les États-Unis doivent faire avec le reste du monde. À la fin des années 1950, Kissinger était employé par le Rockefeller Brothers Fund, pour lequel il a élaboré un plan visant à accroître les dépenses publiques dans le secteur de l'armement et à produire une série d'armes, y compris des bombes atomiques dites « propres » destinées à être utilisées dans des situations tactiques ; une distinction sémantique qui sert à brouiller les pistes, car il ne s'agit, finalement, que d'établir une différence entre la capacité de détruire, disons, une concentration de 250 000 personnes et celle de tuer un ou deux millions.

Kissinger, dans une série d'écrits dont le livre *Atomic Weapons and Foreign Policy – Armes nucléaires et Politique étrangère*, 1957 – qui l'a rendu célèbre dans le monde occidental, a contribué à l'élaboration de la doctrine militaire américaine de la « riposte graduée ». La conception américaine des affaires militaires, fondée sur l'idée d'une guerre menée uniquement sur la base de calculs matériels, généralement une guerre courte et décisive à laquelle correspondait l'immense stock d'armes atomiques de destruction massive, était alors dépassée face au nouveau type de confrontation auquel les États-Unis se trouvaient de plus en plus exposés : la « guerre prolongée » théorisée par Mao, la « guerre limitée » ou la « guerre du peuple », comme la présentera plus tard Lin Biao. Face à ce type de conflit, la capacité militaire américaine est bloquée et l'utilisation de l'arme atomique gelée par la conviction qu'elle déclencherait le mécanisme de la guerre totale. C'est ainsi que le professeur de Harvard a développé la théorie qui impliquait la possibilité d'utiliser des bombes atomiques tactiques dans des guerres limitées, dans des situations qui ne provoqueraient pas nécessairement une confrontation totale.

Kissinger ne croit pas à la limitation des arsenaux, mais plutôt au besoin de rendre les équipements tactiques actuels aussi rassurants que possible et donc, véritablement invulnérables. Il a déclaré un jour : « Les négociations sont bien sûr importantes, mais l'essentiel est de les mener sans illusion.

Nous nous ferions du tort si nous faisions valoir l'opportunité de réduire les tensions internationales, ou si nous voulions en tout cas mettre fin à la guerre froide. » Il est considéré comme plus européiste qu'« asiatiste » et, en ce qui concerne le Vietnam, plus faucon que colombe. C'est au cours de son témoignage devant la commission des Affaires étrangères du Sénat, dans lequel il appelait à une plus grande union entre les États-Unis et l'Europe et défendait implicitement les avantages d'une Europe dotée de l'arme nucléaire, que le sénateur Morse, évoquant certaines implications de la guerre en Asie, a prononcé la célèbre phrase : « Aucune nation ne représente aujourd'hui une plus grande menace pour la paix mondiale que les États-Unis d'Amérique. »

Ce n'est pas cependant pour ces idées, qui sont loin d'être rassurantes, que Kissinger est aujourd'hui à la Maison-Blanche. Sa nomination est plutôt due au fait que, ayant été pendant des années le conseiller de Rockefeller pour les affaires étrangères, il représente un gage pour la prise en compte des valeurs des Rockefeller. De par sa formation universitaire, il s'inscrit également dans la tradition des « intellectuels de la Défense » qui ont contribué de manière irréversible à cette relation de conseil, ou plutôt de complicité, entre les universités et les affaires d'État qui pèse si lourdement sur le monde académique et contre laquelle se battent farouchement les étudiants radicaux. Les professeurs et les experts ne sont pas seulement des conseillers : le prestige que leur confèrent les chaires universitaires, comme autrefois les chaires des églises, contribue aujourd'hui à cautionner et à rendre acceptables les politiques élaborées à Washington.

Aujourd'hui, cette collaboration et ce travail de dissimulation de la politique impérialiste américaine prennent une dimension internationale et Kissinger lui-même, par les quelques propos qu'il a tenus depuis sa nomination, a indiqué qu'il utiliserait ses relations et amitiés, notamment en Europe, pour apporter à la Maison-Blanche la compétence et le conseil de divers experts internationaux.

Cette nomination est bien sûr destinée à apaiser l'establishment intellectuel de la côte est qui a connu son heure de gloire à l'époque des Kennedy et qui, autrement, aurait eu toutes les raisons de soulever une fronde contre la morne administration républicaine. Kissinger servira à intellectualiser la réalité de Nixon, à lui donner une respectabilité académique, à complexifier sa vision banale du monde et à la rendre plus plausible ou peut-être moins claire.

« L'Amérique est aujourd'hui aussi discriminatoire que par le passé. Encore et toujours. Bien qu'avec tous ses boniments, elle ait représenté la liberté pour ceux qui y sont allés et ont créé la liberté en l'exerçant, c'est un pays où règne une grande injustice sociale. C'est en tout cas mon point de vue. La vision que ma génération avait de l'Amérique était négative, alors qu'aujourd'hui tout est déformé et qu'on ne peut plus rien dire parce qu'on vous dit "Ah, vous êtes antiaméricain !" comme si c'était un blasphème. » 1968 s'achève et Tiziano, qui a eu 30 ans en septembre, en profite pour dresser un état des lieux de la société américaine où les promesses et les fictions ne parviennent plus à masquer la profondeur des crises.

ÉTATS-UNIS : LES FRONTIÈRES DE NIXONLAND

29 décembre 1968, New York

Comme chaque année à Noël, la Cinquième Avenue est bondée de gens qui jouent des coudes pour entrer dans les grands magasins et faire de bonnes affaires. Au coin de la 42e rue, devant la grande bibliothèque municipale, l'habituelle fanfare de l'Armée du Salut chante ses hymnes ; les facteurs, des Noirs pour la plupart, arpentent les rues sales de Manhattan et celles bien entretenues des banlieues résidentielles, leurs sacoches lourdes des cartes de vœux qu'on envoie aux proches, avec la photo des enfants souriants et, écrit en lettres capitales, « Paix sur la Terre ».

Noël n'est pas différent du Noël de toujours ; la guerre au Vietnam se poursuit et, chaque semaine, on actualise le bilan total des pertes, qui dépasse à présent les trente mille morts ; à Paris, on discute encore de la géométrie d'une table et le *New York Times* publie ces jours-ci, comme chaque année, de grands appels en faveur des nécessiteux, des histoires émouvantes sur les pauvres.

Mais ce n'est qu'une question de jours, les pauvres disparaîtront vite de ses pages. Le pays le plus riche du monde, celui dont le revenu moyen par habitant est tel qu'il faudra trente ans à des pays comme l'Italie pour l'atteindre au rythme actuel de développement (Chine 101, Indonésie 593), celui qui, bien que ne représentant que 7 % de la population mondiale, consomme aujourd'hui 50 % des ressources annuelles disponibles de la planète, s'apprête à célébrer les fêtes et à faire le bilan d'une année qui a été décisive dans l'histoire des États-Unis et du monde entier.

1968 a été une année où, à plusieurs reprises, il a semblé que beaucoup de choses pouvaient changer : le siège de Khe Sanh a fait craindre que la guerre n'entre dans une phase d'escalade dont il serait difficile de sortir (bombes atomiques tactiques ?) ; la prise du *Pueblo*, qu'un deuxième front allait s'ouvrir. Puis ce fut l'offensive du Têt, la déclaration par Johnson de la fin des bombardements, l'impression que la guerre et lui-même allaient passer bientôt aux oubliettes, les candidatures de McCarthy et de Kennedy. Et enfin les assassinats (Luther King et Kennedy), les pillages, les émeutes. Çà et là de grands moments de peur. L'été a commencé dans un climat de révolte : celle des jeunes dans les universités, celle des Noirs dans les ghettos. Il y a eu Cleveland, puis Chicago ; pourtant l'année se termine maintenant, après le suspense inutile et prévisible des élections, avec Nixon qui s'apprête à faire son discours d'investiture depuis les marches du Congrès à une Amérique qui, pour l'instant, semble avoir tout absorbé et résisté.

Ces possibilités de changement en 1968 étaient-elles réelles ou n'était-ce que l'effet d'une illusion d'optique ? Et si ces possibilités existaient, comment se fait-il donc que quelqu'un comme Nixon, entré en politique dans l'après-guerre presque par hasard, alors qu'un banquier californien cherchait un candidat « jeune, avec une expérience juridique, de bonnes références militaires » sur lequel miser ses investissements, ait été exhumé du passé et placé à la tête d'un monde : le monde « libre », comme on l'appelle ici ?

Les problèmes de Nixon

La nouvelle administration s'apprête à affronter une série considérable de problèmes : pauvreté, droits civiques, stabilité économique, défense, relations internationales, développement urbain, chômage, pollution de l'air et de l'eau, éducation, révoltes et contrôle de la population, etc. Le choix de Nixon quant aux priorités est aussi important que le choix entre les alternatives possibles. Paix d'abord à l'intérieur du pays ou à l'étranger ? Respect de la loi et de l'ordre ou justice sociale ? Plus de missiles ou moins de bidonvilles ? Répression ou concessions et réformes ?

Dans le secteur économique, la principale caractéristique de l'Amérique d'aujourd'hui est son haut degré de concentration. Parmi les quelque 12 millions d'entreprises de toutes les tailles, seules 500 environ comptent vraiment, et parmi elles, la différence est telle que, par exemple, le chiffre d'affaires des 50 premières est égal à celui des 450 autres et les bénéfices annuels des dix premières est égal au bénéfice des 490 autres. Pour diverses raisons, notamment celle de minimiser leur vulnérabilité, la tendance de ces entreprises est de maximiser la diversification de leurs activités. Cela les amène à opérer et donc à exercer une influence dans différents secteurs et niveaux de la société.

Une entreprise d'électronique, par exemple, ne fabrique plus seulement des calculatrices ou des mécanismes pour les vols spatiaux, mais est également impliquée dans l'enseignement programmé. À sa manière, même le Pentagone, qui avec ses dizaines de milliards de dollars de crédits de défense est certainement l'une des plus grandes entreprises du marché, tend à la diversification, au point que Clark Clifford a récemment proposé l'aide de son département pour mener non pas la guerre traditionnelle, mais celle contre les problèmes urbains et la pauvreté.

Cette diversification au sein des grandes entreprises contribue à une profonde ramification du pouvoir des entreprises. Le Pentagone, par exemple, supporte un quart de la masse salariale publique, employant environ 3,2 millions de personnes en plus de 1,1 million d'employés civils ; il contrôle 30 % des emplois dans les États de Washington et du Kansas, 20 % dans cinq autres États, etc. Il finance également un tiers de la recherche menée aux États-Unis et contribue à celle menée à l'étranger.

Des marchés de défense dépendent également, directement ou indirectement, 95 % des emplois dans l'industrie aéronautique et des missiles, 60 % dans l'industrie navale, 40 % dans la radio et les télécommunications. De quoi donner une idée de l'importance du monde des affaires (y compris au sein du secrétariat à la Défense) dans la détermination des choix politiques. Et Nixon, en nommant au Commerce une personnalité reconnue dans ce milieu, Maurice Stans, a donné à une bonne partie de sa base électorale l'assurance que sa voix serait entendue.

À la structure économique correspond la structure sociale. Au sommet de la pyramide se trouve une classe dirigeante inamovible et très restreinte ; une aristocratie typique qui se partage la grande majorité de la richesse américaine (2 % de toutes les familles possèdent les 3/4 du capital social américain), les bénéfices de son économie et le monopole des postes de pouvoir aussi bien dans le privé que dans le public. Grâce au système de propriété croisée (en moyenne, un directeur d'une grande entreprise est directeur d'au moins six autres grandes entreprises), les membres de cette classe sont présents dans tous les secteurs de l'économie et sont largement représentés dans les diverses institutions gouvernementales (principalement le département d'État, la CIA et les forces armées), les fondations, les universités, etc.

Sous l'aristocratie se trouvent les rangs des gouvernés, dont la plupart vivent d'un revenu d'activité. Parmi eux, il existe un groupe privilégié représenté par ce 2 % dont les revenus sont dix fois supérieurs à ceux de l'Américain moyen. Cependant, dans une Amérique où il y a une voiture et un téléphone pour trois habitants, et où le rapport entre la population et les radios, les télévisions, les réfrigérateurs et les toilettes est plus élevé que dans n'importe quel autre pays du monde, 30 à 40 millions de personnes vivent dans des conditions de grande pauvreté : beaucoup sont en dessous du seuil de subsistance et 8 millions survivent seulement grâce aux allocations de l'État, alors que le pays dépense 42 % de ce que tous les pays du monde réunis dépensent dans le domaine de la défense.

Pourtant, Nixon affirme que l'Amérique n'est toujours pas « sûre ». En réalité, l'insécurité ne concerne pas l'Amérique, mais la vaste population des pauvres et de la classe ouvrière en général. Dans l'économie actuelle, de plus en plus d'emplois exigent un niveau d'éducation moyen ou supérieur, et dans une situation où un diplôme universitaire est souvent requis, de nombreuses familles ne peuvent pas envoyer leurs enfants à l'université, même si, d'après les normes habituelles, ils ne sont pas pauvres. L'insécurité de l'emploi augmente au fur et à mesure que l'on passe des « cols blancs » aux « travailleurs » de l'industrie, des services et de l'agriculture. La classe ouvrière, prise dans le tourbillon de la consommation, n'a que la garantie de conserver son emploi, toute forme d'épargne étant extrêmement limitée.

En dernier, les Noirs

Au bas de cette pyramide, et avec tous les problèmes d'insécurité et de pauvreté exacerbés, se trouve la population noire, qui représente aujourd'hui le plus grand problème non résolu de la société américaine. En mars dernier, la Commission consultative sur les désordres civiques rapportait que « la nation se dirige vers deux sociétés : l'une blanche et l'autre noire, séparées et inégales » ; elle poursuivait : « La ségrégation et la pauvreté ont créé dans le ghetto un environnement destructeur totalement inconnu de la majorité des Américains blancs. Ce que les Blancs n'ont pas compris, mais que les Noirs ne peuvent pas oublier, c'est que la société blanche est profondément impliquée dans le ghetto. Les institutions blanches l'ont créé, les institutions blanches le maintiennent et la société blanche le tolère. »

Depuis des années, lorsque la situation des Noirs a changé, cela a été pour le pire. Pauvreté, chômage élevé, absence dans la gestion du pouvoir, faible participation au processus formel du gouvernement. Malgré la loi sur le droit de vote de 1965, un récent rapport gouvernemental montre que dans les États du Sud, seuls 57,2 % des Noirs en âge de voter se sont inscrits sur les listes électorales. Et au niveau local, toute une série de nouveaux obstacles juridiques ont été inventés pour empêcher, avec de vieilles procédures de représailles physiques et économiques, l'exercice du droit de vote par les Noirs. La commission présidentielle avait suggéré la création de deux millions de nouveaux emplois pour les Noirs. Le programme, déjà réduit par Johnson à un demi-million, a été laminé par le Congrès qui, en votant la nouvelle taxe de 10 % pour financer les coûts du Vietnam, a lui-même tué des milliers d'autres emplois. C'est au cours du débat sur cette taxe qu'un économiste a déclaré devant la commission sénatoriale : « Il est difficile de nier que les pauvres ont été les stabilisateurs de prix dans l'économie et que cette stabilité a été obtenue en maintenant une partie de notre population en dehors du processus de production. »

Nixon est devenu Président avec 43 % du vote populaire. L'une de ses préoccupations, s'il veut être réélu dans quatre ans, est d'élargir cette base. Les zones où il a échoué lors de l'élection actuelle sont principalement les centres-villes, où vivent les Noirs qui ont voté pour Humphrey et la classe ouvrière blanche qui s'est ralliée en partie aux démocrates et en partie à Wallace.

Nixon entend récupérer les uns et les autres en s'attaquant à la question raciale. Jusqu'à présent, ce qui a divisé la classe ouvrière blanche et les Noirs, c'est le concept d'intégration. Il est évident que c'est la dernière chose que les Blancs souhaitent. Il s'agit à présent de convaincre les Noirs qu'ils ne doivent plus le vouloir. Nixon a certainement une chance, en théorie, de réussir.

L'histoire de ces dernières années a montré aux Noirs que l'intégration n'est pas facile à réaliser. Les groupes militants sont de plus en plus enclins à considérer l'intégration comme un piège dans lequel il serait absurde de tomber et ils expriment leurs revendications en termes de pouvoir, c'est-à-dire essentiellement en termes de contrôle de leurs communautés. C'est à ce genre de considérations que Nixon a répondu par le programme du « capitalisme noir », derrière lequel des organisations de Noirs, jusqu'ici considérées comme « militantes », se sont déjà rangées. Le CORE (Congress for Racial Equality) a élaboré cet été un plan pour la création de centres de développement communautaire liés à un système d'investissement par le biais de nouvelles banques, dont le but serait de créer une structure économique périphérique dont le contrôle serait en fin de compte entre les mains des Noirs. Ce plan est actuellement examiné par Nixon et pourrait même devenir une loi sous la prochaine administration.

Une forte pression s'exerce déjà en ce sens dans le monde des affaires, qui y voit l'ouverture d'un « nouveau marché » avec ses bidonvilles à démolir, ses quartiers entiers à reconstruire, sa population à éduquer et à inclure dans le processus de production de biens de consommation. C'est une grande aventure pour le complexe socio-industriel qui pourrait faire de la pauvreté et de l'ignorance son marché monopolistique, comme le complexe industrialo-militaire a fait de la défense nationale son marché.

La question clé à ce stade est donc la suivante : développer le plus rapidement possible la classe bourgeoise noire, à laquelle devraient revenir les postes de contrôle intermédiaires de cette nouvelle structure de pouvoir. Le temps presse et la seule possibilité est d'attirer dans cette direction, avec la perspective d'une victoire stratégique à court terme, les jeunes Noirs qui, ayant acquis une certaine éducation, deviennent aujourd'hui des militants. Il s'agirait plutôt de les canaliser avec efficacité et responsabilité dans les rangs de cette bourgeoisie noire qui n'existe aujourd'hui qu'à un niveau purement symbolique. Si ce programme s'accompagne, comme c'est plus que probable, d'une répression sans mesure des organisations révolutionnaires (les récentes attaques contre les Black Panthers en donnent déjà le ton), il est possible de mieux cerner la constellation des différents groupes organisés dans les ghettos. D'une part ceux qui seront cooptés et d'autre part ceux qui seront éliminés.

Étant donné que la conscience politique de la population noire ne va guère au-delà du simple stade de l'identité raciale et que même parmi les Noirs les plus militants (bien qu'il y ait des exceptions) l'accent reste mis sur ce point, la cooptation de certains groupes au nouveau programme du capitalisme pourrait ne pas trouver d'opposition dans la masse de la population qui, même aujourd'hui, est plus disposée à suivre un Noir réactionnaire qu'un Blanc radical.

Des manifestations spontanées de révolte qui ont caractérisé la rage noire des étés précédents, nous sommes passés cette année à des épisodes de terrorisme isolé et organisé, de guérilla urbaine (comme dans l'épisode de Cleveland) où le Black Power a montré sa capacité à bloquer, ne serait-ce que momentanément, la société blanche. Les groupes révolutionnaires sont cependant minoritaires, souvent en lutte entre eux, et un nombre non négligeable d'organisations noires doit prendre la décision de se dissoudre par moments à cause de l'infiltration constante de la police et des agents provocateurs.

À l'heure actuelle, seuls ces groupes, menés par le SNCC et les Black Panthers, s'opposent au capitalisme noir. On peut douter de leur force de contestation réelle, d'autant que la répression pourrait les laisser seuls, attaqués même en interne par les autres organisations cooptées, comme c'est déjà le cas aujourd'hui.

Les ouvriers et les étudiants

Les travailleurs et les étudiants. Quels que soient les programmes avec lesquels la nouvelle administration espère résoudre les problèmes urbains et ceux des ghettos, la charge et le coût de cette opération qui s'éternise sans succès depuis des décennies devront en fin de compte être payés par la classe moyenne et la classe ouvrière blanche. Or, rien ne prouve aujourd'hui qu'il y ait une telle volonté, bien au contraire. La classe ouvrière américaine, dont les organes représentatifs ont jusqu'à présent réussi à faire valoir des revendications acceptables et modérées dans un cadre général visant à maintenir le statu quo (le grand syndicat AFL-CIO a soutenu Humphrey et a toujours cautionné la guerre au Vietnam), montre aujourd'hui des signes considérables d'instabilité.

Les adhésions aux syndicats, en particulier aux syndicats traditionnels, ont considérablement diminué ces dernières années et, surtout dans les rangs des plus jeunes, il y a une tentative constante de rébellion contre la structure de pouvoir interne et les décisions prises d'en haut. Il est intéressant à cet égard de voir comment la base des travailleurs a récemment rejeté une série de conventions dans certains secteurs industriels, qui avaient déjà été acceptées par la direction du syndicat. D'autre part, à sa manière, même si c'est pour l'instant dans la mauvaise direction, la classe ouvrière a montré son esprit de révolte et le vote en faveur de Wallace en est une indication claire.

Les travailleurs, avec l'augmentation du coût de la vie et une certaine inflation, se voient confrontés à la possibilité de perdre tout ce qu'ils ont gagné au cours des vingt dernières années et commencent, sous une pression croissante, à soumettre leurs revendications pour une plus grande sécurité. Il va être difficile pour Nixon de répondre simultanément sur ces deux fronts qui semblent pour l'instant incompatibles, surtout en ce moment où la conjoncture économique ne semble pas des plus saines. Dans le numéro de novembre de l'hebdomadaire *U.S. News and World Report*, les statistiques montrent que malgré la guerre au Vietnam et l'élan économique qu'elle ne manque pas de susciter, l'activité des entreprises est plus ou moins stagnante depuis environ trois ans. À cela s'ajoute la faiblesse financière des États-Unis sur le marché international, alors qu'il n'y a plus de possibilité de « nouvelles frontières », qu'il n'y a plus d'autres colonies dans le monde à conquérir avec de nouveaux secteurs à exploiter.

La société américaine dans son ensemble présente divers symptômes de sa crispation et de l'inadaptation d'un nombre croissant de ses membres. La criminalité a augmenté. En 1967, les crimes violents (meurtres, vols, etc.) ont augmenté de 16 %; ceux contre la propriété de 17 %. En un an, 19 600 personnes ont été tuées. De 1960 à 1967, alors que la population américaine a augmenté de 10 %, la criminalité a augmenté de 89 %.

Un autre symptôme de cette évolution est le développement du mouvement étudiant, qu'Edgar Hoover, directeur du FBI, considère comme un autre aspect de la criminalité. Les émeutes étudiantes ne se limitent plus aux campus des grandes universités comme Columbia, Berkeley, San Francisco. Aujourd'hui, elles touchent les petits *colleges* et les universités périphériques, les établissements d'enseignement supérieur comme les lycées sont déjà impliqués, et dans une ville comme New York, les écoles élémentaires sont bloquées depuis des mois dans un conflit qui ne semble pas près d'être résolu. Si ce mouvement continue à se développer, le système de socialisation le plus important sera ébranlé, il deviendra un terrain d'entraînement pour le radicalisme et ses effets se feront directement sentir dans d'autres domaines.

Jusqu'à présent, cependant, les tactiques révolutionnaires dans une société qui a fondamentalement maintenu sa cohésion n'ont été utiles qu'à un establishment d'orientation libérale pour compenser et corriger les aberrations du système lui-même, qui a parfois adopté des idées, des personnes et des programmes. À l'époque de Kennedy, le *Peace Corps* puis la « lutte contre la pauvreté » en furent un exemple.

L'Amérique a été dangereuse de façon sophistiquée dans la mesure où elle a réussi à protéger son opposition. Aujourd'hui, la dissidence, précisément parce qu'elle s'est avérée fonctionnelle et, en fin de compte, une sorte de légitimation du statu quo, s'est transformée en une confrontation de plus en plus militante.

Jusqu'à présent, la « révolution » était absorbée par l'élasticité du pouvoir bourgeois, qui l'a même souvent adoptée sur le plan esthétique. Les uniformes hippies d'il y a quelques années sont aujourd'hui les tenues de soirée de la bourgeoisie et, lors du prochain carnaval, il ne manquera pas de messieurs déguisés en Che Guevara; la révolution est devenue une marchandise commercialisable (par exemple, par l'édition).

Maintenant que la société montre des signes d'instabilité et que des demandes de plus en plus pressantes de changement et de réforme émanent de différents secteurs du système, la « révolution » ne peut plus avoir beaucoup de place, ni celle des Noirs, ni celle des étudiants. La réaction et la répression semblent être la seule voie possible.

Malgré ses simulations du futur, ses ordinateurs, ses idéologues de l'an 2000, la société américaine est aujourd'hui contrainte de courir derrière ses immenses problèmes, plutôt que de se préoccuper de prévenir ceux à venir. C'est une société qui est désormais prise dans la gestion de ses crises plutôt que dans la planification et la rationalisation de l'avenir. C'est pourquoi la société américaine, dans son organisation actuelle, est une société sans but.

Maintenant que l'on a compris, aussi bien dans le pays qu'à l'étranger, que les idéaux sur lesquels le mythe de son passé a été fondé – l'égalité des chances, la liberté démocratique – n'avaient qu'une simple fonction de propagande, il ne reste plus que l'objectif minimal de parvenir très vite à la paix et à la tranquillité ou, pour reprendre les termes de Hoover, « au respect de la loi et de l'ordre, la justice n'étant qu'un corollaire de ces derniers ». C'est pourquoi cette société aliène de plus en plus les groupes qui, en raison de leur condition, ne peuvent l'accepter qu'au prix de la croyance en quelque chose qui irait au-delà : les Noirs, les pauvres, les jeunes.

« La Fondation Harkness recrutait de jeunes Européens sur lesquels les Américains allaient pouvoir compter à l'avenir, des jeunes qu'ils emmenaient en Amérique pour un processus d'américanisation. Une manœuvre grossière, n'est-ce pas ? C'était l'époque où l'Amérique essayait de s'attirer les grâces de la gauche italienne, la gauche européenne en fait. Et lorsqu'on se penche sur la question, on s'aperçoit qu'ils sont très doués pour identifier les futurs leaders, ceux qui, en somme, auraient à jouer un rôle d'avant-garde au sein de nos sociétés. Chaque année, ils choisissaient ces cinq ou six personnages par pays qu'ils emmenaient en Amérique pour les américaniser. Ce qui est curieux, c'est que les Italiens, à deux exceptions près, se sont tous rangés plus à gauche que précédemment. » L'opportunité de se former dans les meilleures universités américaines permet à Tiziano de constater les liens entre le monde académique et le monde politique et plus particulièrement, le financement de la recherche scientifique lié à des besoins stratégiques aussi spécifiques qu'inquiétants.

LA RECHERCHE : UN COUP DE MAIN À L'ONCLE SAM

19 janvier 1969, New York

Des documents de plus en plus détaillés dans le domaine public démontrent l'interdépendance croissante, ces dernières années, entre les communautés universitaires et de recherche, d'une part, et l'appareil militaire américain, d'autre part.

Dans le cadre de l'effort de plus en plus astreignant de défense de l'empire américain, qui s'est désormais étendu à toutes les parties du monde, ces débauchages ou plutôt cette complicité, ne semble pas se limiter aux seuls cercles américains : il est de plus en plus clair que des universités, des instituts de recherche et des personnalités individuelles à l'étranger ont également participé et continuent de participer à l'effort militaire américain sous ses diverses formes : de la guerre pure et simple (comme celle du Vietnam) aux opérations spéciales de contre-guérilla et de pacification (comme celles menées dans certaines parties de l'Afrique, de l'Amérique latine et de l'Asie).

Dans la longue liste des contrats passés par le département de la Défense avec diverses universités et instituts (à noter que seuls les contrats qui n'ont pas été classés secrets et pour lesquels il n'existe pas de document accessible sont repris dans ces listes), on trouve des recherches de toutes sortes : de la recherche dite fondamentale, à la recherche expérimentale en sciences physiques, en passant par divers types de recherche en sciences sociales.

En ce qui concerne la première, l'objectif principal est – souvent indirectement – la production de matériel : équipements, armes, instruments nouveaux et plus sophistiqués à mettre à la disposition des troupes de combat (comme, par exemple, l'appareil à infrarouge monté sur un avion de reconnaissance, qui permet de localiser des corps humains dans la jungle ; la capture de Che Guevara est attribuée à cet appareil, mis au point dans les laboratoires de l'université du Michigan).

En ce qui concerne le second type de recherche, celui qui relève des sciences sociales, l'objectif principal est de produire du software, c'est-à-dire toutes les connaissances et informations qui pourraient être utiles à la manipulation, au contrôle et à la prévention de situations qui ne sont pas strictement militaires, mais « sociales » (comme c'est le cas pour le projet Camelot).

Il est évidemment difficile d'établir la relation entre une recherche particulière et son application à des fins militaires au sens large ; mais la pertinence militaire (même indirecte) des études en question est notamment suggérée par le fait que ces études sont financées par le ministère de la Défense même lorsqu'elles relèvent du domaine, disons, de la médecine, alors qu'il serait compréhensible qu'elles soient financées par le ministère de la Santé si leur finalité était purement scientifique.

Cependant, un exemple suffit pour indiquer quelle peut être la pertinence militaire de certaines recherches qui n'ont apparemment rien de militaire. On peut lire dans une publication du gouvernement américain que le succès des opérations contre les Mau Mau a été largement dû à une recherche effectuée par deux anthropologues et intitulée *(Magie, sorcellerie et autres phénomènes psychologiques*[27]).

Cette question des recherches financées par le département de la Défense a déjà posé de graves problèmes aux universités américaines ; tout comme elle a également posé des problèmes au niveau diplomatique lorsqu'il a été mis au jour que ces recherches étaient effectuées dans des universités et des instituts

---

27. *Witchcraft, Sorcery and Other Psychological Phenomena And Their Implications On Military And Paramilitary Operations In The Congo*, James R. Price and Paul A. Jureidini, 1964.

à l'étranger. Ainsi, en 1965, le scandale du projet Camelot a éclaté. Le projet Camelot était une idée de l'armée américaine qui avait en l'occurrence impliqué l'Université américaine de Washington. L'objectif était de « mesurer et prédire les causes des révolutions et des mouvements insurrectionnels dans les régions sous-développées du monde ».

Grâce à un financement du département de la Défense, elle devait maintenir une supervision analytique de toute une série de données allant de la situation purement militaire dans les différents pays, à l'étude des grands ensembles sociaux. L'Amérique latine était bien sûr au centre de cet intérêt, mais le projet devait également couvrir l'Afrique et l'Europe après une phase de rodage. Le recrutement de ces sociologues ne devait pas se limiter à l'Amérique, mais il était indispensable de faire appel à l'expertise de scientifiques étrangers. Diverses personnalités ont donc été impliquées dès le départ dans le projet Camelot : d'un professeur d'anthropologie de Pittsburgh à un sociologue d'Oslo, en passant par un professeur chilien.

Récemment, un autre incident de ce type a affecté les relations américaines avec la Suède lorsqu'il a été révélé qu'une série de projets de recherche financés par les États-Unis dans des universités suédoises intéressaient le département de la Défense et étaient donc considérés comme une forme de complicité avec l'effort militaire américain, y compris au Vietnam.

Le travail diplomatique

Cette question de la recherche scientifique financée par la Défense a été soulevée dans divers cadres et, en mai dernier, la commission sénatoriale des relations extérieures, présidée par M. Fulbright, a tenu deux auditions à ce sujet. Les témoignages et les documents présentés lors de ces auditions ont été récemment publiés.

Au cours de ces auditions, John Foster, directeur des programmes de recherche au département de la Défense, a déclaré : « Les projets de recherche que nous parrainons dans des instituts de recherche étrangers, généralement des établissements universitaires, et chez des particuliers, peuvent porter, dans n'importe quel domaine, sur des recherches en rapport avec les besoins de la Défense. Toutefois, la quasi-totalité des travaux sont effectués dans les domaines de la médecine, de la physique et des sciences de l'environnement. Tous les projets sont sélectionnés avec le plus grand soin. Nous recevons un certain nombre de demandes spontanées – bien plus que ce que nous parvenons à financer – et celles-ci sont d'abord examinées du point de vue de leur acceptabilité technique et de leurs éventuelles implications politiques. Dans tous les cas, le service compétent des ambassades américaines est informé de la proposition dès le départ. Si la décision d'attribuer un contrat est prise, les représentants du département d'État dans les différentes ambassades examinent généralement la situation et peuvent mettre leur "veto" au projet. Si nous devions, pour des raisons politiques, renoncer à ces programmes de recherche menés à l'étranger, les États-Unis cesseraient de bénéficier des importantes contributions de recherche apportées par toutes les parties du monde ! »

Au cours de la discussion qui a suivi le témoignage de M. Foster, il a été révélé qu'un certain nombre d'étudiants étrangers en sciences sociales sont accueillis aux États-Unis afin de recevoir la formation nécessaire pour effectuer certains types de recherches dans leur pays d'origine ; il a également été souligné que toute une série de recherches effectuées à l'étranger sont classées « secrètes » et qu'aucune information ne peut être obtenue à leur sujet. Parmi les différents documents mis à la disposition de la commission sénatoriale, à la demande de Fulbright, figure le budget 1968 du département de la Défense pour les recherches financées dans les différents pays du monde. Là, l'Italie figure en cinquième position avec un montant de 399 000 dollars (après le Canada avec 1 120 000 dollars, l'Angleterre 613 000, Israël 581 000, la Norvège 469 000).

Un autre document montre qu'au 1er avril 1967, l'Italie avait des contrats de recherche financés par le ministère de la Défense.

« Hemingway et George Orwell durant la Guerre Civile espagnole, ils étaient un mythe pour moi ! » La guerre se poursuit au Vietnam et Tiziano se tient au courant en lisant profusément. Les titres de sa bibliothèque datant de cette période reflètent ses intérêts : War crimes in Vietnam *(par le philosophe et activiste Bertrand Russell, prix Nobel 1950),* Can we win in Vietnam? *par le spécialiste du renseignement Frank E. Armbruster,* Le peuple du sud-Vietnam vaincra *(du général vietnamien Vo Nguyen Giap) – des textes qui, en somme, mènent à la question que pose le titre de l'anthologie :* No More Vietnams? The war and the future of American foreign policy.

ÉTATS-UNIS : PLUS JAMAIS DE VIETNAM ?

19 janvier 1969, New York

C'est devenu une opinion assez répandue, même dans les rangs de la gauche américaine, que Nixon, une fois à la Maison-Blanche, trouvera une sortie au Vietnam. On se demande pourquoi les gens prennent plaisir à se casser la tête pour peut-être mieux la guérir après, étant donné que s'il y a une guerre qui a été « pacifiée » par l'administration actuelle, c'est seulement celle qui s'est déroulée sur les places d'Amérique et non dans les rizières d'Asie.

Depuis le jour du discours de Johnson, fin mars, annonçant l'arrêt des bombardements, le Mouvement pour la Paix a eu beaucoup de mal à développer une quelconque théorie ou interprétation permettant de comprendre ce qui se passait et de guider l'action contre la guerre qui s'était développée jusqu'à ce moment-là.

La position pacifiste s'est comme figée ; si l'on ajoute à cela l'attrait exercé sur les étudiants et la jeunesse en général par les idées de McCarthy dont la campagne se basait sur le principe qu'il est beaucoup plus efficace d'essayer de changer les choses de l'intérieur du système que de manifester dans les rues et d'affronter le pouvoir – on peut comprendre la confusion dans laquelle s'est trouvée toute la gauche, surtout du point de vue de la tactique à suivre. La confusion a été telle que certains groupes (notamment ceux du Progressive Labor Party) ont fini par condamner le Front de libération national et Hanoï pour avoir accepté des négociations et, se disant trahis, crient aujourd'hui « À bas le révisionnisme ! »

La guerre n'est pas terminée

Force est de constater qu'aujourd'hui le débat sur la guerre est de plus en plus limité et, partant du principe qu'elle sera bientôt terminée d'une manière ou d'une autre, il s'est déplacé vers le thème plus général de « l'avenir de la politique étrangère américaine dans sa phase post-vietnamienne ». Des séminaires universitaires sont organisés, des articles sont publiés sur ce sujet. Un livre intéressant, *No More Vietnams ?*, vient d'être publié : il s'agit d'une anthologie des interventions d'un groupe de politologues et de journalistes qui se sont réunis à l'Institut Adlai Stevenson.

Mais la guerre est loin d'être terminée. Rien qu'en 1968, autant d'Américains sont morts au Vietnam qu'au cours des sept années précédentes (le total s'élève aujourd'hui à 30 543 morts, dont 14 521 en 1968). 540 000 soldats sont encore engagés dans les combats sur le terrain et 33 700 jeunes sont inscrits sur les listes de recrutement pour février prochain, rouvertes après le gel artificiel créé pendant la période électorale. Cependant, rien de cela ne semble avoir le même poids auprès de l'opinion publique qu'il y a un an. Au contraire, puisqu'on voit les négociations comme un début de paix, la pression sur l'administration a diminué au point que les États-Unis ont été libres d'augmenter leurs exigences envers l'« ennemi » et de faire des propositions qui auraient semblé absurdes au moment de l'offensive du Têt. Johnson, jouant la carte de l'arrêt total des bombardements, a appelé à une désescalade mutuelle de la guerre au Vietnam du Sud, puis tenté d'obtenir de Hanoï l'engagement de réduire ses forces sur le champ de bataille et enfin de faire passer l'idée de l'organisation d'élections libres selon le principe « un homme-une voix » sous occupation américaine.

Après l'arrêt partiel des bombardements, les États-Unis ont doublé puis triplé leurs frappes aériennes au nord de la zone démilitarisée et continuent aujourd'hui, même après l'arrêt total, à bombarder le nord sous prétexte de faire taire les batteries antiaériennes et de protéger les opérations de reconnaissance, ce qui constitue une violation de l'engagement de cesser « tous les actes de guerre contre la République populaire du Nord ». Au Vietnam du Sud, la guerre s'intensifie également ; depuis avril, le commandement militaire américain ne cesse de mobiliser un nombre croissant des bombardiers B52 pour mener à bien les opérations de « recherche et de destruction » qui, dans la stratégie de Westmoreland étaient confiées à l'infanterie. Aujourd'hui, 112 appareils effectuent soixante sorties quotidiennes en moyenne et ont déchargé à ce jour plus de 2,5 millions de tonnes de bombes dans la campagne méridionale. Daniel Ellsberg, de la Rand Corporation, consultant auprès du ministère de la Défense, écrit à ce sujet : « Le bombardement du Sud-Vietnam a duré si longtemps qu'il a grandement et peut-être définitivement détruit la société sudiste » (dans l'ouvrage *No More Vietnam?*).

Les avions qui ne sont plus engagés dans les opérations au-dessus du Nord sont déployés dans les territoires environnants et bombardent notamment le Laos, où leur activité a triplé depuis l'année dernière. De même, toute une série d'unités de l'US Navy qui bombardaient auparavant les zones côtières du Nord-Vietnam ont été déplacées au sud de la zone démilitarisée et leur activité accrue est confirmée par plusieurs dépêches du *New York Times*. Tout cela se passe alors qu'à Saigon, les luttes intestines au sein du régime se font de plus en plus manifestes : Nguyen Van Thieu a renvoyé ces derniers jours la plupart des membres de la mission sud-vietnamienne sélectionnée par Nguyen Cao Ky pour les pourparlers de Paris et selon un rapport du *Saigon Daily New*, les prisons de la capitale renferment plus de 100 000 prisonniers politiques. Ce rapport a été publié avant que ce journal anglophone, ainsi qu'une douzaine d'autres, ne soit fermé par les autorités.

L'internationalisation du conflit

Le gouvernement de Saigon, du fait de son inflexibilité, pose un sérieux problème à l'administration américaine et il devient de moins en moins aisé de parler d'une stratégie alliée en matière de négociations. Clifford essaie de forcer la main aux dirigeants vietnamiens et utilise une formule qui aurait été inconcevable il y a seulement quelques mois : « Je ne vois absolument pas pourquoi nous devrions continuer à faire combattre 540 000 hommes en attendant que Saigon et Hanoï parviennent à un accord politique. Ce n'est pas notre engagement. » Cette ligne de conduite de l'administration démocrate sortante pourrait également être celle de la nouvelle administration républicaine si l'on s'en tient à un article d'Henry Kissinger, conseiller de Nixon, paru récemment dans *Foreign Affairs* : « Il est clair qu'il y a un point au-delà duquel Saigon ne peut pas opposer son veto aux négociations. »

Dans ce même texte, Kissinger propose trois niveaux différents de conversation qui devraient conduire à une solution : 1) des négociations entre les États-Unis et Hanoï pour discuter du retrait mutuel des troupes et des questions connexes, telles que la garantie de la neutralité du Laos et du Cambodge ; 2) des négociations entre Saigon et le FLN (que Kissinger qualifie de « puissance interne importante au Vietnam du Sud ») pour discuter de la future structure du Vietnam du Sud ; 3) une conférence internationale pour établir la garantie et la sauvegarde des accords conclus et la création d'un organisme international de maintien de la paix. Outre l'acceptation évidemment importante de cette répartition des compétences entre Hanoï et le FLN, ce qui est intéressant dans cette proposition de Kissinger est la question d'une conférence internationale.

Les États-Unis semblent aujourd'hui de plus en plus désireux d'impliquer d'autres puissances dans la question et d'internationaliser le conflit. En d'autres termes, on chercherait à reproduire ce qui s'est passé en 1954 lorsque la France, aidée en cela par l'administration Eisenhower, a impliqué la Russie et la Chine dans les négociations de paix en Asie. Ce thème de l'internationalisation du conflit vietnamien a été récurrent au cours de l'année écoulée. Lors des auditions de la commission sénatoriale Fulbright, Rusk a insisté sur le fait qu'il ne s'agissait pas d'une guerre vietnamienne, mais d'une « guerre asiatique ». Aussi, Washington a récemment demandé à la monarchie laotienne de résister face à la pression communiste jusqu'à ce que la question puisse être amenée à la table des négociations dans un cadre couvrant l'ensemble de la zone indochinoise.

Cela signifie implicitement que d'autres parties, en plus de celles en conflit direct actuellement seront invitées à participer. Les États-Unis envisagent certainement d'impliquer la Russie en comptant sur son influence, toujours pas prouvée à ce jour, dans les affaires de Hanoï. Si cette forme d'internationalisation du conflit était possible et si le Vietcong et les Nord-Vietnamiens, qui l'ont habilement évitée jusqu'à présent, étaient contraints de l'accepter, la guerre pourrait être résolue dans le cadre d'un accord entre grandes puissances – c'est du moins ce que pense l'administration Nixon.

Nixon veut sauver la face

L'argument, convaincant jusqu'à présent, selon lequel le nouveau Président pourrait rechercher ce type de solution au Vietnam est que les républicains seraient plus en mesure de faire des concessions, d'accepter des compromis et de sauver la face que l'administration démocrate qui a été responsable de la guerre jusqu'à présent. Nixon, quant à lui, sait ce que l'opposition à la guerre a coûté à Johnson ; comme quelqu'un l'a dit il y a quelques jours ici à New York, à l'Hôtel Pierre, le quartier général du nouveau Président, « si Nixon ne résout pas ce problème dans les six mois, sa popularité tombera à un niveau inférieur à celui de Johnson ».

Aujourd'hui, malgré son militantisme réduit, le Mouvement pour la Paix s'est enraciné dans l'opinion publique. Un sondage Gallup vient de montrer que 46 % de la population est favorable à une « désaméricanisation » de la guerre et à une plus grande responsabilité des Vietnamiens dans celle-ci. Si Nixon voulait réactiver le conflit et reprendre l'escalade, il aurait, étant donné son manque de persuasion et son absence totale de charisme, d'énormes difficultés à faire ce que personne n'a réussi jusqu'à présent : convaincre l'opinion publique américaine que les marionnettes de Saigon ne sont pas des marionnettes ; que l'ennemi est en train de perdre et sur le point de se rendre ; que c'est Hanoï et non Saigon qui crée des problèmes à Paris ; que des milliers de jeunes hommes doivent encore se sacrifier au Vietnam. Tout cela semble très logique, et pourtant il y a d'étranges indices qui laissent penser que le problème du Vietnam pourrait tourner au pire.

Lors d'une discussion sur le budget de la nouvelle administration, un conseiller de Nixon a indiqué que le Président prévoit d'allouer en 1972 quelque 87 milliards de dollars aux dépenses de défense, dont 10 ou 15 milliards seraient utilisés pour « la reconstruction et les opérations de police au Vietnam ». Par ailleurs, un doute apparu pendant la campagne électorale plane encore, et c'est que Nixon pourrait être tenté de suivre une autre voie que celle du compromis : on parle de l'allusion à l'utilisation de bombes atomiques, ou la menace de leur utilisation, comme l'a fait Eisenhower dans le cadre de la guerre de Corée une fois qu'il est devenu Président et qu'il a mis un terme aux négociations qui traînaient depuis des années.

Dans le cas où la guerre prendrait fin, entraînant la suppression d'un poste de dépenses très important dans le budget de la défense, Nixon a déjà préparé le programme qui compenserait les pertes du complexe militaro-industriel, liées à la supériorité nucléaire des États-Unis. Le nouveau Président et Laird, son secrétaire à la Défense, sont d'accord pour lancer de nouveaux investissements dans la recherche et le développement de systèmes d'armes plus sophistiqués : non seulement ils veulent la construction de l'ABM (missile antimissile), mais ils ont également manifesté leur intérêt pour de nouvelles variantes de celui-ci (pour l'instant terrestres) qui seraient confiées à la marine et à l'armée de l'air.

Nixon souhaite également la construction d'un autre type de bombardier, devenu inutile pour beaucoup, et le développement du fameux MOL, le laboratoire spatial habité, pour des missions d'observation militaire. Un autre programme qui, surtout maintenant après le succès de Apollo 8, servira à détourner les dépenses de défense est celui de la conquête spatiale confiée à la NASA dont Nixon a dit : « C'est un impératif national. » Pour les programmes non militaires, il y a peu d'espoir. Dans un livre qu'il a publié en 1962, *A House Divided, Americas's strategy gap*, Laird écrit : « Il est essentiel de fixer des priorités économiques pour gagner la guerre froide, de donner une priorité absolue au budget de la sécurité nationale et de ne dépenser en matière de défense que les sommes qui ne nuiront pas à la stabilité du dollar. C'est un sacrifice que le peuple américain doit être prêt à faire. »

L'isolationnisme est-il impossible ?

Admettons que Nixon mette un terme à la guerre du Vietnam. Cela signifiera-t-il qu'il n'y aura plus de Vietnam ? Ce serait le cas si les interprétations *ad hoc* faites par la plupart des participants « libéraux » à la conférence de l'Institut Adlai Stevenson s'avéraient exactes. D'après leur thèse, le Vietnam a été une exception, une aberration dans la politique internationale des États-Unis. Pour certains (Richard Barnet), le Vietnam est le résultat des erreurs des « bureaucrates de la sécurité nationale », de cette élite au pouvoir qui a déterminé sans interruption la politique américaine depuis 1940. Pour d'autres, il est le résultat de l'interprétation des idéaux américains. Arthur Schlesinger écrit dans *No More Vietnams ?* : « Les racines intellectuelles de notre politique au Vietnam se trouvent dans le "stimsonisme" (de Henry Stimson, ancien secrétaire à la Défense) et l'évangélisme libéral ; l'un théorise que l'agression ne doit jamais être récompensée où qu'elle se produise ; l'autre est la convention selon laquelle nous (les Américains) avons l'obligation de nous occuper de la pauvreté, de la répression et de l'injustice où que ce soit dans le monde ». Ces explications expéditives ne suffisent pas pour le Vietnam.

Le Vietnam s'inscrit parfaitement dans un schéma de comportement international des États-Unis qui remonte à de nombreuses années. C'est le résultat d'une politique impérialiste qui va de la doctrine de la « porte ouverte » vis-à-vis de la Chine à la fin du siècle dernier, à la doctrine Monroe, à la doctrine Truman, et dont les épisodes les plus notables correspondent aux interventions dans les deux guerres mondiales, mais dont on a eu des exemples récemment dans les opérations contre Cuba, à Saint-Domingue, au Liban, au Guatemala, et maintenant dans les opérations anti-insurrectionnelles dans le monde entier.

L'argument de Schlesinger selon lequel la théorie de l'impérialisme, telle que formulée par Lénine, ne s'applique pas au Vietnam parce que les intérêts économiques américains en l'occurrence ne sont pas un enjeu, n'est pas suffisant : ce sont les Américains eux-mêmes qui nous ont expliqué, avec la théorie des dominos, que le Vietnam ne signifie pas seulement le Vietnam, mais aussi la Thaïlande, le Laos, l'Indonésie, etc. Si tel est le cas, l'alternative théorique à l'interventionnisme qui a conduit au Vietnam, à savoir l'isolationnisme, est une politique impossible à mettre en pratique.

À Manhattan

Devant la Low Memorial Library de l'université Columbia, New York (1967)

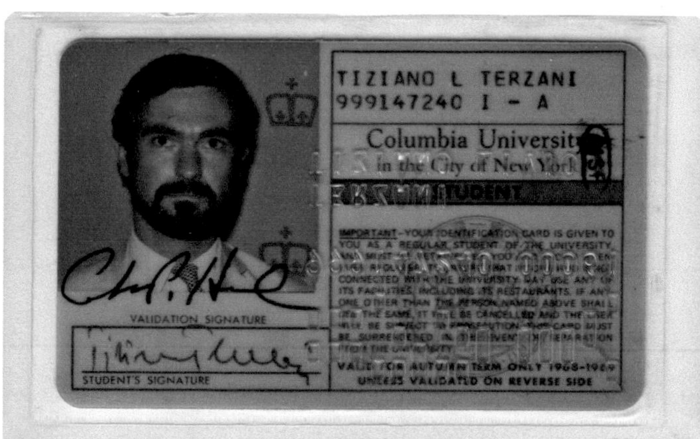

Carte d'étudiant de l'université Columbia (1967)

Tiziano en train de lire *L'Astrolabio* (1968)

FORMER HAN
LATER HAN
TANG
SUNG
SOUTHERN SUNG
YUAN
CHING
SELECTED WORKS OF MAO TSE-TUNG

Entretien avec Rap Brown, un leader des Black Panthers (1968)

Tiziano chez un ami à Southampton (1969)

FUCK
CAPITALISM

À l'appartement de 118th Street (1968)

En voyage à travers le Midwest. La Chevrolet devient une maison et une chambre à coucher (1968)

FOR USE AS A
MOTOR FUEL ONLY
CONTAINS
LEAD
CHEVRON
CHEVRON
SUPREME

À l'université de Stanford (1968)

Arizona, Monument Valley et le Grand Canyon (1968)

Avec des hippies rencontrés en Arizona (1968)

Au Nouveau Mexique (1968)

Avec ses amis de la gauche américainc. En partant de la droite : l'écrivain Sol Yurik, auteur de *The Warriors* (*Les Guerriers de la nuit*), Tiziano, Angela, Carl Riskin, professeur d'économie chinoise à l'université Columbia (1969)

À l'appartement sous un manifeste américain d'auto-critique (1969)

Faire-part annonçant la naissance de Folco à New York,
réalisé par Angela (1969)

Le 17 janvier, Time consacre sa couverture à Gianni Agnelli, louant le rôle des entrepreneurs italiens, sous le titre « Italy : industrials like heroes ». Le patron de la FIAT, âgé alors de 48 ans et ami du banquier David Rockefeller, assiste à une conférence organisée par l'Economic Club of New York au Waldorf Astoria.

LE MONDE DE GIANNI AGNELLI

26 janvier 1969, New York

Dans la même semaine où son profil, en couverture du magazine *Time*, faisait le tour du monde des kiosques, et où l'histoire de sa vie et de son entreprise – celle qui peut être racontée – venait s'ajouter au reste des mythes dans le cadre de la campagne lancée depuis quelque temps dans la presse internationale, Giovanni Agnelli s'est présenté dans la grande salle de bal de l'hôtel Waldorf Astoria pour parler des relations entre l'Europe et l'Amérique, à l'invitation du prestigieux Economic Club de New York.

Un grand étalage de pouvoir

L'autre orateur de la soirée est Gerald Ford, le chef de la minorité républicaine à la Chambre des représentants et figure influente de la nouvelle administration Nixon. Autour des tables, des dirigeants des plus grandes entreprises américaines. Agnelli est présenté comme « un nouvel exemple de leadership européen », il en plaisante et déclare n'être qu'un « homme d'affaires » dont l'activité est centrée sur l'Italie. Son discours, cependant, tendait à rester dans la ligne du mythe qu'on cherche à bâtir autour de lui : le Kennedy européen, comme beaucoup aiment déjà à l'appeler. Pas un mot sur les voitures, pas même une concession à la vieille « philosophie sur quatre roues ».

À la place, il a résumé en vingt-cinq minutes les dernières analyses politiques des relations entre l'Europe et l'Amérique produites ici même par des politologues tels que Kissinger, dont le nom n'est pas apparu par hasard dans le discours d'Agnelli. « Le monde est bipolaire sur le plan militaire et multipolaire sur le plan politique », les deux superpuissances agissent en fonction de leurs propres exigences. Pour donner des exemples, Agnelli a cité : la Hongrie en 1956, la Tchécoslovaquie en 1968, la Grèce en 1946... et en 1968 (ce n'est pas un aveu qui va de soi en Amérique et qui a peut-être échappé involontairement à Agnelli). Dans ce monde bipolaire, a-t-il dit, « il n'y a pas de place, de part et d'autre de la frontière est-ouest, pour des aventures politiques ou des soulèvements radicaux, parce qu'ils mettent en danger l'équilibre politique global ».

Un mariage non consommé

« L'Amérique est une grande nation » et il est important qu'elle continue d'être « le grand laboratoire d'expériences économiques, politiques et sociales du monde développé ». L'Amérique garantira « au-delà de tout traité » la protection nucléaire de l'Europe, et celle-ci pourra, à l'ombre de cette égide, développer sa propre intégration, puisque « à ce jour le mariage entre les pays européens n'a pas encore été consommé » et que « l'Amérique étant aujourd'hui profondément impliquée en Europe, il est clair qu'elle le restera à l'avenir ».

Les « relations spéciales » au sein de l'Europe « présentent aujourd'hui des signes de malaise : une crise de plus parmi tant d'autres dans ce monde en mutation ». Selon M. Agnelli, cela est dû à la forte contradiction entre les processus économiques et politiques qui existe en Europe. « Les entreprises ont appris à se déplacer à l'échelle du continent... les hommes d'affaires ont assimilé les nouvelles idées économiques, même s'ils n'ont pas lu Schumpeter ou Keynes. » En revanche, sur le plan politique, « il n'y a pas dans les nations européennes d'aujourd'hui, une classe politique capable d'agir pour répondre aux nouvelles exigences de l'ère nucléaire. Les Européens se sentent économiquement forts, mais politiquement et militairement ils se sentent faibles et frustrés. »

Pour M. Agnelli, il n'y a pas d'alternative à la résolution du problème de la sécurité européenne et la seule voie possible est celle que l'on suit aujourd'hui : « Si l'on est réaliste, on ne peut que penser que la force politique globale de l'Alliance atlantique doit d'abord être renforcée, tant au niveau de sa cohésion interne que du degré de consensus externe qu'elle reçoit. » Les problèmes politiques de notre temps, en particulier ceux autour des relations entre le vieux et le nouveau continent, doivent être abordés à partir d'un leadership politique renouvelé. D'après Agnelli, ce sont les hommes d'affaires qui saisissent au mieux ces problèmes, leur rôle est de « favoriser la croissance de nouvelles consciences ».

Les businessmen auxquels Agnelli s'est adressé n'ont pas semblé très impressionnés par son discours. Ils entendent déjà tout cela de la part de leurs politologues et de leurs prédictologues, et la question qui semblait planer au-dessus de toute l'assemblée était : « Et les voitures ? » De fait, lorsque la série de questions a commencé, ce qu'on a entendu revenait plus ou moins à : « Combien vous rapporte l'activité en Russie ? » ; « Comment vont les choses en France ? » ; « Comment coordonnez-vous la production ? » De ces « réflexions sur les relations euro-américaines » – c'était le titre de la conférence – la presse américaine n'a rien retenu. Le *Wall Street Journal* n'a pas publié une seule ligne sur cette conférence, pourtant importante, des plus éminents industriels du monde. Ce sera du pain béni cependant pour les magazines en quête d'« industriels héros » (comme on lit sur la couverture du *Time*).

Avec la prestation de serment du 20 janvier, Richard Nixon prend ses fonctions à Washington. Lors de la passation des pouvoirs, l'ancien président Lyndon Johnson, 60 ans, annonce son retrait de la vie publique et son intention de s'occuper de son ranch à Stonewall, au Texas.

LYNDON JOHNSON : RETOUR AU RANCH

26 janvier 1969, New York

Ce fut un long western, un gros pavé roboratif truffé de coups de feu, de rebondissements, de trahisons, de morts. La dernière scène a enfin eu lieu, avec les répliques et la musique de circonstance, la conclusion de tous les conflits, puis, le dernier plan pathétique, du cow-boy qui repart sur une longue route vers le Sud. Notre cow-boy n'est pas seul, il part avec tout un tas de gens, les membres de sa famille, quelques amis qui lui restent, des chroniqueurs fidèles, et des caisses et des caisses de documents qui détiennent la vérité privée de cette époque finissante.

Johnson revient à Johnson City après 38 ans de vie passée aux commandes d'un parti, d'une nation, puis d'un monde, celui de l'Occident « libre ». Son histoire est le paradigme d'un certain *american way of life*. Johnson était un instituteur dont le niveau d'études ne lui permettait pas d'accéder à l'université d'État du Texas, mais en 1931, il s'est distingué comme garçon de courses dans la campagne électorale d'un patron local en faisant montre d'une capacité hors pair à collecter de l'argent de toutes parts en échange de promesses d'avantages futurs qui est restée sa marque de fabrique. Il s'est avéré de confiance dans ce domaine et cette confiance est peut-être la seule qu'il n'ait jamais trahie.

« La ville la plus électrifiée de l'Ouest »

La première société à avoir investi des capitaux dans la carrière politique de ce provincial en quête de succès a été Brown & Root, à l'époque une petite entreprise du bâtiment. Brown & Root est aujourd'hui l'une des plus grandes entreprises du monde qui a profité de toutes les guerres chaudes et froides pour construire, sous contrat avec l'État, des bases navales, des aéroports et des ambassades dans toutes les parties du monde, de l'Espagne à Guam, du Vietnam à la France.

Grâce à Johnson, le Texas se trouve parmi les États qui accaparent le plus haut pourcentage des contrats du ministère de la Défense ; le Texas abrite le siège de General Dynamics, qui a obtenu l'un des contrats les plus lucratifs et les plus controversés de l'après-guerre : celui de la construction du chasseur bombardier F-111. Au Texas se trouvent la plupart des entreprises d'électronique, et Houston est le centre de recherche spatiale de la NASA à partir duquel sont contrôlés les lancements depuis la Floride, où il est évident que ledit centre aurait trouvé une place plus logique.

Ce travail lors de la campagne électorale de 1931 a amené le jeune Johnson à Washington en tant que secrétaire d'un représentant du Congrès nouvellement élu. En 1937, il se présente lui-même comme candidat pour remplacer un représentant décédé avant la fin de son mandat. Il l'emporte avec seulement 27 % des voix. Son programme politique est alors celui du New Deal, mais il est difficile de dire si les principes du New Deal correspondaient peu ou prou à sa philosophie politique. L'argent et le pouvoir sont les seuls moteurs qui l'animent : il a le mérite de ne l'avoir jamais caché. Il se déclare pour le New Deal quand c'est la voie vers le pouvoir : il se vernit de populisme quand il s'agit de demander de l'aide pour l'irrigation et l'extension du réseau électrique dans sa partie du Texas : « La ville la plus électrifiée de l'Ouest », lit-on à l'entrée de Johnson City, « un produit de la foi, de l'habileté et de la clairvoyance de Lyndon Baines Johnson ».

Pour rester dans la course, il a embrassé des idées conservatrices à un certain moment de sa carrière. Personne ne peut honnêtement le qualifier de réactionnaire ou de raciste, mais le fait est que jusqu'en 1960, au moment où la question des droits civiques est devenue une question nationale (prédominante par rapport aux intérêts propres de ses origines électorales), il a systématiquement voté contre toute législation favorable aux minorités raciales et aux syndicats. Souvent, lorsqu'un vote controversé l'aurait obligé à prendre position d'un côté ou de l'autre, il ne s'est pas présenté au vote. Jusqu'à la fin des années 1950, il se maintient dans son rôle de défenseur des intérêts pétroliers et financiers texans contre les revendications des organisations syndicales dont il représente l'ennemi numéro un.

Un grand-père à l'Alamo

En 1960 encore, George Meany, chef du principal regroupement de syndicats AFL-CIO, déclarait que L.B.J. serait inacceptable comme candidat à la présidence et à la vice-présidence. Mais une fois élu, quelques opérations de chirurgie esthétique ont suffi à le rendre acceptable, même pour cet électorat. Ses apologistes, pour tenter de le faire passer pour un libéral, sont même allés jusqu'à découvrir que c'était Johnson qui avait vaincu McCarthy et le maccarthysme, mais ils ont dû manipuler la vérité car Johnson n'avait pas non plus de quoi se vanter dans ce domaine. Ses foudres se sont déchargées sur le Torquemada américain quand celui-ci n'était déjà qu'un homme politique fini.

Lors de son entrée sur la scène politique, la plateforme du New Deal sudiste a fait de lui un « protégé » de Roosevelt, qui lui a confié personnellement sa première mission importante à l'étranger pendant la guerre.

En 1942, Johnson travaille dans un bureau de la marine à San Francisco avec le grade de lieutenant. Roosevelt l'appelle et l'envoie pendant un mois en Australie pour qu'il étudie les conditions de vie des militaires américains. Au cours de l'un des vols auxquels Johnson participe en tant qu'observateur d'une mission de guerre, son escadron est attaqué par des chasseurs japonais et, à son retour, il reçoit la médaille d'argent pour cette « action courageuse ». Le *New York Times* écrira cependant que l'avion dans lequel se trouvait L.B.J. n'a jamais subi l'attaque car en raison d'une défaillance mécanique il avait été contraint de rentrer à la base avant d'atteindre la zone de feu. Ce n'était que la première manifestation d'une impudence destinée à devenir légendaire : à une occasion en Corée du Sud, il a déclaré que son grand-père était mort à l'Alamo. Seuls des exégètes à sa solde pouvaient écrire de lui qu'il était « un homme cultivé, extraordinairement doué pour la diplomatie, un homme qui, Dieu merci, avait un peu plus de cran que les autres » (Jack Valenti).

En 1960, il devient chef de la majorité démocrate au Sénat, où il était entré en 1948, se révélant un habile manœuvrier, capable de faire avancer un texte législatif, de sacrifier n'importe quel principe pour dominer la machine du Congrès. La même année, Kennedy est sorti de la convention de Los Angeles comme candidat à la présidence. Entre lui et Johnson, il y avait un abîme d'origines, d'histoire, de style, de pensée. Mais pour atteindre la Maison-Blanche, Kennedy avait besoin d'un « second » qui le compléterait : il lui fallait un protestant, un sudiste, un conservateur, un manipulateur capable de bien naviguer dans les limites étroites du Congrès. Arthur Schlesinger raconte comment Kennedy a proposé la vice-présidence à Johnson, comment celui-ci a été étonné de la proposition et comment Kennedy a été à son tour surpris que L.B.J. l'accepte. Pendant les premières années de la présidence de Kennedy il est demeuré dans l'ombre ; même sa position au Texas a été attaquée par des éléments plus libéraux du parti (Ralph Yarborough) et des rumeurs circulaient déjà mi-63 selon lesquelles Kennedy ne le voulait pas comme candidat à la vice-présidence l'année suivante. Mais l'attentat d'Oswald à Dallas en novembre lui a sauvé la mise.

Les années de feu

Lors de l'élection de 1964, puisqu'il se présente habilement comme l'héritier de John Kennedy, la course contre un adversaire insignifiant comme Barry Goldwater lui est facile. Pendant la campagne, il ne parle pas beaucoup, fait peu de promesses et laisse Goldwater se mettre tout seul des bâtons dans les roues en affichant des intentions extrémistes. L.B.J. savait pertinemment qu'il n'était pas dans son intérêt de se confronter au public : chaque fois qu'il y était contraint, il se grillait. Durant les dernières années de sa présidence, il était devenu prisonnier de la Maison-Blanche, de ses murs, de ses conseillers et de ses montagnes de papier, des tractations unilatérales des espions de la Défense, du département d'État.

À chaque déplacement, une armée entière devait le protéger. Les manifestants étaient devenus son obsession. Lors de ses déplacements hors de la capitale, il dormait dans des bases militaires ou des porte-avions. Chaque fois que la Maison-Blanche ouvrait ses portes au public, les ennuis s'invitaient aussi ; une fois, il a eu l'idée d'organiser un festival des arts pour faire la paix avec la communauté intellectuelle qui s'était éloignée de lui après la mort de Kennedy et surtout à cause de l'escalade de la guerre au Vietnam. Certains grands noms ont décliné, d'autres n'y sont allés que pour le défier : l'écrivain John Hersey s'est mis debout au milieu des célébrations pour lire un passage de son roman *Hiroshima*.

Il n'est pas parvenu à avoir une véritable relation avec la nation. Lors de la conférence de presse annonçant la décision d'envoyer 20 000 marines en République dominicaine, il s'en est sorti en déclarant : « Plus de 1500 personnes ont été assassinées et leur tête a été coupée... Pendant que nous parlions à notre ambassadeur à Saint-Domingue pour avoir la confirmation de ces horreurs et de cette tragédie, un millier d'hommes, de femmes et d'enfants américains se tenaient dans un hôtel et demandaient à leur Président de les aider à sauver leur vie » (rappelons qu'aucun citoyen américain n'a été tué et que seuls deux journalistes sont morts, sous les tirs des marines).

Merci, vieux Président

Après l'épisode sordide de Saint-Domingue, c'est le Vietnam qui va porter le coup de grâce à sa popularité. Début 1965, les experts du Pentagone convainquent le Président de bombarder le Vietnam du Nord parce qu'il suffirait de six semaines de ce traitement « pour faire ramper Hanoï vers la table des négociations ». En 1965, il déclare : « Je veux être le Président qui a éduqué les jeunes aux merveilles de leur monde. Je veux être le Président qui a nourri les affamés. Je veux être le Président qui a aidé les pauvres à trouver leur voie. Je veux être le Président qui a contribué à mettre fin à la guerre entre les frères sur cette terre. » Le bilan qu'il laisse à la nouvelle administration est à la mesure de son échec.

Johnson laisse derrière lui la pauvreté, la guerre, la haine et la division, il n'a jamais eu de stratégie, il a toujours été fasciné par la machine politique plutôt que par ses objectifs. Sous son administration, l'Amérique a dû faire face à l'extérieur et à l'intérieur à deux phénomènes majeurs qui pèseront encore sur son avenir : l'instabilité d'un monde non pacifié dans une impasse et la révolte d'une partie de la population, notamment noire, qui exigeait de participer à la vie nationale dans une position non subalterne. Kennedy avait lui aussi suivi la même logique (il avait commencé à s'enliser au Vietnam, et la Baie des Cochons vaut bien l'épisode de la République dominicaine) ; malgré cela, la jeune Amérique et une grande partie du monde s'étaient laissées séduire par son charme, par cette sophistication que Johnson n'a même pas tenté d'imiter.

Le rôle global de l'Amérique dans le monde, que Kennedy avait revendiqué comme un droit moral, a perdu avec Johnson son vernis de grandeur et s'est révélé dans sa véritable nature. Même si ce travail de démystification est tout à fait involontaire, on ne peut s'empêcher de dire au Texan qui revient au ranch où tout, du portail aux vaches en passant par les bottes des bouviers, porte la marque de L.B.J. :

« Merci, vieux Président. »

Le 29 janvier, meurt à 75 ans Allen Dulles. Ancien espion et directeur de la CIA, il est l'homme qui a fait de l'agence de renseignement l'un des centres de pouvoir les plus influents au monde, capable de contrôler, de subvertir et de soutenir les projets politiques les plus audacieux des États-Unis. Parmi ceux-ci, l'invasion de la Baie des Cochons à Cuba pour tenter de renverser Fidel Castro, une action qui a mis l'Amérique au bord de la Troisième Guerre mondiale.

ALLEN DULLES : ESPIONNAGE PLANÉTAIRE

9 février 1969, New York

Pour un 007 professionnel, mourir de sa belle mort dans son lit avec les hommages nationaux et les louanges des plus grands journaux, n'est pas un mince exploit. Allen Welsh Dulles, engagé dans l'espionnage américain depuis la Seconde Guerre mondiale et père fondateur de la CIA qu'il dirigea pendant les années les plus sombres de la guerre froide, l'a pourtant réussi. Nixon a dit de lui : « De par la nature de sa tâche, ses accomplissements ne sont connus que de quelques-uns. Pourtant, grâce à lui, le monde est aujourd'hui un lieu plus sûr. »

L'espionnage, ou du moins sa gestion, a toujours été en Amérique une activité aux mains d'une classe privilégiée restreinte qui la voue au service de la gestion exclusive du pouvoir politique. Dulles est né dans le milieu social idoine pour le destin qu'il a eu. Fils d'une famille aisée de la côte Est, issu d'une famille d'ambassadeurs et de secrétaires d'État, il a fait une brillante carrière de diplomate, puis d'avocat.

Au début de la Seconde Guerre mondiale, Dulles est à Berne, chargé de la lutte secrète menée par l'OSS – Office of Strategic Services – contre les nazis. Il établit alors des liens avec la Résistance italienne, à laquelle il apporte une aide précieuse, comme en témoignent les expressions de gratitude qui lui ont été adressées. Il est également chargé de l'infiltration du Haut Commandement militaire allemand et des contacts avec les groupes nazis et non-nazis contre

Hitler. C'est lui qui va diriger la complexe opération qui aboutit en mai 1945 à la reddition des armées allemandes en Italie, six jours avant l'effondrement final du Troisième Reich. Cette sorte de paix séparée, dont l'évidente fonction antirusse a suscité la colère de Staline, visait en fait à contrer les objectifs expansionnistes soviétiques tant redoutés et était comme une préfiguration de la guerre froide, laquelle, contenue dans les limites des pactes convenus tant que Roosevelt était en vie, a été ensuite menée par Allen Dulles dans une position de pouvoir accru.

Pour Dulles, le véritable ennemi de l'Amérique était le communisme. Ce pour quoi il ne s'est pas encombré du moindre scrupule pour utiliser, dès la fin de la guerre, l'appareil des services d'intelligence allemands, dirigé par le général Reinhard Gehlen, responsable de l'espionnage hitlérien, dans une fonction antisoviétique. En 1947, Truman adopte le National Security Act, qui, d'après Dulles, « donne aux services d'intelligence une position d'influence au sein du gouvernement supérieure à celle dont ce type de service jouit dans n'importe quel autre gouvernement du monde ». Rédigée par Allen Dulles lui-même et Clark Clifford, plus tard secrétaire à la Défense dans l'administration Johnson, c'est la loi qui a donné naissance à la CIA.

La philosophie de l'information

Une grande partie de l'histoire des relations internationales des États-Unis au cours des vingt dernières années est la chronique de moins en moins secrète des intrigues, des assassinats et des coups d'État organisés par cette agence du gouvernement américain. Allen Dulles en a été le chef officiel de 1953 à 1961. Sous son régime, la CIA a acquis un immense pouvoir autonome le plus souvent hors du contrôle des autres branches du gouvernement. *The Invisible Government*[28] est le titre d'un ouvrage publié il y a peu qui détaille l'histoire de ses opérations.

Sous la direction de Dulles, la CIA est devenue le noyau d'une vaste organisation qui comprenait neuf autres agences d'espionnage et dont les ramifications s'étendaient à des sociétés financières, des industries, des universités, des instituts de recherche, des associations culturelles, des syndicats, des magazines, des stations de radio, aussi bien en Amérique qu'à l'étranger. Le pouvoir de Dulles reposait sur l'accessibilité de l'information, le secret, la rapidité des communications et la sophistication des procédures dont son agence était devenue capable.

Le budget de la CIA a bien évidemment toujours été tenu secret. Environ dix mille personnes travaillent dans son siège, caché dans une forêt près de

---

28. D. Wise, T. B. Ross, Random House, 1964.

Washington, et dix à quinze mille autres sont dispersées dans le monde entier. En peu de temps, Dulles a réussi à faire de la CIA un centre de recherche sophistiqué, capable de fournir les analyses et les prévisions les plus diverses sur les différentes situations mondiales. Un « portrait psychologique » de Khrouchtchev établi par vingt psychiatres pour Kennedy avant la rencontre de Vienne ou des calculs sur la longévité des dirigeants politiques contemporains ne sont que des exemples de la « science » qui était alors à la base des décisions politiques importantes.

Le *Who's Who* de la CIA

Les succès de l'ère Dulles sont nombreux : en 1953, la CIA organise un coup d'État contre le gouvernement légitime de Mossadegh en Iran : les chances de succès sont estimées tout au plus à 20 %, mais l'opération réussit, le nouveau gouvernement décrète la nationalisation des industries pétrolières et trois compagnies américaines, dont Gulf Oil, obtiennent l'exploitation de 40 % des ressources iraniennes. À la fin de l'affaire, Kermit Roosevelt, chef de l'opération de la CIA en Iran, devient vice-président de Gulf Oil. Il en va de même au Guatemala en 1954 : la CIA renverse le gouvernement légitime et le remplace par un gouvernement de droite qui renonce à la nationalisation des activités de la United Fruit Company ; Bedell Smith, qui était à la tête de la CIA, devient PDG de la compagnie américaine. En 1956, Dulles parvient à connaître à l'avance le texte hautement secret du discours de Khrouchtchev au 20e congrès du parti communiste.

Le premier coup porté au prestige de Dulles survient en 1960 lorsqu'un U-2 est abattu lors d'un vol d'espionnage au-dessus de l'Union soviétique. 1961 est l'année du désastre de la Baie des Cochons. Allen Dulles assure à Kennedy que l'opération va réussir et que, compte tenu de l'état d'avancement du projet, il serait beaucoup plus dangereux de revenir en arrière. Le débarquement a été un échec total et même si l'opération était de celles que Dulles a qualifiées de « plausiblement niables », la responsabilité de la CIA était claire comme de l'eau de roche et à la fin de l'année, il démissionnait. Depuis lors, les opérations de la CIA ont été de plus en plus mises au jour. En 1967, *Ramparts* a dénoncé l'infiltration de l'agence dans les organisations étudiantes et culturelles.

Allen Dulles, qui a donné vie à la CIA, n'est plus, mais ses idées, ainsi que les structures et le pouvoir qu'il a créés, pèseront encore longtemps sur notre destin, comme tous les services d'espionnage des grandes puissances, tous aussi peu scrupuleux les uns que les autres.

ÉTATS-UNIS : LE TOURNANT NUCLÉAIRE DE NIXON

23 mars 1969, New York

Nixon a pris, après diverses tergiversations, la décision que beaucoup attendaient et que la plupart redoutaient : l'ABM, le système antimissiles, se fera. Il coûtera entre 6 et 7 milliards de dollars, il sera opérationnel en 1973 et sera différent de celui approuvé l'année dernière par Johnson, son but premier ne sera pas de protéger les villes, mais plutôt les rampes de lancement des missiles intercontinentaux Minuteman... mais il se fera.

Il appartient maintenant au Congrès d'allouer les fonds que l'administration républicaine a demandés pour ce projet sur lequel s'étaient dernièrement concentrées l'attention et les critiques des « colombes » qui ont survécu aux différents événements, électoraux et autres, dans le district de Washington. Cette décision de l'administration Nixon, qui a pourtant tout fait pour éviter de donner cette impression, marque un tournant définitif dans la course aux armements nucléaires et jette encore plus de doutes, si besoin en était, sur la capacité à contrôler efficacement l'accumulation galopante des armements qui, il semble désormais certain, ne s'accompagne pas d'un niveau de sécurité accru.

Le système envisagé, pour l'étude duquel des millions de dollars ont déjà été investis, se composera essentiellement de deux types de missiles reliés à un système complexe de repérages radar et de cerveaux électroniques : le missile Spartan à longue portée, qui interceptera les missiles ennemis encore à très haute altitude ; le missile Sprint, qui aura pour tâche de défendre les bases ABM elles-mêmes, et le réseau de radars, censé capter les missiles ennemis qui auraient réussi à franchir la première interception des Spartan.

Comme l'a expliqué Nixon lors de sa conférence de presse, ce système vise principalement trois objectifs : 1) la protection contre « toute attaque de la Chine communiste dans les dix prochaines années » ; 2) la protection contre « toute attaque irrationnelle ou accidentelle de l'Union soviétique » ; 3) la protection de la force de dissuasion américaine (protection des silos souterrains où sont conservés les missiles à tête nucléaire Minuteman) « devenue plus vulnérable en raison des progrès réalisés par l'Union soviétique depuis 1967 ».

Conflit de stratégies

Cette décision, que seul le Congrès pourrait désormais contrer en refusant des crédits, aura des implications profondes sur l'ensemble de la doctrine militaire américaine et pourrait par conséquent, et pas seulement à long terme, imposer des changements dans les stratégies militaires actuelles sur lesquelles repose la sécurité des adversaires des États-Unis et même de leurs alliés.

Lorsque la rivalité nucléaire entre la Russie et l'Amérique a commencé au lendemain de la Seconde Guerre mondiale, l'immense différence qui subsistait entre les capacités offensives et défensives de chaque pays signifiait que le seul moyen de se défendre était la « dissuasion ». Puisque chaque pays était incapable d'empêcher la destruction que l'autre pouvait lui imposer, les deux parties ont accepté la doctrine selon laquelle la seule façon de se protéger contre une attaque atomique était de brandir la menace de rendre à l'adversaire la monnaie de sa pièce.

McNamara l'appelait « la capacité de destruction mutuelle assurée », c'est-à-dire « la capacité d'infliger un niveau intolérable de dommages à tout agresseur à n'importe quel moment de l'échange atomique, même après avoir absorbé la première attaque surprise ». C'est dans cette logique qu'a été mis en place en Amérique le SAC – Strategic Air Command, un regroupement de bombardiers avec des systèmes de ravitaillement en vol capables d'atteindre l'Union soviétique en réponse à une attaque atomique et aussi qu'ont été construits les silos souterrains d'où seraient lancés les missiles à tête nucléaire restés opérationnels même après la première attaque.

Cette doctrine de « représailles massives » contre l'adversaire en cas d'attaque a prévalu en Amérique jusqu'en 1961, date à laquelle, sous Kennedy, elle a été remplacée par la doctrine de la « riposte graduée et flexible ». Il s'agit d'une forme de rationalisation de la guerre, d'une tentative de « penser l'impensable », c'est-à-dire de concevoir, même en cas de conflit atomique, la possibilité de contrôler les pertes et les destructions ; elle repose toujours sur la conviction que toute forme de défense contre une attaque atomique est impossible, tout en cherchant à nier que la seule défense est la menace d'anéantissement.

Le problème de l'allocation des fonds pour la construction de systèmes défensifs ou purement offensifs a toujours été au centre du débat entre la communauté scientifique et les instances militaires ; la première en faveur d'une priorité absolue aux recherches visant à développer un système de défense efficace (voir l'intervention du physicien Oppenheimer dans les discussions de 1954) ; les secondes en faveur de la construction de systèmes offensifs de plus en plus sophistiqués dont la « crédibilité » était le seul rempart contre une attaque ennemie. C'est le président Eisenhower qui a affecté les premiers fonds à la recherche et au développement d'un système permettant une certaine forme de défense contre les missiles à ogives atomiques. Les militaires s'y sont opposés et l'armée de l'air, en particulier, a continué à soutenir la doctrine de la dissuasion comme unique défense.

Aujourd'hui, la situation est complètement inversée : les militaires soutiennent la nécessité et la validité du système de défense ABM, tandis que les scientifiques, dont beaucoup ont été appelés à témoigner devant la commission Fulbright, déclarent que non seulement l'ABM est absolument inutile d'un point de vue défensif, mais qu'il contribue en fait à augmenter les risques de collision accidentelle, compte tenu de la plus grande dispersion des engins nucléaires et de la complexité croissante de leur manœuvre de contrôle.

La fonction antichinoise

La situation nucléaire actuelle est telle que l'Union soviétique et les États-Unis sont en mesure de se détruire mutuellement. La seule différence est que les États-Unis peuvent le faire quatre fois mieux que les Soviétiques, mais dans la pratique, cela ne pose qu'un souci de définition, connu aujourd'hui sous le nom d'*overkill*, c'est-à-dire la capacité de tuer plus de fois que nécessaire. Si telle était la situation, et cela ne fait aucun doute étant donné les diverses déclarations faites à ce sujet par McNamara et Clifford dans le passé, la seule voie qu'il reste à explorer pour les militaires, avec pour conséquence le maintien des financements substantiels et de tout l'appareil en place depuis des années, est de maintenir l'illusion de la création d'un système défensif qui permettrait, sans subir aucune destruction, de bloquer toute attaque atomique de l'adversaire. L'ABM est cette illusion.

Évidemment, pour vendre l'idée que le système antimissile serait capable de défendre l'Amérique contre une attaque de l'Union soviétique, qui dispose désormais d'une quantité d'ogives nucléaires capables de « saturer » les défenses américaines, il fallait préciser que le programme ABM coûterait de l'ordre de 50 à 60 milliards de dollars, ce qui aurait été difficile à accepter tant par le Congrès que par l'opinion publique. La théorie a alors été développée que l'ABM, dans une version réduite, c'est-à-dire 6 à 7 milliards de dollars, serait utilisé contre la vingtaine de missiles intercontinentaux qu'on estime que la Chine possédera au milieu des années 1970.

Dans cette théorie, on sous-entend, bien sûr, que les Chinois sont assez téméraires pour provoquer, avec leurs capacités nucléaires limitées et notamment leurs systèmes de lancement, une riposte américaine totale !

Cette justification de la fonction antichinoise de l'ABM a été utilisée par Johnson et est passée dans le langage courant de Nixon. À la lumière des faits, cependant, il paraît peu probable qu'il s'agisse de sa véritable raison d'être : toute l'opération semble n'être qu'une manière de donner le coup d'envoi à tout un projet défensif dont ce plan proposé par Nixon ne serait que le premier acompte.

Une fois la construction des premières rampes entamée, il serait alors plus facile de démontrer la nécessité de faire évoluer l'ensemble du système jusqu'à ce qu'il devienne réellement une défense antisoviétique. L'introduction de l'ABM pourrait ainsi, si ce n'est déjà fait, bouleverser la doctrine qui a régi la stratégie nucléaire jusqu'à présent, et si l'administration parvenait à rendre crédible son efficacité, on peut s'attendre à nouveau à la proposition d'une stratégie basée sur la « destruction totale » et à la mise à l'écart de la théorie de la « riposte graduée et flexible ».

Tout ceci devrait obliger à réexaminer également la stratégie défensive des alliés, car à terme, il serait inconcevable que les États-Unis construisent un système capable d'absorber la vague atomique de l'adversaire, alors que les alliés, l'Europe, par exemple, resteraient complètement démunis et sans défense face à une telle attaque. Les alliés pourraient alors proposer de construire un tel système, ou les États-Unis eux-mêmes, s'inspirant de la lettre du traité de non-prolifération (que l'administration de Nixon, malgré de nombreuses critiques en ce sens, a déjà outrepassé avec la construction de l'ABM) pourraient décider de transférer des systèmes ABM à certains de leurs alliés, créant ainsi des problèmes de contrôle, de propriété et de coût, dont il importe de réfléchir dès à présent aux implications, afin d'éviter des conséquences désastreuses.

Nixon et les libéraux

Le programme Sentinel, comme on appelle les ABM dans le jargon, était déjà à l'époque de l'administration Johnson au centre des débats les plus féroces entre les ailes libérales et conservatrices du Congrès. Pour Nixon, la décision sur la « sentinelle » était, avec celle sur le Vietnam qui n'avait pas encore été prise, une mise à l'épreuve, et il a utilisé tous ses talents de relations publiques pour la réussir. Quelques jours avant son départ pour l'Europe, il a ordonné l'arrêt des travaux pour une période d'un mois, donnant ainsi l'impression que son administration allait réévaluer en profondeur la question des ABM. Entre-temps, cependant, l'opposition au système « sentinelle » n'a cessé de croître au Congrès et, en particulier au sein de la commission sénatoriale des Affaires étrangères présidée par Fulbright.

Le Sénat, en approuvant la ratification du traité de non-prolifération à une très large majorité, a indiqué sa tendance. Tous ceux qui s'expriment ouvertement sur ces questions et tentent de mobiliser l'opinion publique en leur faveur ont suggéré à Nixon de reporter la décision finale jusqu'à sa rencontre avec les dirigeants de l'URSS, et de nombreux organes d'information influents font quotidiennement campagne contre le projet ABM. Pour Nixon, c'était désormais une question de jours et ces voix qui ne s'expriment pas publiquement, mais dont les intérêts sont bien représentés dans les couloirs du pouvoir à la Maison-Blanche et dans ceux du Pentagone, l'ont certainement incité à prendre une décision en temps voulu, contrairement à ce que suggéraient la plupart des observateurs.

Il restait seulement à résoudre le problème de la « vente au public ». Nixon a essayé. Il commence par donner un nouvel emballage à son produit et, au lieu de « sentinelle », il parle de « sauvegarde[29] » ; il dit qu'il sera différent de celui de Johnson, bien qu'il répète plus ou moins, dans un ordre différent, les mêmes justifications ; il dit qu'il coûtera un peu plus cher, mais que le budget total du ministère de la Défense sera réduit d'un milliard de dollars ; puis, éliminant l'une des objections fondamentales de l'opinion publique, il dit qu'aucune rampe ne sera construite à proximité des villes.

Pour beaucoup des « colombes » quelque peu en retrait ces derniers mois, notamment sur des questions comme le Vietnam, qui semblaient vouloir laisser à Nixon le temps de définir ses orientations politiques, cette décision sur les ABM représente un test décisif sur les intentions de la nouvelle administration. L'évaluation a eu lieu et elle marquera probablement la fin de la lune de miel, comme beaucoup l'ont appelée, entre Nixon et les libéraux de Washington.

29. *Safeguard* est le nom donné à la version réduite du programme *Sentinel* mise en place par l'administration Nixon.

Dwight « Ike » Eisenhower décède le 28 mars à l'âge de 78 ans. Homme symbole de la nation, c'est le militaire de carrière qui a participé aux deux guerres mondiales, le général qui a dirigé le débarquement de Normandie pour libérer l'Europe du fascisme nazi, et, de 1953 à 1961, c'est le premier Président républicain après vingt ans d'administration démocrate avec Roosevelt et Truman. C'est aussi l'homme qui a obtenu l'armistice de la guerre de Corée en menaçant d'utiliser la bombe atomique et qui a laissé les États-Unis impliqués dans de nombreuses crises, dont celle du Vietnam.

EISENHOWER : LE HÉROS DE BABBITT[30]

6 avril 1969

Les nations ont besoin de héros dans le récit de leur histoire, un besoin qui devient encore plus important en temps de crise. Le héros doit être courageux, honnête, simple et à la portée du grand public, familier et intelligible avec une touche de religiosité. Eisenhower était ce genre de figure et l'Amérique a fait tout son possible pour qu'il devienne Président.

La période ne pouvait être plus noire. En 1949, la Chine était devenue communiste et l'Union soviétique avait brisé le monopole de la terreur dont jouissaient les États-Unis, avec l'explosion de sa première bombe atomique. Le pays, incapable d'accepter les raisons historiques d'un monde en mutation, s'est alors lancé à la recherche de responsables de prétendues trahisons et conspirations à qui imputer les progrès du monde communiste.

En 1950, la guerre de Corée avait éclaté et des milliers d'Américains y mouraient sans que la fin du conflit ne se profile à l'horizon. Lorsqu'en 1952, après avoir été longtemps courtisé par les deux grands partis, Eisenhower décide de se présenter comme candidat républicain, il remporte l'élection sans difficulté : il devient le Président le plus populaire de l'histoire récente des États-Unis.

---

30. Dans son roman satirique *Babbitt* (1922), Sinclair Lewis décrie le vide et la pauvreté spirituelle qui résultent des injonctions de la société capitaliste.

Loin des prétentions intellectuelles et de l'ambition de représenter un leadership moral, Eisenhower organise son gouvernement selon les critères d'efficacité appris et appliqués à l'armée. Les rouages de l'administration fonctionnaient entre les mains de ses adjoints, notamment Nixon et Foster Dulles, tandis que lui, comme on l'a souvent dit, se contentait de régner plutôt que de gouverner.

Des parties de golf d'abord, puis des crises cardiaques l'ont souvent éloigné de la Maison-Blanche. Pendant les huit années de son administration, à la lueur d'un optimisme creux que sa seule présence contribuait à entretenir, ont prospéré le maccarthysme, la guerre froide, la « génération silencieuse » et, sans qu'on s'en aperçoive, se sont développés des structures de pouvoir et des conflits qui se feraient sentir dans les années 1960.

La Corée et le Vietnam

Eisenhower appartient à un passé objectivement proche – il a quitté la Maison-Blanche il y a seulement neuf ans – que les événements de ces dernières années ont rendu extrêmement lointain. Sa période, vue d'aujourd'hui, semble une période de paix. Il a mis fin à la guerre de Corée dans des conditions qui auraient été impossibles pour Truman, mais il y est parvenu, comme on le sait désormais, en menaçant d'utiliser la bombe atomique si aucun accord n'était trouvé. En 1966, il a suggéré de répéter la même manœuvre au Vietnam. Au moment de son élection, des groupes républicains influents caressaient le rêve isolationniste d'un repli du pays dans la « forteresse Amérique ». Eisenhower a pris un tout autre cap.

C'est sous son administration que les interventions au Liban, au Guatemala et en Perse ont eu lieu sans susciter de grands émois. Et c'est sous son administration que l'Amérique, sans grand débat public, a pris nombre de ces engagements en faveur de la « défense du monde libre » qui ont laissé à Kennedy un pays désormais engagé dans le rôle de gendarme du monde. Le Vietnam lui revient aussi.

Sa position prestigieuse dans les rangs de l'armée lui a permis de maintenir un certain contrôle sur ses affaires internes et sur les fonds de magnitude toujours plus importante qu'elle réclamait : mais tandis qu'il tenait l'armée à distance, le pouvoir d'autres centres, comme la CIA, qui explosera plus tard dans les mains de Kennedy au moment de la Baie des Cochons, s'est accru de manière disproportionnée.

Sa nomination au sein du Parti républicain fut officiellement la victoire de l'aile libérale, mais son élection à la présidence amena l'aile droite au gouvernement et John Foster Dulles mena sa « politique au bord de la guerre » à l'étranger, tandis qu'Eisenhower, peut-être conscient des changements survenus en Russie après la mort de Staline, tentait d'établir un dialogue qui connut ses épisodes les plus significatifs lors des rencontres avec Khrouchtchev à Camp David et à Paris. De la même manière, il laissa le champ libre à Joe McCarthy qui, après avoir organisé la campagne électorale, poursuivit sans encombre son travail de persécution intellectuelle et politique. Lorsque les Rosenberg furent condamnés à la chaise électrique, Eisenhower refusa de commuer leur peine car cela aurait donné une impression de faiblesse vis-à-vis des communistes.

Un lourd héritage

Dans son discours d'adieu, il a mis ses successeurs en garde contre le complexe militaro-industriel, alors que sous son administration, les intérêts privés des grandes entreprises ont connu un accès sans précédent au pouvoir politique. C'était le « cabinet des milliardaires », dans lequel étaient représentés certains des plus grands complexes industriels américains. C'est sous son administration qu'a eu lieu une grande migration de la population noire des campagnes du sud vers les villes du nord et c'est lui qui a freiné la législation sur les droits civiques. C'est pendant ses années, et grâce à ses relations (il avait été président de l'université Columbia), que se sont créés les liens entre le monde académique et le monde militaire qui sont aujourd'hui au cœur de la révolte des universités.

Les symptômes de tous ces problèmes que l'Amérique couvait dans la torpeur de son administration ont commencé à se manifester lorsque Eisenhower a laissé son héritage à Kennedy : 5 millions de chômeurs ; la crise du Laos ; la crise de Cuba, pays avec lequel il a rompu les relations diplomatiques dans les deux dernières semaines de sa présidence ; le malaise croissant de la population noire et des jeunes ; l'Alliance atlantique en crise ; les programmes spatiaux américains humiliés par les lancements inattendus des Russes.

La Seconde Guerre mondiale lui a valu sa réputation de grand soldat, mais aujourd'hui, en Amérique, on commence à soupçonner que son hésitation à envahir l'Allemagne immédiatement après le débarquement en Normandie lui a fait perdre un temps précieux qui a permis aux Russes d'atteindre Berlin, Prague et Vienne avant les Alliés.

En tant qu'homme politique, il a facilement réussi à remporter deux campagnes électorales presque sans opposition. En tant que Président, il a guidé l'Amérique à travers des années difficiles de conflits larvés, réduisant au silence ceux qui surgissaient et créant les conditions favorables pour d'autres. Il n'a pas innové, il n'a rien changé. Il en a seulement fait assez pour empêcher d'autres de commettre l'irréparable, par exemple Dulles de déclencher une guerre atomique. À notre époque, cela suffit peut-être à faire de lui un héros.

ÉTATS-UNIS : PÂQUES À NIXONLAND

13 avril 1969, Washington

L'ambiance à la capitale, pendant la semaine de Pâques, n'est pas vraiment celle des vacances, même si le Congrès a cessé ses activités et que pendant deux jours Nixon a laissé la Maison-Blanche aux touristes qui la photographient depuis les grilles de Pennsylvania Avenue, devant le siège d'une grande banque qui a fait l'objet il y a peu d'un braquage parfaitement réussi en plein milieu de l'après-midi.

Un an s'est écoulé depuis que Johnson a annoncé l'arrêt partiel des bombardements sur le Nord-Vietnam et que beaucoup ont cru que la guerre était terminée ; un an écoulé depuis que la Commission Kerner a publié son rapport controversé sur les causes des désordres civiques et de la violence dans les ghettos et a suggéré des programmes urgents pour les prévenir ; un an après l'assassinat de Martin Luther King, après les émeutes qui ont touché 130 villes américaines et qui ont amené des nids de mitrailleuses jusqu'aux marches du Congrès ; un an s'est écoulé après les nombreuses promesses faites en ces jours de tension et de panique.

Aujourd'hui, on célèbre des anniversaires, on fait le point sur ce qui s'est passé et sur ce qui a changé ou pas depuis les événements, et le bilan est évidemment différent selon qui le dresse, soit des responsables du gouvernement, si enclins à parler en ce moment, soit des personnalités à l'extérieur de l'administration où l'atmosphère est tendue (l'administration Nixon est toujours en pleine campagne de relations publiques et la semaine dernière réprésentait une belle opportunité dans ce domaine).

Les funérailles d'Eisenhower ont attiré à Washington « les puissants de ce monde », comme on dit, et la « diplomatie de la porte tambour » – manœuvre selon laquelle Nixon salue un invité, lui serre la main devant les photographes, le raccompagne à sa voiture en échangeant des plaisanteries et retourne en vitesse aller chercher le suivant – était un exemple amusant de la complexe politique de relations qu'on met en place autour de ceux qui ont des « responsabilités » internationales de première importance : Rumor venu d'Italie, Gordon d'Australie, Kiesinger d'Allemagne, Chung Il Kwon de Corée du Sud, Caetano du Portugal, Ky du Sud-Vietnam, le Chah de Perse, Marcos des Philippines, etc. ont tous défilé sur l'estrade.

Le « maintien des alliances », et en particulier de l'Alliance atlantique, est le thème de l'administration ces jours-ci. Un groupe de journalistes européens a été invité par le gouvernement et se trouve aux États-Unis depuis quatre semaines afin de se faire baratiner sur les valeurs et les succès de l'Alliance (imaginons ce qui va se débiter dans les colonnes de leurs journaux) ; par ailleurs les ministres des Affaires étrangères de l'OTAN sont sur le point d'arriver pour la célébration du vingtième anniversaire de l'Alliance atlantique.

Une offensive d'optimisme

L'Alliance, cependant, montre des signes d'essoufflement : le Canada vient d'annoncer sa décision de réduire sa participation militaire et ici, à Washington, l'on ne cache pas les craintes des incidents que pourrait provoquer la présence simultanée de Scandinaves et d'Italiens avec certains alliés tels que les colonels grecs.

L'administration Nixon compte beaucoup sur le soutien, ou à défaut sur le silence, de tous ses partenaires à l'égard de la politique actuelle au Vietnam, et c'est certainement à leur intention – ainsi que, bien sûr, à celle du front intérieur de l'opinion publique – qu'a été préparée l'offensive actuelle de l'optimisme officiel, qui ces derniers jours a atteint de nouveaux sommets. Les « révélations » sur des supposées « négociations secrètes » se sont multipliées, de même que les progrès lents mais constants réalisés ces derniers temps dans cette direction.

En outre, le secrétaire à la Défense, Melvin Laird, vient d'annoncer la réduction des raids aériens des B-52. Il a déclaré qu'il s'agissait d'une mesure dont l'unique but est d'économiser 300 millions de dollars sur le budget de la guerre, mais dès que l'on se rapproche des responsables de l'administration, ils s'empressent de préciser qu'il ne s'agit que d'une excuse de complaisance et qu'il s'agit en fait d'un pas important vers la désescalade de la guerre. Dans le même ordre d'idées, des rumeurs, devenues des aveux, font état de l'intention de retirer un certain contingent de troupes du Vietnam vers la fin de l'année : 40 000, 50 000 ? Aucune précision ne filtre sur ce point, mais des sources officielles indiquent instamment que l'administration a adopté un plan militaire et diplomatique pour mettre fin à la guerre. Et les détails ? Ils seront peu à peu dévoilés vers la fin de l'année 1969.

En dehors des cercles de l'administration, l'on dit qu'il ne s'agit que d'un stratagème classique pour faire croire que ce qui n'a pas changé a changé. La réduction des missions aériennes – d'après les rumeurs – est insignifiante (10 %) et on cite ces mêmes sources militaires qui ont accepté la réduction car elles ont aussi exprimé leur conviction qu'elle ne diminuera pas l'efficacité face à l'ennemi ; tout aussi insignifiante est l'éventuelle réduction des troupes car celle-ci, d'environ 8 % du total des forces engagées au Vietnam, peut très bien être compensée par des mesures administratives internes, une réduction des permissions, par exemple, ce qui éviterait une réduction de la pression militaire.

Une chose intéressante qui revient dans les entretiens que j'ai eus avec certains responsables de l'administration, y compris une conversation *off the record* avec un haut fonctionnaire du Pentagone, est la comparaison de la situation actuelle au Sud-Vietnam avec celle de la Corée du Sud lors des négociations du cessez-le-feu : une indication que, derrière ces manœuvres qui visent avant tout à gagner du temps, les hommes de Nixon espèrent obtenir, peut-être avec l'aide des Soviétiques, un accord qui permettrait, comme en Corée, une « désaméricanisation » du conflit et perpétuerait la division du pays.

Relance du pacifisme

Le front intérieur américain s'est rouvert, réveillé par le débat sur l'ABM (système antimissile) contre lequel l'opposition mène une campagne de mobilisation : la trêve avec Nixon semble terminée. Des manifestations contre la guerre ont eu lieu dans plusieurs villes dont New York, où des milliers de personnes ont défilé pendant des heures. De son côté, la hiérarchie militaire commence à s'inquiéter des organisations de résistance à la guerre qui se forment dans les rangs de l'armée elle-même.

L'anniversaire de la mort de Luther King a relancé la question des Noirs. Washington était presque paralysé dans l'attente de nouvelles émeutes similaires qui ont éclaté et ont été immédiatement réprimées à Chicago, mais ici les commémorations se sont déroulées dans le calme. Cela ne change rien au fait que, un an après, rien n'a changé, ici dans les quartiers détruits comme dans les autres villes revisitées douze mois après les émeutes. La différence est qu'ici, Nixon est venu, a serré des mains et a fait plus de promesses, y compris celle d'augmenter le nombre de policiers.

Dans la propagande occidentale, surtout pendant les années de la guerre froide, l'image de Berlin « divisée par le mur de la honte », d'un côté lumineuse, libre, pleine de vie, de l'autre grise sombre et déserte, a été utilisée comme le symbole de toutes les contradictions entre les mondes occidental et soviétique.

Il est ironique que cette propagande soit née précisément dans cette capitale du « monde libre », où les grandes contradictions du système qu'elle représente sont exposées : les pelouses bien peignées de la Maison-Blanche et la rigide architecture fasciste des bâtiments publics se côtoient, tandis que, à seulement un pâté de maisons sans murs ni barbelés (du moins pour le moment), se trouvent les ruines d'un ghetto dans la misère duquel survit la sous-société noire. De la même manière, à côté de l'optimisme redoutable de la vaste « mafia californienne » arrivée à Washington avec Nixon pour se partager les dépouilles du pouvoir, selon laquelle tous les problèmes sont résolus, de la guerre au désordre civil en passant par la pauvreté, on trouve tous ceux qui sont venus pour manifester et se révolter.

« Pour moi, New York a été vraiment vital dans ce sens. Pensez-y, j'ai pu faire un stage au New York Times *! Je n'étudiais pas le journalisme. J'étudiais la Chine, le chinois, les sciences politiques, mais j'ai ressenti une énorme attirance pour le journalisme. » En avril, Tiziano est officiellement inscrit sur la liste des membres de l'Ordre national des journalistes. Un premier pas qui reconnaît son engagement dans sa collaboration avec* L'Astrolabio *et lui permet de commencer à écrire pour* Il Giorno, *le quotidien milanais dirigé par Italo Pietra, pour lequel il couvrira occasionnellement la politique étrangère. Le regard de Tiziano s'ouvre sur le monde et il s'engage de plus en plus dans l'analyse des équilibres internationaux qui marquent le destin des peuples et des nations. Le 10 avril, se tient à Washington le Conseil des ministres des Affaires étrangères de l'OTAN pour célébrer le 20e anniversaire de l'Alliance atlantique. L'Italie est représentée par le socialiste Pietro Nenni, ministre des Affaires étrangères du gouvernement démocrate-chrétien de Mariano Rumor.*

L'OTAN : LA TROISIÈME DIMENSION

New York, le 20 avril 1969

« Les États parties au présent Traité, réaffirment leur foi dans les buts et les principes de la Charte des Nations unies [...] et sont déterminés à sauvegarder la liberté de leurs peuples, leur héritage commun et leur civilisation, fondés sur les principes de la démocratie, les libertés individuelles... » Voilà les premiers mots du préambule du pacte atlantique qui a résonné le 4 avril 1949 dans le *Departmental Auditorium* sur Constitution Avenue, à Washington.

Derrière la rhétorique de ces principes génériques se cache l'un des instruments les plus efficaces de la guerre froide. Après la Seconde Guerre mondiale, l'Europe est dévastée, divisée, au bord du chaos. Dans ses régions les plus orientales, sont postées les armées rouges, qui selon les Américains, sont prêtes à s'étendre vers l'ouest ; dans certains pays, des mouvements communistes s'emparent du pouvoir ou, comme en Italie, ils remportent même des élections.

« Soit nous aidons l'Europe à se reconstruire, soit nous y verrons la révolution », écrit l'un de ses assistants au secrétaire d'État américain George Marshall. Le pacte atlantique, répondant à cette vision, devient le bouclier défensif sous lequel les plans d'aide économique américains peuvent restaurer et revigorer les structures capitalistes européennes. La Russie dénonce le pacte comme « l'arme d'un agressif bloc anglo-américain dans le but d'établir sa domination mondiale ».

Dans les différents pays, l'opposition au Pacte est considérable, notamment de la part des organisations communistes.

Dans un discours prononcé à Vérone au début de l'année 1950, Pietro Nenni met en garde contre l'objectif et l'utilisation du tout récent pacte et menace de recourir à l'insurrection populaire, si cela s'avère nécessaire, pour contrecarrer ses éventuels plans agressifs. « La question de la paix ou de la guerre n'admet aucune discussion, a-t-il dit à cette occasion, et nous pourrions être obligés d'assumer la responsabilité de demander au peuple italien d'organiser une insurrection pour défendre la paix. »

L'espoir de Nenni

Vingt ans ont passé. Nenni, aujourd'hui ministre des Affaires étrangères, est assis à gauche de Nixon dans la grande salle de conférences ornée des 15 drapeaux des États membres, et, au mépris de la rhétorique vide des principes de démocratie et de liberté individuelle affirmés dans le préambule cité ci-dessus, sont présents les représentants de deux dictatures : la grecque et la portugaise.

L'Alliance célèbre son vingtième anniversaire. L'occasion aurait pu être extrêmement importante car les puissances du pacte de Varsovie, réunies le mois dernier, ont fait proposer de façon concrète que se tienne une réunion paneuropéenne autour des questions de sécurité, et la réunion du Conseil atlantique à cette date aurait pu être l'occasion de répondre à l'initiative soviétique. Mais cela n'a pas eu lieu.

Dans son discours, Nixon est resté vague et banal : « Nous devons trouver un moyen de vivre dans le monde tel qu'il est... un doigt seul n'a pas de force, cinq doigts ensemble ont la force d'un poing, mais le poing peut aussi devenir une main tendue... » Nenni a été le seul à exprimer l'espoir – dans son discours original, il s'agissait d'une demande expresse – de négociations directes avec les puissances de l'Est et d'une véritable conférence entre les deux blocs. Sans surprise, son appel est resté lettre morte et le communiqué final publié après deux jours de travail ne mentionne même pas la proposition du pacte de Varsovie, et se contente de prévoir l'étude de questions susceptibles de se prêter à des négociations.

La question d'éventuelles négociations avec le pacte de Varsovie n'est pas la seule question importante à laquelle cette réunion à Washington n'a pas répondu. L'Alliance atlantique est essentiellement en crise : la France rejette depuis longtemps l'intégration militaire et le Canada de Trudeau a récemment annoncé une réduction de son engagement, cependant en attendant, la question de la révision de l'ensemble de la stratégie n'a pas été abordée et le communiqué final réaffirme « la détermination constante (des États membres) d'apporter les contributions appropriées à l'effort commun de défense et de dissuasion à tous les niveaux, tant nucléaire que conventionnel ». Cette défense repose sur la présence en Europe de 300 000 soldats américains et de quelque 7 000 missiles à tête nucléaire. La situation ne semble pas évoluer et c'est là que réside son anachronisme, et récemment le sénateur démocrate McGovern lui-même, commentait à ce sujet : « C'est comme si nous étions encore à l'époque où une attaque conventionnelle de l'Union soviétique en Europe occidentale était considérée comme possible, voire imminente. »

La troisième dimension de Nixon

Telle était l'hypothèse qui justifiait la création de l'Alliance atlantique il y a vingt ans. Mais aujourd'hui, même après l'épisode tchécoslovaque, cette hypothèse – si tant est qu'elle était plausible à l'époque – est certainement dépassée et, en la perdant, l'Alliance a perdu sa principale raison de cohésion. L'Amérique de Nixon a clairement l'intention de la revitaliser et pour ce faire elle peut essentiellement suivre deux voies : l'une consiste à modifier les objectifs du pacte, l'autre à remplacer les vieux mythes sur la menace soviétique par ceux de nouveaux dangers. Les deux voies ne s'excluent pas et l'administration Nixon semble actuellement encline à suivre les deux.

D'une part, elle ravive le danger de l'agression soviétique et insinue l'idée que l'URSS, avec son nouveau missile intercontinental SS-9, cherche à se doter d'une capacité de première frappe, mais comme si cela ne suffisait pas, l'administration parle aussi de la gravité de la menace chinoise (voir toute la justification du système ABM) ; d'autre part, elle invente de nouveaux objectifs. Dans son discours au Comité atlantique, Nixon a ainsi parlé d'une « troisième dimension » qui viendrait s'ajouter aux dimensions politique et militaire de l'Alliance : une dimension sociale « pour aborder le problème de la qualité de vie dans la dernière partie du XXe siècle [...] nous devons mettre en commun nos compétences, notre intellect, notre inventivité pour trouver de nouvelles façons d'utiliser la technologie. »

Parmi les nombreux problèmes non résolus de l'Alliance, celui de l'institutionnalisation de l'infiltration américaine (car il ne s'agit que de cela) dans le secteur culturel et scientifique européen a revêtu une importance notable et a fini par être l'un des points approuvés par les différents ministres dans le communiqué final du Conseil. Il n'a cependant pas été fait mention des limites de l'Alliance ni des limites de l'engagement des États contractants.

Lorsque, à la suite de l'intervention russe en Tchécoslovaquie, les ministres de l'OTAN se réunissent en octobre 1968 à Lisbonne, Alberto Franco Nogueira, représentant du Portugal, appelle à une nouvelle solidarité politique entre les États membres et propose d'étendre la zone couverte par l'Alliance à l'Atlantique Sud, où se trouvent les colonies portugaises d'Afrique. Manlio Brosio, secrétaire du Pacte, déclare dans une conférence de presse que la proposition de Nogueira « est une hypothèse sérieuse qui mérite considération ». On connaît le ressentiment de certains secteurs de l'opinion politique américaine pour le manque de soutien des alliés dans la guerre du Vietnam. Ce ne sont là que quelques exemples de la substance incertaine de l'engagement des différents États à l'égard des principes de l'Alliance. À Washington, lors du dernier Conseil, rien de tout cela n'a été discuté, mais une clarification aurait été importante.

L'OTAN a aujourd'hui 20 ans. Il est facile de parler de son succès, même s'il est difficile de le prouver sur le fond. Certes, il n'y a pas eu d'invasion russe en Europe occidentale, mais on peut légitimement se demander si cela est dû à l'existence même de l'Alliance. Bien sûr, il n'y a pas eu de « subversions » communistes dans les États membres, et les coups d'État de droite qui ont eu lieu (Grèce) ou les tentatives de coup d'État (Italie) ont été inspirés ou garantis dans le cadre de l'Alliance. Les grands objectifs que le Pacte s'était fixés au-delà de sa fonction purement militaire n'ont cependant pas été atteints : l'unité européenne est l'un d'entre eux.

Bien sûr, il reste la rhétorique du « grand dessein » de Kennedy, aujourd'hui redorée avec la « théorie du partenariat » du conseiller spécial de Nixon, Kissinger, pour une Communauté atlantique. Pour l'instant, il ne s'agit que de mots, et il faut espérer que cela restera ainsi. La Communauté atlantique n'existe pas ; l'Europe n'a pas et ne doit pas tenir pour siens les intérêts américains dans le monde ; un partenariat où tous sont égaux mais où certains sont plus égaux que d'autres n'est pas non plus possible en l'état actuel des choses.

L'article 13 du pacte atlantique, signé le 4 novembre 1949, stipule : « Après que le Traité aura été en vigueur pendant vingt ans, toute partie pourra mettre fin au Traité en ce qui la concerne un an après avoir avisé de sa dénonciation le gouvernement des États-Unis d'Amérique ». Aujourd'hui, les vingt ans sont passés. Il est plus que temps de reconsidérer la question.

Sirhan Sirhan venait d'avoir 24 ans lorsqu'il a décidé de tirer sur le sénateur Robert Kennedy pour le tuer. Le jeune terroriste, qui avait grandi dans une famille palestinienne chrétienne, fui son pays en 1948 au début de la guerre israélo-arabe et vécu en Californie en tant que réfugié, fut arrêté et jugé. Un an plus tard, il risquait la chambre à gaz, mais la singularité du cas et la cruauté du châtiment – qui sera commué en prison à vie en 1972 – donnèrent à Tiziano l'occasion de parler de l'une des questions les plus débattues dans la société américaine.

PROJET SIRHAN : LE DESTIN D'UN *KILLER*

4 mai 1969, New York

Sept hommes et cinq femmes. Douze personnes ordinaires : des employés de bureau, des femmes au foyer, un journaliste, des représentants de la société civile. Douze jurés. Après trois mois de témoignages, d'interrogatoires, de harangues, ils ont décidé, dans un procès à un million de dollars, d'une « affaire » de notre temps : la mort dans la chambre à gaz. L'affaire Sirhan Bishara Sirhan n'est pas terminée, elle commence.

Le président du tribunal peut commuer la peine en prison à vie ; il en va de même pour la Cour suprême de l'État, qui est chargée de réexaminer toutes les condamnations à mort. Mais il est peu probable que cela se produise. Le juge a eu à traiter de dix-neuf cas de condamnations à mort dans sa carrière et n'en a commué qu'une seule ; et Sirhan, qui n'a certainement pas l'opinion publique en sa faveur, a peu de chances d'en être la deuxième. L'État est la Californie : c'est l'État de Reagan où l'idée que la « loi et l'ordre » ne sauront être maintenus sans montrer le bon exemple semble être assez répandue. L'appel demeure et la procédure est déjà en cours. Il faudra du temps pour que la décision soit prise et il est peu probable que Sirhan soit gazé immédiatement. Dans l'ensemble des États-Unis, il n'y a pas eu d'exécutions en 1968, seulement une en 1966 et deux en 1967, dont une précisément en Californie.

Parmi les différentes possibilités, entre la vie et la mort, Sirhan se retrouvera probablement dans la voie du milieu : une vie dans le couloir de la mort de la prison de San Quentin avec 83 autres personnes.

L'Amérique de la violence

La cause de Sirhan n'est pas une cause qui suscite la sympathie. Que c'était lui l'assassin du sénateur Kennedy, nous l'avions vu par millions à la télévision ; qu'il n'y ait pas eu de conspiration derrière tout cela était clair dès les premiers jours de l'enquête ; le problème était seulement de lui donner un procès équitable, de montrer que, malgré tout, le système garantirait ses droits : mais toute l'affaire a été embarrassante du début à la fin. La véritable réaction, qui a eu lieu au moment de l'assassinat, s'est éteinte aussitôt.

Lorsque Robert Kennedy a été tué, juste après Luther King, l'Amérique a semblé entrer dans une profonde crise de méfiance. La société américaine a tenté de faire un examen de conscience. Des conférences, des discussions, des séminaires ont été organisés sur la signification de la violence, ses causes, ses implications. Le Président a nommé une commission expressément. Le système politique a également réagi et tenté de contenir cette crise. Si les gens tuaient, disait-on, c'était parce qu'il y avait des armes, ainsi le Congrès a passé de longues journées à débattre de diverses propositions visant à réglementer la vente, la possession et l'utilisation de ces armes. Cela n'a pas duré. Dès que l'émotion est retombée, le puissant lobby de la *National Rifle Association*, composé non seulement d'honnêtes chasseurs de lapins mais aussi de ceux qui croient la possession d'armes essentielle à la défense du pays dans une éventuelle attaque de la conspiration communiste, a pesé de tout son poids et, à la fin, seule une petite loi interdisant la vente d'armes par correspondance a été adoptée.

Que l'on considère l'histoire de Sirhan comme celle d'un détraqué ou comme celle d'un patriote plus ou moins conscient de l'être, le meurtre qu'il a commis découle à plus d'un titre d'un ensemble de maux qui affligent la société moderne et en particulier la société américaine ; cet acte est lié au climat de violence interpersonnelle et institutionnelle dans lequel nous vivons. Il est en quelque sorte le résultat, absurde si l'on veut, d'une situation internationale qui n'est certainement pas représentative de l'ordre de paix que l'humanité a réussi à atteindre au cours de l'histoire. Le fait que Sirhan soit arabe et que Kennedy ait indiqué qu'il soutenait Israël ne peut être écarté de l'équation, et sans doute que Sirhan avait ce facteur à l'esprit. Cependant, même si le geste de Sirhan n'avait pas été une conséquence de cette société moderne, ou pas plus que n'importe quel autre geste qu'on accomplit, criminel ou non, il n'en reste pas moins que la société ne semble pas savoir y répondre de manière adéquate.

Des tarés pour Sirhan

À un crime du XXe siècle, commis en Californie pour quelque chose qui se passe au Moyen-Orient, commis par un personnage obscur, inhibé et angoissé contre un mythe source, produit entre autres d'une société de masse et de ses messages publicitaires, la société civile, à travers ses douze jurés, après avoir consulté ses oracles (aujourd'hui sous la forme de psychiatres, psychologues, criminologues) répond dans des formes médiévales par la loi du talion, et envoie Sirhan à la chambre à gaz.

Le Moyen Âge est ici l'épopée du Far West et de la prétendue « culture de la frontière ». Sirhan en est également victime. L'opinion des jurés est assez générale. Lorsqu'ils sont arrivés à leur hôtel après le verdict, une petite foule les attendait. Elle les a applaudis.

Soumettre aujourd'hui à référendum l'abrogation de la peine de mort en Amérique signifierait une défaite. Ces dernières années, seize États qui l'avaient abolie l'ont rétablie.

Ceux qui disent qu'il est juste de condamner Sirhan à la chambre à gaz parce qu'autrement, dans le cadre du système de libération conditionnelle, il aurait pu être libéré au bout de sept ans, ne font que se trouver des excuses. L'opinion publique est contre Sirhan. Seul un petit groupe de jeunes underground qui s'appellent *The Crazies* ont fait de lui leur symbole et, le soir de sa condamnation, ont couru dans les rues de l'East Village à New York avec des pancartes « Sirhan vit », « Sirhan vit en nous ».

Les manifestations et les grèves dans les universités américaines, soutenues par le Black Power et la nouvelle gauche radicale à travers les Students for a Democratic Society, durent depuis des mois. Chaque semaine, des dizaines d'étudiants sont arrêtés ; certains brûlent leurs cartes de conscription pour le Vietnam, d'autres luttent pour un accès à l'éducation moins lié à la classe sociale, d'autres encore exigent une éducation plus égalitaire avec l'embauche de professeurs afro-américains. Le cas de l'université Cornell est très représentatif : un bâtiment a été occupé par un groupe d'étudiants de la Société afro-américaine qui, après 36 heures de négociations, en sont sortis en brandissant des fusils et des cartouchières pleines de balles. Cette image choquante, qui a valu le prix Pulitzer au photographe Steve Starr de l'Associated Press, témoigne du climat de tension qui règne dans le monde universitaire.

UNIVERSITÉ AUX ÉTATS-UNIS : DES FUSILS AU CAMPUS

11 mai 1969, New York

Lors de la dernière manifestation sur le campus de l'université Columbia, un journaliste de télévision américain tente de se frayer un chemin à travers la foule des étudiants pour entrer dans l'un des bâtiments occupés. Les gardes l'en empêchent. Une dispute s'ensuit. Le journaliste proteste : « Mais je dois faire mon travail ! » Une jeune fille, brassard rouge sur veste militaire, répond : « Tu ne vois pas, mon frère, qu'il y a une révolution ? Une révolution, et tu penses encore à faire ton travail ! »

La « révolution » à Columbia a pris fin au bout de deux jours. La Cour de l'État de New York avait ordonné l'arrestation de toutes les personnes identifiables, coupables de l'occupation des bâtiments, et les étudiants sont sortis en rangs serrés, déguisés de diverses manières pour ne pas être reconnus. Les arrestations ont quand même eu lieu.

Bien sûr, ce n'est pas la révolution, et il ne s'agit pas d'assimiler les bâtiments administratifs des différentes universités américaines au Palais d'Hiver.

Mais le problème des universités américaines n'est plus celui d'une protestation de quelques « allumés, fous, inadaptés sociaux ». Les universités américaines sont aujourd'hui en crise profonde, systématiquement attaquées en tant qu'institution, pour le rôle qu'elles jouent dans la société, pour la manière dont elles sont gouvernées, pour être, comme le disent les rebelles, « le miroir d'une société autoritaire, réactionnaire et raciste ».

La lutte dans les universités est née à Berkeley avec le Free Speech Movement en 1964. Il s'agissait d'une protestation non violente pour la réalisation de droits qui n'existaient que sur le papier. Le mouvement était essentiellement humaniste, issu de la campagne pour les droits civiques pour laquelle nombre de ses dirigeants avaient milité dans les États du Sud ; il n'avait rien de révolutionnaire et une grande partie de l'opinion publique libérale a fini par le comprendre.

Entre-temps, les choses ont beaucoup changé. Au cours de l'année universitaire 1967-68, il y a eu plus d'une centaine d'émeutes dans les différentes universités des États-Unis. Cette année, on ne compte plus les émeutes et les occupations. Les journaux nationaux consacrent chaque jour deux ou trois pages à la situation dans les campus. Les émeutes se sont également étendues aux lycées et même aux écoles primaires. Rien qu'à New York, une centaine d'étudiants sont arrêtés chaque semaine en moyenne à la suite de manifestations.

« Créer deux, trois Columbia. »

Le système éducatif est attaqué sur deux angles, pas toujours convergents, mais dont l'efficacité semble s'accroître. D'une part, le pouvoir de négociation croissant des minorités noires et de couleur. Maintenant qu'il semble clair que les plans d'intégration ont échoué, dans le secteur scolaire comme dans beaucoup d'autres, la demande de « black power » par les populations noires signifie une demande de contrôle de leurs propres écoles, de leurs propres programmes d'études, de la nomination de leurs propres enseignants. À sa manière, une forme d'auto-ségrégation. C'est la politique menée par la SAS (Student African-American Society) dans les différentes universités, et c'est la politique des différentes associations de parents qui tentent de prendre le contrôle dans les écoles des ghettos noirs. D'autre part, il y a l'engagement croissant des radicaux blancs, essentiellement organisés dans le SDS (Students for a Democratic Society), qui, après une redéfinition de leur stratégie, et après des tentatives de créer un grand mouvement contre la guerre au Vietnam et aussi d'établir des relations avec la classe ouvrière, ont maintenant décidé de faire de l'université le centre de leur activité politique.

L'année dernière, au milieu de la révolte de Columbia, Tom Hayden, l'un des fondateurs du SDS et l'une des figures les plus influentes de la nouvelle gauche, a écrit un éditorial dans *Ramparts* dont le titre était « Two, three, many Columbia ». Un objectif aujourd'hui pleinement atteint.

San Francisco State College : la révolte débute lorsqu'un assistant noir, membre des Black Panthers, est licencié. Dans une région où 70 % des étudiants sont non-blancs, seuls 3 % d'entre eux sont représentés au niveau universitaire. Un groupe radical composé de Noirs, de Mexicains, de Portoricains et aussi de Blancs, qui s'appelle le Front de libération du Tiers-Monde, déclenche une grève. Certains membres du corps enseignant se rangent du côté des étudiants. Le gouverneur de Californie, Reagan, déclare que l'ordre doit être maintenu même au prix des baïonnettes. La police intervient à plusieurs reprises sur le campus, avec des passages à tabac et des arrestations. Finalement, le campus est occupé par la police. Les étudiants posent quinze revendications. Elles concernent essentiellement la création d'un département d'études afro-américaines, l'augmentation du nombre d'étudiants et de professeurs non-blancs. La grève dure plus de trois mois.

À l'Université Cornell, dans l'État de New York, l'une des plus prestigieuses du pays : l'administration de l'université prend des mesures disciplinaires à l'encontre d'un groupe d'étudiants noirs qui ont manifesté pour la création d'une faculté d'études afro-américaines. En réponse, les SAS occupent un bâtiment. La rumeur court que des Blancs armés de fusils viennent les déloger. Les Noirs s'arment à leur tour et lorsque, ayant trouvé un compromis avec l'administration, l'occupation prend fin, ils quittent le bâtiment avec des fusils à la main et de lourdes cartouchières en bandoulière. Leur photo fait le tour du monde : la révolte universitaire est entrée dans une nouvelle phase.

Denmark University, en Caroline du Sud, un petit établissement noir : à l'instar de Cornell, des étudiants, dont un vétéran de la guerre du Vietnam, occupent un bâtiment, armés. Leurs revendications sont les mêmes qu'ailleurs. L'administration propose un compromis : entre autres, l'amnistie des manifestants s'ils se rendent. Les étudiants quittent le bâtiment ; une fois désarmés, la police d'État les arrête.

Université Harvard, Massachusetts, l'une des plus anciennes universités américaines : l'année dernière, son doyen, à propos des événements de Columbia, a déclaré que cela ne pourrait jamais se produire à Harvard.

Au contraire, le tour de Harvard est venu rapidement et il a fallu que des centaines de policiers évacuent avec des matraques plusieurs bâtiments.

Contre la classe universitaire

Ce ne sont que des exemples. Des événements similaires se produisent chaque jour dans des dizaines d'universités publiques et privées, petites et grandes. Les revendications des étudiants varient, tout comme la réponse des différentes administrations, qui oscille pour l'instant entre la répression pure et la recherche d'un compromis. Les revendications des étudiants s'articulent essentiellement autour de deux axes : 1) lutte contre le rôle complice des universités dans l'activité militaire américaine ; 2) lutte contre les discriminations et le racisme de la société américaine dont les universités sont un centre de perpétuation.

Sur un tract qui a circulé sur le campus de Columbia lors de la dernière occupation, similaire aux tracts diffusés dans les différentes universités, les étudiants de la SDS ont écrit : « Nous sommes mobilisés aujourd'hui et nous continuerons à nous mobiliser contre cette université parce qu'elle fait partie intégrante, comme les autres, du système éducatif qui exclut systématiquement des personnes à l'accès des vastes ressources de cette nation en fonction de leur classe et de leur race, réservant ainsi les ressources éducatives à l'usage d'une minorité de privilégiés. Nous sommes mobilisés parce que nous pensons que le pouvoir matériel de cette université doit cesser d'être un instrument d'oppression de classe et de race et doit au contraire commencer à être un instrument de libération de la population opprimée. Nous exigeons donc, en tant que SDS et en tant qu'étudiants noirs, l'admission gratuite pour tous dans cette université. Nous continuerons à agir parce que cette université, à travers la recherche pour la guerre, à travers le recrutement militaire et le ROTC (*Reserve Officers' Training Corps*, les cours pour officiers stagiaires), a montré quotidiennement sa complicité dans la poursuite de l'impérialisme américain et la mort de centaines de milliers de Vietnamiens et d'Américains... »

Les revendications des étudiants portent sur la structure et le rôle social de l'université. Le travail des différents groupes radicaux au cours des dernières années a produit un corpus de littérature sur lequel les étudiants d'aujourd'hui s'appuient dans leurs activités de « désacralisation » et de « désautorisation » du système universitaire. Le magazine *Viet Report* a dénoncé les liens de diverses universités et instituts de recherche avec l'establishment militaire et en particulier avec la guerre au Vietnam, tandis que le NACLA – North American Congress for Latin America – en a fait de même en ce qui concerne l'implication du monde universitaire dans les activités néocolonialistes des États-Unis en Amérique du Sud.

Un ouvrage récent du journaliste James Ridgeway, *The Closed Corporation*[31], examine et documente les liens structurels entre les universités et les grandes industries opérant à l'échelle internationale. L'idée que l'université est « un lieu tranquille, délibérément isolé des conflits et des pressions de la société

31. *The Closed Corporation; American universities in crisis,* Random House, 1968.

environnante, où la raison et la culture règnent », vaguement exprimée dans un éditorial du *New York Times*, est un mythe. La vision qui veut que l'université soit purement une communauté d'érudits unis dans la poursuite de la vérité, que toute la presse bien-pensante met en avant, surtout en ce moment après l'apparition d'armes à feu à Cornell, n'est plus soutenable.

« Le savoir appliqué à des fins pratiques »

La nature de l'université américaine est dictée par son histoire. Il y a un siècle, les universités américaines étaient des institutions d'un niveau culturel modeste et avaient généralement un caractère religieux. On s'est vite rendu compte que la raison de ce retard était que « les connaissances scientifiques n'étaient pas appliquées à des usages pratiques ». La prise de conscience de l'utilité pratique de ces connaissances a entraîné une révolution au sein des structures éducatives américaines. Leur rôle a été redéfini et peut aujourd'hui être analysé comme suit :

1) L'université produit une énorme quantité de connaissances de base. En général, ces connaissances sont départementales et micro-spécialisées. L'intégration se fait généralement en dehors de l'université. Le chercheur individuel est de plus en plus limité ; il est incapable d'encadrer le savoir accumulé, plus il en sait, moins il comprend. Les organismes capables d'intégrer et d'organiser ces connaissances sont aujourd'hui les grandes entreprises et l'appareil d'État à travers ses différentes agences. Le savoir est ainsi utilisé dans le processus productif-industriel et comme instrument de contrôle social.

2) L'université forme les manipulateurs de ce savoir qui, soit feront partie de la classe qui contrôle les grandes entreprises, soit seront utilisés à un niveau intermédiaire. Les universités de différents niveaux académiques et scientifiques partagent ces rôles. Comme l'écrit un pamphlet du SDS, « les universités traditionnelles de la Ivy League (Columbia, Harvard, Yale, Cornell, Princeton, Brown, Pennsylvania et Dartmouth) forment les héritiers de la classe dirigeante et de l'ancienne bourgeoisie pour en faire la nouvelle élite managériale. Les universités d'État font des enfants de la petite bourgeoisie les cadres spécialisés de la "nouvelle classe ouvrière" et les cadres inférieurs des "cols blancs". Enfin, les Community Colleges (universités locales, généralement dotées de ressources limitées et d'une faible valeur académique) répondent au besoin croissant d'éducation des enfants de la classe ouvrière. »

3) L'université, en tant que siège reconnu du leadership intellectuel, confère un prestige aux connaissances produites. Elle produit de l'idéologie. Elle fournit des justifications scientifiques aux choix économiques et politiques. L'échange de personnes entre le gouvernement et l'université est aujourd'hui

remarquable : les exemples les plus connus sont Rostow du MIT et Kissinger de Harvard appelés à la Maison-Blanche en tant que conseillers spéciaux du Président.

L'université et la machine militaire

L'université américaine ne joue pas seulement un rôle de légitimation du statu quo politique et social, mais aussi un rôle actif dans son maintien. Les différentes facultés collaborent à des titres divers avec la machine militaire américaine qui leur fournit le plus souvent le plus gros de leurs moyens financiers. Les facultés de physique et d'ingénierie ont contribué à la construction d'armes conventionnelles et thermonucléaires. C'est dans les facultés de chimie et de biologie que sont inventés les produits de la guerre chimique et bactériologique.

Aujourd'hui, alors que la position des États-Unis dans le monde est menacée par le militantisme des différents fronts de libération nationale face auxquels l'utilisation de la technologie militaire conventionnelle s'avère inefficace et que l'accent de la recherche s'est déplacé vers la contre-insurrection (activités de contrôle et de prévention des révolutions), ce sont les facultés de sciences sociales qui apportent leur pierre à l'édifice. La revue *Science* elle-même écrit : « Pour maintenir une base de planification et de conduite des opérations militaires où et quand elles seront nécessaires, l'establishment militaire américain doit avoir accès au flux régulier de connaissances issues des études en sciences sociales. » C'est tellement vrai que, non seulement les universités américaines, mais aussi les universités du monde occidental sont désormais impliquées dans cette opération.

Aujourd'hui, les relations entre les grandes universités et le Pentagone sont telles que si les premières étaient contraintes de réduire les recherches commandées par l'armée, cette dernière perdrait non seulement sa source d'information la plus précieuse, mais certaines universités en viendraient à mettre la clé sous la porte car elles auraient perdu leur principal moyen de subsistance.

Aussi, les universités fonctionnent comme des centres de recrutement pour les grandes entreprises industrielles, dont les intérêts sont bien représentés dans les conseils d'administration des différentes universités : la brochure de la NACLA, *Who Rules Columbia ? – Qui dirige Columbia ?* – révèle les liens de l'administration universitaire avec les intérêts de certaines grandes banques et compagnies pétrolières.

Les universités servent également de centres de formation pour l'establishment militaire. Le ROTC est le système par lequel chaque année, 17 000 jeunes dans 268 universités obtiennent un diplôme et deviennent en même temps officiers dans les différentes armes. Parallèlement aux différentes formations diplômantes, ces officiers stagiaires étudient des matières militaires (dont les enseignants ont le plus souvent été placés dans les universités par le Pentagone) qui sont également validées sur le plan académique. À la suite des protestations des étudiants, certaines universités ont supprimé la valeur de ces cours en tant qu'examens, mais dans de nombreuses universités, des voix s'élèvent pour réclamer l'élimination pure et simple de tout le système.

Des fusils à l'université de Cornell

La lutte dans les universités dépasse désormais leur sphère et est devenue un enjeu du débat politique au niveau national. Après les premiers mois d'indécision de la part de la nouvelle administration républicaine, une opinion publique grandissante demande aujourd'hui à Nixon de tenir ses promesses de loi et d'ordre, et une politique de répression semble se dessiner clairement. Il s'agit d'isoler la direction étudiante, de sélectionner et de punir certains de ses dirigeants représentatifs.

Robert Finch, secrétaire à l'Éducation, a récemment déclaré que la crise est due à un petit groupe qui se déplace d'une université à l'autre pour créer des problèmes, et qu'il faut appliquer la loi fédérale qui permet de poursuivre « ceux qui se déplacent d'un État à l'autre avec l'intention de fomenter des troubles » pour y mettre un terme. M. Schultz, secrétaire d'État au Travail, estime que les étudiants qui enfreignent les règles de discipline de l'université doivent être suspendus et expulsés le plus rapidement possible. « En tant qu'ancien marine, j'ai appris qu'il ne faut jamais pointer une arme sur quelqu'un si l'on n'est pas prêt à lui tirer dessus », a déclaré M. Schultz. Il est temps de prendre des mesures décisives. « La nature de ces mesures n'est pas encore claire. »

Le sous-secrétaire à la Justice, Richard Kleindienst, a affirmé dans une interview accordée à *l'Atlantic Monthly* que les manifestants qui portent atteinte aux droits d'autrui devraient être arrêtés et placés dans des camps de concentration. Cette interview a été démentie par la suite dans une déclaration du département de la Justice, mais elle représente bien le ton de la discussion sur les problèmes des universités. L'apparition de fusils à l'université Cornell a été la goutte d'eau qui a fait déborder le vase, et les comparaisons de la situation actuelle avec l'Allemagne des années 1930, ainsi que la rhétorique du « fascisme de gauche », sont désormais monnaie courante.

Nixon lui-même est intervenu dans l'affaire et, dans un discours qui soutient clairement la ligne dure, a déclaré qu'« il est temps que le corps enseignant et les conseils d'administration des universités fassent preuve de courage et s'opposent à cette situation ». Une commission sénatoriale prévoit une enquête sur la situation dans les universités ; cette enquête visera à déterminer l'ampleur de l'infiltration communiste dans les organisations étudiantes. Les différentes assemblées législatives au niveau des États prennent des mesures contre les étudiants qui manifestent. Le Sénat de New York a adopté un projet de loi visant à retirer les bourses et les financements aux étudiants participant à des manifestations. Le Sénat californien a fait de même.

Vers la répression

L'avenir dépendra beaucoup de la manière dont ces différentes mesures seront mises en œuvre et de la manière dont les différentes administrations universitaires réussiront dans le même temps à apporter des changements au sein des universités et à maintenir ainsi leur indépendance par rapport à l'appareil d'État, qui semble désormais prêt à une répression tous azimuts.

Le mouvement étudiant est d'abord confronté à un problème de définition idéologique, entre une attirance naturelle pour les thèmes marxistes et une méfiance incarnée, typiquement américaine, pour tout ce que le marxisme a signifié dans l'histoire de la vieille gauche. Dans cette position idéologique indéfinie, face à une structure de pouvoir qui tend à coopter d'un côté et à réprimer de l'autre, le mouvement est souvent divisé par des luttes intestines et des groupes sectaires de sorte qu'il risque de finir par se retrouver isolé dans l'antipathie croissante qui se manifeste à son égard, notamment en raison des tactiques utilisées.

Pour l'instant, cependant, même au sein des universités, l'agitation grandit et la situation devient plus critique de jour en jour. On n'en est pas à la révolution, mais de nouveaux groupes et de nouveaux jeunes s'y engagent et toute une génération, qui aurait autrement traversé « silencieusement » ces années formatrices, est désormais irréversiblement vaccinée contre l'autorité et semble de moins en moins disposée à assimiler les valeurs traditionnelles sur lesquelles l'ordre public de cette société s'est jusqu'à présent fondé.

Peu après le premier anniversaire de l'assassinat de Martin Luther King et trois ans après les campagnes pour les droits civiques soutenues par le Student Nonviolent Coordinating Committee, la Southern Christian Leadership Conference et le Black Panther Party, Tiziano reconstitue l'impact de ces organisations en évaluant leur leadership, leurs résultats et leurs erreurs.

BLACK POWER : TROIS ANS DE RÉVOLTE

15 juin 1969, New York

Le Black Power est né comme un cri révolutionnaire. Aujourd'hui, il n'est plus qu'un slogan à la mode aux mille significations. « Ce que l'on appelle aujourd'hui le Black Power doit être compris en fonction des idées et des personnalités qui l'ont précédé. Le Black Power est en fait une synthèse de toutes les idées nationalistes contenues dans la double conscience de l'Amérique noire. Mais il n'a pas de signification spécifique. Il s'agit plutôt d'un sentiment, d'une réponse émotionnelle à sa propre histoire. » C'est ce qu'écrit Larry Neal dans l'anthologie *Black Fire*.

Stokeley Carmichael a dit que les droits civiques sont morts lorsque Lyndon B. Johnson a chanté *We shall overcome – Nous vaincrons*. Et aujourd'hui, après que Nixon en a parlé favorablement, les Black Panthers affirment que « le Black Power est devenu respectable, s'est embourgeoisé ». Leur devise est désormais « Power to the People » – le pouvoir au peuple. Le Black Power est ainsi devenu un concept sous lequel s'abritent les formulations politiques les plus diverses. Mais même lorsqu'il défend le développement séparé et l'autogestion culturelle et économique, il n'est plus subversif car il ne remet plus en cause les fondements du système de pouvoir en place ; au contraire, il peut favoriser cette tendance à la modernisation et à la rationalisation qui est devenue de plus en plus nécessaire. C'est pourquoi le « Black Power » est devenu, comme le « Black Capitalism », la politique officielle de l'administration Nixon.

Dans l'idée du capitalisme noir, il n'y a rien de nouveau, rien de révolutionnaire. C'est une idée aussi vieille que le problème noir lui-même. À la fin des années 1700, deux dirigeants noirs de Philadelphie ont organisé une Free African Society dont l'objectif était de créer une base économique indépendante dans les communautés noires. Des groupes de ce type ont vu le jour dans plusieurs villes du Nord, même si, comme on le sait, ils ne sont pas allés très loin. Au début de ce siècle, un autre leader noir, Booker T. Washington, président de la National Black Trade League, a développé la théorie de la soi-disant autosuffisance noire, et ses idées ont été reprises par Marcus Garvey. Tout s'est terminé par un grand fiasco lorsque Garvey a tenté d'organiser une compagnie maritime financée exclusivement par des Noirs, dont le but était d'organiser le « grand retour » vers la mère patrie de l'Afrique. Des milliers de Noirs y ont perdu toutes leurs économies.

Nationalistes et révolutionnaires

Récemment, ce sont les musulmans noirs, sous la direction d'Elijah Muhammad, qui ont mis en pratique ce principe du capitalisme et ils possèdent aujourd'hui des chaînes de magasins, des entreprises, des fermes. Le journal des musulmans, *Muhammad Speaks*, dont 385 000 exemplaires sont vendus chaque semaine, est un excellent exemple d'entreprise rentable. Malcolm X a pris conscience des implications équivoques du capitalisme noir et c'est l'une des raisons de sa rupture avec les musulmans. Dans un discours prononcé à l'Audubon Ballroom de Harlem, où il sera abattu plus tard, il a déclaré : « On ne peut pas diriger un système capitaliste sans être un vautour ; pour être capitaliste, il faut avoir quelqu'un à qui sucer le sang ».

Cette question du contrôle économique des communautés noires et de son importance est au cœur de la controverse qui divise actuellement les dirigeants noirs. C'est la ligne cruciale qui divise les forces du Black Power entre nationalistes et révolutionnaires. La position des premiers est que les Noirs doivent retrouver leur identité, avoir leur propre indépendance, y compris économique, redécouvrir leur propre culture (à la recherche de leurs racines africaines). Les révolutionnaires affirment que les revendications des nationalistes ne sont qu'une composante de la lutte politique et que le problème des Noirs est essentiellement un problème d'exploitation par la société capitaliste, qui a utilisé le racisme pour poursuivre ses intérêts économiques.

Les groupes nationalistes sont divers et comprennent les Black Muslims, l'organisation de LeRoi Jones à Newark, celle de Ron Karenga appelée US Organisation à Los Angeles, la Revolutionary Republic of Africa à Harlem, et d'autres plus petites disséminées dans tout le pays. Le motif anti-Blanc est une constante, bien qu'avec des degrés d'intensité variables, dans toutes ces organisations.

La position révolutionnaire est essentiellement représentée par le Black Panther Party. Son analyse des positions nationalistes est qu'elles sont essentiellement réactionnaires, qu'elles ont pris le capitalisme comme base politique et économique et qu'à ce titre elles doivent être combattues. Les relations entre les représentants de ces deux positions sont tendues et les affrontements fréquents. À Los Angeles, deux membres des Panthers ont été tués récemment par des hommes de l'US Organisation.

Le dilemme entre réformisme et révolution est compliqué par la stratégie de survie quotidienne dans les structures du système. Bien sûr, la critique des Panthers à l'égard des nationalistes, qui ont accepté l'invitation à devenir des capitalistes dans la structure du pouvoir blanc, est valable.

« Mettre plus de visages noirs dans les affaires signifie seulement, à long terme, changer la couleur des exploiteurs et créer des groupes d'intérêt qui diviseront la population noire », écrit l'hebdomadaire *The Black Panther*. Le programme du capitalisme noir est clairement destiné à apaiser les communautés noires et il s'agit de créer une bourgeoisie noire qui jouera à l'égard de la population des ghettos le même rôle que la bourgeoisie blanche dans la société capitaliste.

Aucune structure noire, disent les militants révolutionnaires, ne pourra jamais être autosuffisante et dépendra toujours de la structure de pouvoir blanche à l'extérieur du ghetto. Avoir le contrôle de la distribution à Harlem, par exemple, ne signifie pas éliminer le profit des détaillants ; et que les magasins appartiennent à un *soulbrother* plutôt qu'à un commerçant juif ou italien ne change rien au fait que les fruits, la viande ou le pain coûtent quelque chose comme 25 % de plus à Harlem que dans les magasins d'un quartier blanc.

Blancs et Noirs en chiffres

Le cadre historique dans lequel se développe la crise des organisations révolutionnaires noires est la disparition définitive de l'espoir de résorber la fracture raciale par des moyens pacifiques et réformistes. Une faillite qui n'est pas accidentelle, mais déterminée par la logique du système capitaliste et impérialiste américain, qui a désormais transformé les relations entre les populations blanches et noires en une guerre, pas encore livrée mais certainement déclarée.

C'est ce qu'écrivait Gunnar Myrdal, en 1944, dans un ouvrage devenu classique, *An American Dilemma. The Negro Problem and Modern Democracy*[32] : « Le problème noir n'est pas seulement le plus grand échec de l'Amérique, mais

32. New York, Harper & Brothers, 1944.

aussi sa plus grande chance pour l'avenir. Si l'Amérique suivait ses convictions les plus profondes, son bien-être intérieur augmenterait directement et en même temps sa puissance et son prestige augmenteraient dans le monde... L'Amérique est libre de choisir si les Noirs doivent rester son handicap ou devenir sa "chance historique". »

Il s'est écoulé exactement un quart de siècle depuis. Le problème noir est loin d'être résolu et la confrontation croissante de l'Amérique blanche avec le profond malaise racial empêche aujourd'hui de répéter l'analyse quelque peu optimiste de Myrdal. Le problème des Noirs n'est plus une opportunité pour l'Amérique blanche, il est et reste l'un de ses plus graves handicaps.

Depuis 1940, les Noirs n'ont pas amélioré leur situation en matière d'emploi ni leur revenu moyen par rapport aux Blancs depuis la fin de la guerre. En 1967, une famille noire avait un revenu moyen de 4939 dollars par an, contre 8318 dollars pour une famille blanche. En 1968, le taux de chômage des Noirs s'élevait à près de 7 % et atteignait 25 % chez les jeunes Noirs. Selon une statistique récente, la population noire des États-Unis s'élève à 22 millions de personnes, soit 11 % du total.

Si ces chiffres sont exacts – mais les organisations militantes les contestent en affirmant qu'il y a au moins 30 millions de Noirs en Amérique aujourd'hui – la population noire n'aurait pas augmenté de façon substantielle en termes de pourcentage depuis le début du siècle où elle était de 9 millions sur un total de 67 millions. Le rapport quantitatif entre la population noire et la population blanche est l'un des arguments des groupes militants noirs qui voient dans la politique de contrôle des naissances, d'ailleurs beaucoup plus encouragée dans les ghettos que dans les banlieues blanches, une forme de répression de la structure dominante à l'encontre des minorités noires.

L'intégration entre les deux populations a certes progressé, mais pas au rythme qu'exigeait l'époque. Les guerres ont été, comme l'écrit Myrdal, la meilleure occasion d'accélérer ce processus d'intégration. Le Vietnam a apporté la dernière contribution et le résultat a été que le pourcentage de Noirs tombés au combat a été plus élevé que celui des Blancs. Sur le plan théorique, l'acceptation d'un homme de couleur à différents niveaux de la société est un fait reconnu. Cependant, pour les Noirs ce n'est qu'une maigre consolation que d'apprendre par un sondage Gallup que 67 % des Américains sont aujourd'hui prêts à avoir un président noir, alors qu'ils n'étaient que 38 % à l'envisager en 1958.

Et il n'y a rien d'encourageant non plus dans le fait que, tel que le montrait un rapport du Congrès, un soldat revenu du Vietnam avec le grade de sergent et une solde de 554 dollars ne puisse, dans la vie civile, trouver qu'un emploi d'ouvrier à 280 dollars par mois : tout simplement parce qu'il est noir. Une fois la discrimination légale disparue, il reste la discrimination psychologique et surtout économique qui continue à faire fonctionner le mécanisme décrit par Myrdal « infériorité-préjugé-discrimination ».

L'univers des ghettos

La situation des ghettos s'est progressivement détériorée au cours des dernières décennies. « Des aspects pathologiques se développent dans les ghettos urbains du nord », écrit dans *Agenda for the Nation* le psychologue Kenneth Clark, célèbre pour son livre *Dark Ghetto*. « Les taux d'homicide et la délinquance en général n'ont pas diminué... Le système éducatif dans les ghettos s'est détérioré. »

De plus en plus de Blancs quittent les grandes villes pour s'installer dans les banlieues vertes, et les ghettos se dégradent de plus en plus, coupés du développement général. Le Dr Herman Miller, chef de la division de la population du Bureau du recensement, a récemment déclaré : « L'un des faits observés depuis les émeutes est que le nombre de Blancs quittant les villes pour les banlieues a augmenté rapidement. Avant 1966, ils étaient 140 000 par an ; entre 1966 et 1968, ce nombre est passé à un demi-million par an. La tendance est inverse pour la population noire, qui migre vers les villes à raison de 370 000 par an en moyenne. »

C'est sur la base de ces chiffres que la Commission sur les désordres civiques a prédit, dans son rapport de l'année dernière, que le nombre de résidents noirs dans les centres-villes aura doublé d'ici 1985. Alors que les Blancs migrent vers les banlieues, dans les caisses desquelles vont leurs impôts, les administrations municipales s'appauvrissent de plus en plus et sont contraintes de réduire l'intervention publique dans les zones dont les Noirs sont les premiers bénéficiaires. C'est typiquement le cas à New York, où l'administration Lindsay a récemment proposé de réduire les budgets de certains hôpitaux publics recevant une majorité de population noire. Cela vient s'ajouter aux échecs sur la voie de l'intégration.

Un autre exemple est celui des écoles. Les écoles de quartier s'intègrent naturellement lorsque les quartiers ont une population mixte. Mais la composition d'un quartier dépend du niveau de revenu et, pour intégrer les écoles, on a eu recours à un stratagème consistant à transporter les enfants noirs d'autres quartiers vers des écoles blanches et vice-versa. Le programme n'a pas fonctionné et aujourd'hui les Noirs, répondant également aux exigences d'un militantisme idéologique accru lié à une identité culturelle redécouverte en contradiction avec celle des Blancs, revendiquent le contrôle des écoles de leur quartier avec le droit de déterminer les programmes, de nommer les enseignants, etc.

L'école est l'un des fronts de lutte les plus importants aujourd'hui, ne serait-ce que parce qu'elle concerne de larges secteurs de la population et tend à politiser un nombre croissant de personnes. Cette tendance à contrôler le système éducatif primaire et secondaire trouve son pendant dans l'action des étudiants noirs des universités pour obtenir des départements d'études afro-américaines.

Vers l'auto-ségrégation ?

Au fond, ce qui est rejeté, c'est l'intégration, et ce qui est réclamé, c'est une forme d'auto-ségrégation. L'opinion *libérale* s'indigne de cette orientation politique, mais elle semble désormais irréversible. Un psychologue noir de Watts écrit dans un essai intitulé *On n'est plus des enfants*[33] que « le militantisme noir dans les communautés noires est devenu le mécanisme le plus prometteur pour atteindre la maturité, la liberté et la justice ». Le rejet volontaire des relations traditionnelles avec les Blancs devient un facteur important dans la résolution des déséquilibres de pouvoir.

Le projet d'un État séparé, entièrement noir, est une constante dans l'histoire des mouvements nationalistes radicaux. Même Eldridge Cleaver, leader des Black Panthers aujourd'hui exilé à Cuba, aborde le problème dans l'essai *The Land Question and Black Liberation* de son dernier livre *Post Prison Writing and Speeches*[34]. Il est évident que la réalisation de cette « faim de terre » sous forme de récupération ou de conquête d'une partie du territoire américain est tout à fait impossible aujourd'hui, mais Cleaver lui-même, conscient du fort enracinement de cette vision utopique dans la population noire, évite une prise de position définitive en la renvoyant à un plébiscite qui se tiendrait dans les ghettos.

C'est l'un des dix points du programme du Black Panther Party. Si le projet d'un État noir séparé est irréalisable – il faudrait y rassembler, par émigration forcée entre autres, les populations noires du pays – cependant, le projet de contrôler les différentes aires urbaines (les ghettos), les institutions (écoles, universités, industries, banques, etc.) que les Noirs occupent ou utilisent n'est pas irréalisable. C'est l'idée qui sous-tend certaines revendications des organisations noires dans les universités, ainsi que la revendication d'un contrôle économique dans les ghettos.

Sur ce terrain, il existe aussi un minimum de convergence substantielle entre les Noirs nationalistes et révolutionnaires, qui se rendent compte de

---

33. *Boys no More: Some Social Psychological Aspects of the New Black Ethic*, de Charles W. Thomas, Glencoe Press, 1971. Les travaux qui allaient donner lieu au livre furent présentés lors d'un colloque à New York en 1968.

34. Random House, 1969.

l'importance de prendre le contrôle des institutions sociales de base. Le problème du financement des organisations militantes, par exemple, prend de plus en plus d'importance et a récemment reçu une réponse spectaculaire. Il y a quelques semaines, James Forman, ancien secrétaire du SNCC – Student Nonviolent Coordinating Committee – et actuellement représentant de la Black Economic Development Conference, a interrompu un service religieux à la Riverside Church de Manhattan pour présenter son *Black Manifesto* qui introduit le concept de « réparations », dont on va désormais beaucoup entendre parler.

Partant du principe que, tout comme les Noirs ont résisté aux tentatives d'asservissement des Blancs dans le passé, ils doivent aujourd'hui lutter contre ceux qui cherchent à les transformer en capitalistes, Forman a dénoncé le rôle joué par le capitalisme et l'Église blanche dans l'oppression des Noirs. Il a ainsi exigé que les Églises chrétiennes, les synagogues et toutes les autres institutions « racistes », telles que General Motors, Ford, DuPont, les entreprises Rockefeller, paient 500 millions de dollars de réparations aux Noirs pour les dommages subis. Dans le cas spécifique de l'Église protestante, Forman a exigé qu'elle verse 60 % du rendement annuel de ses investissements. Dans le programme *Black Manifesto*, ces fonds devraient être utilisés pour créer une banque noire, une université, des maisons d'édition, un fonds de défense, etc.

Les 10 points des Panthers

Les Black Panthers sont nées dans le ghetto d'Oakland, dans la baie de San Francisco, il y a trois ans. Huey Percy Newton, aujourd'hui en prison où il purge une peine de quinze ans pour avoir tué un policier lors d'une fusillade, a élaboré le programme du parti en dix paragraphes : liberté, plein emploi, fin des rapines des Blancs dans les communautés noires, logement décent, éducation, exemption du service militaire, fin des brutalités policières dans les ghettos, liberté pour tous les détenus noirs ayant été condamnés lors des procès où ils n'étaient pas jugés par leurs pairs, plébiscite organisé dans les communautés noires sous la supervision des Nations unies pour déterminer le destin national de la population noire.

Les Black Panthers sont le groupe le plus actif aujourd'hui en Amérique. Ce sont eux qui ont introduit le concept d'autodéfense armée, qui ont organisé des patrouilles dans les ghettos californiens pour empêcher les opérations de police, c'est le seul groupe qui fait une analyse de la situation des Noirs non seulement en termes de race, mais aussi en termes de classe. Leur hypothèse politique repose sur une insurrection révolutionnaire de la population noire dans le cadre d'une guerre anticolonialiste de libération nationale. La lutte est inévitablement dirigée contre la « mère patrie » et doit aboutir à la création d'un nouvel État américain à la construction duquel les révolutionnaires blancs peuvent, bien entendu, participer.

Les Panthers se considèrent comme l'avant-garde révolutionnaire et, à ce titre, sont reconnues par les organisations radicales blanches comme le SDS qui, après avoir déplacé le centre de la campagne politique du problème vietnamien vers celui du racisme, tentent maintenant d'établir des relations au niveau des leaders avec les militants noirs. Naturellement, la répression contre ces derniers est devenue violente et aveugle ; quinze membres du parti ont déjà été tués dans divers échanges de coups de feu avec la police et plus d'un millier ont été arrêtés rien qu'au cours des derniers mois. Le parti est aujourd'hui organisé en sections qui comptent jusqu'à soixante-dix membres selon les États. La majorité de membres de ces sections sont des jeunes, ce qui est un facteur important pour le développement du mouvement.

Il est difficile, cependant, de croire à la réalisation de l'hypothèse révolutionnaire dans les conditions actuelles. Harold Cruse, l'auteur d'un excellent livre publié il y a un an, *The Crisis of the Negro Intellectual*[35], dans lequel il analysait le rôle joué par la gauche marxiste dans la vie culturelle et politique des Noirs, a récemment publié un recueil d'essais intitulé *Rebellion and Revolution*[36].

Sa thèse de base est que la révolution tout court est pour l'instant irréalisable, car derrière les leaders charismatiques, libérateurs ou prophètes, il n'y a pas encore d'héritage culturel autonome. Il affirme, en suivant Fanon jusqu'à un certain point, que la stratégie révolutionnaire noire doit se fonder sur les aspirations du nationalisme noir pour en faire émerger une théorie sociale radicale et qu'il doit y avoir, avant une révolution politique, une « insurrection culturelle ».

En quelque sorte, cela a déjà commencé : c'est la révolution dans l'art et principalement dans le théâtre et la musique, où s'est développée une forme d'expression qui n'a plus rien d'américain. Il s'agit désormais d'un art noir.

---

35. *The Crisis of the Negro Intellectual: a Historical Analysis of the Failure of Black Leadership* : Morrow, New York,1967.

36. Morrow, 1968.

C'était l'époque où le monde était ravagé par la vision capitaliste et dictatoriale américaine, les années les plus terribles de la politique américaine en Amérique latine, où les dictatures les plus atroces étaient soutenues, où les États-Unis imposaient leur volonté comme si c'était leur cour intérieure, sans aucun respect pour les populations de ces pays-là ; c'était l'époque où Washington avait financé, payé et entraîné des escadrons de la mort pour éliminer tous ceux qui s'opposaient à la vision américaine, comme cela s'est produit jusqu'à l'époque des juntes militaires en Argentine et de Pinochet au Chili. Le président Nixon a demandé à Nelson Rockefeller un rapport sur l'état des relations entre les États-Unis et les pays d'Amérique du Sud. Le gouverneur de New York, anciennement chargé des relations avec l'Amérique latine au département d'État, accepte la charge et part en mission.

ÉTATS-UNIS : LE CIRQUE ROCKEFELLER

6 juillet 1969, New York

Lorsque Nixon est entré à la Maison-Blanche en janvier, on ne pouvait pas dire qu'il manquait de choses à faire. Pour l'essentiel, le principal problème que Johnson lui avait laissé était le Vietnam, et ensuite les relations avec l'Europe et la course aux armements avec la Russie. Évidemment, l'Amérique latine en représentait un gros morceau, car le programme lancé avec tant d'espoir par le président Kennedy était mort depuis longtemps, sans que personne n'ait eu le courage de l'enterrer.

Nixon a rapidement arrêté ses choix avec des priorités définies comme suit : Vietnam, Russie, Europe. Cela, quant au fond, car pour la forme, il semble vouloir faire passer l'Amérique latine en premier. La première réunion diplomatique a été d'ailleurs consacrée à cette région et Nixon a fait dire à son secrétaire d'État qu'il s'agit d'une région vitale pour les intérêts américains avant d'avoir la formidable idée d'envoyer un émissaire dans le sous-continent américain « pour écouter, pour voir, pour apprendre ». L'idée n'est pas si mauvaise en théorie. Les problèmes de cette région peuvent attendre que les républicains décident de leur ligne politique en la matière, il suffit de gagner du temps.

Alors, pour contenter les Latino-Américains, quelle meilleure occasion que d'envoyer un grand nombre de personnalités à grand renfort de publicité, une vaste troupe de journalistes, bref, un bateau avec à sa tête un homme qui a maintes fois dit, et maintes fois affiché qu'il connaît, comprend et aime les Latino-Américains et qu'ils sont tous ses amis ? Nelson Rockefeller est l'homme de la situation. Malheureusement, tous les Sud-Américains ne sont pas de cet avis. Un journaliste chilien a écrit : « Le président Nixon, en choisissant Rockefeller, a fait preuve du même tact que le gouvernement allemand s'il avait envoyé Joseph Goebbels Jr. comme ambassadeur en Israël. Rockefeller en Amérique latine signifie pétrole ; pétrole signifie exploitation. »

Mais pourquoi y est-il allé, se demande-t-on. Selon la Maison-Blanche, il s'agit d'une mission de recueil d'informations. Le communiqué de presse de Rockefeller précise qu'il s'agit d'une nouvelle technique, celle d'emmener plus de vingt experts dans divers domaines, pour la collecte massive de données. Cela laisse songeur : s'il est une région du monde sur laquelle les États-Unis sont bien renseignés, étant donné le développement des sciences sociales et économiques, c'est bien l'Amérique latine. Ce qui n'est pas déjà dans les bibliothèques du Congrès ou dans les dossiers de la CIA a été consigné dans les analyses effectuées par les centres de recherche et les fondations, soit indépendantes soit liées aux universités, que l'empire Rockefeller contrôle directement ou indirectement par le biais d'émissaires plus ou moins déguisés.

Voyons maintenant qui fait partie de l'entourage de Nelson. Il s'agit de ce que certains appellent « son département d'État personnel », composé d'anciens conseillers et d'éminences grises dans des domaines divers qui sauront se rendre utiles en toutes circonstances. Des 27 accompagnateurs annoncés au début du voyage, 13 faisaient partie du Bureau des affaires interaméricaines que Rockefeller dirigeait dans l'administration Roosevelt durant la Seconde Guerre mondiale. On y trouve aussi deux experts des questions agricoles qui ont également été impliqués dans les projets de développement de l'agrobusiness que la famille Rockefeller a menés en Amérique latine au cours de ces vingt dernières années.

Le secteur culturel est également fortement représenté : il s'agit de ceux qui ont travaillé au service de Rockefeller pour constituer l'une des collections d'art privées les plus importantes du monde. Le gouverneur de New York a d'ailleurs l'habitude de ramener quelques pièces de valeur de chacun de ses voyages à l'étranger. Ensuite, en tant que conseillers économiques, on retrouve trois personnages qui ont des relations influentes avec des organes de presse comme le *New York Times* et *Newsweek* ; il y a le président d'IBM et le général Robert W. Porter qui à l'époque dirigeait les forces spéciales américaines dans la zone du canal de Panama et était responsable des programmes de contre-insurrection en Amérique latine – notamment la campagne en Bolivie qui a abouti à la capture et à l'assassinat de Che Guevara.

Le fait que les relations entre les États-Unis et l'Amérique latine nécessitent un réexamen approfondi ne fait aucun doute. Le gouvernement vénézuélien qui a dû demander l'annulation de la visite de Rockefeller par crainte des complications internes qui en résulteraient, a lui-même réitéré la nécessité d'une « étude approfondie, d'une analyse précise et exhaustive » pour améliorer ces relations.

Le voyage de Rockefeller, tel qu'il a été conçu, n'a fait que démontrer l'énorme insensibilité des États-Unis aux problèmes de l'Amérique latine et a révélé un manque de compréhension inquiétant de la part de Nixon, précisément dans le domaine de la politique étrangère dans lequel il se targuait d'avoir une grande expertise. La mission Rockefeller a été un immense échec et pourrait s'avérer le fiasco diplomatique le plus magistral de la première année de l'administration Nixon. Un journal mexicain l'a qualifiée de « comédie des erreurs ».

Le Pérou lui a claqué la porte au nez, le Chili et le Venezuela lui ont coupé l'herbe sous le pied, ce qui aurait dû être une réception populaire avec des enfants endimanchés agitant des banderoles s'est transformé en causerie – dont on aurait aimé connaître la teneur – dans les salons de l'aéroport, trois heures au total. En Équateur et en Colombie, de violentes manifestations ont eu lieu dans les rues à son arrivée. En Uruguay, il y a eu les bombes au siège de General Motors. En Argentine, l'incendie bien synchronisé de neuf supermarchés appartenant à une société américaine. Au Brésil, de brèves rencontres se sont tenues, à huis clos, tandis que des gorilles locaux parvenaient à peine à maintenir l'ordre en recourant à la loi martiale et en emprisonnant préventivement des centaines et des centaines d'opposants.

Le voyage de Rockefeller a ainsi exposé le drame d'une réalité américaine qui, du point de vue de Washington, n'avait pas besoin d'être titillée. L'hebdomadaire *Visão* de Rio de Janeiro écrit : « La question est maintenant de savoir si Washington sera vraiment en mesure d'accepter l'idée révolutionnaire que les relations entre les États-Unis et l'Amérique latine doivent être prises au sérieux au même titre que le problème de l'Union soviétique, du monde arabe et des pays communistes d'Asie. »

Aux États-Unis, les réactions au voyage de Rockefeller ont été largement négatives. Les critiques des groupes libéraux américains se sont multipliées et, au Sénat, certains groupes ont demandé instamment que le voyage soit écourté. « Il faut en rester là », a recommandé le sénateur Church à la fin de la première étape. « Non, c'est un grand succès », a répondu Rockefeller. De nombreux éditoriaux dans les différents journaux se sont opposés à la poursuite de la mission, mais la position de l'administration était que « renoncer à mi-parcours reviendrait à abandonner la mission aux ennemis des États-Unis et des peuples latino-américains ».

Au Sénat, lors des auditions sur les engagements militaires américains dans l'hémisphère occidental, engagement qui est devenu l'un des arguments sur lesquels les groupes politiques libéraux mènent leur campagne antimilitariste contre Nixon, le sénateur Fulbright a demandé à l'administration de suspendre toute aide militaire et de fermer les missions des armées en Amérique latine. Il s'agit clairement de désengager les États-Unis, qui ont jusqu'à présent contribué massivement à la formation de la classe militaire des différents pays (200 000 officiers latino-américains formés aux États-Unis depuis la Seconde Guerre mondiale), de leur engagement à défendre les différents régimes dictatoriaux et d'éviter ainsi de se retrouver dans une nouvelle situation de type Vietnam.

Mais sur un point, la mission Rockefeller a apporté un avantage aux gouvernements latino-américains. Gabriel Valdés, ministre des Affaires étrangères du Chili, a présenté il y a peu, au nom de vingt et une républiques sud-américaines, un document[37] demandant aux États-Unis de supprimer les barrières douanières aux produits latino-américains et d'abolir le principe de l'achat obligatoire de produits américains avec les fonds d'aide économique. Nixon, sous la pression de la mission Rockefeller, a décidé de supprimer ces clauses léonines.

Le document des vingt et une républiques mentionne également un autre problème fondamental, celui des investissements privés américains dans la zone latino-américaine, qui font sortir du sous-continent (sous forme de rapatriement de bénéfices) des sommes beaucoup plus importantes que celles qui y sont injectées. Selon le *Survey of Current Business*, les nouveaux investissements en Amérique latine de 1950 à 1965 se sont élevés à 3,8 milliards de dollars, qui, ajoutés aux anciens investissements, ont permis de transférer aux États-Unis, au cours de la même période, des bénéfices de 11,3 milliards de dollars. Il est évident que le problème ne sera pas facilement résolu, même si certains pays ont pris des mesures individuelles pour y faire face.

Le Chili, par exemple, au beau milieu de la mission Rockefeller, a annoncé son intention d'exproprier deux importantes mines de cuivre appartenant à la société américaine Anaconda. De même, le Pérou a nationalisé à l'automne dernier l'International Petroleum Company, filiale de la Standard Oil of New Jersey, contrôlée par Rockefeller. Les événements au Pérou sont intéressants et vont au-delà de la mission Rockefeller, mais cette nouvelle forme de dictature militaire qui se prétend nationaliste et anti-impérialiste est en train de devenir un modèle que d'autres États pourraient suivre et avec lequel les États-Unis devront compter.

La première réaction du département d'État à la décision péruvienne a été de menacer de réduire la part des importations de sucre, provoquant ainsi une

---

37. Voir l'article de F. Honti, « Une difficile négociation » *Le Monde diplomatique*, juillet 1969. Disponible en ligne.

cohésion populaire en faveur de la dictature. En outre, le Pérou a annoncé l'expropriation de grandes propriétés en vue d'une réforme agraire, qui affectera certainement aussi les principaux intérêts américains. La réforme agraire bénéficiera également d'un soutien populaire et les nouveaux dictateurs militaires auront une raison supplémentaire de rester au pouvoir. Ce sont ces mêmes militaires qui déploient aujourd'hui des Mirages contre les bateaux de pêche américains qui pénètrent dans les deux cents milles que les Péruviens considèrent comme des eaux territoriales.

En attendant, la mission Rockefeller, telle qu'elle s'est déroulée, a servi à polariser l'opposition interne aux différents régimes latino-américains et à recréer une cohésion qui s'était perdue entre les différents groupes (étudiants, catholiques de gauche, syndicats, notamment dans des pays comme l'Argentine) dont il sera intéressant de suivre les implications.

En définitive, même pour les différents gouvernements latino-américains encore alignés sur la politique de Washington, la visite de Rockefeller a constitué un embarras majeur, ne serait-ce que parce qu'il leur a incombé de mobiliser la police, de charger, d'emprisonner voire de tuer les manifestants, et qu'il leur appartient désormais d'en payer le prix politique dans leur pays.

Le 20 juillet, les Américains Neil Armstrong et Buzz Aldrin sont devenus les premiers êtres humains à marcher sur le sol lunaire. La mission spatiale Apollo 11, retransmise en direct à la télévision, consacre la suprématie technologique et militaire des États-Unis sur l'Union soviétique. Cependant, l'enthousiasme pour la conquête de la Lune révèle en creux tout ce que l'Amérique est encore incapable de résoudre sur Terre.

APOLLO 11 : LES AMÉRICAINS ET LA LUNE

27 juillet 1969, New York

« ... Et maintenant, quoi ? », se demandent les Américains, « maintenant que nous avons marché sur la Lune, qu'est-ce qu'on fait ? » Le vice-président Spiro Agnew, qui ne manque jamais une occasion de commettre une bévue et qui, de ce fait, sort rarement de l'arrière-salle de la Maison-Blanche où Nixon l'a relégué, tient sa réponse : « Je crois, Mesdames et Messieurs, que nous ne devons pas hésiter à dire que notre tâche est d'envoyer des Américains sur la planète Mars d'ici la fin du siècle ». Pauvre Agnew, avec cette déclaration, il a servi de paratonnerre aux critiques de la moitié du Congrès, mais qui sait s'il n'avait pas raison en fin de compte. Après tout, ce n'est pas la sagesse, ni « l'esprit d'aventure » derrière lequel se cachent tant de commentateurs aujourd'hui, qui ont guidé les exploits du programme Apollo et en particulier cette récente mission de « l'homme sur la Lune ».

Le Spoutnik russe avait créé une sorte de panique en Amérique. Pour ce pays, convaincu qu'il doit être le premier et le meilleur au monde avec son idéologie, ses machines, sa culture, rien que l'idée que les Russes puissent avoir un avantage dans le domaine des missiles, avantage pouvant avoir une portée militaire, était un choc incroyable. Spoutnik a ouvert le grand débat sur le *missile gap* ; Kennedy a orienté sa campagne électorale sur ce sujet et ce fut certainement l'une des raisons pour lesquelles il a été élu.

Ce n'est que plusieurs mois après son entrée en fonction que les techniciens ont avoué s'être trompés dans leurs calculs et qu'on a su que ledit déficit n'avait jamais existé, mais entre-temps, à cause du prétendu écart, Kennedy avait relancé la course aux armements – les dépenses militaires ont augmenté de 40 % sous son gouvernement – et avait également engagé l'Amérique à envoyer un homme sur la Lune avant 1970. C'étaient les années où fondait la glace de la guerre froide et où l'Amérique, enivrée par le messianisme présidentiel qui semblait promettre une solution à chaque problème et une chirurgie indolore pour tous les maux du monde, acceptait avec enthousiasme les défis qui lui étaient lancés : l'un d'eux était la Lune, un autre le Vietnam.

Kennedy a donné à la NASA le feu vert pour le programme Apollo, c'est lui qui a envoyé les premiers soldats américains au Vietnam. Presque personne ne s'y opposait et la grande majorité des Américains se sentaient satisfaits de la poursuite des objectifs de la « Nouvelle Frontière » : la défense de la liberté, l'acceptation du défi russe, la conquête de l'espace. Huit années se sont écoulées depuis. L'Amérique est toujours, au Vietnam, dans le tunnel sombre dont Kennedy avait prétendu voir la sortie et la lumière. À ce jour, on y a dépensé 82 milliards de dollars, 37 000 Américains et des centaines de milliers de Vietnamiens sont morts, et des deux côtés, des milliers et des milliers d'autres sont mutilés. Les États-Unis ont investi 25 milliards de dollars dans l'espace, perdu huit hommes et, aujourd'hui, deux astronautes se sont posés sur la surface lunaire. Mais l'Amérique n'est plus la même qu'en 1961. Le Vietnam l'a divisée en deux camps souvent armés l'un contre l'autre et, ses villes sont devenues des champs de bataille avec les graves problèmes de la population noire dont la misère est aussi liée à la guerre... Et même l'espace a perdu le soutien de la population.

En effet, un récent sondage d'opinion indique que 56 % des Américains sont opposés aux dépenses liées aux activités spatiales. Et pourtant, il y a toujours ceux qui prétendent que la conquête de l'espace est incontournable et qu'il faut donc l'entreprendre, que cette grande aventure est le monument de l'Amérique et qu'il faut accepter que, comme les pyramides, elle soit érigée au prix de sacrifices. Il y a eu des centaines d'autres rationalisations, explications, mystifications.

L'astronome britannique Bernard Lovell a dit que l'alunissage est important parce qu'au XXIe siècle, l'humanité devra faire face au problème de la survie de l'espèce, ce pour quoi il sera nécessaire d'aller coloniser d'autres planètes et que cet alunissage n'est qu'une première étape. Certains ont affirmé que les voyages lunaires rendaient les hommes plus humbles, et d'autres, comme l'anthropologue Margaret Mead, ont dit qu'ils serviraient à réduire l'arrogance de la race humaine. C'est avec ces bénédictions que la navette Apollo a quitté la base de lancement le 16 juillet 1969.

Il s'agit d'une coïncidence inquiétante. Le 16 juillet est également le jour où, en 1945, les Américains ont fait exploser la première bombe atomique dans le désert d'Alamogordo, au Nouveau-Mexique. Ce qui est encore une fois la preuve, dit-on, comme Apollo, que l'homme ne peut s'empêcher de faire les choses dont il s'est découvert capable. Ce serait le moteur principal de la recherche scientifique. On a déjà beaucoup écrit et dit sur la nature scientifique de la motivation principale du programme Apollo. L'entreprise, cependant, reste une affaire essentiellement politique ; politique dans sa conception générale et politique jusque dans ses détails, y compris celui d'avoir des hommes à bord de ses capsules qui ont maintenant posé le pied sur le satellite de la Terre. Car tout ce que cet Apollo fait en termes de collecte d'informations et de données aurait pu être fait par des moyens automatiques.

Les hommes d'Apollo 11 n'étaient qu'un élément de passif, des impedimenta à garder en vie, une cargaison vide de signification scientifique enfermée dans des combinaisons, incapables de bouger de manière fonctionnelle, incapables de se relever s'ils tombaient tout simplement. Mais l'arrivée d'un homme sur la Lune a été le catalyseur qui a permis de donner libre cours à l'imagination d'un public qui, pris dans la rhétorique des « exploits humains courageux », n'aurait pas perçu les implications du gaspillage, de la futilité et du danger. Le vol n'a certainement pas été effectué au nom de l'humanité, mais au nom de la fierté chauvine américaine ; lorsque ces aigles se sont élancés dans l'obscurité de l'espace cosmique, ils ont emporté avec eux leurs petits drapeaux, leurs plaques souvenirs à planter sur la surface lunaire.

L'Amérique avait besoin de cet élan. Ici, sur sa parcelle de la Terre, les choses ne vont pas bien, le chômage augmente sans que l'inflation diminue, et les premières voix alarmistes commencent à se faire entendre avec insistance dans les milieux économiques ; les problèmes à résoudre pour assurer la survie de ce gigantesque pays ne semblent pas trouver de solution, même provisoire, pas plus que la grande technologie que les États-Unis maîtrisent ne semble utilisable pour régler les problèmes sociaux et environnementaux. Il est symptomatique de constater qu'au moment même où l'avion Apollo s'envolait vers la lune, dans la mégalopole qui s'étend de Washington à Boston en passant par New York, une soudaine panne d'électricité a menacé de plonger dans l'obscurité les foyers de millions d'Américains.

Apollo 11, avec le battage publicitaire qui l'a entouré, a été une grande fête, dont Nixon a été le premier à essayer de tirer profit. Nixon n'avait aucune responsabilité dans le programme Apollo, et c'est par hasard que l'alunissage est tombé dans son escarcelle. Tout le monde le sait, mais il a fait des pieds et des mains pour participer à la scène que le monde entier regardait. Il avait demandé à dîner avec les astronautes la veille du lancement, sauf qu'il risquait de les infecter ; il a donc fait tout son possible pour parvenir à échanger des plaisanteries avec ceux qui marchaient sur la lune, et la Maison-Blanche a proposé qu'il apparaisse sur une moitié de l'écran pendant qu'on voyait les astronautes sur l'autre.

Nixon recherchait le prestige national, les votes, le consensus que les six premiers mois de son administration ne lui ont pas apporté ; Apollo était une occasion à saisir. Beaucoup doutent qu'il ait réussi. Malgré l'importance accordée à cette mission Apollo à l'étranger, il me semble qu'ici, en Amérique, elle a été accueillie avec la froideur prévisible de celui qui sait qu'il a payé cher un service qui ne lui a pas apporté grand-chose.

Derrière les expressions publiques et privées d'enthousiasme et de satisfaction se cache un embarras mal dissimulé face à l'apparente contradiction entre ce que le pays fait et ce qu'il devrait faire. Les doutes et les critiques ont été si constants et si naturels qu'ils ont fini par prendre l'allure de clichés, mais même lorsqu'ils ont été exprimés avec la prudence de ceux qui craignaient d'offenser une opinion publique largement favorable (Abernathy a dû dire qu'il était « l'un des Américains les plus fiers »), ils ont été décisifs et sans équivoque. L'establishment politique libéral s'est distingué en définissant les limites des aventures spatiales avec les commentaires des sénateurs Muskie et Kennedy.

Le grand bénéfice pour l'Amérique de la mission Apollo vient des réactions en chaîne du reste du monde. Les gouvernements des différents pays en ont profité pour pacifier leur propre terrain et chanter les louanges de leur pays protecteur en mettant en avant l'idée récurrente du grand voyage d'aventure qui unit toute l'humanité. L'Italie a découvert qu'elle faisait partie intégrante de l'entreprise parce qu'elle avait vu naître Galilée – qui aurait été un précurseur des employés de la NASA – et le président italien Giuseppe Saragat a écrit dans le message laissé sur la Lune qu'il s'agissait « d'une étape glorieuse dans le voyage de toute l'humanité vers la paix, la liberté et la justice ». (Il manque d'ailleurs sur la Lune les messages du Honduras et du Salvador qui étaient ici sur terre engagés dans des affaires fort humaines comme la guerre). Tout le monde a payé le prix de cet immense spectacle de cirque interplanétaire. La RAI a réalisé des heures de connexion avec l'Amérique, dont près de quatre par satellite, au prix de 3 000 dollars la minute.

« Le monde a faim de pain et on lui offre de la poussière de lune », écrivait il y a quelques jours un scientifique anglais. Maintenant que les louanges du monde sont montées jusqu'au ciel pour les actes courageux de trois Américains (deux officiers militaires et un prétendu civil qui ont effectué 78 missions de guerre au-dessus de la Corée du Nord), Nixon et Rogers voyagent à travers le monde pour récolter les fruits de leur prestige lunaire. Au Japon, ils trouveront également d'autres fruits obtenus grâce à la même technologie et aux mêmes hommes qui ont envoyé les Apollo sur la Lune.

Il y a quelques jours, à Okinawa, un incident lié à un projectile de gaz létal a semé la panique dans la population de l'île, et 25 soldats ont été secrètement hospitalisés avec des symptômes identiques à ceux observés il y a quelque temps chez une centaine de personnes s'étant baignées dans la mer aux alentours de la base américaine. Un scandale a éclaté dans le pays et le département de la Défense a admis que les États-Unis disposaient de réserves de ce gaz dans toutes leurs bases (donc probablement aussi en Italie), le même gaz avec lequel 7 000 moutons ont été tués par accident de façon fulminante dans la Skull Valley, dans l'Utah, il y a environ un an.

Ce qu'on observe jusqu'ici de ce premier pas dans l'espace n'incite vraiment pas à espérer que le fait de sortir de son environnement naturel poussera l'homme à aller au-devant de ses problèmes terrestres ou à réduire sa compétitivité et son agressivité à l'égard de ses congénères. Le lancement par l'URSS de la mystérieuse Luna 15 était un symptôme inquiétant de la façon dont les caractéristiques de l'homme de la terre seront celles de l'homme de l'espace ; et ce à quoi nous devons nous attendre est peut-être terrifiant au-delà de notre imagination.

La voie est désormais ouverte. Peut-être, comme l'a prédit ce sage visionnaire qu'est Agnew, un jour pas si lointain, ces êtres humains conditionnés et accrochés à leur trousse de survie, dont l'équipage d'Apollo était un bon échantillon, quitteront la Terre que d'autres comme eux auront contribué à détruire pour aller explorer d'autres planètes. Ils les appelleront probablement leur « Nouvelle Frontière », comme certains l'ont déjà fait pour la Lune, et se qualifieront, avec les bagages qu'ils emporteront, d'héritiers de l'humanité et de sa culture.

La principale constante des explorations humaines a été la construction d'empires coloniaux, et cela a toujours signifié l'exploitation, la dénaturalisation et l'effacement des cultures par des gouvernants qui se disent porteurs de progrès et de civilisation. Rien ne permet de penser que cette exploration spatiale sera différente des précédentes ; au contraire, elle sera menée avec une sophistication technologique sans précédent. Une sophistication dont les États-Unis ont amplement démontré qu'ils étaient capables aussi bien lorsqu'ils lancent leurs hommes dans l'espace que lorsqu'ils les envoient dans les jungles et les villes d'autres pays ou lorsqu'ils lâchent leurs bombes où que ce soit sur Terre. Le plus probable est que le programme spatial se poursuive. Les armées aujourd'hui mises en accusation pour leurs activités « conventionnelles » pourraient trouver dans ces entreprises « non conventionnelles » une bonne façon de se réinventer. Au-delà d'Apollo, ce sont des centaines de satellites de toutes sortes, inconnus du public et sans la moindre attention médiatique, qui volent aujourd'hui dans l'espace, contrôlant à des fins purement nationales la Terre et ses ressources avec la capacité, à tout moment, de tout détruire.

Le succès d'Apollo 11 ne nous réjouit pas, surtout en raison de la manière non critique dont il a été reçu dans le monde, et de la façon dont il a donné à l'Amérique l'occasion de revigorer son chauvinisme et son arrogance déjà dangereux. Le Vietnam avait commencé à ouvrir les yeux de l'opinion publique sur ce que ce pays représente réellement au-delà de ses messages publicitaires. Rappelons qu'en 1957, Spoutnik a servi aux Russes à faire oublier la Hongrie. Ce serait une grande tragédie si Apollo occultait les leçons à tirer du Vietnam.

Dans le silence de la Lune se dresse désormais une plaque commémorative faite de belles paroles inutiles signées Nixon. Le journaliste Isidor F. Stone en a suggéré une autre : « C'est ici que les hommes ont posé pour la première fois le pied sur les étoiles lointaines. Ils parlent de paix, mais partout où ils vont, ils apportent la guerre. Les fusées à bord desquelles ils sont arrivés sont conçues pour apporter une mort instantanée et peuvent, en quelques minutes, transformer leur planète verte en une autre Lune sans vie. Leur ingéniosité destructrice ne connaît aucune limite et leur influence maléfique ne connaît aucune restriction. Que le reste de l'Univers soit sur ses gardes. »

« Je cherchais une alternative au monde occidental, c'est-à-dire que je cherchais un modèle qui, de mon point de vue, devait être différent, et si on se fiait à ce qu'on nous montrait "sur le papier" – et nous n'avions pas le choix puisque nous ne lisions que les textes de Mao -, la Chine était cette alternative. » Le 23 août, naît Folco, le fils aîné de Tiziano et Angela. Ils commencent à préparer le retour en Italie qui aura lieu un mois plus tard. Ce sont les dernières dépêches depuis New York et l'attention de Tiziano se concentre sur le pays qu'il s'apprête à quitter, les États-Unis, et sur celui qu'il espère atteindre bientôt, la Chine.

ÉTATS-UNIS-CHINE : NIXON CHANGE LA DONNE ?

31 août 1969, New York

L'orgie de slogans asiatiques n'est pas nouvelle. Nixon a terminé son tour du continent et on l'entend dire : « L'Asie aux Asiatiques, porte ouverte sur la Chine. » Les Américains écoutent, s'enthousiasment, sentent la main de la « nouvelle voie » nixonienne. Ils semblent avoir oublié que « Plus de guerres terrestres en Asie » a été le mot d'ordre de toutes les administrations américaines après la guerre de Corée ; ils semblent avoir oublié que « Plus de Vietnam » a été plus ou moins la base du programme avec lequel Johnson s'est battu contre Goldwater en 1964, avec les résultats que la Terre entière connaît. Pourtant, il a suffi d'une légère inflexion de langage de la part de l'administration Nixon dans sa gestion du monstre chinois pour convaincre l'Amérique que des événements retentissants se profilaient à l'horizon.

Après tout – dit-on – la nouvelle situation qui voit le jour entre la Chine et la Russie laisse aux États-Unis une grande marge de manœuvre ; certains ont même vu dans le voyage du Président à Bucarest un premier pas vers la recherche d'un médiateur pour le rapprochement avec Pékin. Il n'est pas impossible que le département d'État dispose d'un tel programme en réserve, mais il est peu probable qu'il y ait, à ce stade, un « sujet de négociation » entre les Américains et les Chinois et, surtout, que ces derniers acceptent la Roumanie en tant que médiateur. Vingt ans de « non-relations » – mieux vaudrait dire de « contre-relations » – constituent un obstacle trop important pour qu'il soit surmonté avec de bonnes intentions, fussent-elles très clairement exprimées.

Lorsqu'en 1949 les communistes chinois prirent le pouvoir à Pékin et que les restes de ce qui avait été l'armée nationaliste se réfugièrent à Formose, les États-Unis refusèrent de reconnaître la légitimité du nouveau gouvernement et leur secrétaire d'État, M. Acheson, déclara qu'ils ne le feraient pas tant que les communistes ne rempliraient pas trois conditions : ils devaient montrer qu'ils exerçaient un contrôle sur l'ensemble du territoire, ils devaient reconnaître leurs obligations internationales et ils devaient gouverner avec l'assentiment du peuple.

L'administration Truman déclara qu'elle n'interviendrait pas dans la question de l'île de Formose et qu'elle ne défendrait pas le régime de Taipei qu'elle avait si fermement soutenu pendant la guerre civile. Un engagement qui ne dura pas longtemps. Deux jours seulement après le début des hostilités en Corée, Truman ordonna à la 7e flotte d'entrer dans le détroit de Formose, envoya du matériel au généralissime et installa un groupe de conseillers militaires américains sur l'île.

Depuis, la politique étrangère américaine a été liée aux rêves de Tchang Kaï-chek de reconquérir le continent. En 1951, Dean Rusk, alors sous-secrétaire d'État, affirmait que le gouvernement de Pékin n'était qu'une marionnette de Moscou. En 1951, le Congrès américain adopta une résolution demandant à l'ONU de déclarer officiellement que la Chine est l'agresseur en Corée.

Pendant la guerre de Corée, on mit à jour les plans de certains groupes politiques américains qui auraient voulu donner une leçon à la Chine au lieu de la laisser mourir de consomption comme le dictait la politique officielle – et Truman dut écarter le général MacArthur qui voulait lancer la guerre sur le territoire chinois pour « réduire drastiquement les capacités chinoises à mener des guerres d'agression et sauver ainsi le reste de l'Asie ».

Cependant, le rêve de renverser le régime de Pékin ne faiblit pas et, même en 1957, après que la Chine eut participé à la conférence internationale de Genève et joué un rôle important dans les négociations, John Foster Dulles, alors secrétaire d'État, déclara que « le régime communiste de Pékin est une phase temporaire et nous nous engageons à faire tout ce qui est en notre pouvoir pour contribuer à son caractère éphémère ».

Pendant toutes ces années, les États-Unis imposaient à leurs alliés qui ne l'avaient pas encore fait, comme l'Angleterre, de ne pas reconnaître le gouvernement de Pékin ; ils ont imposé un embargo absolu sur toutes les transactions commerciales et financières avec la Chine afin d'empêcher cette dernière d'obtenir en Occident les instruments dont elle avait besoin pour son développement économique et ils ont exercé de diverses manières un chantage sur les différents pays du monde dit libre – par le biais de dispositions liées à l'aide économique américaine et à la création d'une commission de contrôle appelée CHICOM – afin qu'ils n'exportent pas vers la Chine toute une série de marchandises considérées comme stratégiques. Aucun citoyen américain n'était autorisé à se rendre en Chine et évidemment aucun Chinois n'était autorisé à entrer aux États-Unis.

Cette situation ne changea pas beaucoup sous les administrations Eisenhower et Kennedy. Les États-Unis ont continué à protéger Formose, refusant au gouvernement de Pékin le principal de ses objectifs politiques : la réunification de son territoire. Ils ont chaque année refusé à la Chine l'admission à l'ONU et ont aidé les nationalistes à mener en toute impunité des actions perturbatrices et subversives le long de la côte chinoise. C'est sous l'administration Kennedy que ces activités atteignirent leur apogée, en 1962, avec une série d'opérations de commandos débarqués sur le continent et immédiatement neutralisés par l'armée populaire.

Un léger changement, si tant est que c'en était un, s'est produit sous l'administration Johnson qui, enlisée au Vietnam, d'une part tendait à présenter la Chine comme le véritable ennemi afin de justifier ainsi l'ampleur des opérations en Asie, et d'autre part soutenait l'hypothèse que, compte tenu des dissensions croissantes avec la Russie, la Chine pourrait être utilisée comme élément modérateur d'une solution vietnamienne (après tout, les Chinois avaient déjà joué ce rôle dans les négociations sur l'Indochine, en 1954 et en 1962). Il s'agissait d'ouvertures infimes qui n'ont donné rien d'autre qu'une réaffirmation de l'arrogance et du racisme mal dissimulé avec lesquels la politique asiatique des États-Unis continuait d'être formulée.

Cependant, le département d'État annonça qu'il autorisait les médecins, les journalistes et les universitaires à se rendre en Chine et leva l'embargo sur une série de médicaments destinés à lutter contre l'épidémie de méningite qui sévissait dans le pays. Johnson alla jusqu'à déclarer, dans son message sur l'état de l'Union en 1968, qu'il serait prêt à fournir des céréales aux Chinois s'ils étaient réellement affamés.

Pendant vingt ans, la propagande occidentale, États-Unis en tête, s'est employée à présenter la Chine comme une puissance irrationnelle, dotée d'un gouvernement cruel et d'une immense population de fanatiques imprévisibles. L'année dernière, en défendant la position américaine au Vietnam, Dean Rusk a déclaré que le problème résidait dans le fait que « dans les dix ou vingt prochaines années, il y aura un milliard de Chinois sur le continent, armés d'engins thermonucléaires, et on ne peut pas dire quelle attitude ils auront à l'égard du reste de l'Asie ». L'image de l'irrationalité chinoise est si répandue que le Pentagone a réussi à faire approuver par le Congrès les premiers financements de recherche sur les ABM (missiles antimissiles) au motif que la Chine, bien que disposant de peu d'armes nucléaires et sachant que leur utilisation l'exposerait à des représailles massives, pourrait décider contre toute logique de lancer une attaque atomique contre les États-Unis.

Nixon a hérité de cette situation et, malgré ses déclarations, n'a jusqu'à présent manifesté aucune volonté concrète de la modifier, notamment parce que ce qui est cité comme exemple de sa nouvelle politique n'est absolument pas pertinent. Le département d'État, par exemple, a récemment annoncé qu'il autoriserait les journalistes et les universitaires à se rendre en Chine. Comme nous l'avons vu, cette disposition existait déjà, et le fait de la répéter n'a pas changé la politique de Pékin, qui n'autorise toujours pas les citoyens américains sur leur sol (à quelques rares exceptions près, comme Edgar Snow en 1965 et, récemment, certains membres du Progressive Labor Party, un parti prochinois).

À ce sujet, il est intéressant de citer l'expérience d'un groupe de pacifistes américains qui ont quitté le Japon à bord du Phoenix, le navire qui a amené des Américains au Nord-Vietnam, en direction de Shanghai où ils espéraient être accueillis. Le voilier a été intercepté par les garde-côtes chinois qui, à coups de citations du président Mao, les ont renvoyés en leur disant en substance : « Si vous êtes nos amis, comme vous le dites, et que vous n'êtes pas d'accord avec la politique de votre gouvernement, changez les choses chez vous et laissez-nous tranquilles » (voir « Report from the China Sea » dans la *New York Review of Books* du 21 août de cette année).

L'autre soi-disant ouverture à la Chine concernait l'autorisation d'importer jusqu'à 100 dollars de marchandises chinoises par personne : une mesure qui visait simplement à favoriser les touristes américains qui faisaient le plein à Hong Kong de cadeaux et de bibelots qui étaient ensuite régulièrement confisqués à l'entrée aux États-Unis car, même s'ils portaient la marque de Hong Kong, le simple soupçon qu'ils aient pu être fabriqués en Chine et que les Chinois aient encaissé de précieuses devises les rendait illégaux.

Pour l'instant, il est donc tout à fait prématuré de parler d'une nouvelle politique américaine à l'égard de la Chine, même si, de toute évidence, Nixon, qui semble plus enclin à suivre les humeurs changeantes du pays à hue et à dia qu'à appliquer un plan précis, est influencé par les changements survenus ces vingt dernières années en Amérique à l'égard de la Chine, tant sur le plan économique que politique.

Les activités du Comité du Million[38] contre l'admission de la Chine aux Nations unies, derrière laquelle se trouvaient des groupes réactionnaires et dont étaient membres des militants aujourd'hui considérés comme libéraux, tels que les sénateurs Javits et Mansfield, ont perdu au fil du temps de leur virulence. D'importants acteurs économiques de l'industrie chimique, l'industrie alimentaire et l'industrie maritime, commencent à considérer l'embargo contre la Chine comme un frein aux affaires alors que certains pays occidentaux (Allemagne, Canada, Japon et même Italie) s'y préparent, et font donc du lobbying pour que cette politique soit revue.

Sur le plan politique, certains groupes libéraux, qui parlent aussi au nom de ces intérêts économiques, voient dans l'échec de l'isolement de la Chine (qui n'est pas morte de consomption, mais est devenue au contraire la troisième puissance mondiale) la preuve de l'échec de l'ancienne politique et en demandent la révision, conscients que si un modus vivendi doit être trouvé en Asie, où les États-Unis ont des intérêts très importants, il ne pourra pas être stable sans la participation de la Chine. Selon eux, la Chine devrait se voir confier un rôle et une responsabilité au niveau international qui l'intégrerait dans le jeu diplomatique et l'exposerait à l'opinion mondiale une fois que les barrières actuelles auront été levées.

Un exemple excellent de cette attitude est la conférence tenue à New York il y a quelques mois sous les auspices d'une organisation de spécialistes de la Chine, au cours de laquelle Edward Kennedy, alors encore en odeur de sainteté, a prononcé un discours très ouvert sur les péchés américains à l'égard de la Chine et sur les moyens de les corriger à temps. Les arguments défendus par les radicaux il y a quelques années font donc partie aujourd'hui du discours des libéraux et Nixon, qui a senti le vent tourner, n'a pas manqué d'enregistrer les changements.

Pour une véritable nouvelle politique américaine à l'égard de la Chine, il reste cependant deux obstacles qui semblent encore insurmontables car il n'y a pas de terrain d'entente ou de compromis possible : la question de Taïwan et celle de l'admission aux Nations unies.

Taïwan est un territoire chinois : sur ce point, communistes et nationalistes sont d'accord. Seulement, chaque camp a tendance à considérer que la solution du problème passe par la « libération » de l'adversaire, autant dire, par une confrontation. Les chances d'une solution pacifique semblent minces. En 1962, à la suite d'un article du correspondant à Singapour du

38. Fondé en 1955, le Comité du Million contre l'admission de la Chine communiste à l'ONU visait à prévenir tout assouplissement de la politique étrangère américaine vis-à-vis de la Chine.

London Observer, des rumeurs circulent selon lesquelles la famille Tchang aurait conclu un accord secret avec Pékin selon lequel, une fois que les deux protagonistes de la guerre civile (Mao et Tchang) auraient disparu de la scène, Formose reviendrait sous la souveraineté de Pékin avec le statut de région autonome (comme d'autres régions de Chine telles que le Tibet, la Mongolie intérieure, le Xinjiang, etc.) et Tchang Ching-kuo, fils du généralissime, serait nommé gouverneur.

L'hypothèse n'est pas à écarter, d'autant qu'elle préserve des principes auxquels aucune des parties ne veut renoncer, mais la question est de savoir si les différents intérêts non chinois (principalement américains) permettraient à une telle solution de voir le jour. Des indications récentes vont dans le sens contraire. Entre les théories des « deux Chines » et celle de la « Chine unique », une troisième émerge, qui semble être soutenue par les Américains : la théorie de la « Chine unique, une Formose ». Celle-ci reposerait sur la conclusion qu'après tout, les nationalistes chinois arrivés en masse sur l'île ont opprimé et exploité la population locale et que celle-ci est désormais prête à se battre pour son indépendance et souhaiterait établir un État indépendant, non chinois et neutre (c'est-à-dire un État qui respecte les intérêts américains sur l'île).

À leur tour, les Russes ont montré récemment d'obscurs intérêts pour se lier au régime de Taipei et il n'est pas exclu que, pour empêcher Pékin d'atteindre l'un de ses objectifs les plus importants, ils ne décident de soutenir la solution d'une Formose indépendante que les Chinois ne manqueraient pas de combattre en tant qu'État fantoche. Cette position russe serait en fait conforme à celle déjà annoncée par Khrouchtchev à son retour des États-Unis en 1959, lorsqu'il a signalé à Pékin qu'il était temps de reconnaître l'existence d'un Taïwan indépendant.

La question des Nations unies est tout aussi complexe, car en plus d'être étroitement liée à la solution de la question du statut de Taïwan, elle affecte la structure actuelle de l'ONU dans laquelle la Chine nationaliste ne compte pour rien, malgré son statut de membre permanent. L'admission éventuelle de la République populaire de Chine ne peut se faire sans que l'organisation ne soit réorganisée d'une manière ou d'une autre pour permettre à cette nouvelle puissance d'exercer un pouvoir qui lui revient de droit et sans lequel il est inutile que Pékin accepte d'y participer.

Le problème est donc beaucoup plus vaste qu'il n'y paraît et une solution satisfaisante nécessiterait le consensus des grandes puissances, y compris de la Russie qui, à l'heure actuelle, semble loin de vouloir accorder à la Chine un rôle international plus important que celui qu'elle joue déjà.

C'est là que se pose la grande question des relations triangulaires États-Unis-URSS-Chine. Les Russes tentent pour l'instant d'isoler la Chine et de contenir son influence, qui menace désormais non seulement de créer une hégémonie en Asie, mais aussi de saper les relations de l'URSS avec les partis communistes du reste du monde, y compris de l'Europe occidentale. D'où les accusations les plus invraisemblables contre les Chinois – ils se seraient liés avec les revanchards de Bonn et ceux de Jérusalem, auraient établi des contacts secrets avec les Américains, etc. – au moment où les Russes semblent préparer une grande entente avec les États-Unis, ce qui est vu par les Chinois comme une tentative outrageuse de se partager le monde sur la base d'un statu quo qui serait reconnu comme inaltérable du Moyen-Orient à l'Europe et au Vietnam.

L'Asie reste cependant le centre de ces confrontations, collusions, affrontements ou compromis. Si la politique annoncée par Nixon d'une présence américaine plus limitée après le Vietnam est poursuivie – et on peut douter qu'elle le soit si on songe aux récentes révélations sur un pacte secret par lequel les Américains s'engagent à mettre des forces militaires à la disposition de la Thaïlande, sous le commandement des autorités thaïlandaises, non seulement en cas d'agression extérieure, mais aussi en cas de subversion interne – ce plan pourrait coïncider avec une plus grande présence russe dans la région, présence qui se fait déjà sentir et que les États-Unis considèrent sans doute comme un contrepoids à la puissance chinoise.

La marine russe est désormais en force dans l'océan Indien où elle a amarré deux énormes balises qui officiellement servent aux missions spatiales, mais qui pourraient également faire office de stations de ravitaillement en attendant que l'Inde accorde à l'URSS, qui l'a récemment demandé, une base navale sur une île du golfe du Bengale. La présence économique russe en Asie s'est également faite plus pressante ces derniers mois. Après avoir organisé une conférence sur le commerce asiatique, à laquelle le Pakistan a refusé de participer en raison des implications antichinoises évidentes, l'URSS a maintenant proposé d'adhérer à la Banque asiatique de développement. Avec ce geste, la Russie entre de plus en plus en conflit avec les intérêts du Japon, sur le rôle duquel les Américains semblent compter fortement dans leur stratégie post-Vietnam.

Le Japon est aujourd'hui, en termes de produit national brut, le deuxième pays du « monde libre » et les États-Unis, qui comptent sur leur armée à Okinawa qu'ils n'entendent rendre à la souveraineté japonaise que sous certaines conditions, semblent exiger que le Japon participe plus activement à la défense de l'Asie.

Il se dit que lors de la récente visite du secrétaire d'État William P. Rogers à Tokyo, certains hauts fonctionnaires américains ont évoqué la possibilité d'un réarmement, voire d'un réarmement atomique, du Japon.

Il est également certain que le ministre japonais des Affaires étrangères, M. Aichi, évoquera ces questions lors de sa prochaine visite à Moscou. Tout cela confirme l'hypothèse selon laquelle les États-Unis, réalisant l'obsolescence avancée d'organisations défensives telles que l'Organisation du traité central et l'OTASE, préparent le terrain pour un nouveau mécanisme de sécurité asiatique d'une telle ampleur que même le projet Brejnev d'un pacte de sécurité asiatique pourrait en faire partie. Et la Chine ? Pour l'instant, elle reste le « danger » contre lequel tous ces projets sont dirigés.

Fred Hampton, 21 ans, leader des Black Panthers dans l'Illinois, est tué lors d'un raid de la police de Chicago. Ce n'est que la dernière d'une longue série d'affaires controversées dans lesquelles le gouvernement, par l'intermédiaire des forces de l'ordre locales et du FBI, tente d'affaiblir et de réduire à néant le mouvement politique afro-américain et de décourager les sympathisants radicaux blancs.

ÉTATS-UNIS : LA CHASSE AUX PANTHÈRES

21 décembre 1969

Alors qu'Eldridge Cleaver purgeait encore une peine de neuf ans de prison et qu'il trouvait le chemin de sa « libération » dans les théories religieuses et sociales des Black Muslims, puis dans celles de Malcolm X, il écrivait dans l'un des essais publiés dans *Un Noir à l'ombre*[39]: « La police est la gardienne armée de l'ordre social. Les Noirs sont les principales victimes internes de l'ordre social américain. Il y a donc un conflit d'intérêts entre les Noirs et la police. » Ce conflit est aujourd'hui mis en évidence. La police affirme qu'elle ne fait qu'appliquer la loi. Les Noirs, les Black Panthers en tête, affirment qu'il s'agit d'une extermination organisée contre eux, d'un génocide. La dernière confrontation s'est déroulée comme une véritable opération militaire, comme l'une de ces missions de « recherche et destruction » que les marines effectuent tous les jours au Vietnam. L'aube commençait à poindre. Des dizaines de voitures de police ont bouclé toute une partie du quartier noir de Chicago ; les membres de l'ainsi nommée « brigade spéciale » ont encerclé les deux bâtiments où se trouve le siège des Black Panthers. Les hommes se sont divisés en deux pour pénétrer dans le bâtiment par des entrées séparées. Ils étaient cinq cents, armés de fusils, de mitraillettes, de gaz lacrymogènes et couverts par un mandat d'arrêt émis

39. Paris, Seuil, 1969.

par les autorités judiciaires à l'encontre de certains membres du parti pour détention illégale d'armes.

La police affirme que ses hommes ont été la cible de salves tirées de l'intérieur et qu'ils se sont contentés de riposter. Mais le constat est que seuls deux agents ont été légèrement blessés (l'un s'est coupé avec du verre) alors que quatre Black Panthers ont été blessés et deux sont morts criblés de balles : Fred Hampton, président du parti dans l'État de l'Illinois, et Mark Clark. Aux journalistes, qui ont ensuite été invités à entrer dans le bâtiment, les Panthers ont montré un lit plein de sang et criblé de balles, alors que sur les murs autour et sur la porte d'entrée, il n'y avait pas une seule balle. Les Panthers affirment que Hampton et Clark ont été assassinés dans leur sommeil.

En juin dernier, les mêmes bureaux avaient été perquisitionnés dans des circonstances similaires et la police avait réussi à emporter tous les documents du parti, des listes de membres et de sympathisants, 10 000 dollars et une liste de 9 000 signatures d'un référendum populaire pour la libération de Fred Hampton, aujourd'hui assassiné. Des épisodes de ce type ont eu lieu ces derniers mois dans toutes les villes où les Black Panthers ont leur siège, de Des Moines dans l'Iowa, à Denver dans le Colorado, à New York, et dans l'Utah et la Californie : une récurrence qui ne fait que mettre en évidence un plan soigneusement mis en œuvre pour terroriser, décapiter et anéantir l'organisation militante noire qui, plus que toute autre, a gagné en force dans les ghettos et acquis l'appui des radicaux blancs.

Des centaines de dirigeants ont été arrêtés et se trouvent dans diverses prisons locales et fédérales, attendant, sans pouvoir être libérés sous caution, des procès qui pourraient se solder par de longues peines de prison, voire par la mort; 28 militants ont été tués dans des fusillades avec les « forces de l'ordre » depuis le début de l'année 1968. Dans le seul État de New York, 100 militants ont été arrêtés au cours de l'année écoulée, dont 21 sous l'accusation, non encore prouvée, d'avoir conspiré pour poser des bombes dans des grands magasins.

L'attaque contre l'organisation noire a commencé systématiquement par le sommet, dans le but d'isoler et d'éliminer ses dirigeants. Huey P. Newton, fondateur et idéologue du parti, a été arrêté à la suite d'une fusillade et purge une peine de 15 ans en Californie. Eldridge Cleaver, ex-détenu et écrivain à succès, est contraint à l'exil à la suite de la révocation d'un sursis. Bobby Seale, président du parti après Cleaver, est arrêté pour un meurtre pour lequel 14 autres Panthers sont déjà en prison.

Dans l'attente de ce procès, Seale est condamné à quatre ans de prison pour outrage à magistrat lors d'un autre procès qu'il subit avec six autres leaders blancs pour avoir organisé de vastes manifestations contre la guerre du

Vietnam lors de la convention démocrate d'août 1968. Après l'accession de Seale à la présidence, David Hilliard est arrêté dans des circonstances dramatiques la veille de la fusillade de Chicago. Il est accusé d'avoir voulu tuer le président Nixon.

Cette technique de décapitation n'a pas fonctionné complètement. Chaque fois qu'un leader était arrêté, des centaines de nouveaux membres affluaient au siège du parti et cette image d'avant-garde persécutée a contribué à faire des Black Panthers, d'abord cantonnées dans quelques centres urbains, un phénomène national qui a attiré l'attention et la sympathie non seulement des radicaux blancs, mais souvent aussi des groupes libéraux, choqués par le manque éhonté de formalité dans l'exécution de ce prétendu rétablissement de la « loi et de l'ordre ».

La campagne de Cleaver en tant que candidat à la présidence des États-Unis en 1968 a permis au parti de collecter des fonds et de créer une structure organisationnelle. C'est au cours de cette phase d'expansion que des agents provocateurs, des informateurs de la police et des aventuriers dérangés ont infiltré les Black Panthers et ont causé divers problèmes au parti. Il a fallu procéder à une vaste opération de nettoyage qui, au début de cette année, a permis d'éliminer un millier de personnes.

Cependant, la dangerosité des Black Panthers va bien au-delà de la force politique qu'elles représentent directement. Bien que le nombre de membres soit tenu secret, on parle d'environ 5 000 adhérents à travers le pays, répartis dans les bureaux des trente États où le parti est présent ; ceci ne représente cependant pas la pleine capacité des Panthers, qui sont capables de mobiliser, si nécessaire, de très importants groupes de sympathisants. Un rapport du FBI sur les extrémistes noirs, publié en juillet dernier, indique que « parmi eux, le parti des Black Panthers est sans aucun doute celui qui représente le plus grand danger pour la sécurité intérieure de l'État ».

Parmi les principales activités des Panthers, on peut citer la distribution de petits déjeuners gratuits aux enfants de certains ghettos, la distribution de vêtements, la lutte contre la vente de drogues dans les quartiers noirs, la mise en place de cliniques gratuites pour lutter contre la malnutrition, etc. Mais ce qui fait des Panthers l'ennemi de l'ordre établi, c'est l'idéologie politique sur laquelle elles fondent l'éducation de leurs membres et dont elles accompagnent chacune de leurs présences dans les quartiers noirs des villes : une forme de socialisme d'inspiration maoïste avec une forte composante de fanonisme.

Leurs publications sont distribuées au coin des rues et circulent parmi les troupes noires dans les casernes américaines, du Vietnam à l'Europe : dans le panorama varié du militantisme noir génériquement connu sous le nom de

Black Power, sous l'étiquette duquel se cachent des positions allant des nationalistes-réactionnaires de droite aux intégrationnistes modérés, les Panthers représentent un point d'avancée cohérent et articulé. « Nous ne sommes pas une organisation de masse, mais une avant-garde », a récemment déclaré Raymond « Masai » Hewitt, connu comme le ministre de l'éducation du parti et dernier dirigeant encore en activité.

À partir de cette position, les Panthers ont commencé à attaquer les interventions de la structure du pouvoir blanc dans les ghettos ; ils ont commencé à diffuser la théorie selon laquelle la police blanche dans les quartiers noirs n'était rien d'autre qu'une nouvelle sorte d'armée d'occupation pour maintenir le contrôle de la colonie ; puis ils se sont consacrés à démythifier la panacée du « capitalisme nègre » avec laquelle l'administration Johnson puis l'administration Nixon avaient tenté d'apaiser la population des ghettos en présentant ce nouveau plan d'exploitation comme une « opportunité pour tous ».

Dans un essai récent écrit en prison[40], Huey P. Newton écrit : « La cruelle vérité que les Noirs et les Blancs doivent comprendre est que le système capitaliste fonctionne au bénéfice des propriétaires de la production [...], que dans ce système, l'homme n'est qu'un instrument. Il est utilisé pour produire des biens et il est utilisé pour les écouler. Lorsque l'homme échoue dans l'une ou l'autre de ces fonctions, il est considéré comme contre-productif pour la société et ennemi de l'État. [...] Le capitalisme noir, présenté comme un pas de géant vers la libération des Noirs, n'est rien d'autre qu'un pas de géant pour s'en éloigner. »

Dès leurs premières apparitions publiques, comme celle au Sénat de Californie où ils sont arrivés armés de fusils dans le but de démontrer que le droit inscrit dans la constitution américaine de porter des armes est aussi un droit pour les Noirs (le droit à l'autodéfense), les Panthers ont contribué à projeter une image de détermination, de défi et de violence qui, tout en les rendant populaires auprès du public noir, a facilité la tâche à la presse qui souhaitait manipuler l'opinion de la population blanche. La partie la plus réactionnaire de l'Amérique a pu ainsi aisément présenter ces groupes militants, dont la vie quotidienne se concentre sur l'éducation, l'effort politique et l'aide sociale, comme des gangsters sanguinaires voués au meurtre, au sabotage et à la subversion pure et simple. C'est sur cette base que la répression a commencé.

Depuis l'arrivée au pouvoir de Nixon, même des sources officielles ont admis qu'une division spéciale du ministère de la Justice a été créée pour « enquêter » sur les actions des Black Panthers, tandis que les activités

40. Huey P. Newton, « Panthers », *Ebony Magazine*, Août 1969, p.107.

anti-Panthers des différents organes de police ont été coordonnées au niveau de l'État, du gouvernement fédéral et de la ville. Or, la récurrence d'opérations comme celle de Chicago, qui se terminent régulièrement par des arrestations massives et des assassinats de membres du parti, fait soupçonner l'existence d'un plan qui n'est pas seulement d'« enquête », mais d'extermination, de « génocide », selon l'expression des Panthers.

Les opérations policières ont atteint des niveaux difficilement dissimulables et ont provoqué un tel tollé parmi la population noire et les libéraux blancs que même des personnalités modérées ont exprimé des doutes sur les actions de la police. « Il ne s'agit pas d'une question idéologique, mais d'une question de survie des Noirs », a déclaré Lucius Walker, directeur de l'Interfaith Foundation for Community Organising (Fondation interconfessionnelle pour l'organisation des communautés). Même des hommes comme Roy Wilkins et Whitney Young, dirigeants d'organisations noires modérées et intégrationnistes et adversaires politiques des Panthers, souvent attaqués par eux comme des « Oncle Tom », serviteurs de l'establishment blanc, ont demandé qu'un grand jury fédéral enquête sur les événements de Chicago afin de déterminer la responsabilité des deux meurtres. Le sénateur de l'État de l'Illinois, Charles Percy, a également déclaré que la lumière devait être faite sur l'incident de Chicago et a indiqué que la Commission des droits civiques était l'instance la plus appropriée. Six membres noirs du Congrès ont également annoncé leur propre enquête privée sur la mort des deux Panthers. Pressé de toutes parts, le gouvernement a dû accepter le principe d'une enquête fédérale.

Les Panthers n'ont pas beaucoup de choix à leur disposition. « Notre force, c'est d'être visible, de parler à notre peuple », avait déclaré Bobby Seale peu avant son arrestation, « il ne nous est pas possible d'entrer dans la clandestinité ». La structure du parti est à moitié détruite par les ravages constants de la police, tous ses fonds sont gelés en raison du paiement des cautions très élevées qui suivent l'arrestation de ses membres, et le plus clair de leur temps est désormais consacré à l'organisation de la défense, à la course d'un tribunal à l'autre. Mais surtout, il manque un leader, un centre de référence, une figure capable de reconstruire l'organisation et d'utiliser politiquement l'atmosphère de sympathie dont, après ses déboires et ses persécutions, le parti jouit aujourd'hui dans tout le pays.

Cette vague de répression était attendue, les Black Panthers le savaient et n'ont pas été surpris. La question qu'ils se posent désormais est celle de la poursuite de leur action. On a appris d'Alger que Cleaver avait demandé à l'ambassade américaine de lui délivrer un passeport pour revenir aux États-Unis. Cette demande lui a été refusée, mais on lui a proposé de rentrer avec une simple carte d'identité. Si Cleaver revenait, ce serait une forte impulsion pour les Black Panthers, mais dès qu'il mettra les pieds en Amérique, il sera arrêté et devra purger, en plus de son ancienne peine, la nouvelle qui lui sera imposée pour avoir pris la fuite. Le parti craint pour sa sécurité, mais la pression en faveur de son retour est de plus en plus forte. C'est lui-même, après tout, qui a écrit dans *Un Noir à l'ombre* : « Un esclave qui meurt de causes naturelles ne vaut pas deux mouches mortes sur la balance de l'éternité. »

En novembre 1969, Tiziano est engagé par le quotidien Il Giorno *et déménage avec sa famille à Milan. Son travail de stagiaire comprend aussi, par contrat, « l'activité de traducteur de langues étrangères ». Bien qu'il continue à se concentrer sur les États-Unis, l'Asie prend de plus en plus de place dans ses articles pour* L'Astrolabio.

CHINE-ÉTATS-UNIS-URSS : LE JEU À TROIS

25 janvier 1970

Pour l'instant et en dépit de ce qu'on lit dans les journaux du monde entier presque chaque jour, on peut être certain que la guerre entre l'Union soviétique et la Chine n'a pas encore éclaté ni n'éclatera dans un avenir proche. Au contraire, les négociations, ajournées il y a un mois, ont repris à Pékin. Elles portent sur les questions frontalières, devenues une sorte de thermomètre de la tension entre les deux superpuissances du monde socialiste. La thèse selon laquelle cette guerre est inévitable émane de certains milieux politiques et ne fait pour l'instant qu'alimenter la machine de propagande que les Russes utilisent à des fins antichinoises. Le dernier numéro de la *Literatournaïa gazeta* proposait, sous une forme inhabituelle pour cette publication, des extraits d'articles américains, français, britanniques et indiens avalisant la thèse soviétique qui veut qu'une « psychologie de la guerre » se développe en Chine.

Lors d'une récente réunion des propriétaires de grands journaux américains, certains fonctionnaires du département d'État ont partagé leurs avis selon lequel une confrontation militaire entre la Russie et la Chine semble fort probable. Un journaliste américain, Harrison Salisbury, a écrit dans *Chine-URSS, la guerre inévitable*[41], que, d'après l'évaluation de la situation aux frontières sino-soviétiques, en particulier de la situation militaire, la confrontation est imminente. Malgré ces « Cassandres », une solution militaire au conflit

41. trad. M. Roth, Albin Michel, 1970.

sino-soviétique ne semble pas logique car elle n'apporterait aucun bénéfice, et encore moins un bénéfice définitif, à l'une ou l'autre des parties.

Les rumeurs d'affrontement continueront à circuler, tout comme se font plus insistantes les rumeurs sur la santé de Mao, sur la maladie présumée de Zou Enlai et sur le désaccord entre l'actuel dirigeant chinois et son héritier Lin Biao. Toutes ces rumeurs, ainsi que celles de nouvelles batailles sur l'Oussouri, non confirmées par des sources chinoises ni russes, nous arrivent via Hong Kong. Ce sont des canaux qui dans le passé se sont avérés peu fiables et porteurs de rumeurs d'origine nationaliste chinoise, destinées uniquement à créer la panique et la confusion. Taïwan, surtout depuis que les récentes réunions à Varsovie ont montré une certaine ouverture américaine vers le dialogue avec la Chine communiste, a tout intérêt à présenter la situation chinoise comme instable et au bord de l'effondrement. La droite de Hong Kong elle-même, par l'intermédiaire du journal *The Star,* fait état d'une nouvelle vague de révolution culturelle que Mao Zedong serait sur le point de lancer dans les provinces où l'armée de libération ne lui serait pas loyale.

La vérité est que le jeu diplomatique entre la Chine, l'Union soviétique et les États-Unis est si vaste et si complexe qu'il ne peut pas ne pas avoir de répercussions à tous les niveaux, y compris à celui, plus sensible, de la situation intérieure chinoise. La Chine – on ne le soulignera jamais assez – se sent encerclée par des forces aux ordres de ce qu'elle considère comme ses deux ennemis : « l'impérialisme américain » et « le social-impérialisme soviétique ».

Vue de Pékin, la situation ne doit pas sembler très différente de celle où se trouvait la Chine au milieu du siècle dernier, lorsque les puissances impérialistes occidentales d'abord puis le militarisme japonais croissant, lui ont imposé les « traités inégaux[42] » dont les effets durent encore – Hong Kong aux mains des Britanniques, les territoires de la région maritime aux mains des Russes – et dont les implications font certainement l'objet de discussions à Pékin entre le vice-ministre soviétique des Affaires Étrangères Vassili Kouznetsov et le vice-ministre chinois.

C'est une caractéristique particulière de la Chine du XIXe siècle qui a permis sa capitulation devant les exigences de l'impérialisme : sa faiblesse, et la Chine actuelle, malgré tous les changements intervenus, se trouve dans ce même état de faiblesse face aux progrès de la technologie militaire et de la guerre atomique accomplis par d'autres puissances. On en a un exemple significatif avec le problème qui s'est récemment posé à Pékin concernant l'organisation de la défense des installations nucléaires chinoises.

---

42. Nom donné par les Chinois à une série de traités signés entre la Chine (principalement sous la dynastie Qing) et diverses puissances occidentales, l'Empire russe et l'Empire du Japon au cours du XIXe et du début du XXe siècle.

Estimant le danger russe supérieur au danger américain, le gouvernement a déplacé certaines installations qui se trouvaient dans le nord-ouest de la Chine, et donc à portée de l'artillerie soviétique, dans la zone de Chongqing à l'ouest du Sichuan, ce qui les met à portée des bombardiers américains.

Ce dilemme des deux fronts, les Chinois l'ont souvent connu au cours des cent dernières années et, craignant aujourd'hui une attaque russe par le nord, ils tentent de contrôler leur éventuel ennemi américain par le sud. La Russie est également confrontée à un problème similaire et, dans l'idée qu'elle a plus à faire à l'est, en Asie, elle tente de protéger ses arrières. C'est dans ce contexte qu'il faut comprendre l'idée de la conférence européenne sur la sécurité, à laquelle l'URSS, changeant de politique, accepterait désormais la participation des États-Unis.

Les négociations en cours à Pékin entre les représentants chinois et soviétiques ne se déroulent certainement pas dans une atmosphère détendue. Leur début a été marqué par la grande joute verbale entre les presses des deux pays au sujet de leurs régimes respectifs et il est peu probable qu'elles finissent bientôt ou qu'elles aboutissent à un résultat notable, sauf, jusqu'à présent, contenir les affrontements le long des 4 500 miles de frontière commune. Les positions de départ sont trop différentes pour être conciliées.

Moscou demande l'ouverture d'une « discussion globale », c'est-à-dire la mise sur la table de tous les différends en suspens entre les deux pays, et serait même allé jusqu'à proposer aux Chinois l'aide économique et scientifique qui leur avait été brutalement coupée par Khrouchtchev au début des années 1960. Pékin, au contraire, estime que la division entre les deux pays (en particulier sur les questions idéologiques fondamentales) est désormais trop importante pour que des négociations globales aient un sens, et elle essaie de les restreindre à des questions spécifiques et immédiates telles que le tracé des frontières.

Du côté chinois, il y a un problème de principe à résoudre, celui de l'acceptation par les Soviétiques de la définition de « traités inégaux » en ce qui concerne les accords (entre le tsar et l'empereur Mandchou) qui ont donné à l'Union soviétique la souveraineté sur certains territoires considérés comme traditionnellement chinois. Pékin, que ce soit bien clair, n'a jamais demandé la restitution de ces territoires (on pense qu'ils incluraient même la ville de Vladivostok, aujourd'hui complètement russe) mais seulement une reconnaissance de principe, ce que le gouvernement soviétique a fait après la révolution de 1917 avec le manifeste de Karakhan, sur la base de laquelle on pourrait ensuite procéder aux ajustements et aux définitions des frontières, qui n'ont pas encore pu avoir lieu.

Si la Russie rejette aujourd'hui cette reconnaissance, ce n'est pas une raison suffisante pour mettre fin à ces négociations que les deux parties semblent au contraire avoir tout intérêt à poursuivre. Du côté soviétique (comme en témoigne la longue antichambre du ministre Kouznetsov à Pékin), il y a intérêt à gagner du temps, à créer une tension qui pourrait ouvrir la voie à une période post-Mao et à ne pas se retrouver face à une intervention de type tchécoslovaque qui, dans ce cas-ci, pourrait s'avérer désastreuse. Du côté chinois, il y a, ici comme dans la reprise des conversations avec les Américains, un intérêt à maintenir les canaux ouverts sur les deux fronts diplomatiques dans l'idée d'éviter une éventuelle convergence dans la détente États-Unis-URSS.

La Russie aborde les négociations de Pékin en ayant proféré de terribles menaces en cas d'échec. Il faut bien faire la différence entre la propagande et les intentions. Si la tension actuelle représente un coût important, tant que les négociations se poursuivent, le prix du maintien en alerte des militaires reste maîtrisable et les négociations assorties de batailles rhétoriques restent un substitut, nettement plus malléable et moins exigeant et explosif, à d'éventuels affrontements dont les conséquences dépendraient souvent des commandants locaux, difficilement contrôlables.

Moscou fait ainsi la grosse voix et donne l'impression de forcer Pékin à négocier avec ce que Pékin appelle le « chantage diplomatique et nucléaire ». Bien entendu, il existe à Moscou des groupes, en particulier au sein de l'armée, qui estiment que les menaces doivent être suivies d'effets si l'on veut conserver sa crédibilité – dans ce domaine comme dans d'autre. Bien entendu, certains soutiennent qu'il serait nécessaire de frapper la Chine au niveau de ses installations nucléaires ou de lui donner une leçon en attaquant et en occupant soudainement une région, peut-être le Xinjiang, où les Russes attisent depuis longtemps les flammes du séparatisme traditionnel anti-Pékin pour tenter d'en faire un protectorat soviétique; mais le coût politique que l'URSS devrait payer sur le plan international serait faramineux et les résultats qu'elle pourrait en tirer, extrêmement éphémères.

La seule possibilité sur laquelle certains en Russie semblent compter, alors qu'elle paraît extrêmement improbable, serait de provoquer une crise politique en Chine avec l'arrivée au pouvoir d'une faction anti-Mao et pro-Soviétique; mais à l'heure actuelle, il est impossible d'identifier une telle faction en Chine.

La grande campagne de propagande soviétique contre la Chine est aussi une réponse à la reprise annoncée des pourparlers entre Washington et Pékin. La presse soviétique a vivement critiqué ces contacts, interrompus il y a deux ans et repris aujourd'hui à Varsovie, et les a significativement liés à la « psychose de guerre » contre l'Union soviétique qui sévit actuellement en Chine.

Les diplomates soviétiques n'ont pas caché, surtout aux Américains, la colère, à certains égards presque hystérique, avec laquelle ce dialogue sino-américain naissant est perçu à Moscou. Les Soviétiques se demandent pourquoi les États-Unis, précisément à ce moment délicat des négociations SALT sur la limitation des armes stratégiques, précisément au moment où Moscou est le plus en difficulté avec Pékin, Washington choisit délibérément des contacts avec le gouvernement de Mao.

Il convient de faire la part des choses. Ce qu'il faut comprendre, c'est que les Chinois n'ont pas d'autre moyen de répondre aux menaces russes que d'afficher leur détermination, de montrer qu'il n'y a pas de fléchissement et qu'il n'est pas question, au sein de la direction chinoise, de divisions sur lesquelles on spécule tant. Ils mobilisent ainsi le pays et montrent qu'ils sont préparés au pire.

Nous nous retrouvons devant la répétition de la situation survenue en 1965, lorsque l'escalade de la guerre au Vietnam a fait craindre que le conflit ne s'étende au territoire chinois : les autorités mettent en place des mouvements de population à grande échelle, démantèlent des usines proches des villes pour les remonter à la campagne, constituent des réserves de céréales, font creuser des abris antiaériens et donnent des instructions sur le comportement à adopter en cas d'attaque nucléaire, la milice populaire est mobilisée et tout le mécanisme est mis en branle, ce qui indique en tout point une stratégie de défense et non d'attaque. Un éditorial paru dans tous les journaux de Pékin soulignait récemment : « Si l'impérialisme ou le social-impérialisme osent envahir notre pays, nous les noierons dans le vaste océan de la guerre populaire. »

LES QUARANTE MILLE MOTS DE NIXON

1er mars 1970

Peut-être qu'un jour, un président américain nous informera de « l'état du cosmos ». Pour l'instant, Nixon s'est contenté d'un message sur « l'état du monde » : 119 pages imprimées, 40 000 mots ; en essence : rien de nouveau sous le soleil.

Cette grande déclaration, tant attendue et médiatisée, outre la prétention d'expliquer le monde au monde, n'offre aucune solution, ni dramatique ni réaliste, aux crises de la planète. Elle ne fait que résumer les lieux communs et les positions prévisibles de la politique étrangère d'une grande puissance obligée, de diverses manières, de composer avec ses propres atouts et ses propres défaites, plus ou moins maquillées. Les États-Unis, dit Nixon, veulent la détente avec l'Union soviétique, veulent une solution pacifique pour le Vietnam, veulent un partenariat avec l'Europe, etc.

Selon Nixon, sa présidence devrait être une sorte de tournant dans l'histoire des relations américaines avec le reste du monde ; d'un côté les Truman, les Eisenhower, les Kennedy et les Johnson, de l'autre Nixon et ce qui lui succédera.

En vérité, rien de vraiment nouveau dans cette nouveauté, et ce qui l'est n'est certainement pas dû à Nixon, à ce Nixon qui a grandi dans les relations internationales pendant les années les plus grises de la guerre froide, animé d'un anticommunisme viscéral, un Nixon qui, aujourd'hui encore, ne manque pas une occasion de mettre en garde contre la puissance militaire des Soviétiques, alors que son secrétaire d'État à la Défense laisse entendre, dans un « livre blanc », que si les programmes de réarmement ne sont pas renouvelés, les États-Unis risquent de devenir en 1975 une puissance de second rang, et il espère que ces fonds, que beaucoup voudraient utiliser plutôt pour lutter contre la misère urbaine, la pollution de l'air, la division entre Noirs et Blancs, seront versés dans les râteliers du « complexe militaro-industriel ». La détente dans les relations Est-Ouest n'est pas non plus nouvelle, et l'ère des négociations s'est ouverte déjà avec Kennedy et Johnson. Là où Nixon aurait pu prendre une nouvelle voie (on parle du Vietnam), il a préféré rester dans l'ancienne.

La « vietnamisation » est désormais le mot d'ordre de l'administration républicaine, mais si l'on demande des explications à Washington, on s'entend répondre : « Nixon veut atteindre un point au Vietnam où il sera possible pour les troupes américaines de se retirer complètement, laissant à Saigon un gouvernement non communiste capable de tenir debout seul et de ne pas être renversé par le gouvernement du Nord » (voir le *Washington Post* du 19 février). Cela n'équivaut-il pas à une victoire : une victoire militaire ? Il s'avère en outre que le « retrait total » n'inclut ni l'aviation ni l'artillerie, et encore moins les forces terrestres censées défendre l'aviation.

« Vietnamiser » la guerre, tout comme « aider nos amis africains à s'aider eux-mêmes » ne signifie pas changer les objectifs politiques du passé, mais signifie tout simplement, et c'est ainsi que l'on doit comprendre le « tournant », changer de stratégie tout en poursuivant les mêmes objectifs ; au Vietnam, cela veut dire, plus précisément, changer la couleur des morts ; plus de Vietnamiens et moins d'Américains, mais toujours des morts, puisque la guerre continue.

Il en va de même pour l'Europe qui, si l'on s'en tient au discours de Nixon, est une sorte de 53e État américain : « Nous ne pouvons pas plus nous détacher de l'Europe que nous ne pouvons nous détacher de l'Alaska ». « La paix de l'Europe est vitale pour la paix du monde », dit Nixon, mais ce que beaucoup ont lu dans cette déclaration, comme dans d'autres, c'est une demande de partager les coûts de cette paix, c'est-à-dire de trouver d'autres destinataires pour les factures de défense qui ne seront plus réglées en dollars, mais dorénavant aussi en francs, en livres, en marks, en lires.

Ce n'est pas que Nixon ait reconsidéré et revu à la baisse les « intérêts américains » dans le monde, au contraire, « ce sont nos intérêts qui doivent déterminer nos engagements et non l'inverse », a-t-il déclaré. Et depuis quand cela n'est-il pas le cas ? Les intérêts demeurent, la manière de les poursuivre change. Certains commentateurs de son « message au monde » ont souligné le réalisme et la sagesse du Président. Il n'en est rien. Nixon n'a pas changé, c'est le monde qui a changé, et la politique américaine ne peut que le constater et en tirer les conséquences.

Il est clair qu'aujourd'hui il n'y a plus de bloc communiste monolithique et qu'il est plus opportun de monter les uns contre les autres ; il est clair que l'Europe n'est plus l'Europe qu'on a divisée à Yalta ; tout comme il est clair que la supériorité nucléaire des États-Unis appartient au passé, à l'instar de leur capacité d'archi-destruction (trois ou quatre fois plus que la Russie) et celle de mener deux guerres et demie simultanément dans le monde entier.

Ce sont les pays eux-mêmes qui ont changé de l'intérieur et Nixon y a fait allusion lorsqu'il a parlé des jeunes qui, agités, recherchent de nouveaux idéaux et de nouveaux engagements. Ce n'est donc pas dans la sagesse accrue d'un dirigeant à « vocation universelle » que réside la nouveauté de notre époque, mais dans la conscience accrue des gouvernés qui, d'en bas, protestent, manifestent, refusent et poussent le monde vers une nouvelle ère.

Si Nixon parle aujourd'hui de « vietnamiser » la guerre, c'est parce que les jeunes Américains refusent de s'enrôler dans le corps expéditionnaire colonial; si Nixon dit que « nous souhaitons améliorer les relations avec la Chine », c'est parce qu'aujourd'hui la Chine « existe », existe comme une puissance qui joue déjà, que les Américains le veuillent ou non, son propre rôle dans la communauté internationale.

Nixon n'inaugure, comme il voudrait le faire croire, aucune nouvelle ère dans les relations internationales. Nixon ne veut pas changer le monde, il veut simplement réduire les dépenses américaines, en hommes et en dollars, pour le maintenir tel qu'il est.

Cofondateur puis président de Students for a Democratic Society, Tom Hayden, 29 ans, est l'une des figures les plus célèbres du mouvement pour les droits civiques. Militant contre la discrimination raciale et la guerre, auteur d'importants rapports sur les ghettos de Newark et le Nord-Vietnam, il a été la force motrice des manifestations lors de la convention démocrate de l'été 1968. « Je suis Jefferson pour la démocratie, je suis Thoreau pour l'environnement et le Crazy Horse pour les luttes sociales », dit-il. Pour ces faits, il est jugé avec d'autres militants. C'est l'épreuve de force entre l'establishment et ceux qui s'y opposent.

LE PROCÈS DE CHICAGO : LE HAPPENING DU CONDAMNÉ

1er Mars 1970

L'Amérique des Johnson et des Nixon, l'Amérique « comme il faut » des banlieues pavillonnaires qui exige le « respect de la loi et de l'ordre », l'Amérique des vieux, des marines, des bérets verts, règle ses comptes « légalement » avec l'Amérique des jeunes, des pacifistes, des dissidents, des hippies, des manifestants antiguerre, l'Amérique radicale et révolutionnaire.

S'est clos à Chicago le plus grand procès politique de l'histoire des États-Unis. Un procès politique à l'américaine, cependant, pas un procès totalitaire comme ceux de Staline ou de Hitler, souvent cités à Chicago en termes de comparaison, pas un procès rapide, sans trop de preuves, donc plus difficile à contester, pas un procès à conclure par un peloton d'exécution; un procès politique, en revanche, qui a voulu, à certains égards, respecter les formes, et qui a finalement trouvé une solution de compromis (acquittement sur le chef d'accusation principal) qui laisse tranquilles ceux qui le souhaitent, mais qui, sur le fond, avec les peines très lourdes prononcées à l'encontre des accusés, retire de la circulation, peut-être pour des années, une sélection bien pesée de dirigeants et de symboles du mouvement d'opposition.

Tom Hayden, 29 ans, fondateur du SDS, organisateur politique dans les communautés noires du Sud au moment de la campagne pour les droits civiques, puis dans les ghettos du Nord, auteur de *Rebellion at Newark* et de *The Other Side* (livre sur le Vietnam du Nord, où Hayden, avec Staughton Lynd, fait le récit de son voyage au Vietnam et ses rencontres avec le président du Vietnam du Nord et des prisonniers de guerre américains) : condamné à cinq ans plus 14 mois et 14 jours pour outrage à magistrat. Abbie Hoffman, 32 ans, anarchiste, fondateur du Youth International Party dont les membres sont connus sous le nom de « yippies » : condamné à cinq ans plus huit mois pour outrage. Jerry Rubin, 33 ans, anarchiste, leader des yippies qui, lors des élections présidentielles, ont tenté de présenter un cochon comme leur candidat à la Maison-Blanche : condamné à cinq ans plus 26 mois pour outrage. Rennie Davis, 29 ans, fondateur du SDS, principal coordinateur des manifestations de Chicago : condamné à cinq ans plus 25 mois et cinq jours pour outrage. David Dellinger, 53 ans, pacifiste, responsable de plusieurs comités de mobilisation contre la guerre: condamné à cinq ans plus 29 mois et 16 jours pour outrage.

Ces lourdes peines pour outrage, sans précédent dans la jurisprudence américaine, ont été prononcées par le juge seul, qui a pu se passer du jury car elles correspondent à une accumulation de peines en deçà de la limite des six mois, et les différents chefs d'accusation – « rire dans la salle d'audience », « ne pas se lever à l'entrée du tribunal », « accuser le juge de dormir pendant la procédure » – ont été prononcés au fur et à mesure du procès, afin de s'assurer que les accusés resteraient en prison même si le jury populaire rendait un verdict d'acquittement.

Le comportement du juge Julius Hoffmann, petit homme autoritaire de 74 ans qui semblait trouver dans chaque idée exprimée par les accusés une attaque personnelle, n'a pas cherché à dissimuler son parti pris évident en faveur de l'accusation ; il a agi en tant que partie prenante et est vite devenu le symbole de tout ce que ces « conspirateurs » devant lui méprisent ou veulent changer.

Le premier jour du procès, le juge Hoffmann a commencé par annoncer une peine de prison pour outrage au tribunal pour quatre des avocats de la défense au motif qu'ils ne s'étaient pas présentés à l'audience. Il a ensuite empêché Bobby Seale, leader des Black Panthers et l'un des principaux accusés, de se représenter lui-même après avoir refusé un report du procès pour permettre à l'avocat Gary de San Francisco d'assurer leur défense ; il a répondu à l'insistance de Seale pour que ses droits constitutionnels soient respectés en le faisant ligoter, bâillonner et presque étouffer pendant de longues heures dans la salle d'audience, enchaîné à une chaise, lors des plaidoiries puis l'a condamné à plus de quatre ans de prison pour outrage et a dissocié son affaire de celle des autres ; il a refusé d'entendre l'ancien procureur général Ramsey Clark, qui attendait déjà à l'extérieur de la salle d'audience où il avait été cité comme témoin par la défense, au motif que « tout ce qu'il aurait eu à dire n'aurait pas été pertinent dans le cadre de la procédure ». Il a enfin condamné le chef de l'équipe de la défense, William Kunstler, et son assistant à respectivement quatre ans et 20 mois de prison pour outrage à la cour.

À l'origine du procès, les événements qui se sont déroulés à Chicago au cours de l'été 1968, lors de la convention démocrate. Des milliers de garçons et de filles s'y sont rendus, par tous les moyens, provenant de tous les coins du pays pour demander au parti au pouvoir une politique de paix pour le Vietnam. Ils sont tombés dans le piège tendu par la police moderne et féroce du maire Daley qui voulait faire une démonstration de force contre les « voyous », et il y a eu de très longues heures d'affrontements, de passages à tabac, de gaz lacrymogènes, d'agressions et de brutalités gratuites pour lesquelles même une commission gouvernementale a blâmé les « forces de l'ordre ».

Pour ceux d'entre nous qui étions à Chicago à ce moment-là, c'est un souvenir indélébile. Ces événements ont été reconstitués lors de ce « Grand procès de Chicago », sauf que les accusés à la barre n'étaient pas Daley et ses policiers, mais des représentants de l'Amérique qui protestait et continue de protester.

L'accusation : conspiration pour inciter à l'émeute. La thèse du procureur était que les accusés étaient allés à Chicago avec l'intention de déclencher une révolution pour créer un mouvement « à la vietnamienne » aux États-Unis. Cette accusation de « conspiration », difficile à prouver et qui aurait en tout cas laissé planer de nombreux doutes, a été abandonnée. Les accusés ont tout de même été condamnés à la peine maximale sur la base d'un amendement au Civil Rights Act de 1968, qui criminalise le fait de « franchir les frontières d'un État avec l'intention de provoquer une émeute ».

Si la loi a été créée pour protéger la population noire et ses droits, l'amendement a été imposé au dernier moment par les conservateurs afin de pouvoir lutter au niveau fédéral contre l'essor du mouvement de protestation noir, qu'on tient pour responsable de la virulence des « étés chauds » dans les ghettos. Compte tenu de la formule « intention de provoquer une émeute », l'accusation n'a pas à prouver que l'accusé a effectivement provoqué une émeute, mais seulement qu'il est passé d'un État à l'autre avec l'intention d'en provoquer une. Les condamnations de Chicago ont été prononcées pour ce motif.

Dès le départ, l'amendement avait été considéré par de nombreux juristes comme anticonstitutionnel, mais jusqu'à présent, la question n'a pas été portée devant la Cour Suprême. C'est pour cette raison que, outre l'attitude ouvertement provocatrice du juge Hoffmann, une grande partie de l'opinion libérale américaine qui, tout en étant d'accord avec l'application de la loi et de l'ordre, souhaite que certaines règles soient formellement respectées (afin de continuer à croire aux concepts de justice, de démocratie et de liberté qui sous-tendent ce que l'on conçoit comme le « rêve américain »), s'est rangée du côté des accusés de Chicago. C'est dans cette même logique de « liberté » que des groupes de libéraux new-yorkais se sont réunis récemment chez Leonard Bernstein, le célèbre musicien, pour une soirée de charité en faveur des Black Panthers, reconnus comme victimes d'une « répression illégale » de la part de la police. Aussi, tandis que des groupes d'étudiants manifestaient et, dans plusieurs cas, se heurtaient violemment à la police, dans plusieurs villes du pays, des groupes de juristes et d'avocats libéraux apportaient leur soutien à un fonds destiné à la défense des accusés de Chicago.

Le procès a duré cinq mois, 193 témoins ont été entendus, 20 000 pages d'un procès-verbal illisible ont été rédigées ; il y a eu des moments de parodie et des moments de tragédie. Les accusés, convaincus dès le départ qu'ils seraient condamnés, ont saisi toutes les occasions, non seulement pour contester juridiquement la légitimité de la procédure, mais aussi pour ridiculiser le tribunal, le juge et le « système » en général, contrevenant à toutes ces règles de conduite qui caractérisent le mode de vie d'une certaine société et qui confèrent à ses instances le sceau de l'autorité.

C'est l'ambiance solennelle d'une cour à laquelle doit répondre la déférence obséquieuse des prévenus qui donne au juge l'image d'un pouvoir supérieur dans lequel le concept de justice s'incarne.

Lorsque ce sont les prévenus qui entrent dans la salle d'audience habillés en juges ou en robe, lorsqu'ils distribuent des parts de gâteau pour fêter l'anniversaire d'un camarade, ou encore lorsqu'ils s'adressent au juge en l'appelant par son prénom et non par « Monsieur le Juge » comme à Chicago, le château s'écroule. Tout au long de la procédure, les échauffourées entre manifestants et officiers de service ont été nombreuses. À plusieurs reprises, la salle d'audience a été évacuée et, même lors de la lecture du verdict, on a laissé les familles et l'entourage des accusés à l'extérieur. Certains accusés ont salué le juge Hoffmann les mains tendues en criant « *Heil Hitler !* »; un autre s'est tourné vers le procureur et a dit : « Quand je sortirai de prison, je viendrai vivre près de chez vous et je ferai de vos enfants des révolutionnaires. » Cette farce terminée, les accusés vont maintenant purger leur peine dans des prisons fédérales ; pour l'accusation, c'est une victoire, mais de nombreux milieux ont émis des critiques très sévères, car le procès a mis en évidence les limites du système judiciaire américain. C'est peut-être là la plus grande victoire des accusés. C'est ainsi qu'il faut comprendre la vive réponse de Jerry Rubin au juge lorsque sa sentence à cinq ans de prison a été prononcée : « Mon cher Julius, vous avez à vous tout seul détruit plus de choses que nous tous ensemble ; vous avez radicalisé plus de jeunes Américains que nous tous au cours des dernières années. »

« Les Vietnamiens étaient chez eux et des étrangers venaient d'un pays situé à des milliers de kilomètres dans cet autre pays avec lequel ils n'avaient rien à voir, dont ils ne connaissaient ni l'histoire ni la culture ni rien. Ils venaient pour "combattre le communisme", qui était leur ennemi. Comme ils n'avaient pas pu le combattre en Chine, parce qu'en Chine, tout de même, ils étaient presque un milliard, ils l'avaient combattu en Corée, où ils étaient un peu moins, mais à vrai dire, ça ne s'était pas très bien passé, tout compte fait. Donc, au Vietnam, ils pensaient faire quelque chose de grand qui a fini par être une terrible humiliation pour les Américains, qui leur pèse encore aujourd'hui. » Avec le coup d'État de Phnom Penh, le destin du Cambodge suit celui du Vietnam. Ce n'est que le début d'une contagion de violence et de folie qui, organisée par la CIA, touchera toute la péninsule indochinoise. »

DU VIETNAM AU CAMBODGE : LA SECONDE GUERRE DE L'INDOCHINE

29 mars 1970

« Et les Américains intervinrent aussi au Cambodge. » La logique de la « création » impérialiste du monde ne souffre aucune exception. Le 13 mars, un coup d'État à Phnom Penh renverse le prince-président neutraliste Norodom Sihanouk et instaure un régime de droite avec le général Lon Nol et le prince Sirik Matak comme hommes forts.

L'importance de cette relève de la garde ne fait aucun doute. Les réactions sont unanimes. Depuis Saigon, Thieu acclame le nouveau régime et propose une collaboration militaire pour combattre les forces communistes ; à Bangkok, le ministre des Affaires étrangères Thanat Khoman considère le coup d'État comme le résultat logique du sentiment populaire antivietcong ; à Kuala Lumpur, le premier ministre malaisien, qui rejoint l'Indonésien Suharto, déclare que la mutation qui s'est opérée à Phnom Penh « est un bon signe si elle est maintenue dans le temps » ; de Washington, avec un raisonnement trompeur sur la constitutionnalité du changement de pouvoir, la reconnaissance du nouveau gouvernement vient très vite, automatiquement. Fait accompli : tout se déroule comme prévu.

Il y a un an, aux États-Unis, la question cambodgienne devenait brûlante. Les militaires américains, vaincus à plusieurs reprises sur les hauts plateaux vietnamiens par les troupes du Front, justifient l'inexpugnabilité de l'ennemi par la théorie des « sanctuaires », de ces régions, situées au-delà de la frontière vietnamienne, en territoire cambodgien, où les vietcongs non seulement se replient après chaque action, mais où se trouvent aussi leurs camps d'entraînement, leurs hôpitaux, leurs états-majors.

Selon le Pentagone, ces régions étaient traversées par une « piste Sihanouk » qui, dans le prolongement de la piste Ho Chi Minh, servait à l'infiltration d'hommes et de matériel vers le Vietnam du Sud. L'armée américaine a donc demandé le « droit de poursuite », c'est-à-dire l'autorisation de pénétrer dans ces régions pour des opérations de « recherche et destruction ». Mais cette autorisation n'a pas été accordée, du moins officiellement. Le risque était grand vis-à-vis de l'opinion publique américaine. Sihanouk avait réagi violemment à cette éventualité et fulminait chaque fois que des troupes américaines « égarées » envahissaient son territoire ou que des avions américains bombardaient « accidentellement » des villages cambodgiens situés à la frontière.

Admettre le droit des États-Unis à intervenir dans les « sanctuaires » vietcongs au Cambodge aurait pu impliquer le droit symétrique du Vietcong à intervenir dans les « sanctuaires » américains, par exemple en Thaïlande, où 50 000 soldats américains sont stationnés, d'où décollent chaque jour des B-52 pour des raids et où de nombreux mercenaires indigènes sont entraînés pour continuer à mener la guerre vietnamienne. La neutralité formelle du Cambodge posait des problèmes au Pentagone.

Aujourd'hui, le problème est résolu, qui plus est sans sacrifier de vies américaines puisque des pantins locaux risquent les leurs. Simultanément à l'annonce du coup d'État à Phnom Penh, on a appris que les troupes cambodgiennes étaient déplacées des régions occidentales – limitrophes de la Thaïlande – vers les régions orientales – limitrophes du Vietnam – où elles affronteront les forces vietcong et participeront au cordon sanitaire anticommuniste. Une leçon que les États-Unis a apprise au Vietnam est qu'il est moins cher de mener des guerres coloniales avec des troupes de mercenaires ; c'est la véritable signification du concept « vietnamisation ». Il appartient maintenant au public américain d'apprendre à parler aussi de « laotienisation », de « thaïlandisation », de « cambodgiennisation »...

Le bras de la CIA au Cambodge a toujours été long et parfois trop visible. Ainsi, au Laos, des agents d'espionnage américains, d'anciens bérets verts en réserve et même des militaires du service actif ayant obtenu une permission spéciale pour aller gagner quatre fois leur salaire se font passer pour des experts agronomes et des membres de la Commission internationale pour le développement, alors qu'en réalité ils forment les tribus montagnardes à la contre-guérilla et servent de contrôleurs aériens pour les bombardiers fournis par les compagnies privées Air America ou Continental Airways. La CIA opère donc depuis des années au Cambodge, finançant le Khmers Serei, une organisation militaire anticommuniste qui était engagée dans des opérations au Vietnam et qui a tenté à plusieurs reprises de renverser Sihanouk, la dernière fois en 1965, avec l'appui du régime militaire de Bangkok.

Cette fois-ci, le coup d'État a réussi. La séquence des événements de Phnom Penh fait apparaître un plan précis. Peut-être Sihanouk lui-même en était-il conscient et, devant l'impossibilité de s'y opposer, a-t-il laissé le champ libre en partant en France pour un long séjour, qui peut désormais lui servir d'alibi nécessaire au rôle qu'il voudra se choisir – chef d'un gouvernement de résistance en exil ? Dès l'instant de son départ, les principaux membres du gouvernement se sont comportés comme si son autorité avait pris fin. Ils ont lancé un ultimatum contre Hanoï et le Vietcong sans son accord puis ont mobilisé des groupes de manifestants, dont les actions semblaient tout sauf spontanées, pour prendre d'assaut les ambassades de la République démocratique du Vietnam, le Gouvernement révolutionnaire provisoire, les résidences et les magasins des résidents vietnamiens et chinois dans une campagne de terreur dont l'ampleur, bien que réduite, rappelle celle de l'Indonésie en 1965.

Lors de ces émeutes et pillages, nulle intervention de la police, qui avait reçu l'ordre d'assurer l'impunité des manifestants. Le tout nouveau gouvernement a annulé les accords commerciaux avec Hanoï, par lesquels de grandes quantités de riz et d'autres denrées alimentaires étaient achetées au Cambodge pour nourrir les troupes révolutionnaires du Sud-Vietnam ; il a remplacé la monnaie, de sorte que les fonds dans les coffres du Vietcong ont perdu toute leur valeur, et a réaffirmé son intention de faire passer l'armée cambodgienne de 38 000 à 100 000 hommes.

Malgré les réaffirmations de « neutralité » faites par les nouveaux dirigeants de Phnom Penh pour brouiller les pistes, avec le Cambodge c'est encore un « domino » qui tombe dans le creuset de la guerre asiatique qui étend peu à peu ses limites : Vietnam, Laos, Cambodge, Thaïlande, et puis quoi ? Au Laos, les affrontements sont désormais quotidiens, tout comme le pilonnage des B-52 qui, depuis des années, déversent des tonnes de bombes sur les habitants, dans les régions du Nord, au mépris de tout respect de la neutralité convenue (1962). La documentation et les témoignages récemment présentés par Richard Gott de la BBC à ce sujet sont accablants. L'armée méo, organisée, payée et dirigée par des agents de la CIA, est désormais une force entièrement au service de Washington.

La Thaïlande elle-même se retrouve aussi pleinement impliquée dans la guerre, et pas seulement en tant que « porte-avions » américain et force de combat au Vietnam sous la pression américaine pour défendre le caractère « allié » de l'intervention : on a appris ces jours-ci que des régiments thaïlandais, transportés par des avions américains, ont été envoyés à la base de Long Tien, au Laos. Il y a quelques semaines, un accord a été conclu avec la Malaisie qui prévoit la coopération militaire et l'intégration des deux armées pour lutter contre l'interminable guérilla dans les régions proches du détroit de Malacca. Les foyers de résistance au régime de Bangkok dans les zones montagneuses du nord et le long du Mékong persistent et la guerre préventive contre les tribus montagnardes, que l'armée thaïlandaise combat au napalm et autres défoliants, n'est qu'un épisode mal maquillé d'une guerre qu'on ne peut continuer à faire passer pour une « opération de police ». Aujourd'hui, la guerre « limitée » des Américains fait rage sur une zone plus vaste que celle où se battaient les Français en 1954 dans ce qui était alors l'Indochine, et les territoires partagés selon les accords à Genève sont ravagés par la guerre civile.

Le Cambodge avait réussi à éviter cette guerre civile grâce à la discutable politique de Sihanouk. « Tout ce que je souhaite, déclarait le prince-président à Paris en 1964, c'est que si un jour le Cambodge tombe, qu'il tombe sans se briser. ». À l'instar du Laos, le Cambodge avait obtenu son indépendance comme un sous-produit de ce qui était, en réalité, le combat des Vietnamiens. Il n'y avait donc aucune forme de révolution à l'intérieur du pays. La structure sociale de cette société paysanne, dominée par une classe supérieure de nobles agraires et de familles princières, n'a pas changé avec le temps. Les divisions tribales subsistent et les tentatives du gouvernement central d'intégrer certains secteurs de la population dans l'unité cambodgienne n'ont pas abouti.

En 1968, par exemple, un important soulèvement a éclaté parmi les 60 000 Khmers Loeu des régions du nord-est (souvent confondus avec des Nord-Vietnamiens). Malgré la présence sur la scène internationale de Sihanouk, personnage haut en couleur, play-boy, footballeur, joueur de jazz, cinéaste, homme politique imprévisible et profondément antidémocrate qui fait semblant d'être démocrate par nécessité – « si je connaissais un seul Cambodgien intelligent et honnête, je lui laisserais mon poste », a-t-il dit –, le Cambodge reste coupé du monde, incapable d'affronter le processus de modernisation et de développement.

La neutralité de Sihanouk, dont on viendra peut-être à regretter la disparition, n'était qu'un faux-semblant sans grande substance. L'Est et l'Ouest n'ont jamais signifié « socialisme » ou « capitalisme » pour le prince cambodgien mais plutôt Vietnam et Thaïlande, qu'il continue de considérer comme les ennemis traditionnels du Cambodge, ce qu'ils ont été historiquement. « Nous sommes parfaitement convaincus du danger du communisme, mais l'histoire des conquêtes communistes indique au moins que l'entité nationale des pays conquis reste intacte. Si, en revanche, nous étions envahis par les Thaïs ou les Vietnamiens, nous disparaîtrions en tant que peuple et, en l'espace d'une génération, il n'y aurait plus de Cambodgiens. »

L'une des raisons pour lesquelles Sihanouk a refusé l'aide économique américaine en 1963 était que les États-Unis étaient alliés aux gouvernements de Bangkok et de Saigon (il y a des questions frontalières en suspens entre les trois pays, dans lesquelles les États-Unis, selon Sihanouk, ne soutenaient pas le Cambodge, mais ses ennemis).

La neutralité de Sihanouk à l'égard des deux blocs et du conflit entre Moscou et Pékin, qui a parfois atteint des sommets de candeur (donner aux rues de Phnom Penh des noms tels que Mao Zedong, Kennedy, De Gaulle ; faire étudier l'un de ses fils en Russie, l'autre en Chine), était un expédient louable pour épargner au petit Cambodge et à ses 6 ou 7 millions d'habitants les horreurs et les destructions de la guerre qui se déroulait à ses portes. Au fond, Sihanouk fondait sa survie politique sur deux hypothèses distinctes, à savoir que la Chine était là pour rester tandis que les États-Unis se retireraient tôt ou tard, provoquant la chute de leurs marionnettes, et que la prise du pouvoir du Vietcong au Vietnam du Sud n'était qu'une question de temps. Dans un long télégramme adressé à sa mère le 17 mars, il écrit : « Les Américains sont un million de fois plus forts et plus riches que nous, mais ils ne peuvent et ne pourront jamais gagner contre les Vietnamiens. »

Sihanouk avait parié sur cette défaite et, de fait, malgré ses protestations verbales répétées et ses réaffirmations de neutralité, il avait permis aux Vietcongs d'utiliser ses zones frontalières comme base et que le port de Sihanoukville, surtout après le bombardement de Haïphong, devienne la principale escale des navires, principalement soviétiques, ravitaillant le Nord-Vietnam. Tout cela s'est probablement fait en échange d'une promesse de reconnaissance future de l'intégrité du Cambodge et d'une promesse concernant le soutien actuel, peu chaleureux, du camp communiste à ses opposants internes (principalement les Khmers rouges). Sur la base de cet intérêt mutuel, Moscou, Pékin et Hanoï ont donc contribué au maintien au pouvoir de Sihanouk et, depuis qu'il a été démis de ses fonctions, continuent à le soutenir en tant que symbole d'une ligne politique cambodgienne qui, tout en bénéficiant certainement d'importantes sympathies communistes, reste la seule alternative formelle au régime actuel de Lon Nol.

Sihanouk ne pourra certainement pas devenir le leader d'un mouvement populaire révolutionnaire, d'un front de libération nationale cambodgien, mais il pourrait mettre au service d'une telle organisation le prestige considérable dont il jouit encore au Cambodge auprès des masses populaires et surtout dans certains secteurs de l'armée, laquelle ne semble pas s'aligner pleinement sur les nouveaux maîtres. Ceci explique que Sihanouk, même déchu, soit chaleureusement reçu à Pékin par une délégation très influente conduite par Zhou Enlai, et que la presse chinoise parle encore de lui comme du « chef de l'État ».

Avec la chute du prince Sihanouk disparaît l'image qu'il avait projetée d'un Cambodge heureux, sans classes, sans conflits et ne demandant qu'à « faire l'amour » – son expression à lui. La bourgeoisie nationale, mécontente des restrictions imposées par la neutralité, jalouse de l'aisance qu'une situation politique différente avait apportée aux classes équivalentes dans des pays comme le Vietnam et la Thaïlande, s'est maintenant ralliée aux nouveaux dirigeants, le noyau dur de l'armée étant également frustré par rapport à leurs collègues de Bangkok et de Saigon.

La polarisation sous-jacente de la société est apparue au grand jour et ses conséquences ne manqueront pas de se faire sentir. La voie de la neutralité cambodgienne s'est avérée impraticable, tout comme celle du Laos, qui n'a duré que quelques mois. L'équilibre créé par les accords de Genève, déjà instable au départ, est aujourd'hui complètement bouleversé dans ses moindres détails et tout est à nouveau remis en question comme il y a 16 ans.

Les risques implicites de la situation asiatique sont immenses, même à court terme. Le contrôle du Cambodge et la possibilité de « nettoyer » ses zones frontalières de la présence communiste, maintes fois évoqués par le commandement américain comme la panacée pour une défaite définitive du Vietcong au Vietnam du Sud, pourraient raviver les espoirs du Pentagone d'une solution militaire au conflit, si tant est qu'ils se soient éteints.

Pour le moment, ce sont l'infanterie cambodgienne et l'US Air Force qui ont été chargées de ce « nettoyage », mais il se peut que bientôt cela ne suffise plus et qu'il apparaisse logique de mieux former l'armée, d'envoyer plus de « conseillers » et d'employer des unités « spéciales » américaines. C'est ce qui préoccupe les sénateurs américains au Capitole, mais jusqu'à présent, leurs craintes n'ont pas servi à grand-chose. Et pendant ce temps, dans un sous-sol de New York, quelques jeunes hommes, désillusionnés quant à la possibilité de faire prévaloir la voix de la raison, sont morts en fabriquant des bombes terroristes inutiles et désespérées[43].

---

43. Allusion à l'explosion accidentelle au Greenwich Village de New York le 6 mars 1970, où trois

GRÈVES AUX ÉTATS-UNIS : LES FONCTIONNAIRES À L'ASSAUT

5 avril 1970

Les États-Unis ont, bien que hors saison, eux aussi, leur automne chaud[44]. Toute une série de conflits sociaux, dont la résolution avait été ajournée d'une échéance à la suivante, et dont le caractère dramatique avait été atténué à plusieurs reprises par des opérations au sommet réussies, sont en train d'éclater, et Nixon, qui avait promis au pays non seulement de gagner la paix au Vietnam, mais aussi de vaincre l'inflation, se trouve maintenant pris entre deux feux, confronté aux exigences du monde du travail.

La crise ne fait que commencer et ses conséquences sont imprévisibles. La menace d'une paralysie totale pèse sur certains secteurs vitaux de la vie américaine et met ainsi en péril toute la politique économique conçue par l'administration républicaine.

A) La poste. Pour la première fois en 195 ans d'histoire américaine, les postiers américains se sont mis en grève. Commencée le 18 mars dans le district de New York, l'agitation a fait tache d'huile et deux jours plus tard des opérations de piquetage étaient en cours dans onze États. Aujourd'hui, la situation est revenue à la normale, mais elle n'est pas réglée pour autant. Les demandes d'augmentation salariale vont de 20 à 75 %, contre les 5 % proposés par le gouvernement. Le conflit touche 750 000 employés.

B) Transport aérien. Précisément à la période où le trafic est le plus dense, pendant les vacances de Pâques, plus de 200 vols commerciaux ont été annulés en raison de la grève des contrôleurs aériens, employés par le département du Transport. Il s'agit de 8 500 techniciens qui réclament depuis longtemps des augmentations de salaire et une amélioration de leurs conditions de travail.

---

membres du collectif *Weather Underground* sont morts alors qu'ils fabriquaient une bombe destinée à un bal de sous-officiers à Fort Dix. Voir chapitre suivant.

44. L'automne chaud en Italie est une période marquée par les luttes syndicales ouvrières et étudiantes qui se sont déroulées à partir de l'automne 1969.

C) Transport routier. Avec l'expiration du contrat collectif qui lie 450 000 chauffeurs à 1200 entreprises de transport, les négociations pour le renouvellement sont dans l'impasse. Les syndicats réclament une augmentation de 1,70 dollar de l'heure. Les employeurs n'offrent que 1 dollar.

D) Chemins de fer. Une grève reportée l'année dernière risque d'avoir lieu après le 11 avril, date de la fin de la trêve syndicale imposée par un décret du Congrès. Le désaccord porte sur les conditions de travail.

E) Administration fédérale. Sur la vague de revendications des autres secteurs, des employés de l'État ainsi que des fonctionnaires (environ 650 000 personnes) ont également demandé une augmentation de 750 dollars par an, et menacent de recourir à la grève s'ils n'obtiennent pas satisfaction.

Il ne s'agit là que des principaux secteurs en agitation au niveau national, mais il faut tenir compte aussi des innombrables situations au niveau local où sont impliquées les catégories de travailleurs les plus diverses. À New York, par exemple, il y a eu une grève totale des fossoyeurs qui, en réclamant des augmentations de salaire, ont mis en danger jusqu'à l'hygiène de la ville en laissant s'entasser au moins 15 000 cadavres sans sépulture dans les cimetières.

Toujours à New York, les journalistes des grands journaux locaux se sont mis en grève. Cette tension sociale constitue un test majeur pour l'administration Nixon qui, pour la première fois, doit affronter une grève de ses propres employés.

L'une des priorités auxquelles Nixon tenait le plus était de présenter au pays un budget en équilibre. Les prévisions pour 1971 et 1972 annonçaient un excédent d'un milliard de dollars, mais la grève des postiers a déjà transformé cet excédent en un déficit d'au moins trois quarts de milliard. La grève des postiers est à plusieurs égards la plus importante. Et avant tout parce qu'elle a défié la règle selon laquelle on ne fait pas grève contre le gouvernement.

Aux États-Unis, faire grève contre un employeur public est illégal et tout gréviste encourt, outre une amende pouvant aller jusqu'à 1000 dollars, une peine de prison pouvant aller jusqu'à un an ainsi que la perte de son travail. Ces sanctions ne sont plus dissuasives et la grève, que l'administration continue de qualifier d'« arrêt de travail temporaire », a remporté un franc succès.

Si l'exemple des postiers était suivi par d'autres catégories d'employés publics (il y a 2,75 millions d'employés du gouvernement fédéral et 9,5 millions d'employés qui, sans droit de grève, travaillent pour les différentes administrations des États, des villes et des comtés), la crise pourrait devenir incontrôlable.

Un deuxième aspect remarquable de cette grève des postiers est que, dans la plupart des bureaux de poste, ce sont les minorités qui ont poussé la situation jusqu'au point de rupture, ce sont certains groupes radicaux, par exemple les Noirs – dont un pourcentage élevé travaille dans les services postaux – qui ont ignoré les gestes de conciliation des dirigeants syndicaux et ont encouragé leurs collègues à défier les injonctions des différents tribunaux et les menaces de Nixon, finalement réalisées, de faire appel à l'armée pour briser la grève.

Il ne s'agit plus seulement d'étudiants occupant les bâtiments des universités ou de Noirs défiant la police dans les ghettos, ni de libéraux non violents contestant les lois pour les faire changer. Cette fois-ci, beaucoup de ceux qui étaient censés voter républicain, beaucoup de ceux que Nixon compte dans les rangs de sa « majorité silencieuse » et avec le soutien flou desquels il mène désormais une politique de plus en plus impopulaire, se sont mobilisés. On parle de crise de l'autorité, d'anarchie.

Le *New York Times* a écrit que « le défi lancé à la loi et aux décisions de justice par les postiers de New York et d'ailleurs constitue la menace la plus dangereuse pour le bon déroulement du processus gouvernemental qui se soit produite dans l'histoire de la fonction publique [...] Et ce qui est encore plus inquiétant, c'est que ce défi encourage l'anarchie qui se développe déjà dans divers secteurs de la société, au point de constituer une menace pour la stabilité nationale ».

La grève postale a en effet mis en crise plusieurs secteurs de la vie américaine. Elle a gelé des millions de dollars dans les sacs amoncelés dans les bureaux désertés (à elle seule, la compagnie de téléphone de New York estime perdre 7 millions par jour en factures impayées), elle a porté un coup sévère à la bourse, elle a paralysé divers secteurs commerciaux et Nixon n'a pas trouvé mieux que de faire intervenir des unités de l'armée, et sans pour autant résoudre le problème du courrier, mais ne faisant que réaffirmer par la force un principe qui ne pouvait plus être rétabli par le recours normal à la sanction légale.

L'envoi de la Garde nationale dans les bureaux de poste n'a pas été une décision populaire ; la présence des soldats a renforcé les affirmations de certains groupes militants sur le caractère répressif des organes de l'État et a créé des dissensions au sein des forces qui intervenaient pour rétablir l'ordre, dont les membres, à plus d'une occasion, n'ont pas caché leurs sympathies pour les grévistes.

La crise économique inquiète désormais jusqu'à l'Américain moyen, et les perspectives pour l'avenir immédiat sont loin d'être réjouissantes. La lutte contre l'inflation est loin d'être gagnée. Le coût de la vie augmente régulièrement : 0,4 % en janvier et 0,5 % en février, soit une hausse sans précédent au cours des 20 dernières années. Au total, par rapport à l'année dernière, le coût moyen de la vie a augmenté de 6,3 % et la réduction de la valeur d'achat d'un dollar par rapport à il y a 10 ans affecte le portefeuille de chacun (par rapport à 1958, un dollar vaut aujourd'hui 75,5 cents).

Le chômage augmente également : en février, il représentait 4,2 % de l'ensemble de la population active. Cela signifie que 3,8 millions d'Américains sont aujourd'hui sans emploi et que 1,5 million d'autres le perdront dans les mois à venir. Les programmes visant à orienter une partie de ces masses de chômeurs, en particulier les plus jeunes, vers des formations organisées conjointement par différentes administrations et des industries du secteur privé, échouent précisément en raison de la faiblesse générale de l'économie. Chez Chrysler, par exemple, un programme destiné à 4500 chômeurs noirs a été suspendu parce que les ventes de voitures sont en baisse. (En février, les ventes de l'ensemble de l'industrie automobile ont chuté de 10 % et certaines usines, comme celle de Ford au Texas, ont fermé des chaînes de montage entières.)

La pression depuis la base menace donc de se poursuivre et la capacité de l'administration à la contenir sera mise à l'épreuve. Le fait que certaines attitudes et même tactiques de lutte qui semblaient auparavant limitées aux campus ou à certains groupes noirs radicaux aient fait leur apparition dans les luttes syndicales ne peut qu'introduire de nouvelles inconnues telles que le dépassement des positions syndicales modérées par la base, ainsi qu'un militantisme accru des Noirs non seulement dans les ghettos, mais aussi sur les lieux de travail.

C'est précisément pendant cette période de grève des facteurs que la Maison-Blanche a publié un document dans lequel il est dit en substance que la ségrégation scolaire est destinée à perdurer puisqu'il est impossible d'imposer l'intégration par des moyens coercitifs. Ce à quoi un dirigeant noir a répondu : « Il est étrange que Nixon parle des limites auquel le gouvernement se heurte dans l'usage de la coercition, le jour même où des troupes interviennent dans la grève des postiers de New York. »

Malgré leurs promesses de paix, les États-Unis envahissent le Cambodge et apportent un soutien sans réserve à leur allié sud-vietnamien, le général Nguyen Van Thieu. L'opération militaire est exécutée en faisant fi de toute procédure diplomatique et a été nommée Complete Victory. Nixon assure aux Américains qu'il résoudra la question cambodgienne en quelques semaines.

1970 CAMBODGE : LA CARTE PERDANTE DE NIXON

10 mai 1970

Après une campagne électorale mystifiante destinée à le présenter comme un homme politique aguerri, prudent, flexible et expérimenté, après quinze mois d'une présidence en sourdine d'homme prudent et pragmatique, déterminé à gérer l'héritage désastreux laissé par d'autres et à « gagner la paix » dans une guerre que d'autres ont déclarée, Nixon est soudain redevenu lui-même, le « vieux Nixon » des années 1950, celui de la guerre froide, du chantage à l'arme atomique, l'élève de Dulles.

Renouant avec le ton et l'arrogance d'un grand chef en période de péril national, il a redonné au monde l'image sans fard de l'Amérique la plus rétrograde et la plus dangereuse : « Nous ne nous laisserons pas humilier, nous ne nous laisserons pas vaincre, nous ne permettrons pas que la nation la plus riche et la plus forte de l'histoire de l'humanité en soit réduite à se comporter comme un géant pitoyable et impuissant. »

Après des promesses de paix propagandistes, des assurances de sa volonté de négocier, Nixon a déclaré la guerre. Deux heures avant son discours, des milliers de soldats américains, de Sud-Vietnamiens, de mercenaires cambodgiens et de Montagnards[45] envahissaient le Cambodge. Au Vietnam du Nord, les bombardements des zones habitées reprennent. Le carnage anonyme des

45. Nom générique que les Français donnaient aux « tribus aborigènes austronésiennes de la péninsule indochinoise.

B52, la routine tragique du décompte des morts, les déportations massives de paysans arrachés à leurs villages ont recommencé.

Inutile d'étudier les déclarations officielles par lesquelles ces opérations ont été justifiées, expliquées, minimisées, vendues au public : on n'y trouvera même pas l'ombre de la légalité formelle qu'on a tenté de respecter à d'autres moments. Les troupes américaines sont entrées au Cambodge sans l'autorisation du régime fantoche de Phnom Penh ; Washington n'a pas consulté ses alliés. Il n'y a pas eu d'aval de la part du corps législatif américain qui siège au Congrès. Nixon a fait fi de tout. Il n'a pas résisté à la tentation de pourchasser une victoire qui a échappé à deux présidents avant lui et, dans la foulée, il a réussi à livrer la guerre qu'en 1954, alors que certains aux États-Unis voulaient aller sauver les Français, et Nixon parmi eux, Eisenhower l'avait empêché de mener. Aujourd'hui, Nixon a enfin son propre conflit, qui n'est plus la guerre du Vietnam, du Laos ou du Cambodge, mais la guerre d'Indochine.

Nixon a profité d'une opposition interne « pacifiée » par des promesses et des illusions, d'une opinion publique, à l'international aussi, distraite, à l'international aussi, par les exploits spatiaux et qui a pris l'habitude de la guerre au quotidien. Il a écouté les voix des militaires, il a cru voir dans la réduction de la guérilla au Vietnam (en se fiant à ses services de renseignements) la possibilité de couper le cordon ombilical reliant Hanoï au Front de libération. Ce n'est pas un hasard si le nom de l'opération au Cambodge est *Complete Victory*.

C'est un dernier coup de balai avec lequel le Pentagone pense se débarrasser définitivement du problème de la résistance vietcong et prouver une fois pour toutes que la guerre populaire ne peut pas réussir. Agnew a parlé des Nord-Vietnamiens comme étant désormais affaiblis, désespérés et incapables de résister, et a lancé un appel à l'Amérique pour qu'elle s'unisse dans ce dernier quart d'heure de guerre.

Mais l'opération « victoire finale » n'est rien d'autre qu'une de ces campagnes de « recherche et destruction » qui ont voué la stratégie Westmoreland à l'échec. Le résultat sera-t-il différent au Cambodge qu'au Vietnam ? Les commandants américains affirment qu'ils recherchent dans la jungle cambodgienne le quartier général du vietcong, et l'on entend des histoires ridicules selon lesquelles il serait caché sous terre, construit sur sept ou huit étages, avec des ascenseurs et des portes coulissantes, et peut-être même de petites lumières rouges et vertes.

Les Américains cherchent à réaliser le rêve d'un Dien Bien Phu inversé pour remonter le moral des troupes frustrées par des années d'efforts vains. D'où le ton de croisade, l'appel au patriotisme, l'attaque contre les ennemis intérieurs, contre les étudiants fainéants. Mais la guerre populaire est avant tout une question de mobilité et l'une de ses règles est : « Battre en retraite quand l'ennemi attaque. » Les partisans et les états-majors cambodgiens se déplaceront, comme ils l'ont fait jusqu'à présent. « Les derniers refuges sont la Chine et l'URSS. Alors, où cela nous mènera-t-il ? » se demandent deux congressistes républicains en commentant le discours de Nixon.

Les observateurs américains eux-mêmes sont très pessimistes quant à l'issue de l'aventure indochinoise de Nixon. L'expérience du passé nous apprend beaucoup de choses. Kennedy était convaincu que quelques milliers de « conseillers » suffiraient à vaincre la « subversion communiste » au Vietnam. Ensuite, avec Johnson, le corps expéditionnaire américain en Asie du Sud-Est a dépassé le demi-million d'hommes, ce qui n'a pas suffi à arrêter ce qui n'était pas une subversion mais une guerre populaire. Nixon parle de vietnamisation du conflit et promet le retrait progressif des G.I.

Aujourd'hui, le président américain soutient que l'affaire cambodgienne sera réglée dans quelques semaines. Mais l'escalade en territoire khmer a été très rapide. En l'espace de quelques semaines, on est passé de l'envoi indirect à l'envoi direct d'armes, de « conseillers », de troupes d'invasion. Jusqu'où cela ira-t-il ? Combien d'hommes faudra-t-il pour arrêter la « subversion » au Cambodge également ? C'est ce que se demandent de nombreux journaux américains.

Si quelque 600 000 soldats n'ont pas suffi pour le Vietnam, combien en faudra-t-il pour le Vietnam, le Cambodge et le Laos ? Un calcul stratégique élémentaire permet de supposer que Nixon sera bientôt contraint non seulement d'abandonner la soi-disant vietnamisation, mais aussi d'envoyer de nouveaux soldats en Asie du Sud-Est. Il sera vraisemblablement obligé de rappeler certains contingents de réserve, ce qui se traduira par une débâcle aussi sur le plan de la crédibilité intérieure. Sur le plan stratégique, le marécage asiatique semble fait de sables mouvants. C'est en tout cas ce qu'affirment les journaux américains qui font autorité. Nixon, en somme, a joué une carte perdante, en tant que Président et en tant que stratège.

Les militaires ont placé Nixon devant une situation apparemment sans alternative. Le Cambodge était perdu en raison de la réaction en chaîne déclenchée par le coup d'État contre Sihanouk. Les zones frontalières se trouvaient entièrement sous le contrôle des forces rebelles. Cinq des sept routes principales du pays avaient été coupées et le Mékong, qui restait avec ses canaux la seule voie de communication encore ouverte entre la capitale et la mer, était devenu impraticable. Une partie des forces régulières était passée aux mains des rebelles et le régime de Lon Nol était paralysé.

Au Laos l'avancée des partisans se poursuivait, aiguillonnée par les attaques des mercenaires américains, et ils avaient occupé l'importante ville d'Attapeu. Au Vietnam du Sud se renforçait l'opposition au régime de Thieu.

Sur les places, des étudiants affrontaient la police et les généraux qui avaient participé à la destitution de Ngô Dinh Diêm avaient organisé une importante réunion avec des responsables politiques et des communautés religieuses. En Thaïlande, l'immobilisme américain, perçu comme le résultat de la vietnamisation, semblait ouvrir la voie à une volte-face des généraux thaïs qui avaient déclaré que l'escalade militaire dans les pays faibles et pauvres d'Asie était impossible si le grand protecteur se désengageait et s'en allait.

Tout comme en 1965 Johnson avait décidé de bombarder Hanoï pour restaurer la confiance de ses alliés, Nixon a décidé aujourd'hui d'envahir le Cambodge et de reprendre les bombardements sur le Nord-Vietnam. L'effet de cette décision se fait sentir jusqu'en Israël, où cette détermination américaine a été accueillie favorablement.

Les plans d'invasion étaient prêts depuis un certain temps. Le 24 avril, quatre jours seulement après avoir annoncé le retrait de 150 000 hommes supplémentaires du Vietnam, Nixon a donné l'ordre à l'artillerie et aux véhicules blindés de se déployer le long de la frontière sud-vietnamienne, dans une concentration de forces qu'un général a qualifiée de « sans précédent depuis la Seconde Guerre mondiale ». Le coup d'envoi de l'invasion a été donné immédiatement après l'annonce de la conférence au sommet qui s'était tenue entre les quatre dirigeants de la résistance anti-impérialiste.

Zhou Enlai, fait extrêmement important, y a participé. La presse chinoise s'en est largement fait écho, alors que la presse soviétique l'a reléguée au second plan. La position de l'URSS témoigne d'un embarras sans pareil, donnant lieu aux spéculations les plus diverses. Dans son discours prononcé à la tribune du mausolée de Lénine, Brejnev n'a pas mentionné l'invasion américaine et, jusqu'à présent, il n'y a pas eu de condamnation formelle par Moscou de la décision de Washington. À Pékin, en revanche, de manière significative, Mao Zedong a reçu Sihanouk, et les éditoriaux de tous les journaux répètent maintenant que le peuple chinois est sur la même ligne de bataille que l'Indochine, et que les 800 millions de Chinois apporteront toujours leur aide aux trois peuples qui se battent contre l'agression américaine.

En Amérique, la décision de Nixon a ouvert l'une des plus grandes crises de son histoire. Le Sénat menace de désavouer les actions du Président, la bourse a chuté encore plus que dans les jours noirs de l'assassinat de Kennedy et la liste des universités en ébullition est interminable, de même que les affrontements des manifestants dans différentes villes contre les forces de police et de la Garde nationale.

La voix de la raison n'a plus guère d'auditeurs et le désespoir est la réaction la plus fréquente de ceux qui avaient pressenti, prêché, tenté de prévenir. Le plus terrifiant, cependant, c'est qu'en dépit de tout cela, nombreux sont ceux, en Amérique et à l'étranger, qui sont prêts à se cacher derrière des écrans de fumée et à croire les messages de propagande. Selon une enquête de CBS, 59 % des Américains soutiennent le Président. Le mouvement d'opposition à la guerre est en train de se réorganiser. Il y aura des marches et des manifestations. Mais pendant ce temps-là, le décompte des morts se poursuit en Asie.

Sous-estimée et jugée arriérée par de nombreux experts, la Chine a surpris tout le monde en fabriquant en quelques années une série d'engins nucléaires et en mettant en orbite le premier satellite artificiel, Dong Fang Hong, « L'Orient est rouge ». Le signal est clair pour la communauté internationale : les États-Unis et l'URSS ne sont plus les seuls joueurs sur l'échiquier mondial. Avec ses 800 millions d'habitants, le pays dirigé par Mao Zedong ne peut plus être ignoré.

LE SATELLITE CHINOIS : DANS L'ESPACE ET AVEC DES PANTALONS

10 mai 1970

Khrouchtchev a dit un jour que la construction d'armes et de missiles nucléaires avait un coût tel que si les Chinois décidaient de s'y atteler, ils n'auraient plus d'argent pour fabriquer des pantalons. En 1963, le ministre des Affaires étrangères de l'époque, Chen Yi, en rapportant cette boutade à un groupe de journalistes japonais, a déclaré que la Chine construirait ses armes et ses missiles nucléaires avec ou sans pantalons. C'est ce qui s'est passé : la première bombe atomique en 1964, le premier missile guidé en 1967, la première bombe à hydrogène en 1967 et, aujourd'hui, le premier satellite.

Les Chinois vont-ils manquer de pantalons ? L'URSS l'espérait et c'était le sens de la position de Khrouchtchev, qui comptait pouvoir imposer le contrôle soviétique sur l'establishment militaire de Pékin par l'octroi d'aides financières. Une perspective similaire à celle de Washington, qui estime que les investissements de la Chine dans la recherche et le développement d'engins nucléaires trahissent la poursuite d'une politique de projets agressifs et expansionnistes qui ne peuvent que conduire le pays à la famine et au sous-développement. À propos de leur première explosion nucléaire, Lyndon B. Johnson avait déclaré : « C'est une grande tragédie pour le peuple chinois, car elle ne fait que perpétuer sa misère. »

Pourtant, les analyses occidentales de l'économie chinoise indiquent que, en dehors des hauts et bas dus à des facteurs marginaux, sa résilience est remarquable et sa tendance à la croissance constante. De plus, des économistes tels que Jack Cray de l'université de Glasgow soutiennent (voir *Quaderni Piacentini*[46], avril 1970) que les choix de l'économie chinoise, basés sur l'utilisation intensive de la force de travail et non sur la méthode, plus moderne, de l'utilisation intensive du capital, étaient des choix judicieux et sensés du point de vue d'une stratégie de développement adéquate.

Si tel est le cas, il serait illusoire de continuer à penser que les Chinois se dotent d'un arsenal atomique et s'attaquent à l'espace au détriment de leur pantalon, c'est-à-dire en se maintenant dans une situation d'instabilité économique pouvant conduire à l'effondrement, comme le suggèrent encore les commentaires soviétiques dans le quotidien *Izvestia* au lendemain du lancement. De même, il est absurde de continuer à penser que les progrès de la Chine en matière de nucléaire et de missiles sont dus au professeur « américain » Qian Xuesen, qui se serait rendu en Chine en 1955 en apportant les formules apprises dans les universités californiennes et le MIT.

En amont d'un exploit comme le lancement d'un satellite, il n'y a pas de formules, mais toute une organisation et une technologie dont divers secteurs de l'industrie chinoise avaient donné des exemples de sophistication (synthèse de l'insuline, conception de défenses radar, etc.) et sur les progrès desquels des scientifiques de renommée internationale, comme l'Anglais Kurt Mendelssohn, ont récemment témoigné.

À ce stade, il serait moins illusoire de reconnaître que les Chinois ont réussi à « se dresser sur leurs deux jambes » et qu'ils ont su développer, d'une part une économie essentiellement agricole et primitive, et d'autre part, une industrie moderne et performante, capable de fournir des résultats même dans ce domaine de pointe que sont les applications spatiales et militaires.

Ce n'est que parce qu'elle garde l'image d'une Chine enlisée dans le chaos de la révolution culturelle que l'opinion publique internationale a pu être surprise par le lancement de « L'Orient est rouge », car les services de renseignement des différents pays, et notamment des États-Unis, avaient largement prédit cette éventualité.

Une étude de 1968 de la Hoover Institution de l'Université Stanford, *Communist China and Arms Control*, tenait pour certaine la capacité chinoise à produire, dès le début des années 1970, des silos pour les rampes de lancement de missiles, des sous-marins atomiques et des ICBM, ces missiles intercontinentaux dont le satellite est en quelque sorte le prototype. Les mêmes conclusions ont été tirées par la Commission de l'énergie atomique du Congrès

46. Revue politique trimestrielle. Avec d'autres revues marxistes et gramsciennes nées dans les années 1960, *Quaderni Piacentini* a joué un rôle important dans la construction des fondements idéologiques et organisationnels de la gauche extraparlementaire italienne après 1968.

américain dans son rapport de 1967. On peut même avancer l'hypothèse que la politique soviétique d'établissement d'un pacte de sécurité asiatique dans une fonction antichinoise et la politique de Nixon de désengagement progressif des forces militaires américaines d'Asie étaient fondées sur l'hypothèse, aujourd'hui avérée, d'une capacité nucléaire régionale de la Chine.

L'argument avancé récemment par Alice Langley Hsieh, de la Rand Corporation, dans son témoignage devant le Congrès américain, est que, conscients de leur incapacité actuelle à disposer d'une force de dissuasion efficace qui menacerait les villes et les installations des États-Unis, les Chinois mettent en œuvre une « stratégie de l'otage », c'est-à-dire qu'ils tentent de se constituer un arsenal nucléaire suffisant pour rendre les États-Unis vulnérables dans leurs bases asiatiques (Thaïlande et Vietnam du Sud, par exemple), les obligeant ainsi soit à se retirer, soit à rester « otages » de cette puissance limitée de la Chine.

La décision de la Chine de se doter d'un arsenal nucléaire est relativement récente, c'est pourquoi la rapidité avec laquelle les différentes étapes ont été franchies a tout de même de quoi surprendre. Ce n'est que vers la fin des années 1950, lorsque les Soviétiques ont retiré leurs ingénieurs et leur protection atomique, que, dans la même logique d'« autosuffisance » qui a présidé au lancement de la politique du « Grand Bond en avant », Pékin a décidé de financer un programme nucléaire autonome et de lui donner une priorité qui a été maintenue même pendant les périodes économiquement et politiquement critiques.

La position idéologique des Chinois, ou plutôt de Mao Zedong (étant donné qu'il y eut des discussions approfondies à ce sujet, qui se conclurent par la condamnation d'une « ligne bourgeoise dans l'armée »), fut constante sur la question des armes nucléaires. Si l'on méprisait la valeur « décisive » que les superpuissances tendaient à leur attribuer, on ne niait pas leur pertinence, leur pouvoir destructeur, leur valeur comme élément de chantage entre des mains ennemies et leur valeur libératrice entre des mains amies. C'est précisément après le lancement de Spoutnik, alors que le désaccord avec l'URSS n'était pas encore irréconciliable, que Mao, en route pour Moscou, prononça son célèbre discours « Le vent d'Est l'emporte sur le vent d'Ouest ».

C'est ainsi que la Chine qui, pour des raisons idéologiques, a continué à maintenir, voire à renforcer, la conviction de la supériorité de l'homme sur les armes, avec pour conséquence la réduction du rôle de celles-ci dans la guerre (« la bombe atomique est un tigre de papier[47] »), s'engagea sur la voie de leur possession. L'annonce de la première explosion réaffirmait cette posi-

47. Mao Zedong, entretien avec la journaliste américaine Anna Louise Strong, *Œuvres choisies*, tome 4.

tion : « La Chine développe des armes atomiques pour défendre et protéger le peuple chinois des menaces américaines de déclencher une guerre atomique. Le gouvernement chinois s'engage solennellement à ne jamais et sous aucune condition utiliser les armes nucléaires en premier lieu... Nous sommes convaincus que l'Homme, qui a créé les armes nucléaires, sera certainement capable de les éliminer. »

Après les armes nucléaires, c'était au tour de la recherche sur les lanceurs. De ces recherches précisément est issu celui qui a envoyé « L'Orient est rouge » dans l'espace et la série de satellites qui ne manqueront pas de lui succéder. Les satellites sont désormais un fait acquis pour les autres grandes puissances et un outil important non seulement sur le plan militaire, mais aussi sur le plan strictement économique. Les satellites surveillent les perturbations atmosphériques, photographient les navires en haute mer, étudient le terrain, contribuent à la classification des gisements et des richesses du sous-sol et deviendront le seul moyen de contrôler les accords internationaux de limitation des armements, permettant ainsi un type de contrôle difficilement remplaçable. « L'Orient est rouge » implique aussi tout cela et est en plus la preuve de la capacité de la Chine à « atteindre et dépasser les stades avancés des pays occidentaux ».

Il est évident que, vu de Pékin et dans le contexte de la situation internationale actuelle, le succès du satellite, avec ses implications militaires évidentes, signifie avant tout avoir « brisé le monopole nucléaire de l'URSS et des États-Unis », neutralisé les bases américaines sur le continent asiatique et lancé un ultimatum aux gouvernements fantoches du Pacifique alignés sur Washington.

Combien tout cela a-t-il coûté aux Chinois ? Il est difficile de le dire avec précision, mais un ensemble d'analyses américaines s'accordent sur certaines conclusions : en premier lieu, les dépenses de Pékin pour l'armement nucléaire au cours des dernières années se situent entre 3 et 4 millions de yuans ; ensuite, elles ne représentent que 2 ou 3 % du produit intérieur brut. Si ces évaluations sont correctes, les prévisions sont simples à faire : le taux d'impact sur le produit brut est suffisamment dérisoire pour que la Chine revoie le montant de ces investissements ; étant donné le taux de croissance de celui-ci, même si elle devait doubler ses dépenses dans le domaine des satellites, son excédent pourrait les absorber sans nuire au reste de l'économie. Elle poursuivra donc sur cette voie.

Il est bon de se rendre compte que la Chine est en train de placer ses pions pour entrer dans le club des superpuissances et il est inutile de se bercer d'illusions en pensant que lorsque les astronautes chinois voleront, et certains le prévoient pour bientôt, ils le feront sans pantalon.

Au cours des deux années passées en Amérique, Tiziano a fréquenté ou rencontré divers intellectuels – parmi les nombreux noms inscrits dans son agenda téléphonique figurent Noam Chomsky, Susan Sontag, Isidor Feinstein Stone et Solomon Yurick –, des universitaires, des journalistes et des écrivains, certains avec des idées radicales, d'autres avec des positions plus idéologiques et militantes, mais tous des « francs-tireurs ». Des personnalités animées d'un désir de comprendre, d'un sens aigu de la liberté et de méfiance à l'égard du pouvoir : c'est pourquoi ils représentent inévitablement le pendant de tous ces fonctionnaires qui, en tant qu'experts ou collaborateurs, ont pour tâche d'influencer et charmer ceux aux commandes de la salle de contrôle.

LES MANDARINS DE LA MAISON-BLANCHE

17 mai 1970

L'une des anecdotes qui circulent ces jours-ci aux États-Unis et qui trouvent également crédit dans la presse est celle qui veut que Nixon, en solitaire, aurait finalement pris la décision d'envahir le Cambodge soit parce qu'il était convaincu qu'il se trouvait face à une bonne occasion, voire à la dernière chance de gagner la guerre en Asie, soit, comme certains le théorisent, pour prouver son courage et sa virilité de Président. On parle ainsi d'un Nixon en pleine réflexion errant seul dans les bois de Camp David, à la veille du « D-day », sous la surveillance discrète des hommes des services secrets.

La théorie des décisions personnelles expliquées a posteriori par une émotivité névrotique ou la folie pure ne nous aide pas à éclaircir l'histoire, mais masque la vérité qui pourrait s'avérer bien plus dérangeante que les frustrations ou la folie d'un homme pourtant placé à la tête de l'une des nations les plus puissantes du monde.

Dans ce cas, la vérité pourrait être que le processus décisionnel aux États-Unis a échappé aux mains d'organes légitimes et responsables et se retrouve entre les mains de personnes et de groupes de pouvoir à qui personne n'a confié ces responsabilités. C'est certainement ce que pensent ces sénateurs, nombreux, qui s'apprêtent à combattre Nixon pour retirer les fonds nécessaires à la poursuite d'une guerre « non déclarée et non autorisée » et pour réclamer au Congrès le droit, inscrit dans la Constitution, de prendre part aux décisions qui coûtent la paix au pays.

Même si Nixon n'a pas pris seul la décision d'élargir la guerre en Indochine, il faut savoir que de nombreuses personnes ont été exclues de la décision ; on pourrait même dire que le Président lui-même en a été exclu et que le commandement militaire la lui a imposée ou l'a prise à sa place, mais c'est une hypothèse difficile à prouver aujourd'hui, même si nombreux sont ceux aux États-Unis qui y pensent et l'évoquent (voir les déclarations de John Kenneth Galbraith sur la machine militaire américaine incontrôlable).

Une chose est certaine : les organes législatifs compétents, dont les représentants qu'on a simplement informés de ce qui se passait quelques minutes avant que le Président ne prononce son discours patriotique à la télévision, ont été tenus à l'écart de la décision, phase de consultation incluse. Parmi eux, le secrétaire d'État Rogers qui, bien que responsable de la politique étrangère du gouvernement, déclarait quelques jours avant l'invasion : « Si nos troupes entraient au Cambodge, tout le programme de vietnamisation serait mis en échec » et rassurait le Congrès sur le fait que l'administration Nixon n'avait « pas l'intention de provoquer une escalade de la guerre ».

En effet, Rogers, lorsqu'il a déclaré que la présence du Vietcong au Cambodge constituait « un problème pour la communauté internationale », était en train de suggérer une politique de négociation où on aurait laissé à la diplomatie le temps de trouver une solution concertée à l'ancien et au nouveau conflit. Rogers représentait l'opinion dominante au département d'État, dont 250 fonctionnaires ont signé une lettre de protestation contre Nixon après l'invasion, qui n'a pas été prise en compte. Des rumeurs de démission ont circulé, mais jusqu'à présent, le désaccord n'a pas été officiellement révélé.

Même le secrétaire à la Défense, Melvin Laird, qui a certainement été consulté, n'était pas d'accord avec le plan d'invasion. Pour des raisons purement politiques qui le poussent à réduire le budget militaire afin de lutter contre une opposition interne croissante, Laird est l'un des partisans les plus convaincus de la vietnamisation et il sait que les États-Unis payeront le prix fort pour cette opération qui ne changera pas substantiellement la situation asiatique. Mais on ne l'a pas écouté.

Au plus haut niveau, la décision a été au contraire entérinée par d'autres personnalités : John Mitchell, procureur général, l'homme qui a dirigé la stratégie sudiste et la politique anti-intégrationniste de Nixon ; Henry Kissinger, chef du Conseil de sécurité nationale et conseiller du Président ; Earle Wheeler, chef d'État-Major des armées ; Thomas Moorer, aujourd'hui chef des opérations navales mais qui bientôt succédera à Wheeler au plus haut poste militaire américain, et Richard Helms, directeur de la CIA.

Ce sont les porte-parole d'une alliance de forces qui, aujourd'hui plus que jamais, menace de contrôler l'Amérique par-dessus ses représentants légitimement élus : une alliance de militaires, de membres des services de renseignement, de la droite réactionnaire et d'« intellectuels de la Défense », qui servent de « souffleurs » aux puissants rationnalisateurs de la politique interventionniste américaine. Des personnalités et des forces politiques difficiles à contrôler et qui échappent à la censure du Congrès. Mitchell opère à titre personnel et en dehors des compétences de son département, dans le rôle de porte-parole de la croisade anticommuniste à l'extérieur et de l'imposition de la loi et de l'ordre à l'intérieur ; Kissinger est l'intellectuel à demeure du Président qui l'a sorti des facultés de Harvard pour lui confier l'une des tâches les plus délicates de la Maison-Blanche, et qui est le prototype de ces « nouveaux mandarins » décrits par Chomsky ; la CIA, dont les budgets restent secrets même pour les sénateurs qui les approuvent et dont les opérations dans le monde n'ont pas besoin d'être rappelées ; les militaires qui, dans la tradition inaugurée à Hiroshima, ont à plusieurs reprises tenté d'imposer au pouvoir politique leur prédilection pour des solutions totales à des conflits marginaux, amenant le pays au bord de crises majeures (il suffit de penser à la guerre de Corée et au renvoi par Truman du général MacArthur qui voulait aller « clore » le conflit en Chine).

En ce qui concerne le Vietnam, on sait comment les commandants militaires, soutenus par l'inamovible ambassadeur américain à Saigon, ont tenté à plusieurs reprises de trouver des solutions drastiques au conflit, et comment ils ont même récemment proposé à Nixon une opération amphibie avec 30 000 hommes dans le port de Sihanoukville, ainsi que le « nettoyage des sanctuaires » pour lequel Westmoreland avait déjà demandé 206 000 soldats.

Le Congrès américain, après la « résolution du golfe du Tonkin » apparemment marginale, qui donnait à Johnson l'autorité pour intensifier la guerre, n'a plus jamais été impliqué dans les décisions concernant la guerre, ses objectifs et les moyens de la mener, tandis que pour ceux qui la soutiennent encore, la guerre semble de plus en plus être devenue une sorte de test définitif, soit d'une certaine approche stratégique – c'est le cas de Kissinger et de sa théorie des guerres limitées – soit de la supériorité morale et matérielle des États-Unis sur le reste du monde – c'est le cas des militaires.

Cette coalition de forces est évidemment revenue en force avec la décision d'élargir le conflit, mais cette fois, sur le fond de la réaction populaire dans les universités et dans de larges segments de l'électorat moyen, elle a aussi mis au jour l'impuissance et la déresponsabilisation des représentants élus du peuple qui se trouvent maintenant obligés de rendre des comptes sur des décisions qu'ils n'ont pas prises.

Une bataille majeure se profile donc, qui découle d'une crise profonde des institutions démocratiques et remet en cause le mécanisme même du pouvoir tel que l'Amérique le connaît. La proposition d'abroger la « résolution du golfe du Tonkin » et celle de couper les fonds de Nixon pour poursuivre la guerre en Asie n'en sont que les premiers avertissements.

À l'approche des élections de mi-mandat, Nixon a dépoussiéré ses promesses de campagne – retrait des troupes, soutien à la paix au Vietnam – pour ménager l'opinion publique, désormais lassée de la guerre. Mais se désengager du Vietnam, laisser le fardeau du conflit avec le Vietcong aux Sud-Vietnamiens, ne signifie pas abandonner la guerre.

ÉTATS-UNIS-VIETNAM : NIXON TRICHE ENCORE

18 octobre 1970

« Vous achèteriez une voiture d'occasion à cet homme ? » pouvait-on lire sur un panneau d'affichage qui montrait le portrait malicieusement souriant de Nixon utilisée pour la campagne électorale de 1968. Et c'est à cet homme-là précisément que la presse occidentale bien-pensante, l'opinion publique américaine et celle de la moitié de la Terre, qui ne demandent qu'à se décharger du fardeau de leurs silences et de leur « sympathie » pour l'une des guerres les plus infâmes de ce siècle, ont acheté le soi-disant « plan de paix » pour le Vietnam.

Les organes de propagande de la Maison-Blanche ont monté en épingle le discours de Nixon sur l'Indochine, l'annonçant comme « la déclaration la plus importante de son mandat » et après le discours, les congratulations pour cette « preuve de bonne volonté du gouvernement américain » n'ont pas tardé à fuser depuis les capitales alliées. Même le Sénat américain, habituellement critique à l'égard de la politique militaire en Asie du Sud-Est, a approuvé le projet de Nixon pour toute une série de raisons qui lui sont propres. Il n'y a eu que Fulbright pour refuser de monter dans le train de l'optimisme illusoire.

Même lorsque le Front de libération du Sud-Vietnam et Hanoï ont rejeté le plan en le qualifiant de nouvelle « tentative de légitimer l'agression américaine en Indochine », Washington s'est plié en quatre pour maintenir l'optimisme officiel, affirmant que les communistes étaient désormais contraints de faire ces déclarations publiques, mais qu'ils approuveraient bientôt secrètement le plan de Nixon. Goldwater, péremptoire au possible, a fait savoir que dans les dix jours, le « cessez-le-feu » proposé par le Président entrerait en vigueur. Tout cela dans quel but ?

La réponse tient d'abord au calendrier. Le 17 septembre, à la conférence de Paris, Mme Nguyen Thi Binh, ministre des affaires étrangères et chef de la délégation du gouvernement révolutionnaire provisoire du Vietnam du Sud, a présenté les « huit points » d'un plan de résolution de la question vietnamienne, abordant les problèmes du cessez-le-feu, d'un nouveau gouvernement à Saigon, de la réunification du pays et de celui, si important pour l'opinion publique américaine, des prisonniers de guerre. La condition première de toute solution est l'engagement américain à retirer toutes ses troupes avant le 30 juin 1971. Nixon est donc mis en demeure. Il doit répondre à ces avancées et répondre vite car son gouvernement doit se confronter à une échéance importante et à une épreuve implacable de popularité : le 3 novembre, les Américains se rendront aux urnes pour réélire tous les représentants de la Chambre des représentants, un tiers des sénateurs et 35 des 51 gouverneurs d'État.

Dès son accession à la présidence, Nixon a dû composer avec une Chambre et un Sénat contrôlés par une majorité démocrate et donc avec un obstacle parfois insurmontable à la poursuite de certaines politiques. Les résultats des élections de novembre pourraient, en changeant cette situation en faveur des républicains, sortir Nixon de l'impasse actuelle et de cette situation d'ambiguïté qui l'oblige à maintenir Agnew dans une poursuite constante de la partie la plus conservatrice et réactionnaire du pays, tout en se réservant le rôle de médiateur avec l'aile libérale et modérée.

Si les élections de novembre devaient donner raison à Agnew, Nixon pourrait procéder sans réserve, surtout dans sa politique intérieure, au « coup de frein » auquel le poussent l'aile droite de son parti et des hommes clés de son administration, comme le procureur général Mitchell. L'illusion d'une solution au Vietnam est le prix à payer pour ce succès.

Des années de combat ont usé le soutien de larges pans de l'opinion publique qui ne veulent plus entendre parler de cette guerre, même s'ils souhaitent y parvenir en rasant Hanoï et en rayant de la carte les zones communistes. De récents sondages Gallup indiquent que plus de la moitié de la population est favorable à un retrait du Vietnam. Les organisations clandestines de gauche de plus en plus menaçantes qui recourent au terrorisme (les récents enlèvements au Canada ont profondément marqué l'opinion publique américaine)[48] et les bombes récurrentes qui explosent dans les palais de justice, les commissariats de police, les banques et les sièges des grandes entreprises donnent l'impression que l'ennemi n'est plus à 10 000 miles de distance dans les rizières asiatiques, mais bien aux portes de la maison. Ce à quoi il faut ajouter les problèmes économiques non résolus, la hausse du chômage, l'augmentation du coût de la vie et la nécessité de rééquilibrer les dépenses de l'État.

Aujourd'hui, même le « complexe militaro-industriel » semble partager une politique de désengagement en Asie. Avec les réductions incontournables du budget de la Défense, désormais souhaitées par l'opinion publique (seuls 10 % sont favorables à une augmentation des dépenses militaires), même le Pentagone voit diminuer les disponibilités allouées à la recherche et au développement de nouvelles armes, puisqu'une grande partie du budget est encore dépensée pour le maintien du corps expéditionnaire au Vietnam.

Les 284 000 hommes que Nixon voulait laisser en soutien à Saigon d'ici mai 1971 coûtent encore trop cher et privent de ressources la course technologique aux nouveaux types d'armes, beaucoup plus rentable à long terme, puis réduisent la capacité militaire américaine elle-même (les inquiétudes de la marine à ce sujet ne sont plus un secret). Se désengager de l'Asie ne signifie évidemment pas abandonner l'objectif, mais seulement le poursuivre par des moyens moins onéreux.

C'est ici qu'intervient la « doctrine Guam », énoncée à l'époque par Nixon et dont l'application est évidente au Cambodge, où le poids de la guerre repose sur l'armée fantoche de Lon Nol, 20 000 soldats de Saigon, des « volontaires » thaïlandais et des escouades de mercenaires organisées par la CIA, tandis que, toujours avec l'aide des États-Unis, mais sans sa présence sur le champ de bataille, on développe trois divisions supplémentaires de l'armée khmère.

Sous ces conditions, Nixon peut dire aux citoyens ce qu'ils veulent entendre : que les États-Unis sont prêts à se désengager du Vietnam et à négocier la paix. N'est-ce pas ce qu'il avait promis lors de la campagne qui l'a mené à la Maison-Blanche ? « Je promets de mettre fin à la guerre et de gagner la paix. » Concrètement, il propose un accord de cessez-le-feu et un autre pour l'échange de prisonniers de guerre. Publiquement, le coup est considérable ; la proposition de trêve, réclamée depuis des mois par divers sénateurs, avait toujours été rejetée parce que – disait-on – elle mettrait en danger les troupes américaines, mais voilà que c'est Nixon lui-même qui l'avance, et ce n'est pas un hasard, à trois semaines des élections. Il en va de même pour les prison-

48. L'enlèvement du diplomate britannique James R. Cross par le Front de libération du Québec (FLQ), le 5 octobre 1970, puis celui du ministre du Travail, Pierre Laporte, cinq jours plus tard, sont à l'origine de la « Crise d'octobre », une des périodes les plus troubles de l'histoire politique canadienne.

niers. La seule chose à retenir est qu'il s'agit d'offres que l'autre partie ne peut pas accepter.

La trêve, sans un engagement ferme de la part des États-Unis de se retirer à une date précise, donnerait au régime chancelant de Saigon le temps de se consolider et de faire taire complètement l'opposition interne tout en se préparant à affronter avec confiance l'échéance électorale de l'année prochaine, lorsque la présidence et les sièges des deux chambres seront soumis à un vote.

Le cessez-le-feu signifierait pour le Vietcong une sorte de démobilisation avec toutes les difficultés que cela implique, pour une armée populaire, de se réorganiser en cas de nouvelles confrontations.

Quant aux prisonniers, la position de Hanoï est que leur retour ne peut être qu'un élément d'un accord global et non une condition préalable.

Nixon revient ensuite sur la proposition d'une conférence internationale qui permettrait d'obtenir des accords entre les parties du conflit. Ce thème de l'internationalisation de la guerre n'est pas nouveau. On tenterait ainsi de recréer la situation de 1954 lorsque l'Union soviétique et la Chine se sont impliquées à Genève. Mais la situation d'aujourd'hui est fort différente, du moins en ce qui concerne la Chine. Celle-ci était alors dans une phase de détente de sa politique extérieure, et son intérêt à entrer dans l'arène internationale, même au prix de quelques concessions, s'exprima par la main tendue de Zhou Enlai vers Dulles au début des pourparlers. Pékin alla même jusqu'à persuader Hanoï de faire des concessions territoriales en vue d'un accord qui ne tarda pas à se révéler précaire. Les dirigeants chinois ont retenu les leçons de Genève, et même si Pékin est aujourd'hui à nouveau en train de s'ouvrir à la communauté internationale, on voit mal comment il pourrait accepter de s'asseoir à une table de négociation où Hanoï passerait rapidement du statut de protagoniste à celui d'acteur secondaire, voire de monnaie d'échange.

La conférence de Genève de 1954 n'a pas seulement servi à rendre diplomatiquement les honneurs des armes à la France vaincue, elle a surtout servi de couverture à la création de l'OTASE voulue par Dulles, et par laquelle les États-Unis s'engageaient à gérer et à défendre seuls les lambeaux des empires coloniaux français et britannique. Il est peu probable que la Chine s'implique à nouveau dans une opération qui, du moins aujourd'hui, ne promet pas d'être différente de ce qu'elle était il y a 16 ans.

L'opposition sur ce point, tant de Hanoï que du Front, prudente sur la façade diplomatique, est très claire en privé. Les mouvements de libération ont appris, si l'on peut dire, que « rien ne remplace la victoire ». Dans le cas du Vietnam, peut-être que la victoire ne signifie pas la défaite de l'autre partie, mais elle signifie certainement que celui qui a attaqué doit cesser son agression, que celui qui a envahi doit partir. C'est aux États-Unis de le faire. Et ce n'est pas ce que Nixon a promis de faire.

L'histoire de la guerre du Vietnam est jalonnée de ces faux « tournants », de ces « illusions de paix » liées à des échéances électorales, faites pour pacifier l'opinion publique, pour redonner du souffle aux alliés. La proposition Nixon en fait partie.

Je me souviens de New York le soir où Johnson a annoncé la fin des bombardements sur Hanoï, que tant de gens ont cru, à tort, être le geste décisif sur le chemin de la paix. Les gens dansaient dans les rues et des groupes de pacifistes descendaient la Sixième Avenue en criant : « On a gagné ! On a arrêté la guerre ! » Deux ans et demi se sont écoulés, des milliers de jeunes hommes d'à peine vingt ans sont morts et d'autres, ne sachant plus comment faire entendre leur refus, sont entrés dans la clandestinité et préparent maintenant des bombes absurdes qui exploseront demain dans un autre commissariat.

Le 5 octobre, le diplomate britannique James Cross est enlevé au Canada par une cellule du groupe terroriste Front de libération du Québec. Alors qu'un accord pour sa libération est en cours de négociation, Pierre Laporte, ministre de l'Immigration et du Travail du gouvernement provincial, est également enlevé le 10 octobre. Dans un climat de peur et de manifestations en faveur des séparatistes, le Premier ministre du Canada Pierre Trudeau ordonne la loi martiale et l'application de mesures exceptionnelles pour démanteler le réseau terroriste. Cross est sauvé, mais pas Laporte dont le cadavre est retrouvé une semaine plus tard dans le coffre d'une voiture à l'aéroport de Saint-Hubert. Tiziano, qui a vu de près la radicalisation des groupes marxistes à Montréal deux ans plus tôt, découvre qu'il connaissait l'un des assassins du ministre canadien.

CANADA : LES NÈGRES BLANCS DU QUÉBEC

25 octobre 1970

« Quand les États-Unis éternuent, le Canada est déjà enrhumé », disent depuis longtemps les Canadiens. Les événements de ces dernières semaines en sont la preuve. L'état de guerre déclaré dans le pays, les milliers de policiers et de soldats arpentant ses villes, les arrestations arbitraires au sein de la population francophone, le gel de toutes les libertés civiles (parole, réunion, presse) et enfin l'assassinat du ministre québécois du Travail, Pierre Laporte, ne sont que les manifestations d'une crise avant tout américaine, une crise dont les racines profondes et les responsabilités se situent davantage à Washington qu'à Ottawa. Voyons pourquoi.

Tout d'abord, la situation au Québec avec ses aspirations séparatistes. Inutile de rappeler l'histoire de cette province, de langue, culture et tradition françaises qui a été intégrée à une entité étatique dominée par la souche anglaise, une brève biographie du Québec d'aujourd'hui suffira : 85 % de la population est franco-canadienne (5,5 millions) ; le revenu moyen est inférieur de 14 points à celui de la population canadienne d'origine anglo-saxonne ; 54 % des hommes n'ont aucun diplôme. Le taux de chômage avoisine les 10 %. Le tissu industriel de la province est détenu par des non-Français. Dans le secteur minier, par exemple, alors que 80 % appartiennent à des Américains, seuls 5 % sont contrôlés par des Franco-Canadiens. La mortalité infantile est plus élevée et l'espérance de vie plus faible dans cette catégorie de la population, le taux de maladies pulmonaires est plus haut tandis que l'équipement des ménages (voitures, télévisions, maisons...) est inférieur. Les Québécois d'origine française sont au Canada des citoyens de seconde zone, les premiers à être licenciés, les derniers à être employés : les « nègres blancs », comme on les appelle, à l'instar des catholiques en Irlande du Nord.

Le Québec est frontalier avec les États-Unis. Pour le capital américain, il est très avantageux d'exploiter cette situation déprimée dans la province canadienne où il a implanté diverses industries dont les coûts d'exploitation sont inférieurs à ceux des États-Unis. « Nous sommes une colonie », entend-on souvent à Montréal. Cela explique que le mouvement séparatiste, qui prétend rompre les relations avec le Canada et former un État indépendant, ait des racines non seulement nationalistes, mais aussi économiques, et donc antiaméricaines.

Ce n'est pas pour rien, non plus, si les premières attaques du Front de libération du Québec – l'aile militante du mouvement séparatiste – ont ciblé non pas seulement des symboles de la domination britannique et du pouvoir de l'État à Ottawa (le drapeau canadien, des monuments au passé britannique, etc.), mais aussi les sièges de grandes entreprises américaines.

C'est dans ce contexte que s'inscrit l'évolution de la crise intérieure américaine de ces dernières années. Les États-Unis, qui pendant des décennies ont été la destination des exclus politiques du monde entier, ont commencé, à un rythme de plus en plus rapide, à produire leurs propres exclus : des jeunes hommes en âge de faire leur service militaire qui veulent l'éviter, des déserteurs, des étudiants, des Noirs recherchés pour des délits qu'ils qualifient de « politiques » ; des universitaires dont la vie académique est étouffée dans les universités américaines. Leur première destination est le Canada. Cette migration est estimée à quelques milliers de personnes.

Pour Washington, cette présence d'un « sanctuaire » radical à ses portes est devenue une préoccupation constante, la pression sur le gouvernement Trudeau a dû être énorme et les résultats n'ont pas tardé à se faire sentir : durcissement des règles d'immigration, augmentation des contrôles aux frontières, refus de séjour, déportation de nombreux jeunes en âge de servir dans l'armée et même livraison de jeunes expatriés à la police des frontières américaine. Récemment, même un universitaire de renom comme Gabriel Kolko, auteur du livre *The Roots of American Foreign Policy*, qui avait été contraint de quitter l'université de Buffalo en raison de ses idées radicales et à qui on avait offert un poste au Canada, s'est vu refuser un permis de travail.

Les rails de ce chemin de fer souterrain entre les États-Unis et le Canada sont essentiellement constitués par les organisations étudiantes des deux pays. Au Canada, le FLQ, idéologiquement proche des positions de la gauche du SDS, a également joué un rôle important.

Il y a deux ans, j'ai rencontré personnellement certains dirigeants du FLQ à Montréal, dont Paul Rose, aujourd'hui recherché pour le meurtre de Laporte. À l'époque, il n'était pas question de lutte armée, mais le projet sur lequel ils disaient travailler était la création d'un État socialiste au Québec, libre de tout lien institutionnel avec le Canada et de tout lien économique avec les États-Unis. Dans cette perspective, ils considéraient qu'ils disposaient d'une base politique au sein de la population d'origine française dont les sentiments séparatistes avaient été maintes fois frustrés. C'est pour cela que leurs héros n'étaient pas seulement Mao et Guevara, mais aussi Louis David Riel, pendu pour rébellion en 1885 et considéré comme le premier martyr de la libération du Québec. Leur degré de dangerosité était déjà à l'époque beaucoup plus élevé, précisément en raison de cette composante communautaire, que celui qu'on pouvait attribuer à des groupes d'étudiants radicaux aux États-Unis, qui agissaient à l'écart de l'écrasante majorité de la population.

L'enlèvement du diplomate britannique Cross, puis celui du ministre Laporte au moment où un énième ultimatum refusé par le gouvernement était sur le point d'expirer, ont révélé l'involution politique que ce mouvement avait subie entre-temps, mais aussi son organisation (on parle de 130 cellules qui regrouperaient au moins 2000 militants), sa détermination téméraire et sa capacité subversive.

Trudeau disposait de plusieurs alternatives. Il a choisi la riposte brutale ; au lieu de libérer les 23 « prisonniers politiques » demandés en échange de la vie des otages, de suspendre pour un temps certaines injonctions légales et de reporter à plus tard l'application de la « loi et de l'ordre », il a préféré, condamnant implicitement à mort les deux hommes enlevés, suspendre les garanties constitutionnelles et appliquer la « loi et l'ordre » dans un état de guerre.

Des parachutistes venus des provinces anglaises envahissent la province française, passent au peigne fin les quartiers suspects et arrêtent des centaines de personnes, et pas seulement des sympathisants du FLQ. Des personnes comme Pauline Julien, chanteuse célèbre qui a refusé de se produire devant la reine d'Angleterre, deux candidats aux élections d'octobre prochain, le chef d'une organisation syndicale et divers intellectuels ont également été interpellés. Le mouvement séparatiste est mis en accusation, non seulement son bras militant et clandestin, mais aussi sa branche modérée et parlementaire. Pour Trudeau, c'est l'occasion ou jamais de tenter d'éradiquer une fois pour toutes le séparatisme québécois.

Le moindre succès des ravisseurs et leur éventuelle immunité auraient eu un énorme retentissement au sein de la population française du Canada et auraient fait perdre du terrain à ceux qui croient encore à la possibilité d'une intégration pacifique. Leur succès aurait porté un coup terrible à l'intégrité politique du Canada telle que conçue aujourd'hui. Mais surtout, elle aurait créé un précédent dont il est aisé d'imaginer l'issue.

Si, en accédant à une plus grande autonomie politique – conquise pacifiquement ou avec une sorte d'impunité arrachée « à coups de fusil » – le mouvement séparatiste acquérait son propre espace politique au Canada, cela entraînerait la création, au point le plus vital de la frontière américaine, d'une sorte de « sanctuaire » à partir duquel des actions subversives contre le pouvoir de Washington pourraient être lancées. Tout au moins, « on pourrait créer les embryons d'une zone libérée d'où partirait la longue marche de la seconde révolution américaine », comme l'appellent les « révolutionnaires ». Les prisons américaines renferment aujourd'hui des dizaines de personnes que les Black Panthers et les Weathermen considèrent comme des « prisonniers politiques ». Il est facile d'imaginer à quel point le succès de l'aventure du FLQ aurait pu être (et sera probablement) une source d'inspiration pour ces groupes.

C'est pourquoi, hormis la responsabilité directe de l'assassinat de Laporte et du sort de Cross, qui incombe sans équivoque au FLQ, la responsabilité de la ligne d'action choisie par Trudeau, et donc aussi la responsabilité indirecte de ces événements, incombe à Ottawa et à Washington, où sans doute on a déjà élaboré un plan pour amener des parachutistes armés de mitraillettes sur le pas de la porte des Québécois ordinaires.

« Les Blancs ont débarqué sur ce continent avec la conviction que Dieu le leur avait confié, qu'il était de leur droit d'avancer, quels que soient les massacres, quels que soient les obstacles, pour atteindre le Far West qui leur appartenait par décision divine. Et c'est la même histoire encore et encore. Ils l'ont chevillée aux corps. Toutes les grandes déclarations, la Bill of Rights, mais à quoi servent-elles ? À rien ! Ils font comme ils ont toujours fait. Il y a quelque chose de profondément malade dans la société américaine, elle a cette prétention d'être bénie par Dieu qui donne droit à tout. Il n'y a aucun respect des autres, de l'Autre. » La personne la plus dangereuse aux États-Unis est une jeune femme de 26 ans, elle a étudié le français à la Sorbonne et s'est spécialisée dans l'école de Francfort, elle enseigne à Los Angeles dans le département de philosophie de l'université de Californie, elle lutte contre le racisme, elle fréquente des groupes progressistes et, puisqu'elle est communiste, le gouverneur de Californie Ronald Reagan tente de la licencier. Mais Angela Davis est aussi afro-américaine. Recherchée comme une criminelle, elle finit par être la cible d'un jeu qui va bien au-delà de sa personne.

NIXON, LES JEUNES ET LES ÉLECTIONS : LA PASSIONARIA NOIRE

1er novembre 1970

Les universités reprennent leurs activités, des milliers d'étudiants retournent sur les campus pour réaffirmer avec plus de désespoir qu'avant les mêmes problèmes : le service militaire, la guerre du Vietnam, etc. Les étudiants sont des « fainéants », dit Agnew, et de nombreuses universités renforcent leurs services de sécurité et leurs règlements intérieurs, interdisent certaines organisations étudiantes.

Les jeunes ont désormais leur propre culture, leur propre mode de vie, de politique, d'engagement, une culture qui est attaquée et réduite à l'obscénité, au culte de la drogue, à la pornographie. C'est parmi les jeunes, dit Hoover, l'inamovible chef du FBI depuis plus de 30 ans, qu'il faut chercher les responsables du climat de violence qui règne dans le pays, c'est parmi eux que se trouvent les agitateurs professionnels, les subversifs, et c'est pour cela que 1 000 agents supplémentaires sont affectés à cette tâche de recherche et destruction.

Mais ce sont des étudiants que la Garde nationale a massacrés en tirant sur la foule sur le campus de l'université de Kent. Une commission demandée et constituée par Nixon lui-même a établi des responsabilités précises et dédouané les manifestants, accusés dans un premier temps, d'avoir provoqué les soldats, avant que Nixon ne s'en prenne à la commission et que 25 étudiants et professeurs ne soient recherchés pour des « crimes » commis à Kent.

Nixon va d'un État à l'autre pour pousser vers la droite un électorat désorienté au sujet des prochaines élections partielles qui renouvelleront une partie des mandats du Congrès et face aux jeunes qui protestent, il a une phrase toute faite qu'il répète de ville en ville : « Ce n'est pas la jeunesse d'aujourd'hui et ce ne sera pas la majorité de demain. »

Être jeune, c'est presque être criminel.

Neuf nouvelles personnes viennent d'être ajoutées aux listes des délinquants les plus dangereux d'Amérique et sont recherchées par le FBI en tant que militants d'organisations de gauche radicale. Que des jeunes entre 20 et 30 ans. Parmi eux, des jeunes femmes : Susan Saxe, diplômée avec mention de l'université Brandeis, 21 ans ; Katherine Power, également de Brandeis et âgée de 21 ans ; Bernardine Dohrn, 28 ans, étudiante, considérée comme la figure de proue du groupe Weathermen, la Weather Underground Organisation. La liste s'allonge ensuite avec les noms d'autres jeunes : H. Rap Brown ancien responsable du SNCC, 27 ans ; Mark Rudd, leader de la révolte à l'université Columbia, 23 ans. En août dernier, le nom du père Daniel Berrigan, un jeune prêtre qui avait organisé diverses actions de résistance contre la guerre, figurait encore sur la liste.

Jusqu'à il y a une semaine, Angela Davis figurait également sur la liste des personnes les plus recherchées. Elle a été arrêtée dans un lieu qui symbolise l'Amérique la plus banale : un motel, le Howard Johnson's, au centre de Manhattan, déguisée en « noire comme il faut », cheveux lissés, faux cils, grosses lunettes d'écaille. Si sa vie dans la clandestinité n'a pas duré longtemps, elle est déjà devenue une légende.

On l'appelle la « passionaria noire » : 26 ans, issue de la bourgeoisie noire qui a pu profiter d'une des rares occasions de promotion sociale qu'on lui offrait dans les années du kennedysme, quand la politique des droits civiques, plus théorique que réelle, avait besoin de symboles de sa réussite. Elle a 15 ans lorsqu'elle est « découverte » par le recruteur d'un lycée progressiste de New York qui parcourt les États du Sud à la recherche de *token negros* (des Noirscaution morale) dont la présence servait à prouver son libéralisme. De l'école new-yorkaise à une bourse d'études dans une bonne université, le pas était facile à franchir; c'est le chemin que suivent, aujourd'hui encore, les quelques Noirs qui deviennent avocats, médecins ou hommes politiques au prix de leur intégration dans la société blanche.

Mais Angela Davis s'est perdue en chemin, et ce qui l'a égarée, c'est sa rencontre avec les jeunes européens de la Sorbonne et de Francfort où elle a séjourné deux ans à l'Institut de recherche sociale. Elle y a été l'élève d'Adorno et la camarade des étudiants du SDS qui ont organisé les premières manifestations contre la guerre au Vietnam. De retour en Amérique, elle va étudier à San Diego avec Herbert Marcuse, « la meilleure étudiante que j'ai eue en 30 ans », dira d'elle le philosophe. Son dossier universitaire était impeccable et on lui a proposé d'enseigner sur le campus de Los Angeles de l'UCLA.

Le FBI s'empresse de prévenir l'université que Davis est communiste et Reagan en fait une cible de choix pour démontrer comment les étudiants étaient endoctrinés par des agitateurs, des agents subversifs payés avec les impôts des contribuables. Elle est renvoyée, mais Reagan ne cesse pas sa traque.

En août dernier, un jeune Noir de 17 ans est entré dans le tribunal de San Rafael où étaient jugés trois détenus à Soledad Prison, eux aussi Noirs : armes à la main, il a pris en otage le juge et trois jurés et a libéré les détenus. Alors que le groupe s'éloigne, la police tire. Les quatre Noirs et le juge sont tués. Quelques heures après cet incident, la traque d'Angela Davis par le FBI commence : elle est accusée d'être la propriétaire des armes utilisées par le jeune Noir.

La capture de Davis à la veille des élections est un trophée majeur pour Reagan et Nixon, un argument facile pour montrer qu'une répression accrue, que les milieux libéraux qui ont leurs représentants « même » au Congrès ne suffisent pas à empêcher, suffirait à résoudre les problèmes d'ordre aux États-Unis.

De Charles Manson, coupable présumé du massacre de Bel Air, au hippie arrêté pour le récent crime glaçant de Santa Cruz[49], des Black Panthers à Angela Davis, des jeunes radicaux blancs aux représentants d'un establishment libéral qui mettrait des bâtons dans les roues de l'administration républicaine dans sa politique de défense de la « majorité silencieuse », tel est le visage multiple de l'ennemi à abattre que Nixon propose à son électorat.

L'idée répétée à l'envi est que le pays est sain et qu'il faut juste éliminer ces quelques fauteurs de troubles. Ainsi, au lieu de résoudre les problèmes,

49. Allusion à John Linley Frazier, tueur de masse connu comme « the Prophet Killer ». Le 19 octobre 1970, il assasine cinq personnes dans le comté de Santa Cruz, en Californie.

on traque les hommes, Angela Davis ou Frank Turco, jeune avocat de 27 ans arrêté il y a quelques jours pour tentative de meurtre : Turco travaille dans le cabinet de William Kunstler qui défend les Black Panthers, et, dans l'attente d'un plus grand soutien populaire, on continue à dresser des listes de ceux qu'on cherchera à arrêter ensuite.

L'armée a mis en place une section spéciale CIAD (*Counter Intelligence Analysis Division*) dont la tâche est d'infiltrer les groupes dissidents pour collecter des informations sur les dirigeants et ficher tous les militants. Des milliers de noms sont déjà dans les mémoires de divers centres électroniques dont l'existence, après plusieurs questionnements aux Congrès, n'a pas été démentie. Une violence raffinée, ponctuelle pour l'instant, qui n'affleure que rarement à la surface, mais qui a de multiples visages.

C'est la même violence qui s'exerce au Vietnam où l'opération Phoenix a été relancée pour assassiner les sympathisants du FLN, la même violence écrasante du tribunal blanc d'Atlanta qui a acquitté la semaine dernière un policier blanc qui avait tué un garçon noir de 15 ans.

Nixon espère que les prochaines élections lui donneront davantage d'élan pour poursuivre cette politique et il est probable que son vœu soit exaucé. Est-ce que ce seront les Américains eux-mêmes qui se rendront compte tôt ou tard que ce n'est pas ainsi qu'on résout les problèmes ?

De nombreux Canadiens s'en rendent déjà compte et, bien qu'ils soient pour la loi et l'ordre, ils commencent maintenant, après les mesures d'urgence imposées pour lutter contre les séparatistes, à parler de fascisme parce que trop de personnes sont arrêtées sur la base de simples soupçons et que trop de libertés, sous prétexte d'être garanties, sont supprimées.

NIXON APRÈS LES ÉLECTIONS : L'AMÉRIQUE QUI NE VOTE PAS

15 novembre 1970

Nixon avait vraiment mis le paquet dans ces élections de « mi-mandat ». D'un scrutin consacré comme un suffrage sur des questions et des élus locaux, il a voulu faire un référendum politique sur le fonctionnement de la Maison-Blanche, un test de son prestige qu'il n'a pas hésité à mettre dans la balance en se rendant en personne aux meetings, en serrant des mains, en embrassant des bébés comme s'il était lui-même candidat.

Nixon avait soumis à l'électorat « la question de confiance », ce vote que le Congrès lui a souvent refusé pour contenir les aspirations de plus en plus droitières du Président. Lui voulait réduire le désavantage républicain à la Chambre et, en gagnant six sièges, obtenir la majorité au Sénat, il voulait voir des gouverneurs de son parti remporter d'autres États. Il a fourni de gros efforts, mais il a été vaincu.

Alors, les démocrates ont-ils remporté la partie ? D'une certaine manière, oui ; ils ont gagné en nombre : 11 gouverneurs de plus, une majorité plus large à la Chambre des représentants et le maintien du contrôle du Sénat. Dans le fond, cependant, aucun de deux partis n'a obtenu la victoire. Les vrais gagnants, ce sont « les autres », ces quelque 50 % d'Américains qui ont préféré aller à la pêche le jour de l'élection.

C'est peut-être là, et non dans les foules qui sont allées applaudir les vulgarités insolentes et réactionnaires d'Agnew, que se trouve la véritable « majorité silencieuse » de l'Amérique d'aujourd'hui. Car il est clair que ce « Parti des Autres » n'est pas seulement composé d'étudiants rebelles, de *minutemen* qui voient en Nixon un communiste ni de l'immanquable frange absentéiste dans tous les groupes sociaux. Dans ce pourcentage élevé de *drop-outs*, se trouve une grande proportion de l'Amérique moyenne, celle qui, en 1964, croyant voter pour la paix, a voté pour Johnson et a eu la guerre ; celle qui, il y a deux ans, croyant voter pour le changement, a voté pour Nixon et a tout retrouvé comme avant; et même pire qu'avant la guerre : l'inflation, la pollution, l'état dégradé des villes, la délinquance.

De plus, cette campagne électorale, polarisée, comme le dit Agnew, « idéologiquement », n'offrait pas de grandes alternatives. On n'a pas parlé de guerre; Nixon, avec ses dernières « propositions de paix », a habilement balayé le problème et tout le débat a porté sur la question de la « loi et de l'ordre », euphémisme désormais courant pour désigner la répression.

Les démocrates, craignant de couler sous la rhétorique républicaine qui les désignait comme les responsables de l'anarchie et du désordre, ont fait des pieds et des mains pour faire comprendre qu'ils soutenaient eux aussi les flics et le FBI contre les criminels (étudiants, pacifistes, hippies), et ce n'est qu'à la dernière heure que Muskie a eu le courage de se dissocier de cette « chasse aux sorcières ». Sans figure charismatique à leur tête, divisés dans les différents groupes qui visaient déjà séparément la Maison-Blanche (Humphrey, Muskie, Kennedy), ils n'ont pas pu tenir tête aux républicains et se sont laissé happer par leur style, leurs arguments, leur morale politique. « Et maintenant ? » se sont demandé, légitimement, bien des gens.

Une question que s'est posée aussi l'influent magazine *Fortune*, qui dans le dernier numéro avant les élections écrivait : « On a l'impression qu'il est impossible de prédire ce que sera l'avenir de ce pays. » Il y a seulement deux ans, beaucoup comptaient encore sur Nixon pour redresser la barre de l'Amérique.

Mais la campagne électorale « au vitriol » menée par lui et Agnew avec des attaques contre les opposants, plus personnelles que politiques (« c'est un transsexuel », a dit le vice-président d'un sénateur pacifiste de New York) a divisé encore plus profondément le pays et créé des failles qu'il ne sera pas facile de combler.

Le *New York Times* se demande comment Nixon pourra renouer le dialogue avec certains leaders démocrates influents contre lesquels il a personnellement fait campagne; comment Agnew présidera un Sénat où sont revenus nombre de ces politiciens qu'il voulait voir « politiquement morts ».

La stratégie de Nixon n'a pas donné le résultat escompté. Elle a failli dans le Sud, où les groupes conservateurs et ouvertement racistes se sont rangés derrière les démocrates orthodoxes et derrière Wallace, qui bien que peu orthodoxe, est tout de même démocrate; elle a failli dans les agglomérations industrielles où, malgré les tentatives d'Agnew de convaincre la classe ouvrière que le Parti républicain « est le parti des travailleurs », les grands syndicats, préoccupés par la situation économique, tout en étant alignés avec Nixon sur les questions de politique étrangère et la guerre, ont donné à leurs membres une consigne de vote qui a favorisé les démocrates.

Le point le plus sensible de cette administration est certainement l'économie, et c'est sans doute aussi une question qui a poussé un grand nombre d'Américains vers l'abstention. Nixon, lors de sa première conférence de presse de l'année, avait affirmé avec force qu'il voulait « contrôler l'inflation sans augmenter le chômage », mais les chiffres du Bureau des statistiques, qui n'ont été publiés qu'au lendemain de l'élection – mais les gens n'ont pas besoin de statistiques pour savoir s'ils ont du travail ou pas –, l'ont contredit sans ambages.

Le taux de chômage est de 5,6 %, pourcentage le plus élevé depuis six ans, et dans certaines concentrations urbaines de population noire, il atteint 30 %. Les prix et les salaires ont augmenté en parallèle au ralentissement de l'activité des entreprises, et cette stagnation, qui ne promet pas de se résorber, diminuera encore l'offre d'emploi. En Californie et au Texas, des entreprises liées à l'industrie militaire ont encore fermé, et l'industrie de la construction, qui a fourni jusqu'à présent à Nixon des escouades de *hard hats* – des ouvriers casseurs d'étudiants – est confrontée à un taux de chômage de plus de 12 %. Ces régions politiques, anciennement républicaines et conservatrices, ont peu soutenu le Président lors de cette élection. Que feront-elles lors de la prochaine ?

Il est probable que d'ici le 3 novembre, nombre de ces électeurs auront basculé dans le parti des « autres », ceux qui estiment aujourd'hui ne pas avoir le choix. Une chose est sûre : à San Jose, où Nixon espérait une foule en liesse et où 5 000 manifestants l'ont accueilli avec jets de pierres et d'œufs (on parle même de coups de feu), il n'y avait pas que des étudiants, mais aussi des ingénieurs, des techniciens, des employés de bureau et des ouvriers d'entreprises qui ont fermé leurs portes à cause des coupes budgétaires de Nixon dans le domaine de la défense.

Une question taraude de nombreux citoyens : « Où va l'Amérique après cette élection ? » La réponse est dans les résultats, dans l'impasse entre démocrates et républicains, dans l'abstention d'une grande partie de la population qui a préféré aller à la pêche. L'Amérique ne va nulle part. C'est un pays déboussolé, désillusionné, frustré par l'accumulation de problèmes non résolus, un pays déconcerté et démoralisé, dans un climat de peur et de tension qui ne semble pas porter les fruits escomptés, même pour ceux qui ont provoqué ce climat.

« J'étais prêt, tout au long de ma formation [...] à me dresser contre les injustices. Et là, elles étaient tellement évidentes, étalées devant les yeux de tous, tellement criantes ! [...] Moi, cette guerre, je l'ai couverte tout en ressentant une forte sympathie pour les Vietcongs, c'est indubitable. Mais d'un autre côté, tous ceux qui avaient le cœur à gauche – à gauche, je veux dire, de façon innée – comment pouvaient-ils prendre le parti des Américains ? Qu'est-ce qu'ils fichaient là ? Au Vietnam, un peuple de va-nu-pieds, de crève-la-faim avec des chapeaux de paille et leurs petits fusils avec lesquels ils tiraient contre cette machine de mort infernale [...] En plus, les Vietnamiens étaient chez eux[50]. » Laos-Cambodge-Vietnam, Tiziano suit avec appréhension le destin de ces pays entraînés dans l'un des conflits les plus sanglants depuis la fin de la Seconde Guerre mondiale.

ASIE DU SUD-EST : TANT DE GUERRES SOUS LE SILENCE

22 novembre 1970

Les nouvelles des affrontements au Vietnam du Sud se font de plus en plus rares ; les opérations au Cambodge sont limitées ; au Laos, il semble que la bataille soit désormais plus diplomatique que militaire ; la centième session de la conférence de paix se tiendra bientôt à Paris, inutile mais rassurante dans le sens où elle maintient ouverts les canaux de communication Washington-Hanoï ; l'espace que les journaux consacrent à la guerre continue à diminuer.

À ce rythme-là, l'Asie du Sud-Est, qui semblait être devenue un test décisif pour l'opinion publique mondiale et le flanc exposé du prestige américain, sera bientôt le théâtre de diverses petites « guerres oubliées », à l'instar des guerres africaines du Tchad, de l'Angola et du Mozambique. C'est certainement une réussite de la politique de Nixon annoncée à Guam il y a un an et

50. Terzani, T. *La fin est mon commencement : Un père raconte à son fils le grand voyage de la vie*, trad. F.-A. Costa, 2008, Intervalles/Les Arènes. Repris en Points en 2011 sous le titre *Le Grand voyage de la vie: Un père raconte à son fils*.

un signe révélateur d'une stratégie américaine à long terme dont les axes se précisent peu à peu, mais dont les implications sont encore incertaines. Voici les considérations générales :

1) Les objectifs de la politique américaine n'ont pas changé. Le raisonnement, répété *ad nauseam*, à l'encontre de ceux qui prétendaient qu'il n'y avait pas d'intérêts économiques directs de Washington en Asie, reste toujours d'actualité. Non seulement ces intérêts existent (voir Harry Magdoff dans la *Monthly Review* d'octobre et de novembre), mais la validité générale de la doctrine des dominos reste intacte. Les États-Unis doivent défendre les zones sous-développées du monde et notamment celles du bassin Pacifique où se concentrent plusieurs centaines de millions d'hommes afin de les maintenir « ouvertes » au libre accès des capitaux occidentaux. Tout pays négligé s'engagerait dans une forme de développement, ne serait-ce que nationaliste, qui tendrait à repousser économiquement les États-Unis et leurs alliés pour se rapprocher d'un pays comme la Chine qui offre des alternatives économiques plus attractives et sécurisantes que celles du capitalisme international. Cela a été et reste l'élément central de toute la politique étrangère américaine en Asie.

2) Les mouvements insurrectionnels de toute la région font preuve d'une capacité de survie qui a déjoué tous les pronostics. La guerre au napalm, les tapis de bombes au Vietnam, au Cambodge et au Laos ont mis en évidence les limites de la mécanisation et de la puissance de feu, pourtant impressionnante et destructrice, de l'armée américaine. La guérilla, ayant quant à elle renoncé à une victoire militaire au sens strict (il faut peut-être voir l'offensive du Têt comme la dernière tentative en ce sens), et considérant que le temps joue en sa faveur, s'est restructurée pour faire face à une confrontation à long terme. Les États-Unis, une fois les conséquences tirées de ces prémisses, et après avoir écarté à leur tour l'hypothèse d'une victoire totale en raison de l'impossibilité politique de déployer les moyens nécessaires (à savoir : l'invasion du Vietnam du Nord et l'utilisation de l'arme atomique), ont à leur tour revu leur objectif à la baisse et se sont préparés à un engagement dans la durée. Ils ont donc demandé à leurs alliés d'en partager le coût : c'est là le sens de la politique de Guam.

En distinguant entre subversion interne (« débrouillez-vous ») et menace d'une grande puissance nucléaire (« dans ce cas, nous sommes là »), Nixon a fait reculer dans le Pacifique (jusqu'à Hawaï ? en Californie ?) la ligne de défense totale qui se trouvait auparavant au 38e parallèle en Corée et au 17e au Vietnam.

Ce faisant, il a laissé libre un espace politique qui sera progressivement couvert par la présence japonaise. Pour l'instant, la relation Tokyo-Washington est une relation de soumission. Avec le temps, elle révélera ses contradictions, ce pour quoi elle constitue l'une des plus grandes inconnues de l'avenir. Les récents événements internes au Japon et la campagne qu'il mène actuellement pour vaincre les réticences à l'égard du réarmement, même atomique, sont à suivre de près.

Cette réduction des objectifs politiques des deux parties (les mouvements insurrectionnels asiatiques et les États-Unis) a conduit à une situation qui, à quelques variations près, semble se répéter d'un pays à l'autre selon un schéma précis.

Laos : ce pays est un bon exemple de la mise en place d'un compromis politique précaire, mais assez bien rodé, assorti d'une situation de semi-trêve sur le plan militaire. Une frontière informelle s'étend du nord au sud, divisant le pays en deux. La partie orientale (deux tiers du territoire) est entièrement aux mains du Pathet Lao, la partie occidentale est contrôlée par le gouvernement royal. La présence américaine sur le terrain se limite à 1 200 conseillers qui constituent les cadres de l'armée gouvernementale (25 000 hommes) et de l'armée mercenaire du général Vang Pao. Il s'agit désormais de deux pays totalement distincts, avec leurs propres structures organisationnelles, leur propre administration, leur propre économie. Des affrontements ont lieu le long de la ligne de démarcation, qui n'est pas officiellement reconnue, chaque fois qu'une partie se persuade de la vulnérabilité de l'autre. Les deux batailles autour de la plaine des Jarres ont été en ce sens des opérations de vérification. La situation est maintenant stabilisée et on peut voir un exemple du modus vivendi trouvé dans le fait que le représentant officiel du Pathet Lao habite à Vientiane, laquelle, comme les autres grandes villes de Luang Prabang et Long Tieng est aux mains du gouvernement.

Cambodge : après l'échec de la tentative de « nettoyage » du pays par l'opération américano-sud-vietnamienne *Total Victory*, on parle maintenant de la laotianisation du Cambodge. Les tapis de bombes, bien qu'ils n'aient pas vaincu l'insurrection, ont, comme au Vietnam, provoqué une urbanisation forcée d'importantes masses paysannes. Les principales villes sont contrôlées par le gouvernement de Lon Nol et les campagnes par le front khmer qui, en coupant la semaine dernière le seul pont vers le nord à 13 kilomètres de la capitale, a en quelque sorte posé là la limite de sa juridiction dans cette partie du pays. La présence américaine est, du moins en apparence, réduite à zéro. Le rôle des conseillers est assuré en l'occurrence par les proconsuls sud-vietnamiens. Le gouvernement central considère comme acquis que les zones « rouges » ne peuvent être reconquises, la guérilla, quant à elle, a pratiquement renoncé à payer le prix politique d'une éventuelle conquête militaire de la capitale et donc du pays tout entier.

Vietnam du Sud : les bulletins de guerre du commandement militaire américain à Saigon font état du nombre de pertes le plus bas depuis octobre 1965. Aucune opération militaire d'envergure n'est entreprise. À Paris, les deux délégations de Washington et du Front ont présenté ce qu'elles considéraient comme la situation dans le pays. Malgré des formulations différentes (zones infiltrées, zones contrôlées, zones sûres), l'analyse coïncide presque totalement : le pays est divisé en îlots. Les grandes villes et leurs environs sont aux mains des Américains, les campagnes aux mains des Vietcongs. Les États-Unis poursuivent l'opération Phoenix pour identifier et éliminer les cadres communistes dans les zones urbaines, mais retirent déjà les groupes de « pacification » des zones « contestées » pour ne pas les exposer à des pertes inutiles. La raison officielle est que ce travail, comme la guerre, est progressivement transféré à Saigon, mais la vérité est qu'ils se retirent.

Alors que dans ces trois pays la situation se stabilise comme on vient de le voir, en Thaïlande il y a du mouvement. Là, à côté d'un gouvernement qui se méfie de plus en plus des intentions américaines et de la volonté des États-Unis de le défendre, la vitalité du mouvement insurrectionnel, qui compte aujourd'hui environ 5 000 hommes, augmente. Les Américains disposent de 45 000 hommes et de bases militaires qui pourraient bientôt devenir les cibles des actions de l'armée de libération, pour l'instant limitées aux zones frontalières.

Quelles conclusions peut-on tirer de ce tableau ?

Du point de vue des mouvements de libération, même dans les limites de la présence militaire américaine, qui n'a pas été repoussée dans la mer, la situation semble dans l'ensemble mieux engagée qu'il y a un certain temps, lorsque même les zones « libérées » étaient soumises à des incursions constantes ; du point de vue américain, le fait de ne pas avoir été contraint d'abandonner à leur sort les gouvernements fantoches qu'ils défendent est un succès politique, de même que la réduction du niveau d'engagement militaire qui leur permet, sur le plan de la politique nationale, d'opérer les reconversions nécessaires.

D'un point de vue général, on peut dire qu'une situation comme celle que nous connaissons actuellement peut durer longtemps, malgré son équilibre instable. La démarche américaine sera de codifier le statu quo, de le rendre internationalement acceptable comme ce fut le cas avec la trêve coréenne et la conférence de Genève.

C'est là que la situation échappe au contrôle des différents mouvements insurrectionnels pour entrer dans le jeu des grandes puissances. Le rôle que la Chine y jouera sera d'une importance déterminante.

Avec cet article se clôt la collaboration de Tiziano avec L'Astrolabio, *entamée quatre ans plus tôt. Pendant ce temps, il a obtenu un second diplôme, est devenu père et a renoncé à une carrière de manager toute tracée, préférant repartir de zéro et s'essayer au journalisme. Dans la même période, le conflit indochinois n'a pas trouvé de solution, il s'est même aggravé, et Tiziano – qui bien malgré lui se voit en Cassandre – a le sentiment de transmettre un message à la fois d'avertissement et d'espoir.*

ASIE DU SUD-EST : AU VIETNAM LA VIE FLEURIRA

29 novembre 1970

« Pas d'inquiétude ! » disait aux journalistes un officier du renseignement américain à propos de la reprise des bombardements sur le Nord-Vietnam, « Ce n'est qu'un coup de bâton après avoir beaucoup montré la carotte ! » Le secrétaire à la Défense lui-même s'est montré tout aussi rassurant : « Nous bombardons, effectivement, mais ne vous en faites pas, nous allons bientôt arrêter, ce n'est qu'une réaction de protection, ce n'est qu'une question d'heures ! »

Pendant ce temps-là, 250 avions américains recommençaient, après plus de deux ans de trêve, à larguer leurs bombes sur les routes vietnamiennes, les villages, les champs, et jusqu'aux abords de la capitale Hanoï. Les annonces embarrassées de la Maison-Blanche et du Pentagone ont tenté d'expliquer cette action comme une forme de représailles contre les Nord-Vietnamiens qui auraient violé des accords tacites avec les États-Unis en abattant un de leurs éclaireurs qui survolait le Nord. Mais cette explication n'a tenu que le temps d'une matinée. Quelques heures plus tard, sous la pression des pacifistes du Congrès, Laird a convoqué une conférence de presse pour « avouer la vérité » sur la reprise des bombardements : ils étaient la couverture d'une opération commando visant à libérer des prisonniers de guerre américains détenus dans une prison située à 32 kilomètres de Hanoï.

L'excuse est bien trouvée car le « patriotisme » de l'entreprise va dans le sens de l'ensemble de la droite nationale, qui a fait des prisonniers l'un de ses chevaux de bataille, mais elle n'est pas convaincante. Reste que l'explication est tout de même étrange car elle impliquerait dans la foulée l'échec de la mission puisqu'aucun prisonnier n'a été retrouvé et encore moins libéré. Alors, qu'en est-il ?

Les raisons des bombardements, en fait, ont deux versants : l'un militaire et l'autre politique.

Le commandement américain à Saigon demandait depuis des mois l'autorisation de détruire ce qu'il décrivait comme « des stocks massifs de matériel de guerre prêts à être transportés vers le sud le long de la piste Ho Chi Minh ». Il est évident qu'une telle opération ne pouvait être menée sans conséquences avant les élections partielles et qu'il convenait donc d'attendre qu'elles soient passées.

Sur le plan politique, avec des incursions jusqu'aux abords de Hanoï et de Haiphong, les États-Unis ont testé la réactivité des différents acteurs du conflit, les mettant face à des choix de plus en plus flous. Les résultats sont là : la réaction de Hanoï a été très sévère : suspension des négociations, menace de rupture, mise en garde des Américains contre d'autres actions de ce type.

En revanche, la réaction soviétique a été prudente, presque ambiguë, il a été question d'une « nouvelle aventure », mais sans engagement au-delà des paroles. En ce qui concerne les Nations unies, la réponse de U Thant a été formelle et discrète. Pour le reste, c'est le silence, tant à l'intérieur qu'à l'extérieur des États-Unis. Les négociations de Paris servent aujourd'hui de paravent à ceux qui préfèrent cacher leur absence d'opinion ou de position contre les États-Unis.

En ce sens aussi, les négociations pourraient à terme s'avérer un handicap pour les Vietnamiens et les avoir acceptées une erreur. Déjà au printemps 1969, il était question d'un retrait des délégations communistes de Paris, sauf que le prix à payer en termes d'opinion publique semblait trop élevé. Après tout, ils s'y étaient engagés pour contrecarrer ceux qui les représentaient comme des ennemis implacables, irrationnels, avec lesquels il était impossible de s'entendre.

Pour eux, Paris était l'occasion d'un grand coup de publicité, que Mme Binh et la délégation de Hanoï ont brillamment réussi. Partir signifierait aujourd'hui laisser passer cette opportunité. Est-ce que cela signifierait aussi perdre une partie du soutien de l'opinion pacifiste américaine ? Dans le passé, les Vietnamiens ont accordé beaucoup d'importance, peut-être exagérément, à la résistance interne à la guerre ; ont-ils des raisons de continuer à le faire aujourd'hui ? Peut-être que non. La reprise des bombardements a provoqué de vives réactions parmi les « colombes » du Congrès, mais n'a pas mobilisé l'opinion publique.

Si les Vietnamiens quittaient Paris aujourd'hui, au risque d'essuyer quelques commentaires négatifs, ils n'auraient pas grand-chose à perdre, et la provocation du bombardement du Nord paraît un motif légitime. Le temps qu'ils se sont donné avec la suspension des négociations leur servira à y réfléchir. Quelle que soit la justification (réelle ou propagandiste) des nouveaux bombardements sur le Nord, ceux-ci ont mis à mal les dernières illusions qui subsistaient quant à une solution pacifique et à court terme du conflit. La paix est aujourd'hui éloignée du Vietnam comme elle ne l'a pas été depuis longtemps.

La situation indochinoise dans son ensemble risque aujourd'hui de rester ce qu'elle est pendant très longtemps : une crise permanente susceptible de se rallumer à tout moment, une plaie ouverte qui ne demande qu'à être salée de temps en temps, le thermomètre d'un vaste échiquier international dont les composantes vont du Moyen-Orient à l'Europe en passant par l'Amérique latine.

Les États-Unis sont au Vietnam depuis 1954 et s'ils y sont encore aujourd'hui, c'est pour y rester encore dix ou vingt ans, peut-être sous une nouvelle forme, avec des bases militaires, des conseillers, des « troupes de défense » et non de « combat », et cette présence même rendra la paix impossible.

Les bombardements, cependant, ne signifient pas un nouveau tournant dans la guerre ; ils ont plutôt été un moyen de nous rappeler qu'il n'y avait pas de tournant. Washington voulait « frapper un grand coup », mais pas reprendre le chemin de l'escalade. Les bombardements sur le Nord, du type de ceux qui ont commencé en 1965, ne peuvent pas recommencer. S'ils se sont poursuivis pendant plus de trois ans, c'est uniquement parce que c'était une erreur militaire de les commencer et que cela aurait été une défaite politique de le reconnaître. Maintenant que l'on a trouvé, grâce aux négociations, une justification à leur gel, on voit mal comment elles pourraient se justifier militairement à nouveau.

Il a déjà été assez dit et répété que les bombardements américains sur le Nord n'ont pas affaibli Hanoï, qu'ils n'ont pas empêché ses approvisionnements d'atteindre le Sud, que sa société, réduite à des tranchées et à des passages souterrains, a continué à fonctionner et à produire. On a par ailleurs aussi beaucoup dit que les bombardements étaient l'un des arguments les plus efficaces de la campagne antiaméricaine dans le monde.

Sous la forme adoptée le week-end dernier et à des fins diverses, les bombardements pourraient bien se répéter, faisant à chaque fois planer la menace d'une aggravation du conflit. L'incendie indochinois n'est pas, et ne peut pas être facilement contenu, et le danger d'une guerre plus large reste implicite. Il est possible que la Chine abandonne un jour sa politique de passivité et s'engage directement à garantir au moins une zone tampon plus étendue autour de ses frontières ; il est possible que l'Union soviétique, dont le prestige a été terni, comme lors de la crise cambodgienne, tente de le regagner en se montrant plus militante dans d'autres régions, par exemple la Méditerranée.

Restent les États-Unis, qui risquent de voir leur position s'éroder au fil du temps au-delà du soutenable. Nixon est aujourd'hui bridé par un Congrès qu'il ne contrôle pas et dont il a besoin ; il est aussi freiné dans ses initiatives militaires par des considérations de popularité dont il a besoin pour rester à la Maison-Blanche en 1972. Mais après ? On se souvient de l'effrayante prophétie de Bernard Fall selon laquelle « l'affaire du Vietnam est au fond l'occasion rêvée de "résoudre" le problème chinois ».

Il n'y a pas à l'horizon politique américain de positions susceptibles d'inverser le cours des choses. Le problème de la guerre en Asie est à la racine de la société américaine, c'est la crise de l'État capitaliste moderne, c'est la crise internationale du système de sécurité qui prétend encore absurdement être basé dans le « Palais de Verre » des Nations unies tel qu'il se dresse aujourd'hui.

La nouvelle gauche, après l'essor des années 1967-1968, est aujourd'hui en reflux, divisée entre la tentation modérée d'une aile qui se met à la disposition des manœuvres des libéraux et le sectarisme des groupuscules qui, entrant dans la clandestinité, s'isolent et renoncent à la création d'un mouvement de masse, devenant ainsi la cible mouvante, mais aussi sans défense, de la répression policière la plus ouverte.

La révolution n'est pas au coin de la rue comme beaucoup de jeunes ont pu le rêver dans le passé et comme beaucoup de libéraux le font encore en identifiant la révolution à des objectifs bien différents de ceux dont l'Amérique aurait besoin. Nous aurons à faire face à ce Vietnam et à cette Amérique pendant de nombreuses années.

Le Vietnam a été la fenêtre ouverte sur l'âme fasciste de l'impérialisme, le test des identifications morales d'une grande partie des intellectuels engagés de l'Occident. Le Vietnam restera longtemps dans nos consciences car : Sur cette terre/ Où chaque brin d'herbe est un cheveu humain/ Chaque pouce de terre la chair d'un homme/ Où il pleut du sang/ Et grêlent des os/ La vie fleurira.

Ngo Vinh Long
Poète et universitaire vietnamien

***

Douze mois après la publication de cet article, après avoir terminé son apprentissage et passé l'examen pour devenir journaliste professionnel, et devant le refus d'Il Giorno de lui confier une mission à l'étranger, Tiziano démissionne et accepte l'offre de l'hebdomadaire allemand Der Spiegel, quittant l'Italie pour Singapour. De là, où sa famille le rejoint, il couvrira la guerre du Vietnam pour le magazine hambourgeois, qui l'engagera et dont il créera tous les bureaux asiatiques – Hong Kong, Pékin, Tokyo, Bangkok et New Delhi – au cours des vingt-quatre années suivantes.

CHRONOLOGIE TIZIANO TERZANI

1938 : Tiziano Terzani naît le 14 septembre à Florence, dans le quartier populaire de Monticelli, Via Pisana 147. Son père Gerardo dirige avec un ami un petit atelier de mécanique près de Porta Romana ; sa mère Lina Venturi travaille dans une boutique de tailleur à Porta al Prato.

1944-1953 : Il fréquente l'école primaire Giovanni Battista Niccolini dans le quartier de Legnaia. De santé fragile, il passe ses étés dans les Apennins de Pistoia, à Orsigna, un lieu auquel il restera attaché toute sa vie. En 1949, il entre au collège. Après l'examen national du brevet, le professeur d'italien Ernesto Cremasco convoque ses parents et insiste pour qu'ils inscrivent leur fils au lycée. Gerardo et Lina mettent en gage leurs quelques biens au Mont-de-Piété pour acheter à crédit le pantalon long avec lequel Tiziano fréquente le lycée Macchiavelli de Piazza Pitti entre 1952 et 1953.

1954 : Il poursuit ses études au lycée classique Galileo, celui-là même où Margherita Hack, Giovanni Spadolini et Oriana Fallaci ont obtenu leur diplôme. À l'âge de 16 ans, il reçoit une offre d'emploi en tant que reporter sportif pour le *Giornale del Mattino*, un quotidien d'inspiration catholique dirigé par Ettore Bernabei (futur dirigeant de la RAI) et le rédacteur-en-chef Sergio Lepri (futur directeur de l'ANSA). Il a comme mission de suivre les rencontres locales de cyclisme et de football. Pendant son temps libre, il fréquente les « samedis de l'étudiant », un club récréatif où il rencontre des représentants du catholicisme progressiste tels que le père Ernesto Balducci et Don Raffaele Bensi.

1955 : Il étudie le français à l'Alliance Française et, l'été arrivé, au lieu de passer ses vacances à Orsigna il met cap vers le nord avec un ami : ils travaillent comme plongeurs en Suisse et vont en auto-stop à Paris puis en

Belgique avant de rentrer en Italie via l'Allemagne. Cette aventure transfrontalière le galvanise, c'est son baptême de voyageur.

1956 : Pendant la période dramatique de la révolution hongroise, il adhère à la Jeunesse fédéraliste européenne, l'organisation de jeunesse du Mouvement fédéraliste européen fondé par Altiero Spinelli ; une adhésion, certes temporaire, qui révèle sa volonté de ne pas s'aligner sur les pensées dominantes de l'époque, la catholique liée à la Démocratie chrétienne et la marxiste liée au Parti communiste.

1957 : Dès la fin de ses études secondaires, il reçoit une offre d'emploi de la Banca Toscana, qu'il refuse : il préfère poursuivre ses études et, contre l'avis de ses parents, tente d'être admis au Collegio médico-juridique de la Scuola Normale Superiore de Pise. Le concours national pour y entrer est très difficile, il n'y a que 6 places pour la faculté de médecine-chirurgie et 6 pour la faculté de droit. Il se porte candidat à cette deuxième et est reçu deuxième au concours. En septembre, il rencontre Angela Staude, une jeune fille d'origine allemande née à Florence le 9 avril 1939. Ses parents sont le peintre Hans-Joachim Staude et l'architecte Renate Moenckeberg. La famille Staude, qui compte parmi ses ancêtres des universitaires et des explorateurs, est une famille cultivée et non conventionnelle : dans leur maison sur la colline de Bellosguardo, on parle plusieurs langues, on cultive les arts et la musique sans snobisme mais avec un fort esprit cosmopolite. Bien que séparés par leurs études, Tiziano à Pise et Angela à Munich où elle fréquente l'école des interprètes, ils restent en contact.

1958 : L'expérience de l'internat s'avère stimulante, parfois goliardique parmi les étudiants des cours de droit, de médecine et de littérature où figurent Giuliano Amato, Sabino Cassese, Alberto De Maio, Carlo Donolo, Romano Gabriele, Fabio Merusi, Enrico Mugnaini, Francesco Barciulli, Carlo Ginzburg et Remo Bodei, avec beaucoup desquels il se liera d'une forte amitié – mais la période universitaire est marquée par des événements douloureux : une épidémie de tuberculose contraint Tiziano à rester alité pendant quelques mois (il parviendra tout de même à passer les examens obligatoires pour ne pas perdre sa place au collège) et l'année suivante, son père est frappé par une thrombose. La gravité de la situation et les difficultés financières soudaines amplifient le désir d'évasion et la recherche d'une vie différente.

1961 : À l'automne, il obtient son diplôme avec mention avec sa thèse intitulée *Il dominio riservato* – Le domaine réservé – sous la direction du professeur Giuseppe Sperduti, l'un des plus grands experts en droit international et plus tard juge à la Cour européenne des droits de l'homme.

1962 : Il obtient une bourse de doctorat à l'université de Leeds, mais faute d'argent, il renonce et rentre en Italie où il accepte une proposition d'Olivetti à Ivrée. Après un apprentissage dans l'usine, étape obligatoire pour tous les employés, et la vente au porte-à-porte – avec Riccardo Garrone, futur président de la GRE –, il rejoint le bureau du personnel avec pour mission de recruter et de former de nouveaux vendeurs sous la direction de Paolo Volponi. En novembre, il épouse Angela dans la ville de Vinci.

1963 : Le travail ne l'enthousiasme pas mais l'amène à voyager beaucoup, d'abord avec de longs séjours en Europe (Danemark, Portugal, Hollande) où l'entreprise possède plusieurs filiales, puis en Asie.

1965 : En janvier, il pose pour la première fois le pied au Japon, où il effectue des stages en entreprise. Malgré les opportunités, il se rend compte que la carrière de manager n'est pas faite pour lui.

1966 : Il rencontre Ferruccio Parri, directeur de l'hebdomadaire *L'Astrolabio*, qui l'invite à écrire ses impressions sur les pays où il se rend pour son travail. L'occasion se présente à l'automne lorsque Olivetti l'envoie en Afrique du Sud. Il arrive à Johannesburg dans un climat de fortes tensions sociales, quelques jours après l'assassinat du Premier ministre ségrégationniste Verwoerd. Libéré de ses obligations professionnelles, Tiziano visite les banlieues urbaines et les tribus indigènes locales. Choqué par l'apartheid, il saisit l'opportunité : il prend des photos, des notes, recueille des interviews et réalise son premier reportage, « Noël Negro. Reportage sur la ségrégation en Afrique du Sud ».

Le texte, très documenté, suscite l'indignation de l'ambassade d'Afrique du Sud à Rome. Les rédacteurs de *L'Astrolabio*, avec lesquels il collaborera pendant quatre ans, sont stupéfaits par son talent.

1967 : Pour des raisons professionnelles, il voyage en Thaïlande, à Hong Kong et en Australie. Las d'Olivetti, il prend congé et, conseillé par l'Anglais Samuel Gorley Putt, directeur des bourses internationales du Commonwealth Fund, rencontré par hasard lors d'une conférence à l'université Hopkins de Bologne, il obtient la bourse Harkness. Le 30 août, il embarque avec Angela pour New York : deux ans d'études aux États-Unis l'attendent. En septembre, il commence un cours d'affaires internationales à l'université Columbia.

1968 : Il parcourt le pays et rend compte dans *L'Astrolabio* des bouleversements de la société américaine : les luttes civiles du mouvement noir, les manifestations pacifistes contre la guerre du Vietnam et les grands faits divers (assassinats de Martin Luther King et de Robert Kennedy). Il effectue un court stage au *New York Times*, fréquente les milieux radicaux et progressistes où il rencontre, entre autres, Noam Chomsky, Susan Sontag, I.F. Stone, Solomon Yurick, et s'installe pendant l'été à l'université Stanford, en Californie, où il approfondit ses études de chinois. Captivé par la médiatisation de la révolution culturelle de Mao, sur laquelle se confrontent intellectuels et analystes du monde entier, il se penche sur les aspects du socialisme, fasciné par les reportages d'Edgar Snow, Wilfred Burchett et William Hinton (qu'il interviewe).

1969 : Grâce aux nombreux articles publiés dans *L'Astrolabio*, l'Ordre des journalistes l'inscrit sur la liste des « rédacteurs ». Le 23 août, Folco, son fils aîné, naît à New York. En septembre, la famille rentre en Italie et Tiziano quitte Olivetti. Tandis qu'Angela et l'enfant restent à Orsigna, où ils possèdent une petite maison depuis quelque temps, il rejoint Milan pour s'essayer au journalisme. Il se présente à Italo Pietra, rédacteur en chef d'*Il Giorno*, qui l'engage sur les conseils donnés par Volponi à Vittorio Emiliani et avec l'approbation enthousiaste d'Umberto Segre. Au cours de son apprentissage, il fait la connaissance de journalistes confirmés tels que Natalia Aspesi, Giorgio Bocca, Paolo Murialdi, Giampaolo Pansa et Bernardo Valli, avec lesquels il se lie d'amitié. Durant ces années, il collabore également à la revue *Il Ponte*, fondée par Piero Calamandrei et dirigée par Enzo Enriques Agnoletti.

1971 : Il reçoit une mission de l'Institut d'histoire de la Faculté des sciences de l'éducation de l'université de Florence, où enseignent Giorgio Spini et Franco Cardini, et organise un séminaire sur l'histoire de la Chine contemporaine. Le 11 mars, sa fille Saskia naît à Milan et, peu après, il passe l'examen de « journaliste professionnel ». Déterminé à se rendre en Chine, à l'automne, il demande à Pietra un poste de correspondant en Asie, mais on lui propose un poste à Brescia. Face à ce refus, il donne sa démission et, avec son indemnité de licenciement, parcourt l'Europe à la recherche d'un journal. À Hambourg, l'hebdomadaire *Der Spiegel*, fondé et dirigé par Rudolf Augstein, lui propose un contrat d'un an en tant que pigiste pour couvrir l'Asie du Sud-Est. Afin de maintenir un lien avec l'Italie et sa langue, Tiziano accepte d'autres collaborations avec divers journaux, dont *Il Giorno*, qui rémunère généreusement les « piges », ce qui lui permet de payer les cotisations de retraite. Il passe également un accord avec Raffaele Mattioli de la Banca Commerciale Italiana qui, ayant l'intention d'ouvrir une succursale en Asie, lui garantit un revenu mensuel en échange de rapports actualisés sur la situation géopolitique et économique de l'Extrême-Orient.

1972 : En janvier, il s'installe à Singapour et ouvre le premier bureau asiatique de *Der Spiegel* ; le mois suivant, sa famille le rejoint. Dans *L'Espresso*, édité par Livio Zanetti, Nello Ajello et Gianni Corbi, il publie ses premiers articles à fort impact. Le 30 mars, avec le début de l'offensive nord-vietnamienne, il se rend à Saigon, qu'il atteint quelques jours plus tard. Le 24 avril, son premier reportage paraît dans l'hebdomadaire hambourgeois et est présenté aux lecteurs : « Terzani, basé à Singapour, est correspondant en Asie du Sud-Est depuis le 1er mars ».

1973 : Il couvre le conflit par des articles courageux et réalise en février un scoop important : une rencontre avec des guérilleros vietcongs dans le delta du Mékong, avec ses amis Jean-Claude Pomonti du *Monde* et un jeune photographe, Abbas, bientôt membre de l'agence Magnum. Pendant les mois d'été, il se consacre à son premier ouvrage littéraire, *Pelle di leopardo. Diario vietnamita di un corrispondente di guerra 1972-1973*, publié à l'automne chez Feltrinelli. Le 23 juillet, son beau-père Hans-Joachim Staude décède.

1974 : Il cesse définitivement sa collaboration avec *Il Giorno*, dirigé à présent par Gaetano Afeltra, et passe pour une courte période à *Il Messaggero* où Italo Pietra vient d'entrer en fonction et le réclame immédiatement comme collaborateur.

1975 : Le 17 avril, Phnom Penh est libérée par les Khmers rouges : Tiziano franchit la frontière cambodgienne pour tenter de rejoindre la capitale, mais il est arrêté. Soupçonné d'être un espion américain, il reste des heures avec un fusil pointé sur le visage, mais échappe à l'exécution. Il retourne au Vietnam et, le 30 avril, il est l'un des rares témoins occidentaux de la chute de Saigon et de la fuite des Américains alors que le Vietcong entre dans la ville. Il décide de documenter l'après-libération et la réunification du pays, qu'il quitte au bout de trois mois. Il retourne à Orsigna où il recueille ces expériences dans *Giai phong ! La liberazione di Saigon*, publié par Feltrinelli au printemps suivant et traduit avec succès aux États-Unis. À la fin de l'année, il s'installe avec sa famille à Hong Kong, un petit pas vers la Chine.

1976 : Il collabore dès sa fondation au journal d'Eugenio Scalfari, *La Repubblica*. Pour *Der Spiegel*, il couvre le nouveau cours du Parti communiste chinois ébranlé par la mort de Zhou Enlai et de Mao Zedong. En octobre, il participe aux premiers voyages officiels en Chine.

1977 : Il s'intéresse aux témoignages des réfugiés de la zone de l'Indochine et aux nouvelles glaçantes sur les Khmers rouges qui empêchent toute personne d'entrer au Cambodge.

1978 : Le Vietnam envahit le Cambodge. Tiziano suit avec consternation l'évolution des révolutions socialistes dans la région de l'Indochine. Les massacres et les déportations perpétrés par Pol Pot sont désormais connus de tous. Il assiste à la tragédie humanitaire des boat-people indochinois.

1979 : Dans l'article « Andate, l'Oceano è vostro » (*L'Espresso*, 1er juillet), il prend publiquement un risque avec une analyse dure et critique du socialisme, cherchant à se confronter à la gauche italienne, qui s'est durcie sur des positions idéologiques. À l'automne, il effectue un voyage préliminaire en Chine avec Rudolf Augstein pour interviewer le Premier ministre Hua Guofeng.

1980 : En janvier, il réalise le rêve de sa vie : il s'installe à Pékin, premier correspondant d'un magazine occidental, devançant *Time* et *Newsweek*. En mars, il se rend au Cambodge : il est choqué par les vestiges du génocide et publie *Holocaust in Kambodscha* avec Ariane Barth ; il suivra pendant des années le destin de ce peuple écrasé par les jeux de pouvoir des instances internationales. Il a l'occasion d'entrer en Corée du Nord grâce au secrétaire du PCI, Enrico Berlinguer, qui l'inclut dans la délégation italienne reçue à Pyongyang par le « chef suprême » Kim Il Sung, une expérience déconcertante : « Vous quittez la Chine d'aujourd'hui et en une heure trois quarts vous vous retrouvez catapulté en *1984*. La Corée du Nord est le cauchemar de la société totalitaire d'Orwell devenu réalité. » À l'automne, il participe à une expédition au Tibet, où il documente l'occupation chinoise et la destruction des monastères. La Chine reste fermée aux étrangers, les protocoles réservés aux correspondants sont stricts et paranoïaques. Malgré cela, Tiziano vit l'expérience avec passion : il prend un nom chinois, inscrit ses enfants à l'école primaire chinoise, s'habille et fait du vélo comme les Chinois.

1981 : En secret, il continue d'enquêter sur les effets de la révolution culturelle et les choix du nouveau dirigeant Deng Xiaoping, tissant un réseau dense de contacts avec des universitaires, des intellectuels et des artistes chinois.

1982 : Il voyage seul et en famille, découvrant une Chine pauvre et affamée, détruite par le maoïsme. Il se consacre à l'analyse des changements sociaux et culturels, dévoile les peurs, les effets de la modernisation, les contradictions qui en découlent, dénonce la corruption. Ce faisant, il attire l'attention des autorités sur lui. Les contrôles se font de plus en plus insistants, les mises en garde de plus en plus explicites. En décembre, un double reportage sur la destruction de l'ancien Pékin, fruit de six mois de recherches, est publié dans Der *Spiegel*.

Tiziano réalise des enquêtes gênantes sur la discrimination des femmes en Chine, l'achat par le PCC d'armes fournies par l'OTAN et la répression subie par la minorité islamique ouïghoure au Xinjiang.

1984 : Le 9 janvier, son père Gerardo meurt à Hong Kong des suites d'une longue maladie. Tiziano se bat pour obtenir le renouvellement de son visa, mais à son retour de Hong Kong, début février, il est arrêté à l'aéroport de Pékin. Au milieu de la nuit, après avoir été conduit à son appartement et s'être vu confisquer divers objets, il est conduit aux bureaux de la sécurité publique : il est formellement accusé de « crimes contre-révolutionnaires » et de « possession indue de trésors nationaux ». Libéré, mais sans passeport, il est contraint au silence, assigné à résidence et obligé de rédiger une autocritique à remettre à la police. Après quelques semaines, face à l'immobilisme embarrassant des ambassades, Angela obtient l'intervention du président de la République Sandro Pertini depuis Hong Kong, par des voies officielles et privées. Tiziano est sauvé, mais il est expulsé de Chine pour toujours. C'est un coup très dur. *Der Spiegel* défend le journaliste en publiant *Fremder unter Chinesen, Reportagen aus China,* traduit en septembre par Longanesi sous le titre *La porta proibita,* qui rassemble ses meilleures correspondances en provenance de la République populaire. Il rejoint sa famille à Hong Kong.

1985 : Après avoir vu le film de Roland Joffé, *La déchirure,* il écrit « Pol Pot, tu non mi piaci più » (*La Repubblica,* 29 mars), un article dans lequel il provoque la gauche qui « refuse d'étudier le polpotisme et le considère comme une aberration », mais la polémique tombe dans l'oreille d'un sourd. Avec *Der Spiegel,* il prépare son départ pour le Japon et, après l'été, s'installe avec sa famille à Tokyo. Mais il vit cette expérience comme un échec, à commencer par la langue, qu'il n'arrive pas à apprendre comme il le souhaiterait. Le pays ne l'enthousiasme pas, il est troublé par le consumérisme effréné dans lequel il a plongé, et craint que l'avenir de l'Occident ne s'incarne dans une société semblable à celle du Japon. Il tombe dans une profonde dépression.

1986 : Pour échapper à ces angoisses, il suit avec passion la révolution aux Philippines et la chute du dictateur Marcos.

1987 : Il s'intéresse aux premières manifestations d'étudiants à Pékin qui troublent Deng Xiaoping. Il voyage avec nostalgie dans la colonie portugaise de Macao, rétrocédée à la Chine.

1988 : Déçu de ne pas avoir reçu de proposition substantielle après tant d'années de « collaboration », il quitte *La Repubblica* et passe au *Corriere della Sera* dirigé par Ugo Stille.

1989 : Il retourne secrètement en Chine pour suivre les manifestations de la place Tiananmen qui se terminent par un massacre ; révolté, il dénonce à nouveau l'autoritarisme chinois. Il obtient un visa de l'ambassade soviétique pour se rendre en juillet sur l'île de Sakhaline, ancien lieu d'emprisonnement et de déportation, sur les traces d'Anton Tchekhov.

1990 : À l'automne, il quitte Tokyo avec soulagement et ouvre un nouveau chapitre professionnel à Bangkok, en Thaïlande, où il s'installe avec sa famille dans la splendide Turtle House.

1991 : Il visite les îles Kouriles que l'URSS et le Japon se disputent. Sur le visage des habitants et dans leurs récits se lisent les traces douloureuses du rêve socialiste. En août, le coup d'État contre Gorbatchev le surprend sur l'Amour, le fleuve sibérien qui marque la frontière entre l'URSS et la Chine ; il abandonne l'expédition et, contrairement à ses collègues, décide de rejoindre Moscou en traversant l'Asie centrale : le voyage lui prend deux mois. Témoin de l'effondrement du communisme, il assiste en direct à la naissance des premières formes de nationalisme et de fanatisme religieux d'origine islamique. Il raconte cette expérience dans *Bonne nuit, Monsieur Lénine*, publié l'année suivante et dédié « À la mémoire de mon père qui rêvait ».

1992 : Impatient et avide de nouveauté, Tiziano informe *Der Spiegel* de son intention de se fier à une prophétie qui lui a été faite en 1976 par un devin de Hong Kong lui enjoignant, en 1993, d'éviter de prendre l'avion pour ne pas mettre sa vie en danger. La direction de l'hebdomadaire ne s'y oppose pas.

1993 : Il voyage toute l'année sans jamais prendre l'avion et part à la rencontre de voyantes et de magiciens dans toutes les villes pour découvrir les coutumes et les traditions du continent bouleversé par la mondialisation.

À bord de trains et de bateaux, il voyage entre la Thaïlande, la Birmanie, la Malaisie, l'Indonésie et le Cambodge. L'été, il retourne en Europe en passant par l'Indochine, la Chine, la Mongolie, la Russie et, à la fin du mois de septembre, il retourne à Bangkok, embarquant à La Spezia sur un porte-conteneurs à destination de Singapour. Cette longue aventure devient son livre le plus populaire et le plus traduit, *Un devin m'a dit*, publié deux ans plus tard.

1994 : Il quitte Bangkok pour s'installer avec sa femme à New Delhi. Il y suit les contradictions et les évolutions de la démocratie indienne.

1995 : Il documente avec inquiétude les différentes formes de fanatisme religieux : au Pakistan, il assiste au recrutement de fondamentalistes islamiques et, au Cachemire, à la haine des hindous envers les musulmans. Il voyage au Mustang, lieu préservé et menacé par le tourisme. Avec ses amis Jean-Claude Pomonti et Stanley Karnow, il retourne à Saigon pour le documentaire *Hotel Continental* réalisé par Leandro Manfrini.

1996 : Fatigué du métier et d'un journalisme qui a changé de rythme et de forme, il demande sa retraite anticipée et quitte *Der Spiegel*. Pendant cette période, il entame une correspondance amicale avec le reporter polonais Ryszard Kapuscinski, pour lequel il éprouve une grande admiration. Le 23 novembre, sa mère Lina meurt.

1997 : Au printemps, on lui diagnostique un lymphome à l'estomac. Avant de commencer son traitement, il reçoit à Orvieto le prix Luigi Barzini d'envoyé spécial et s'envole pour Hong Kong où il assiste à la restitution historique de la colonie. Pendant l'été, il écrit « La Selva oscura nella valle dell'Orsigna » (*Corriere della Sera*, 24 août), un texte dont seuls ceux qui connaissent la maladie peuvent saisir le caractère dramatique. En septembre, il suit un traitement anticancéreux au Memorial Sloan Kettering Cancer Center et fait de longs séjours à New York.

1998 : Après une première opération encourageante, et afin de surmonter les lourds effets secondaires, il décide de réagir face à la maladie comme s'il s'agissait d'un scoop : avec l'esprit d'un détective, il voyage, enquête et expérimente les différentes formes de traitement adoptées par l'Occident et l'Orient ; des expériences qu'il rassemblera plus tard dans le livre *Un autre tour de manège*. En juin, à l'initiative de Mario Spagnol, propriétaire de Longanesi, il publie un recueil de ses meilleurs articles en Asie.

1999 : Il réduit ses contacts et se retire du monde, revenant à New York pour des contrôles périodiques. En Inde, il se débarrasse de son nom, choisit de s'appeler Anam, c'est-à-dire « le sans nom », mais il est l'un des premiers auteurs italiens à avoir son propre site sur Internet, www.tizianoterzani.com, qu'il finance personnellement.

Le 29 septembre, Mario Spagnol meurt. En décembre, après une longue recherche, Tiziano trouve un lieu de retraite isolé dans l'extrême nord de l'Inde.

2000 : Protégé par le silence de la forêt himalayenne et stimulé par Vivek, le propriétaire plein de vie qui lui a loué la petite maison, il se consacre à l'écriture de ses aventures de malade. Le 29 août, sa belle-mère Renate meurt.

2001 : Bouleversé par les événements du 11 septembre, troublé par les invectives d'Oriana Fallaci et indigné par l'hypocrisie des médias qui soutiennent l'action militaire en Afghanistan, il se sent investi de la responsabilité de faire connaître la vérité. Il se rend au Pakistan et en Afghanistan et envoie sa correspondance au *Corriere della Sera* dirigé par Ferruccio de Bortoli.

2002 : Il rassemble les textes dans le livre d'intervention *Lettres contre la guerre*, qui paraît en février. De retour en Italie, il apporte son témoignage dans les écoles, les théâtres, les couvents et les places, soutenant les mouvements civiques pour la paix. En automne, à New York, on lui diagnostique à sa surprise de nouvelles métastases, plus étendues. Les médecins sont unanimes : il lui reste entre 3 et 6 mois à vivre. Il décide d'arrêter tout traitement et retourne dans l'Himalaya.

2003 : Inquiet de laisser une œuvre inachevée, il se consacre entièrement au projet sur lequel il travaille. À la fin de l'année, il retourne à Florence.

2004 : En janvier, il assiste au mariage de sa fille Saskia. En mars, ayant déjoué tous les pronostics, il annonce lui-même la sortie d'*Un autre tour de manège*. Quatre mois plus tard, le 28 juillet à Orsigna, protégé et soigné par sa famille – après avoir enregistré une série d'entretiens en usant de ses dernières forces, dont *Anam, le sans nom* réalisé par Mario Zanot et le dialogue avec son fils Folco *La fin est mon commencement* publié à titre posthume en 2006 – il « quitte son corps ». Selon ses souhaits, ses cendres sont dispersées dans les ruisseaux et les montagnes de la vallée et il demande qu'on se souvienne de lui avec un seul mot : voyageur.

SOURCES

« États-Unis : les huîtres vietnik »
« USA: le ostriche vietnik », *L'Astrolabio*, a. V, n. 43, 29 octobre 1967, pp. 20-22

« Rapport d'Amérique : les gardes rouges de Washington »
« Rapporto dall'America: le guardie rosse di Washington », *L'Astrolabio*, a. V, n. 44, 5 novembre 1967, pp. 20-23

« États-Unis : la guerre des statistiques »
« USA: la guerra delle statistiche », *L'Astrolabio*, a. V, n. 48, 3 décembre 1967, pp. 19-21

« McNamara : la trajectoire du manager »
« McNamara: la parabola del manager », *L'Astrolabio*, a. V, n. 49, 10 décembre 1967, pp. 14-16

« Vietnam 1967 : L'heure Westmoreland »
« Vietnam '67: l'ora Westmoreland », *L'Astrolabio*, a. VI, n. 1, 7 janvier 1968, pp. 16-20

« Bilan États-Unis : la marque de L.B.J. »
« Bilancio USA: il marchio di L.B.J. », *L'Astrolabio*, a. VI, n. 7, 18 février 1968, pp. 24-27

« Lettres des États-Unis : la guerre de McCarthy »
« Lettere dagli USA: la guerra di McCarthy », *L'Astrolabio*, a. VI,n. 12, 24 mars 1968, pp. 18-21

« Après Luther King : le temps des Panthères »
« Dopo Luther King: l'ora delle Pantere », *L'Astrolabio*, a. VI, n. 15, 14 avril 1968, pp. 15-17/35

« États-Unis : l'autodéfense du système »
« USA: l'autodifesa del sistema », *L'Astrolabio*, a. VI, n. 17, 28 avril 1968, pp. 25-28

« États-Unis : la ronde présidentielle »

« USA: la ronda presidenziale », *L'Astrolabio*, a. VI, n. 19, 12 mai 1968, pp. 21-23

« États-Unis : les nantis aux urnes »
« USA: il benestante alle urne », *L'Astrolabio*, a. VI, n. 22, 2 juin 1968, pp. 19-20/24

« États-Unis : après Los Angeles »
« Stati Uniti: dopo Los Angeles », *L'Astrolabio*, a. VI, n. 24, 16 juin 1968, pp. 22-24

« États-Unis : l'électeur frustré »
« Stati Uniti: l'elettore frustrato », *L'Astrolabio*, a. VI, n. 29, 21 juillet 1968, pp. 25-27

« Bombes sur le Vietnam »
« Bombe sul Vietnam », *L'Astrolabio*, a. VI, n. 30, 28 juillet 1968, p. 30

« Black Power : le test de Cleveland »
« Black Power: il test di Cleveland », *L'Astrolabio*, a. VI, n. 31, 4 août 1968, pp. 18-20

« Élections aux États-Unis : le Lazare américain »
« Elezioni USA: il Lazzaro americano », *L'Astrolabio*, a. VI, n. 33, 25 août 1968, pp. 24-26

« États-Unis : la mafia à Chicago »
« Stati Uniti : la mafia a Chicago », *L'Astrolabio*, a. VI, n. 35, 8 septembre 1968, pp. 28-30

« Wallace : si je deviens président »
« Wallace: se divento presidente », *L'Astrolabio*, a. VI, n. 37, 22 septembre 1968, pp. 22-24

« États-Unis : l'heure de Nixon »
« USA: l'ora di Nixon », *L'Astrolabio*, a. VI, n. 41, 20 octobre 1968, pp. 22-25

« Nixon : comment j'ai remporté la victoire »
« Nixon: come ho vinto la corsa », *L'Astrolabio*, a. VI, n. 44, 10 novembre 1968, pp. 6-8

« États-Unis : les prescriptions de Nixon »
« Stati Uniti : le ricette di Nixon », *L'Astrolabio*, a. VI, n. 45, 17 novembre 1968, pp. 19-22

« Armement : Nixon en tête du peloton »
« Armamenti : Nixon tira la corsa », *L'Astrolabio*, a. VI, n. 47, 1 décembre 1968, pp. 27-28

« États-Unis : Folamour et le président »
« USA: Stranamore e il presidente », *L'Astrolabio*, a. VI, n. 50, 22 décembre 1968, pp. 18-19

« États-Unis : les frontières de Nixonland
« Stati Uniti : le frontiere di Nixonland », *L'Astrolabio*, a. VI, n. 51, 29 décembre 1968, pp. 28-31

« La recherche : un coup de main à l'Oncle Sam »
« Ricerca: una mano allo Zio Sam », *L'Astrolabio*, a. VII, n. 3, 19 janvier 1969, pp. 15-16

« États-Unis : Plus jamais de Vietnam ? »
« Stati Uniti : Non piu` Vietnam ? », *L'Astrolabio*, a. VII, n. 3, 19 janvier 1969, pp. 24-26

« Le monde de Gianni Agnelli »
« Il mondo di Gianni Agnelli », *L'Astrolabio*, a. VII, n. 4, 26 janvier 1969, p. 11

« Lyndon Johnson : retour au ranch »
« Lyndon Johnson: ritorno al ranch », *L'Astrolabio*, a. VII, n. 4, 26 janvier 1969, pp. 21-23

« Allen Dulles : espionnage planétaire »
« Allen Dulles: lo spionaggio planetario », *L'Astrolabio*, a. VII, n. 6, 9 février 1969, p. 23

« États-Unis : le tournant nucléaire de Nixon »
« USA: la svolta nucleare di Nixon », *L'Astrolabio*, a. VII, n. 12, 23 mars 1969, pp. 29-30

« Eisenhower : le héros de Babbitt »
« Eisenhower : l'eroe di Babbitt », *L'Astrolabio*, a. VII, n. 14, 6 avril 1969, p. 21

« États-Unis : Pâques à Nixonland »
« USA : Pasqua a Nixonland », *L'Astrolabio*, a. VII, n. 15, 13 avril 1969, pp. 23-24

« L'OTAN : la troisième dimension »
« NATO: la terza dimensione », *L'Astrolabio*, a. VII, n. 16, 20 avril 1969, pp. 19-20

« Projet Sirhan : le destin d'un *killer* »
« Progetto Sirhan: il destino di un killer », *L'Astrolabio*, a. VII, n. 18, 4 mai 1969, p. 27

« Université aux États-Unis : des fusils au campus »
« Universita` USA: nel campus col fucile », *L'Astrolabio*, a. VII, n. 19, 11 mai 1969, pp. 31-34/39

« Black Power : trois ans de révolte »
« Black Power: dopo tre anni di rivolta », *L'Astrolabio*, a. VII, n. 24, 15 juin 1969, pp. 21-24

« États-Unis : le cirque Rockefeller »
« Stati Uniti: il circo Rockefeller », *L'Astrolabio*, a. VII, n. 27, 6 juillet 1969, pp. 21-22/24

« Apollo 11 : les Américains et la Lune »
« Apollo 11: gli americani e la Luna », *L'Astrolabio*, a. VII, n. 30, 27 juillet 1969, pp. 6-8/35

« États-Unis-Chine : Nixon change la donne ? »
« USA-Cina: Nixon cambia gioco ? », *L'Astrolabio*, a. VII, n. 34, 31 août 1969, pp. 31-34

« États-Unis : la chasse aux Panthères »
« USA: caccia alla pantera », *L'Astrolabio*, a. VII, n. 50, 21 décembre 1969, pp. 23-25

« Chine-États-Unis-URSS : le jeu à trois »

« Cina-USA-URSS: la partita a tre », *L'Astrolabio*, a. VIII, n. 4, 25 janvier 1970, pp. 25-27

« Les quarante mille mots de Nixon »
« Le quarantamila parole di Nixon », *L'Astrolabio*, a. VIII, n. 9, 1er mars 1970, p. 28

« Le procès de Chicago : le happening du condamné »
« Il processo di Chicago: l'happening del condannato », *L'Astrolabio*, a. VIII, n. 9, 1er mars 1970, pp. 29-30

« Du Vietnam au Cambodge : la seconde guerre de l'Indochine »
« Dal Vietnam alla Cambogia: la seconda guerra di Indocina », *L'Astrolabio*, a. VIII, n. 13, 29 mars 1970, pp. 21-23

« Grèves aux États-Unis : les fonctionnaires à l'assaut »
« Scioperi in USA: gli statali d'assalto », *L'Astrolabio*, a. VIII, n. 14, 5 avril 1970, pp. 20-22

« 1970 Cambodge : la carte perdante de Nixon »
« 1970 Cambogia: la carta perdente di Nixon », *L'Astrolabio*, a. VIII, n. 19, 10 mai 1970, pp. 7-8

« Le satellite chinois : dans l'espace avec des pantalons »
« Il satellite cinese: nello spazio coi calzoni », *L'Astrolabio*, a. VIII, n. 19, 10 mai 1970, pp. 24-26

« Les mandarins de la Maison-Blanche »
« I mandarini della Casa Bianca », *L'Astrolabio*, a. VIII, n. 20,17 mai 1970, pp. 25-26

« États-Unis-Vietnam: Nixon triche encore »
« USA-Vietnam: Nixon bara ancora », *L'Astrolabio*, a. VIII, n. 41, 18 octobre 1970, pp. 25-26

« Canada: les Nègres blancs du Quebec »
« Canada: i negri bianchi del Quebec », *L'Astrolabio*, a. VIII, n. 42, 25 octobre 1970, pp. 27-28

« Nixon, les jeunes et les élections : la passionaria noire »

« Nixon, i giovani e le elezioni: la pasionaria nera », *L'Astrolabio*, a. VIII, n. 43, 1er novembre 1970, pp. 25-26

« Nixon après les élections : l'Amérique qui ne vote pas »
« Nixon dopo le elezioni: l'America di chi non vota », *L'Astrolabio*, a. VIII, n. 45, 15 novembre 1970, pp. 25-26

« Asie du Sud-Est: tant de guerres sous le silence »
« Sudest asiatico: tante guerre ma in silenzio », *L'Astrolabio*, a. VIII, n. 46, 22 novembre 1970, pp. 31-32

« Asie du Sud-Est : au Vietnam la vie fleurira »
« Sudest asiatico: ma nel Vietnam fiorira` la vita... », *L'Astrolabio*, a. VIII, n. 47, 29 novembre 1970, pp. 25-26

Déjà parus aux Éditions Intervalles

LITTÉRATURE

Jan Lars Jensen
Parano
Anthony James Perry
Douze histoires cul sec
Anthony Smith
D'amour et d'Amazone
Terence Ward
À la recherche d'Hassan
Linda Grant
Le roman que je n'ai pas écrit
Nos années folles
Gavin Menzies
1421, l'année où la Chine a découvert l'Amérique
Patrick Neate
Twelve Bar Blues
Jérusalem
Martin Melkonian
Les mots pour jouir
Åsne Seierstad
Cent un jours à Bagdad
Bill Carter
Les Ailes de Sarajevo
Boom, Bust, Boom
Theo Hakola
Le Sang des âmes
Rakia
Tiziano Terzani
La fin est mon commencement
Un devin m'a dit
Un autre tour de manège
Lettres contre la guerre
Bonne nuit, Monsieur Lénine
Soname Yangchen
Soname ou la bonne fortune
Idanna Pucci
La Demoiselle de Sing Sing
M. Page et T. B. Reverdy (dir.)
Collection irraisonnée de préfaces à des livres fétiches
Martin Millar
Les Petites Fées de New York
Kalix, la loup-garou solitaire
Kalix, la malédiction de la loup-garou
La Déesse des marguerites et des boutons d'or
Daphné Kauffmann
Nos mots croisés
Un personnage en Italie
Le Sens de l'équilibre (avec Clément Leroy)
James S. Lee
Les Tribulations d'un opiomane (1895-1915)
Tirdad Zolghadr
Softcore
Ravi Shankar
Raga Mala, ma vie en musique
Jean-Claude Boulard
Voyage au pays des juges
Guillaume Jan
Le Cartographe
Traîne-Savane
Axel Léotard
Marie et les Autres
Zachary Karabashliev
18 % gris

Jean Szlamowicz
Détrompez-vous !
Le Sexe et la langue
Gabriel Malika
Les Meilleures Intentions du monde
Qatarina
Olivier Auroy
Au nom d'Alexandre
L'Amour propre
Le Dicorona
Laurène Champalle
Christiania ou les enfants de l'utopie
Millard Kaufman
Comme sur un lit de roses
Rowan Simons
Des bambous dans la surface de réparation
Gazmend Kapllani
Petit journal de bord des frontières
Je m'appelle Europe
La Dernière Page
Le Pays des pas perdus
Philippe Coussin-Grudzinski
Voyages sur Chesterfield
Guénaëlle Baily-Daujon
Là-Batz, le roman d'une île
D. Guelar, V. Jarach, B. Ruiz
Les Enfants de l'exil
Ben Elton
Doris Darling
Anthony Neilson
Les Menteurs
Elias Jabre
Absolut Barbarian trip
Un psychopathe et demi
Arnaud Modat
Comic Strip
Ludmila Shtern
Bye Bye Leningrad
Sébastien Gendron
Zeus
David Doma
La Nuit des secrets
Stéphane Reynaud
Le Monde selon Cheng
Mikaël Hirsch
Avec les hommes
Notre-Dame des Vents
Libertalia
Quand nous étions des ombres
Gabriel Robinson
Les Heures pâles
Richard Gaitet
Découvrez Mykonos hors saison
L'Aimant
Jean-Claude Taki
Sotchi inventaire
Menahem Begin et Anouar el-Sadate
La Paix à l'œuvre
Dimitris Sotakis
L'argent a été viré sur votre compte
Comment devenir propriétaire d'un supermarché sur une île déserte
Une famille presque parfaite
Un grand serviteur
Da Ngân
Une bien modeste famille
Mileta Prodanović
Ça pourrait bien être votre jour de chance
Marianne Groves
Baby Baby
Yves Brunier

Dans la peau d'un monstre (gentil)
RACHEL VANIER
Hôtel International
Écosystème
GUÉORGUI GOSPODINOV
Physique de la mélancolie
Un roman naturel
Tous nos corps
SONIA RISTIĆ
La Belle Affaire
Des fleurs dans le vent
Saisons en friche
Triptyque en Ré mineur
JEAN-LUC MARRET
Pornification
OKSANA ZABOUJKO
Explorations sur le terrain du sexe ukrainien
AI WEIWEI
Weiwei-ismes
Notre humanité
ROUJA LAZAROVA
Le Muscle du silence
CAROLE ZALBERG
À la trace
JOHN ROBERTSON
La Bataille de Penang
PARK MIN-KYU
Ping-Pong
TIMOTHÉE GAGET
Les Bonnes Mœurs
SEVGI SOYSAL
Tante Rosa
YOUCEF ZIREM
La Porte de la mer
MICHKA ASSAYAS (DIR.)
Nouvelles nouvelles d'Azerbaïdjan
PATRICIA ALMARCEGUI
Le Peintre et la Voyageuse
Carnets perdus du Japon
JULIEN LECLERCQ
L'homme qui ne voulait pas devenir président
ELSA LEVY
Bouddha Boudoir
DIMANA TRANKOVA
Le Sourire du chien
La Caverne vide
ALAIN DELMAS
Dans l'ombre du viaduc
Xéno
URŠUL'A KOVALYK
Femme de seconde main
L'Écuyère
KONRAD LAGHOS
Petits Hommes
CATHERINE BALDISSERRI
La Voix de Cabo
VESNA MARIC
Le Merle bleu
SYLVIA HANSEL
Les adultes n'existent pas
Cannonball, l'adolescence n'est pas une chanson douce
Bulle de savon
WIOLETTA GREG
Les fruits encore verts
KHOSRAW MANI
Une petite vie
TIIT ALEKSEJEV
Le Pèlerinage
HUGUES SERRAF
Deuxième mi-temps

Le Dernier juif de France
La Vie, au fond
CONSTANCE LATOURTE
Avenida Vladimir Lénine
MAÏA ABOUELEZE
Le Ballet des retardataires
FABRICE CHÂTELAIN
En haut de l'affiche
STÉPHANE ROSE (DIR.)
Cafard noir, seize leçons d'enveloppement personnel
TAGBUMGYAL
Le Chien, son maître et les parents proches
ANNE ROBATEL
Dieu, le point médian et moi
Contrechants
La littérature n'est pas qu'un sport de combat
GUILLAUME LAFOND
La Correction
La Colère selon M
BARBARA KLICKA
Sanatorium
BEKIM SEJRANOVIĆ
Ton fils Huckleberry Finn
BAPTISTE LEDAN
La Vie suspendue
FRANÇOIS-XAVIER FRELAND
Un été à Anafi
SHMUEL TRIGANO
Petit manuel de postmodernisme illustré
HUBERT HECKMANN
Cancel !
PIERRE-ANDRÉ TAGUIEFF
Qui est l'extrémiste ?
ÉLISABETH LESNE (DIR.)
Filles de l'Est, femmes à l'Ouest
SABINE PROKHORIS
Les Habits neufs du féminisme
CLAUDINE TIERCELIN
La Post-vérité ou le dégoût du vrai
ALBENA DIMITROVA
Nous dînerons en français
OLIVIER JACQUEMOND
L'amour sous la guerre

PHOTOGRAPHIE, LIVRES ILLUSTRÉS

Jocelyn Bain Hogg
Idolâtrisme
Abbas
Les Enfants d'Abraham
Chris Steele-Perkins
Tokyo Love Hello
Sabine Pigalle
Toxi Food
Festins libertins
Protectors
Coronabécédaire
Raghu Rai et Tiziano Terzani
India notes
Xavier Lambours
Cinéma
Stéphan Gladieu
Roland-Garros, fenêtre sur courts
Fouad Elkoury
De la guerre et de l'amour
Guillaume Reynard et Jean-Claude Taki
Lettres kazakhes
Sotchi pour mémoire
Magnum Photos et Bruno Gibert
Quarante-cinq histoires d'automobiles
Célia Houdart
Georges Aperghis : Avis de tempête
Sophie Prunier-Poulmaire (dir.)
Le Travail révélé
Êtres au travail
Naomi Harris et Yann Perreau
California Dreaming
Liz Hingley
Under Gods
Tomas van Houtryve
La lutte continue
Éric Atlan
Mortem
Collectif
Le Chant du Monstre, revue (n°1, n°2, n°3)
collectif Argos
Gueule d'Hexagone
Héctor Mediavilla
S.A.P.E.
Aurélien Abels Eber, Romain de La Bouvrie et Thomas de La Bouvrie
Terre de foot
Jérôme Cabanel
Les Bâtisseurs
Catherine Viale et Mathias Moreau
It's not only Rock'n'Roll
Piotr Barsony
Papa porte une robe
Marc Édito, l'homme idéal
Julien Nouveau
Éloge des arborinidés
Matthias Heiderich
Spektrum Berlin
Emmanuelle Han
Flying Blues
Geraldine Jacques
Rhizome
Taylor Holland
EuroBus
Hugo Jacomet
Parisian Gentleman
Italian Gentleman
Aymon de Lestrange

Angelo Mariani, le vin de coca et la naissance de la publicité moderne
CÉCILE CAZENAVE (DIR.) & TERRA PROJECT
Terres à vendre
ANNE DE VANDIÈRE
Tribus du monde
Hand
CAROLINE DARTIAILH ET LAURE DIDRY
La Faune parisienne
ALBAN LÉCUYER
Ici prochainement : Sarajevo
COLLECTIF
Regarde où tu marches
DAMIEN KEMPF
Monstres médiévaux (avec Maria Kempf)
Chasseur de monstres médiévaux
CARLO BEVILACQUA
Utopia
SOPHIE LE BERRE
Personal Tattoo
MARTHE PEQUIGNOT
Bibliométéo
JULIE ANDRADE ET AUDREY ZEILAS
Les Villes émotionnelles
MARTIN BERTRAND
Mékong écoportrait
MAGALI DELPORTE
La Résidence

Achevé d'imprimer en août 2023
Imprimé en France
sur les presses de l'imprimerie Laballery, à Clamecy (58)
N° d'impression : 307721
Dépôt légal : troisième trimestre 2023
Composition et couverture : Catherine Piot
Révisions : Leïla Théaudin

Éditions Intervalles
Direction éditoriale : Armand de Saint Sauveur
2 rue Bleue 75009 Paris France
Tel. : +33 1 53 43 83 30
www.editionsintervalles.com